真武圖像研究

香港青松觀
佛山市博物館 編

肖海明 著

全真道研究中心叢書②

文物出版社

封面題字　劉昭瑞
攝　　影　劉小放
裝幀設計　梁麗輝
責任印製　張道奇
責任編輯　李　飈

圖書在版編目（CIP）數據
真武圖像研究／肖海明著．－北京：文物出版社，2007.6
ISBN 978-7-5010-2109-3
Ⅰ．真…　Ⅱ．肖…　Ⅲ．道教－神－研究－中國　Ⅳ．B959.92
中國版本圖書館CIP數據核字（2007）第009025號

真武圖像研究
香港青松觀
佛山市博物館　編
肖海明　著

出版
發行　文物出版社
北京市東直門内北小街二號樓　郵編：100007
http://www.wenwu.com
E-mail:web@wenwu.com
製版　北京文博利奥印刷有限公司
印刷　北京市達利天成印刷裝訂有限責任公司
經銷　新華書店
版次　二〇〇七年六月第一版
印次　二〇〇七年六月第一次印刷
定價　三八〇圓

889×1194　1/16　印張：30.5
ISBN 978-7-5010-2109-3

序

在當今學術界，『讀圖』顯然是一種很時尚而又有着深厚底蘊及其傳統的學術追求方式。但以往學術界所讀之『圖』，可以納入道教或近似於道教範疇的『圖』還極爲少見，這是因爲，第一，道教或具有濃厚道教意味的『圖』，公私所藏都較爲少見，能够系統加以公佈的更是難得一覯；第二，就『讀圖』所涉的學術界而言，從事道教研究的學者對道教之『圖』迄今還没有給予足够的重視，因此這方面的研究著述也極爲少見；第三，從純粹藝術品的角度看，這類圖往往出自於民間畫匠或宗教中人之手，在以往的世人眼中，是下其他藝術品一等之物，難免遭受冷落，這也是導致這類『圖』散佚的重要原因。當然，近些年這些情況有所改變。

佛山市博物館所藏的《真武靈應圖册》被學術界所注意及肖海明博士對其所作的研究，可以説豐富了當今學術界『讀圖』式研究的内容，《真武圖像研究》一書也是肖海明博士的學位論文。

肖海明博士於二〇〇二年考入中山大學人類學系攻讀宗教人類學專業博士學位，來校之前長期供職於廣東佛山市博物館（也是華南著名的真武大帝廟宇佛山祖廟的管理單位），對佛山的真武信仰已有了一定的研究，其碩士論文《佛山的北帝（玄武）崇拜初探》着重探討了北帝崇拜與佛山社區文化的關係問題，已收入文物出版社出版的《佛山祖廟》一書。

《真武圖像研究》一書以《真武靈應圖册》爲基礎，運用圖像學、文獻學和人類學相結合的綜合研究方法，討論了從玄武到真武大帝的圖像系譜的發展變遷。該書對理解民間信仰的文化創造過程、探索圖像學及人類學相結合以進行『讀圖』式研究等，都有一定的啓示意味。

在我看來，肖海明的《真武圖像研究》一書於學術界的貢獻可以大致歸納爲以下幾點：

其一，該書廣泛收集了考古發現及傳世的真武圖像資料，梳理出了從玄武到真武大帝的圖像系譜。同時在充分利用和分析文獻及田野調查資料的基礎上，有效地把真武圖像轉變成爲了歷史資料，從而歸納出宋元明三代真武圖像變化的『一綫多元』觀點，並提出了由玄武到真武大帝的圖像變化可能受到佛教蓮華化生思想影響的判斷，並進而認爲在北宋初年，真武形象已完成了具有『人』的特徵的神格化過程。

其二，該書通過對歷代真武系列圖像的『跨圖像比較』後認爲，所有真武系列圖像都隱含着『走向神聖，人神感應』的宗教象徵意義，俗和聖之間的分界點，有的以儀式來區分，有的通過服飾的變化來區分，有的以引入科儀畫像來區分。並通過對歷代真武靈應故事的分析，認爲民間信仰是文化創造的産物，歷代流傳的真武靈應故事正是這種文化創造過程的印記。

其三，在研究方法上，該書作者嘗試使用的圖像學、文獻學和人類學相結合的綜合研究方法，在學術研究的方法論上，無疑有一定的意義。該書作者本人也相信，通過這樣的嘗試和不斷探索，能够找到在人類學視角下一種『讀圖』的新方法，也就是作者在本書中所説的並已經給出初步定義的『圖像人類學』方法。

看『圖』易，『讀圖』難，當然這裏所説的『讀』也就是研究。能正確地而又完整地『讀』出『圖』背後的意蘊而又不落入『圖』所預設的無言的『陷阱』，這考驗的是一個研究者的綜合素質。願肖海明博士在這方面繼續努力，有更多的新發現與新成果。

劉昭瑞　二〇〇六年九月十二日

【目　録】

【第一章 導 論】

廣東佛山祖廟相傳始建於北宋元豐年間（一〇七八至一〇八五年），明清以來一直是嶺南最著名的供奉真武大帝的廟宇，香火鼎盛。一九五八年歸佛山市博物館管理以來，爲了保護文物的需要，廟内禁止了燒香。但群衆卻把拜祭地點轉移到了祖廟後墻狹長的空地上，每當初一、十五或民間的各種節日，總有不少善男信女來燒香拜北帝（真武大帝）。可見民間信仰有它自己的一套發展規律和文化創造機制。本文所要討論的歷代真武圖像的變遷軌跡就形象直觀地反映了這種文化創造過程。

《真武靈應圖册》，簡稱靈應本，是描述真武大帝出生、修道、成仙和靈應故事的一批紙本彩繪工筆畫，是近年來面世的一批十分珍貴的民間道教美術資料。本文以靈應本爲基礎，廣泛收集歷代單幅真武圖像和真武系列圖像資料，進行綜合比較研究。真武圖像研究對深化真武信仰的研究、理解中國民間信仰的文化創造過程、探索人類學圖像研究的新方法等無疑會有積極的意義。

第一節 選題的目的與意義

一、人類學圖像研究的新探索

真武圖像的研究屬於圖像文本的研究範疇，如何對類似真武圖像這樣時代跨度很大的靜態圖像進行人類學研究，是目前人類學研究的一個薄弱環節。本文將採用藝術史中的圖像學、文獻學和人類學相結合的綜合研究方法，試圖在這方面作一些探索，拓寬人類學的研究領域，力圖來印證以下幾個觀點。

（一）人類學研究靜態圖像的新探索。人類學通常擅長於深描當下活動着的社會情境，而常常忽視對靜態的社會圖像的研究。本文通過對歷代真武圖像變遷軌跡的分析研究，運用人類學『寫文化』的研究理念，即認爲『民族志從來都是文化的創作（culture invention），而不是文化的表述，闡釋學告訴我們，最簡單的文化表述都是有意義的創作，民族志文本的撰寫總是捲入了「自我塑造」的過程。』[一] 筆者認爲真武圖像的研究也是一個寫

[一] 徐魯亞：《神話與傳説——論人類學文化撰寫範式的演變》，三四頁，北京，中央民族大學博士論文，二〇〇三年。

文化的過程，並力圖在收集、分類、比較研究的過程中把一幅幅靜態的真武圖像改變成有機的民俗故事，激活靜態的圖像。

（二）民間神向官方神轉換和變遷的軌跡正反映了民間與正統、小傳統與大傳統之間的微妙關係。中國傳統社會中的民間神大致可分成兩類：一類是官方認可的神明；另一類是非官方認可的，士大夫稱之爲淫祀的鬼神。在官方認可的神明中，又有兩種情況，一種是政府通過列入國家祀典或加封賜匾等方式，將民間神吸收改造爲政府認可的神明；另一種情況是民間將國家祀典或政府提倡的神明接受過來，並改造成爲民間神[一]。從歷代真武圖像的變化軌跡來看，既有從民間到官方的轉變，也有從官方到民間的回歸。無論如何轉變，都是兩個文化傳統相互調適的結果。

（三）民間神圖像體系的建構對促進民間信仰的發展有重要意義。『神』本是虛幻無形的，在自然界中沒有與之對應的實體，但他在人們的心目中卻具有鮮明的形象。人總是按照自身的形象塑造神的形象，按人的性情塑造神的性情，按社會體系塑造神靈體系。於是神靈世界便有了分工、有了等級、有了人格、有了性別、有了性情，每一位神都被賦予了一個特殊的名稱和特定的形象。經歷了長期的神話的描述、繪畫的描繪、雕塑的造型、宗教的渲染、儀式的强化，神的生動形象早已固化在人們的腦海中，神的圖畫或造像，自然就和人們腦海中的神具有了『相似性』和『同一性』[二]。民間信仰的這種圖像塑造，使圖像成爲人和神溝通的象徵物。通過圖像化的具象表現，在老百姓中形成了對這種信仰的思維框架，其作用是非常大的。真武神在民間的廣泛影響即與真武神圖像體系的建構有重要關係。

（四）玄武由最初的星辰神，發展爲動物神，最後又發展爲人格神，這是一條重要的變遷之路，文昌帝君、太白金星、福禄壽星等都與玄武有着相同的變遷軌跡。在古代地理名著《山海經》中所出現的神有許多動物形象，以後大都向着人格化的神轉變。因此，通過對真武這一民間信仰神個案圖像塑造軌跡的把握，在某種程度上，也

[一] 劉志偉：《神明的正統性與地方化——關於珠江三角洲地區北帝崇拜的一個解釋》，《中山大學史學集刊》第二輯，一二三頁，一九九四年。

[二] 薛藝兵：《神聖的娛樂：中國民間祭祀儀式及其音樂的人類學研究》，三七頁，北京，宗教文化出版社，二〇〇三年。

可以看出中國民間信仰的文化創製過程。

二 《真武靈應圖册》的資料價值

王育成先生著文認爲，《真武靈應圖册》是一批極爲罕見的能與明正統《道藏》所收道書相互對照、校補的道教美術資料，頗具學術研究價值和藝術欣賞價值[一]。王卡先生也認爲，明正統《道藏》中祇有明代的《大明玄天上帝瑞應圖録》保留了插圖，極爲珍貴的元代《玄天上帝啓聖録》插圖已被删去了，而《真武靈應圖册》的發現『對道教歷史和文學藝術的研究，應是一大幸事』[二]。《真武靈應圖册》中屬於《大明玄天上帝瑞應圖録》的幾張彩繪工筆畫，雖見於明正統《道藏》著録的《大明玄天上帝瑞應圖録》一書，但《真武靈應圖册》彩繪圖面積較大，製作精美，表現出許多正統《道藏》見不到看不清的内容。在題記上，《真武靈應圖册》的録文也與通行的正統《道藏》録文有一定的差異，可爲校勘之用。《真武靈應圖册》不僅在道教研究方面有重要價值，在藝術史、民俗學領域也有其獨特的價值，有待從各領域深入發掘。

三 道教圖像研究是一個新領域

十五年前，法國學者安娜·賽德爾（Anna Seidel）在其《西方道教研究編年史（一九五〇—一九九〇）》一書中，針對西方及日本對中國道教研究的情況，指出道教研究忽視肖像（圖像）的問題，她説：『道教肖像是一個豐富而幾乎完全未被觸及的研究領域。造成這種奇怪的疏忽的諸多原因之中，毫無疑問有：不少藝術史家關注的僅僅是風格和年代；人們對藝術作品的宗教意義一貫缺乏興趣；對民間藝術不太尊重；一些中國藝術專家的偏狹態度以及某些博物館和美術館（特别是中國和日本的）的吝嗇政策。』[三]中國國内的道教圖像研究也有類似的情況，相對於有限的研究成果，目前這方面的研究材料卻在不斷地發現和增多，本文所討論的《真武靈應圖册》即爲一例。另外，筆者於二〇〇三年八月間到河北蔚縣作歷史人類學考察，發現當地古堡衆多的神廟中，存

[一] 王育成：《新見明代彩繪真武圖述略》，《藝術史研究》，廣州，中山大學出版社，二〇〇〇年。
[二] 王卡：《〈大明玄天上帝瑞應圖録〉目擊記》，見《道韻》第四輯，臺灣，中華道統出版社，一九九八年。
[三] [法] 安娜·賽德爾著、吕鵬志等譯：《西方道教研究編年史》，六八頁，北京，中華書局，二〇〇二年。

有大量明清時期的壁畫，其中水東堡村的真武廟和北方城村的北極宮壁畫，較系統地繪出了真武大帝修道成仙、靈應祥瑞的故事。類似的真武系列繪畫，在全國衆多的歷代真武廟中還可能有留存。王育成先生在新近出版的《明代彩繪全真宗祖圖研究》一書中說：『過去道教研究者較少涉足這一（道教圖像研究）領域，每當說到這些材料，學者多想到的是那些一幅幅古代繪畫作品，並把它們與博物館、美術館聯繫在一起，卻忽視了圖書館所藏各類古籍善本書的畫作，其實這類畫作的量也不少。』[一]道教圖像研究的基礎材料一般可分爲四大類：（一）以石窟、道觀、墓葬爲主的雕塑、壁畫；（二）以齋醮科儀爲中心的道壇神像畫軸；（三）以道教經典等爲中心的版畫插圖；（四）其他道教藝術題材。上述各類題材中都有真武圖像出現，可見真武圖像研究，乃至道教圖像研究，有着較廣闊的開拓空間。

四　有益於探索其他諸神圖像系統的研究

真武圖像系統從北宋開始逐步形成，南宋、元代均有發展，到明代隨着真武作爲明皇室守護神地位的確立，達到了登峰造極的地步，《大明玄天上帝瑞應圖録》、《真武靈應圖册》等問世即爲重要的例證。通過以《真武靈應圖册》爲基礎，結合其他相關資料的比較研究，希望能探索出一條圖像研究的路子。然後以同樣的眼光與方法，來研究衆多的道教諸神，從元始天尊、各路仙衆到四方兵甲，逐一建立其圖像學系譜，追溯他們的變遷軌跡。這樣的研究，無疑對道教圖像學的發展會有非常積極的意義。

藝術史中的圖像學研究，形成於二十世紀初的歐洲大陸，是以『歷史——解釋學』爲基礎的一門科學，它建立在對藝術品進行全面的文化、科學的解釋之上。在該學科中，所謂文化，是指它的政治、倫理、宗教、社會等一般觀念在藝術品中的象徵；所謂的科學，是指它所蘊涵的哲學、心理學、神學、神話學、音樂史、文學史、建築史甚至一般科技史。從西方學術史上看，藝術史可能是對解釋意義最早感興趣的學科，這一傾向甚至影響到了語言學、哲學乃至文化人類學。文化人類學深描的是當下的活動着的社會圖像，圖像學深描的則是既往的靜止着的社會圖像——『老照片』。二者在本質上是一致的。圖像學是當今西方藝術史研究中一個佔統治地位的

[一] 王育成：《明代彩繪全真宗祖圖研究》，五頁，北京，中國社會科學出版社，二〇〇三年。

分支學科[一]。而道教圖像學是以道教圖像爲研究對象的一個圖像學的分支學科，是一個有待深入探索的新領域。希望通過此項研究，不僅爲打好道教圖像研究的基礎積累資料，而且對如何進行道教圖像研究，特别是圖像比較研究能作一些粗淺的嘗試和探索。

五 《真武靈應圖册》載有多方面的學術信息

《真武靈應圖册》雖是一組道教書畫作品，但畢竟是當時社會的産物，因此許多内容都是當時社會實況的轉録，對研究明代的建築、服飾、民俗與社會生活、宗教儀式、繪畫傳統等等都有一定的學術參考價值。整套繪畫描繪的人物形象多達數百人，有皇帝、將軍、官員、士紳、僧人、道士、老人、男子、婦女、兒童、少數民族人物等等，他們的服飾各不相同，無疑是研究明代服飾文化的重要資料。而圖册中繪出許多建築造型，有宫廷殿宇、官府衙門、民居私宅、道觀仙閣等等，對研究明代的建築文化也有很好的參考作用。

第二節 學術研究回顧

一、真武信仰研究回顧

現代學者有關真武信仰的研究，一般認爲以許道齡於一九四七年撰寫的《玄武之起源及其蛻變考》一文爲最早。半個多世紀以來，真武信仰的研究從未間斷，尤其是近十多年來，隨着各地真武信仰的逐步復興，真武研究成果也比以前有了明顯增多。大致來看，真武研究主要集中在以下四個方面，即：真武（玄武）起源研究、宋明真武信仰研究、地域真武信仰研究、真武與道教文化研究。

（一）真武（玄武）起源研究

真武的起源問題，歷來衆説紛紜。一九四七年許道齡的《玄武之起源及其蛻變考》一文分起源和蛻變兩個部分，認爲玄武起源於星辰崇拜，漢代時玄武原來爲龜，西漢末年才加上蛇，成爲龜蛇相交形象[二]。宗力、劉群在《中國民間諸神》一書中認爲，玄武最初的獸形星辰神的形象，源於星辰信仰，認爲以獸形靈物來命名星辰，

[一] 賴富本宏：《佛教圖像學的成果和問題點》，《世界宗教研究》，二〇〇〇年第二期。
[二] 宗力、劉群：《中國民間諸神》，七二頁，石家莊，河北人民出版社，一九八七年。

乃是改造原始的自然崇拜形式，把抽象的天體神動物化的一種手段[一]。馬書田在《華夏諸神》一書中比較了各種起源說後，提出玄武起源於原始星辰崇拜與動物崇拜的觀點[二]。馮時在其《星漢流年》、《中國天文考古學》兩書中認爲，四象起源可追溯到新石器時代，玄武的早期形象爲神鹿[三]。陳久金也在《從北方神鹿到北方神龜的轉變——關於圖騰崇拜與四象觀念形成的補充研究》一文中認爲早期玄武爲神鹿，爲北方胡人的圖騰，戰國以後夏民族的龜蛇圖騰取代了胡人圖騰鹿而成爲北宮之象[四]。孫作雲在《敦煌畫中的神怪畫》一文中則認爲玄武起源於北方神禺强，其形爲龜，後演變爲鯀，爲鱉氏族酋長，相傳鯀的妻子爲『修己』，即『修蛇』，龜蛇合體的形象，是上古以龜或鱉爲圖騰的氏族與以蛇爲圖騰的氏族相互通婚的遺留[五]。何新在《諸神的起源》中也認爲玄武源於水神玄冥，即鯀。又因，玄冥之冥在上古音系中與武相通，因此音近而通假，玄武一名由此而來[六]。張從軍在《玄武與道教起源》一文中認爲，龜、蛇崇拜先分別流行於南方和北方地區，到新石器晚期在山東地區開始合流，最後形成龜蛇合體的玄武形象[七]。王小盾、葉昶在《玄武考原》一文中則從龜卜的角度來探討玄武的起源，認爲玄武的起源與卜兆的神龜有關[八]。何定杰《鬼神信念的三個來源》認爲真武是由天地神變化而來[九]。有關玄武起源問題港臺地區還有一些重要的著作，如黃兆漢的《玄帝考》[一〇]等。

（二）宋明真武信仰研究

[一] 宗力、劉群：《中國民間諸神》，七九頁，石家莊，河北人民出版社，一九八七年。

[二] 馬書田：《華夏諸神》，八一頁，北京，燕山出版社，一九九九年。

[三] 馮時：《星漢流年》，一八一至一八六頁，成都，四川教育出版社，一九九六年；馮時：《中國天文考古學》，三一五至三二〇頁，北京，社會科學出版社，二〇〇一年。

[四] 陳久金：《從北方神鹿到北方神龜的轉變——關於圖騰崇拜與四象觀念形成的補充研究》，《自然科學史研究》第十八卷第二期，一九九九年。

[五] 孫作雲：《敦煌畫中的神怪畫》，《考古》，一九六〇年第六期。

[六] 何新：《諸神的起源》，一九九至二〇三頁，北京，三聯書店，一九八五年。

[七] 張從軍：《玄武與道教起源》，《山東師範大學學報》（齊魯文化研究專號），二〇〇二年第一期。

[八] 王小盾、葉昶：《玄武考原》，《高校文科學報文摘》，一九八九年第一期。

[九] 何定杰：《鬼神信念的三個來源》，武漢，湖北人民出版社，一九六四年。

[一〇] 黃兆漢：《玄帝考》，《道教研究論文集》，香港，香港中文大學出版社，一九八八年。

宋明是真武信仰的大發展時期，尤其是明代，真武信仰遍及全國，鼎盛一時。宋代玄武信仰的研究，主要有臺灣莊宏誼的博士論文《十至十三世紀的宋代玄武神信仰》，該書重點討論了宋代玄天上帝傳記與經典的內容，帝王士庶奉道的情形及奉神的齋醮儀式和相關法術。王光德、楊立志《武當道教史略》第二章宋代真武崇拜部分，也從宋皇室對真武神的崇奉、宋代的真武經典、宋代民間的真武信仰等方面進行了較系統的論述[一]。唐代劍的《論真武神在宋代的塑造與流傳》一文從真武在宋代的演變、宋帝對真武的崇奉、真武在宋代的流傳等方面論述了真武在宋代的塑造與流傳過程，並分析了宋人崇奉真武的原因[二]。曾召南在《宋元明皇室崇信真武緣由芻議》一文中從宋朝當時所處的政治軍事環境，宋皇室對真武的崇信等方面論述了宋皇室把真武作爲北疆的捍衛神的過程[三]。明代真武信仰研究成果較多，前引《武當道教史略》用了較大的篇幅來研究明代的武當道教、武當宮觀及其影響。武漢大學梅莉的博士論文《明清時期的真武信仰與武當山朝山進香》（二〇〇三年）主要考察了明清皇室與真武信仰、社會各階層對真武信仰的態度、真武的神職與大衆的崇信、晚清真武信仰的流變、明清時期真武信仰的地理分佈、武當山朝山進香等問題，其中地理分佈一章頗有新意。馬書田的《明成祖的政治與宗教》，陳學霖的《『真武神·永樂像』傳説溯源》，唐大潮的《明王朝與武當道教》，楊立志的《明成祖與武當道教》、《明帝與武當山宮觀經濟考述》、《明帝崇奉真武神祀典考述》，楊洪林《明成祖與武當山真武大帝》，趙本新《明成祖『北建北京，南修武當』的戰略思想》等等，這些論文多發表在《世界宗教研究》、《武當學刊》、《鄖陽師範高等專科學校學報》等雜誌，對明成祖以及明皇室與武當山道教、武當山的關係從多方面、多角度作了深入的探討，可視爲真武信仰研究的亮點之一。

（三） 地域真武信仰研究

明代以來，由於明皇室的大力提倡，真武信仰迅速遍及全國，直到現在一些地方真武信仰仍然相對較爲流行，

[一] 王光德、楊立志：《武當道教史略》，北京，華文出版社，一九九三年。

[二] 唐代劍：《論真武神在宋代的塑造與流傳》，《中國文化研究》，四三至四七頁，二〇〇〇年秋之卷。

[三] 曾召南：《宋元明皇室崇信真武緣由芻議》，《宗教學研究》，一九九六年第二期。

除武當山所在的湖北地區外，在兩廣地區、福建地區、臺灣地區仍有一定的流行。因此，相應的這些地區的真武信仰研究成果也相對較多。

武當研究是一個影響波及國内外的學術領域，尤其是武當武術的研究更是著作衆多。武當山相傳爲真武修道成神之地，武當山真武信仰的研究分散於武當研究的各類文章之中，近年來，《中國武當山道教音樂》、《武當道教史略》、《武當山志》、《武當山歷代志書集注》、《武當傳説故事》等書相繼出版，尤其是《武當道教史略》對歷代真武信仰與武當山的關係多有論述。武當真武的研究文章前文已提及數篇，最近龐麗君的《武當山道教九月初九真武齋醮法事實録——宗教人類學考察報告》則是一篇通過對武當山道教九月初九真武聖壽齋醮法事的田野調查，從宗教人類學的角度審視齋醮儀式的源流及其社會功能的文章[一]。

兩廣地區的真武研究，劉志偉的《神明的正統性與地方化——關於珠江三角洲地區北帝崇拜的一個解釋》和《大族陰影下的民間神祭祀：沙灣的北帝崇拜》兩篇文章，研究了珠江三角洲地區北帝崇拜由正統向民間的轉變與調適；通過北帝祭祀活動，考察一個特定社區中的宗族發展及其組織性格對地緣性的社區關係的影響等問題[二]。羅一星的《明清佛山經濟發展與社會變遷》、《明清佛山北帝崇拜的建構與發展》對佛山北帝崇拜的建構與發展有較深入的研究[三]。筆者在一九九八年所寫的《北帝（玄武）崇拜與佛山祖廟》、《佛山的北帝（玄武）崇拜初探》兩文，對佛山的北帝崇拜及其與社區文化的關係進行了探討[四]。鄒衛東、冉春林《明清珠江三角洲地區對北帝的崇拜》以地方文獻爲主對明清珠江三角洲一帶的北帝崇拜作了回顧[五]。鄒衛東的《明清珠江三角洲地

[一] 龐麗君：《武當山道教九月初九真武齋醮法事實録——宗教人類學考察報告》，《中南民族大學學報》，二〇〇四年一期。

[二] 劉志偉：《神明的正統性與地方化——關於珠江三角洲地區北帝崇拜的一個解釋》，《中山大學史學集刊》第二輯，一九九四年；《大族陰影下的民間神祭祀：沙灣的北帝崇拜》《寺廟與民間文化研討會論文集》，臺北，行政院文化建設委員會，一九九五年。

[三] 羅一星：《明清佛山經濟發展與社會變遷》，廣州，廣東人民出版社，一九九四年；《明清佛山北帝崇拜的建構與發展》，《中國社會經濟史研究》，一九九二年第四期。

[四] 肖海明：《北帝（玄武）崇拜與佛山祖廟》，《佛山大學學報》，二〇〇二年第三期；《佛山的北帝（玄武）崇拜初探》，《佛山祖廟》，北京，文物出版社，二〇〇五年。

[五] 鄒衛東、冉春林：《明清珠江三角洲地區對北帝的崇拜》，《嶺南文化》，二〇〇〇年第三期。

區『北帝』崇拜與社會經濟》（二〇〇一年）探討了明清時期的北帝崇拜熱與珠江三角洲地區社會經濟發展的互動關係。李世源《珠澳等地北帝廟探秘》，以廣東珠海、澳門等地的北帝廟爲切入點論述了南北文化大融合等問題[一]。陳久金《容縣真武閣考源》一文通過考察廣西容縣真武閣的源流，對廣西真武崇拜的原因以及壯族三月三的起源問題進行了探討[二]。

福建地區的真武研究，在《道韻》第三輯中有較集中的表現。主要有黃清敏的《福州真武信仰初探》、林劍華的《福建莆田北辰宮廟會記詳》、李國宏的《永寧虎岫寺玄武信仰調查與分析》、張亞群的《水崇拜與玄武信仰在泉州的分佈特點》、王寒楓的《泉州海外交通史跡法石真武廟》等，這些文章對福州、泉州一帶的真武信仰作了較詳細的介紹與研究，是了解福建一帶真武信仰，進行對比研究的重要資料[三]。

臺灣地區的真武研究比大陸更爲興盛。蔡相輝《明鄭臺灣之真武崇祀》研究了鄭成功家族崇祀真武神的原因及修建宮觀的情形[四]。高麗珍《臺灣民俗宗教之空間活動——以玄天上帝祭祀活動爲例》（一九八八年），對玄天上帝在臺灣的流行、分佈及原因，玄天上帝與秘密結社，玄天上帝作爲乩童的保護神等問題作了討論。何乃川、陳進國《論玄天上帝信仰在閩臺的傳播》一文從文化傳播的角度詮釋了閩南、臺灣的玄天上帝信仰現象，指出其傳播雖然受到歷史文化形態和現實社會形態的雙重制約，但在現代劇烈的社會變遷中，卻依然具有廣泛的影響力。賴宗賢《臺灣『北極玄天上帝』信仰》對臺灣的玄天上帝信仰及其著名廟宇作了介紹[五]。

（四）真武與道教文化研究

此類研究如《道韻》第三輯的『天部』以及《道韻》第四輯的部分文章，從玄帝儀式、玄帝與丹道思想，玄帝與道教科技文化、科技哲學等方面，對真武與道教文化進行了多角度的探討。

[一] 李世源：《珠澳等地北帝廟探秘》，《東南文化》，一九九八年第一期。
[二] 陳久金：《容縣真武閣考源》，《廣西民族學院學報》，二〇〇一年第五期。
[三] 詹石窗主編：《道韻》第三輯，臺灣，中華道統出版社，一九九八年。
[四] 蔡相輝：《明鄭臺灣之真武崇祀》，臺北，《明史研究專刊》，一九八〇年第三期。
[五] 何乃川、陳進國：《論玄天上帝信仰在閩臺的傳播》；賴宗賢：《臺灣『北極玄天上帝』信仰》，均見《道韻》第三輯。

海外對真武的研究，比較早期的如Willem A. Grootaers, *The Hagiography of the Chinese God Chen-wu* 對察哈爾萬金、宣化等縣的真武信仰進行了深入細緻的調查研究，並與明代的真武小說進行比較，以此討論中國民間信仰的傳播方式和鄉村文化的表現形式〔一〕。Susan Naquin and Chun-fang Yu: *Pilgrimage in China, Pilgrims and Sacred Sites in China* 探討了真武信仰的源流，宋以來帝王對真武的崇奉，武當山宮觀歷史等問題〔二〕。Stephen Little: *Taoism and the Arts of China*有關真武部分則對海内外所藏的部分真武圖像進行了評介與研究〔三〕。

有關玄武或真武圖像的研究文章大致分爲兩類：一類是專門研究玄武或真武圖像的文章，較著名的有：林聖智的《明代道教圖像學研究：以〈玄帝瑞應圖〉爲例》，該文以明代玄天上帝圖像爲例，結合不同媒材，試圖建立玄天上帝的圖像系統，並初步嘗試道教圖像學研究的系統化〔四〕。Stephen Little: Taoism and the Arts of China中的『真武：完美的戰神』部分有關海内外真武圖像的研究，王清建的《論漢畫中的玄武形象》〔五〕等。這類文章非常少見，與玄武或真武較爲常見的文獻研究形成了强烈的反差，這也是筆者選題的重要原因之一。第二類是研究其他問題或使用材料時涉及了真武圖像，屬於附帶式的研究，如：鄭阿財的《從敦煌文獻看唐五代的玄武信仰》〔六〕，《道韻》第三輯、第四輯的部分玄武研究文章，周天游主編的《唐墓壁畫研究文集》〔七〕等，這類文章或材料數量比較多，但因作者的着眼點並非在圖像，使得有關真武圖像的圖文資料大多零星分散。所幸的是歷代積累了豐富的真武圖文資料，爲此項研究的進行打下了一定的基礎。

〔一〕Willem A. Grootaers, "*The Hagiography of the Chinese God Chen-wu*", Folklore Studies, vol.XI, No.2, 1952, P139-181.

〔二〕John Lagerwey: The Pilgrimage to Wu-tang Shan, Susan Naquin and Chun-fang Yu: *Pilgrimage in China, Pilgrims and Sacred Sites in China*, University of California Press Berkeley, Los Angeles and Oxford, 2000, P293-332.

〔三〕Stephen Little: *Taoism and the Arts of China*, The Art Institute of Chicago, 2000, P291-311.

〔四〕林聖智：《明代道教圖像學研究：以〈玄帝瑞應圖〉爲例》，臺灣：《美術史研究集刊》，一九九九年。

〔五〕王清建：《論漢畫中的玄武形象》，《中原文物》，一九九五年第三期。

〔六〕鄭阿財：《從敦煌文獻看唐五代的玄武信仰》，臺灣：《道教的歷史與文學》。

〔七〕周天游主編：《唐墓壁畫研究文集》，西安，三秦出版社，二〇〇三年。

《真武靈應圖册》是近幾年才面世的道教繪畫精品，有關它的介紹研究文章目前僅知有四篇：即史樹青先生的介紹文章（未發表）；王育成的《新見明代彩繪真武圖述略》[一]，《明永樂彩繪〈真武靈應圖册〉初探》（《道韻》第四輯）；王卡的《〈大明玄天上帝瑞應圖録〉目擊記》（《道韻》第四輯）。這些文章都是一九九八年《真武靈應圖册》在北京嘉德拍賣行拍賣前，幾位專家應邀去鑒定後所寫，由於時間倉促，再加上資料所限，幾位專家的文章祇屬初步的評介和研究。但他們的研究，提出了許多重要的問題，特别是對論證《真武靈應圖册》的價值作出了重要的貢獻，也爲進一步研究打下了一定的基礎。

此外，尚有一些有關歷代真武信仰的研究文章和通俗性的著作，比較零星分散，這裏不一一列舉[二]。

綜上所述，學術界對真武（玄武）起源研究、宋明真武信仰研究、地域真武信仰研究、真武與道教文化研究等方面都有較深入的研究。但在真武圖像的研究方面卻較少涉及，本文正是着力於這方面的研究，希望能擴大真武研究的領域，進而探索中國民間信仰的文化創製過程。

二 人類學藝術研究回顧

日本學者宮家准先生在一九九〇年出版的《宗教民俗學》一書中提到有四個學科業已嘗試着研究宗教繪畫，一是藝術史中的圖像學研究，二是以符號學爲基礎的宗教繪畫研究，三是宗教人類學家等所進行的研究，四是民俗學者和歷史學者所嘗試的、根據從宗教繪畫上觀察到的斷續的事物形態，結合文獻資料等來解讀當時的宗教民俗或時代印跡的研究[三]。人類學對藝術的研究由來已久，大致可分爲四個階段：從進化論到歷史特殊論時期；功能主義和結構主義時期；解釋人類學時期；綜合反思時期。

從進化論到歷史特殊論時期

十九世紀下半葉出現的古典進化論學派標誌着文化人類學作爲一門獨立科學正式誕生了。藝術作爲人類文化的一部分當然也引起了進化論派學者的關注，但總體來講此方面的研究十分有限，比較著名的如屬進化論派的格

[一] 王育成：《新見明代彩繪真武圖述略》，《藝術史研究》，廣州，中山大學出版社，二〇〇〇年。
[二] 王從仁：《玄武》，上海，學林出版社，二〇〇二年；王杏元：《神武今鑒》，廣州，中山大學出版社，一九九二年。
[三] 〔日〕宮家准：《宗教民俗學》『宗教美術』，東京，東京大學出版社，一九九〇年。

羅塞的《藝術的起源》、哈登的《藝術的進化》，屬歷史特殊論派的博厄斯的《原始藝術》等。這些研究在廣泛收集原始藝術資料的基礎上，主要關注的是藝術的起源、藝術品的形式、風格等的演變與分佈、藝術品的進化與傳播等問題，如博厄斯的《原始藝術》就是通過對原始藝術的若干基本特性進行分析，來討論各種藝術風格的發展問題以及各種風格得以發展的能動條件問題〔一〕。這一時期藝術研究的主要目的是以文化相對主義等觀點爲主導，向西方介紹非西方藝術的演變與分佈，以消除西方人對非西方藝術的陌生感。

功能主義和結構主義時期

上世紀二十年代以來，隨着功能主義和結構主義理論的相繼流行，這兩個學派也出現了部分與藝術研究有關的人類學著作，如馬林諾夫斯基《西太平洋的航海者》對『庫拉』交換的研究，拉德克利夫·布朗《安達曼島民》中將藝術品作爲技術文化範疇的研究，列維·斯特勞斯的《結構人類學》第一卷、《憂鬱的熱帶》、《野性的思維》、《面具的奧秘》等著作中都涉及人類學藝術研究問題。他們研究的內容已不再局限於研究藝術品的起源與風格，從對藝術品本身的關注轉到將藝術品理解爲一種動態的行爲過程。『除了在特定的文化場景中考察藝術品本身的意義之外，還强調它所行使的功能，研究它在維持社會結構中的作用，而採取結構主義立場的研究則更關注這些物品編碼所承載的意義。』〔二〕另外，荷蘭學者C·Ouwehand以列維·斯特勞斯的結構主義方法爲基礎分析『鯰繪』（鮎魚畫，鮎魚因『鮎魚如果翻身就會引發地震』的日本民間傳説而成爲地震的象徵），繪製出了『鯰繪結構圖』，將鮎魚畫歸納爲兩種結構模式，從而分析日本民俗宗教的宇宙哲學：鮎魚既是破壞者，又是新世界的創造者。社會安定時人們就不希望鮎魚翻身，社會不安時則希望其翻身，來個翻天覆地的新變化〔三〕。這是用結構主義方法研究宗教繪畫的成功例子。

解釋人類學時期

〔一〕〔美〕博厄斯著、金輝譯：《原始藝術》，一一頁，上海，上海文藝出版社，一九八九年。

〔二〕孫春花：《藝術人類學簡史》，七頁，北京，中央民族大學碩士學位論文，二〇〇四年。

〔三〕〔日〕宮家准：《宗教民俗學》『宗教美術』，東京，東京大學出版社，一九九〇年。

二十世紀六七十年代是解釋人類學風行的時代，解釋人類學對藝術問題的研究以格爾茲爲代表，主要體現在他的三部代表性的著作：《文化的解釋》（一九七三年）、《尼加拉：十九世紀巴釐劇場國家》（一九八〇年）、《地方性知識》（一九八三年）。格爾茲在這些著作中將解釋人類學的理論運用於藝術研究中，將藝術研究推向一種『深描』式的民族志撰寫。通過細緻的田野工作，取得有關藝術傳統的第一手資料，然後解釋其所蘊含的意義。格爾茲從日常生活的遊戲、國家的政治象徵中探尋戲劇的隱喻，提倡『藝術符號學』，認爲藝術是日常生活的折射，反映的是人們對生活的理解。藝術品是用來闡釋社會關係、維護社會秩序、强化社會價值觀的精心製作的產物，因此，解釋人類學必須探尋社會生活的符號意蘊，而不是那些臆造的二元論的、轉換的、平行的或同一的世界[一]。

綜合反思時期

二十世紀八十年代以來，人類學對藝術的研究在反思功能主義、結構主義、解釋人類學等學術觀點的基礎上，開始重新審視兩者的關係。此階段的作品如羅伯特·萊頓的《藝術人類學》、Coote, Jeremy 和A.Shelton編著的《人類學、藝術和美學》、Marcus, George E. 和Fred R. Myers編著的《文化交流》等。萊頓在《藝術人類學》中運用人類學的研究方法和成果來透視藝術史，他將研究對象置於一個特定的文化體系之中以確認其文化價值，進而通過豐富的材料論述小型社會中藝術與社會生活、藝術與視覺傳達、藝術的風格特徵、藝術家的創造力等問題[二]。《人類學、藝術和美學》一書從不同角度論述了人類學藝術研究的歷史性和根源性、合法性和可行性、拓展性等，以推進藝術人類學的發展[三]。《文化交流》一書主張將人類學藝術研究的方向轉向西方藝術界本身，提倡批判式的人類學藝術研究[四]。

從以上人類學對藝術的研究可知，以往的研究大多關注的是原始藝術或『小型社會』的藝術，對象真武圖像

[一] 孫春花：《藝術人類學簡史》，五一頁，北京，中央民族大學碩士學位論文，二〇〇四年。
[二] 羅伯特·萊頓著，靳大成等譯：《藝術人類學》，北京，文化藝術出版社，一九九二年。
[三] Coote, Jeremy and A. Shelton (eds.), *Anthropology, Art and Aesthetics*, Oxford, Clarendon Press, 1992.
[四] Marcus, George E. and Fred R. Myers(eds.), *The Traffic in Culture, Refiguring Art and Anthropology*, Berkeley: University of California Press, 1995.

這樣時代跨度很大的靜態圖像如何進行人類學研究，目前還没有發現較好的處理辦法。因此，本書嘗試採用的是藝術史中的圖像學、文獻學和人類學相結合的綜合研究方法，以解決問題爲主旨，不刻意糾纏學科的界限，希望在學科的交流中深化對宗教圖像的研究。

第三節　研究方法

本書總體採用藝術史中的圖像學、文獻學和人類學相結合的綜合研究方法。在圖像學方面，主要參照潘諾夫斯基(E.Panofsky)《視覺藝術的含義》[一]，貢布里希(E.H.Gombrich)《象徵的圖像》[二]、《秩序感》、《理想與偶像》[三]，哈斯克爾(F.Haskell)的《藝術家與贊助人》[四]等書中所闡述的圖像學研究方法；在人類學方面，參照了功能、結構、解釋等各學派關於人類學藝術研究的方法。具體而言，主要運用以下幾種研究方法：

一、分類與比較相結合

首先對研究的基本材料《真武靈應圖册》按内容進行了分類，在較充分地了解圖册内容的基礎上，把《真武靈應圖册》與《玄天上帝啓聖録》、《大明玄天上帝瑞應圖録》、《武當嘉應圖》，河北蔚縣真武廟、北極宫真武系列壁畫進行比較研究。比較分爲三個方面：第一，通過圖像的比較，力圖在真武圖像系統的研究方面有新的突破；第二，在文字的比較方面，除了各種材料之間的相互校勘之外，還可以對圖像的象徵意義的解釋發揮重要的作用；第三，圖像與文獻的比較，則是深化圖像研究的有效途徑。

二、圖像記述與圖像解釋相結合

圖像記述與圖像解釋是圖像學研究的兩個層次。本文首先對《真武靈應圖册》（代表性圖畫）進行認真的圖像記述工作，即用圖像學的語言對圖像内容進行描述，在此基礎上結合傳統文獻學、宗教學、人類學、民俗學等

[一] 潘諾夫斯基著、傅志强譯：《視覺藝術的含義》，瀋陽，遼寧人民出版社，一九八七年。
[二] 貢布里希著、楊思梁等編：《象徵的圖像——貢布里希圖像學文集》，上海，上海書畫出版社，一九九〇年。
[三] 貢布里希著、楊思梁等譯：《秩序感——裝飾藝術的心理學研究》，杭州，浙江攝影出版社，一九八七年；范景中等譯：《理想與偶像》，上海，上海人民美術出版社，一九九六年。
[四] F.Haskell, *Patrons and Painters*, London, 1963.

學科的知識，對圖像進行解釋。圖像解釋又包括兩個方面，一方面是對單幅圖像的解釋，探究圖像內容所隱含的深層含義；另一方面是解釋整個圖像系統的宗教象徵意義。宗教圖像系統一般都隱含着教義、教理、儀軌等多方面的內容，解釋的難度較大，是具有挑戰性的研究領域之一，本文在此方面做了初步的嘗試。

三　整體性觀點與多學科研究相結合

人類學的把人類全部文化現象視爲統一整體的觀點和研究方法，對圖像研究也有重要的參考價值。許多圖像學研究的著作就圖像來研究圖像，割裂了圖像與其所處的環境、圖像與圖像之間的內在聯繫，祇片面分析一幅幅單一的圖像，這樣往往很難準確把握圖像所隱含的真實意義。筆者借鑒人類學整體論的觀點，對《真武靈應圖册》等研究對象的圖像來源、圖像功用、圖像風格、圖像與所處環境的關係、圖像與圖像之間的關係等內容綜合起來考察，力求從整體上來把握好研究對象，探索圖像學研究的新方法。宗教圖像學研究涉及宗教學、人類學、文獻學、美學、民俗學、歷史學、考古學、心理學等諸多學科的知識，這就需要運用多學科的研究方法以對圖像材料有較全面的認識與解讀，本文除使用圖像與文獻相結合這一圖像學的基本研究方法外，也有針對性地利用上述學科中的一些方法，這也符合當代人類學所追求的多學科綜合研究的發展趨向。

四　微觀研究與宏觀研究相結合

本論文研究所涉及的圖像數量較多，在現有研究條件下，不可能面面俱到，因而採用選取典型樣本的辦法進行微觀研究，再從宏觀上來對比分析，把微觀與宏觀結合起來，力求對研究對象的準確把握。

第四節　主要研究材料

一　《真武靈應圖册》

《真武靈應圖册》是描述真武大帝出生、修道、成仙和靈應故事的一批紙本彩繪工筆畫。原件實物由八十二幅單頁工筆彩繪圖畫和八十三條題記紙頁組成，前者爲傳説中的真武大帝修道成仙、因果報應事跡畫面，後者爲同一故事或長或短的題記。八十二幅工筆彩圖已托裱爲鏡心片的形式，鏡片畫心呈正方形，高寬相同，均爲二十九厘米，精工繪製，設色鮮艷，富麗堂皇。畫面風格基本一致，據幾位當代工筆畫家推測，應爲數人聯合完成。圖右上側畫邊寫有泥金榜題，除個別彩圖的邊腳有點不影響畫面的缺損外，絕大部分彩圖保存完好。與工筆彩圖相配的題記，書寫在明代綿紙上，整紙紙面比對應的彩圖畫心稍大，除個别紙面存有漫漶水紋外，大多數都完整無損。紙上文字多寡不等，長者數十行佈滿紙面，最長達一千三百二十字；短者寥寥幾行，最短僅三十字，都是一絲不苟的正楷抄寫。

《真武靈應圖册》最初從上海某大收藏家之手流入市場，據説史樹青先生還寫過專文介紹。徐邦達先生爲此圖册題寫了『真武靈應圖册』墨款，此墨款現與《圖册》保存在一起。一九九八年，北京嘉德拍賣行以五十五萬元的價格拍賣了此套圖册，並首創了當時道教書畫作品轉讓的最高價位。後此圖册由廣東省佛山市京桂拍賣行出面，轉賣給了佛山市商業銀行，並永久收藏於佛山市博物館。中國社會科學院世界宗教研究所的王卡先生認爲：『此圖册未能回歸道教名山叢林，則甚爲遺憾』[一]。其實此圖册藏於華南著名的奉祀真武大帝（北帝）的佛山祖廟内，也應算是適得其所了。

《真武靈應圖册》屬傳世無款宗教畫，不署作者姓名和創作時間。本來從圖册的内容來看，似稱爲《玄帝瑞應圖册》更爲準確和符合傳統，但因爲面世以來各種媒體都以《真武靈應圖册》相稱，爲了易於大家明白，本文仍以《真武靈應圖册》名之。

關於《真武靈應圖册》的年代問題，目前有兩種觀點。一種認爲是明代，主要是在北京嘉德拍賣時一些文物鑒定專家和宗教學者的觀點。另一種認爲是明末清初的作品，廣州的一些文物鑒定專家有這樣的看法。王育成認爲，靈應本『必是在永樂十六年至正統九年即公元一四一八年至一四四四年間創作完成的，最大的可能是武當宮觀建成不久爲稱頌描述這一盛事而繪之，當在永樂皇帝後期比較合適。因此，嘉德公司拍賣的這批關於真武大帝的書畫作品，應是明代初年永樂時期的産物，與明初武當山宮觀的大規模修建有密切關係。』[二]他的主要依據是：第一，靈應本與明代《正統道藏》所收《玄天上帝啓聖録》、《大明玄天上帝瑞應圖録》比較，靈應本七十餘幅彩繪工筆圖，皆不見於道藏本《玄天上帝啓聖録》，後者僅存題記，而且前者七十餘紙題記亦

[一] 王卡：《〈大明玄天上帝瑞應圖録〉目擊記》，見《道韻》第四輯，九頁。

[二] 王育成：《新見明代彩繪真武圖述略》，《藝術史研究》，廣州，中山大學出版社，二〇〇〇年。

與後者有着差異，表現出明顯的早於明《道藏》刻本的特點。第二，靈應本『黄榜榮輝』圖上，『竟然抄寫出連明《道藏》本所刻「黄榜榮輝」圖也已逸佚的「永樂十年七月廿一日諭旨」，顯示出其年代要比《道藏》早的特徵。該藏在明英宗朱祁鎮正統九年（一四四四年）開刊，正統十年（一四四五年）完成，是應皇帝敕命官修的，但卻佚去永樂帝這道諭旨，説明載録這道諭旨的靈應本彩繪「黄榜榮輝」圖要早於明正統九年。又因明《道藏》本《大明玄天上帝瑞應圖録》載有永樂十六年十二月初三日所書「御製大嶽太和山道宫之碑」』，故其上限應在一四一八年之後。

雖然王育成先生關於永樂皇帝『永樂十年七月廿一日諭旨』已『遺佚五百年』的提法並不準確，因在任自垣於明宣德六年（一四三一年）所編的《敕建大嶽太和山志》和徐永道於明宣德七年（一四三二年）所重刊的《武當嘉慶圖》中都保存了此道諭旨，但作爲皇帝敕命官修的《道藏》不收這道永樂帝敕命修建武當山宫觀的最早諭旨，確實令人不可理解。另外，靈應本所收的《大明玄天上帝瑞應圖録》中的圖文與《道藏》相比也有多處不同，明顯不是按《道藏》本繪製而成，並未受到官修《道藏》的影響，因此也應早於《道藏》。

從靈應本講述的真武故事中提到的時間來看，早在晉代，晚至明朝永樂年間，大多數爲北宋前期的故事。就靈應本反映的圖像内容來看，絕對是清代以前的，没有一點清代的痕跡。因此筆者認爲，《真武靈應圖册》應爲明代的作品，如果真是清初的作品，那也一定是按照明代的底本所繪，絕不會是清代的新創。

二 其他研究材料〔一〕

一 《武當嘉慶圖》

《武當嘉慶圖》，又名《啓聖嘉慶圖》、《玄武嘉慶圖》，該書由元代武當山天一真慶宫提點張守清主持編寫，其弟子唐中一、劉中和繪圖而成。於元武宗至大三年（一三一〇年）以前刊印。至大三年至延祐元年（一三一四年），張守清在元大都建醮祈雨期間，邀請當時著名道士張與材、吴全節、趙汴，著名文人趙孟頫、虞集、張仲壽、鮑思義爲《嘉慶圖》作序，序文現存於《道藏》本《玄天上帝啓聖靈異録》一書中。元版《武當嘉慶

〔一〕此部分内容在相應的各章中有較詳細的介紹，這裏不展開。

圖》原書已佚，現存明版《武當嘉慶圖》收入《藏外道書》第三十二册，共八十八幅圖和八十八條題記。

二　河北省蔚縣清代真武壁畫

河北省蔚縣清代真武壁畫，是筆者二〇〇三年在蔚縣調查時發現，内容分兩部分：一是蔚縣水東堡村真武廟，廟東西兩壁原有五十六幅真武故事畫和榜題文字，現可以看清的共三十九條榜題文字和兩幅圖畫。二是蔚縣湧泉莊鄉北方城村北極宫，廟東西兩壁共有四十八幅真武故事畫和榜題文字，衹有一幅榜題漫漶不清。兩廟加起來，共存有五十幅真武故事繪畫。是十分難得的民間廟宇真武圖像研究資料。

三　《玄天上帝啓聖録》

《玄天上帝啓聖録》，收於《道藏》洞神部紀傳類，共八卷。不著撰人及成書時代，共收入真武故事一百二十八則，故事大多據北宋的《真武啓聖記》、南宋的《玄帝實録》以及元代創建武當宫觀的真武故事編輯而成。書中多次提到元代武當山天一真慶宫神跡，並出現以『吾山』的口胳來讚揚武當山的詩句，再聯想到前述《武當嘉慶圖》的編輯，可以推斷此書爲元代武當山真慶宫提點張守清及其弟子編輯。該書第一卷記述真武本生故事，二到八卷記述宋代真武靈應故事。《真武靈應圖册》中有七十八條題記來源於該書。

四　《大明玄天上帝瑞應圖録》

《大明玄天上帝瑞應圖録》，收於《道藏》洞神部紀傳類，共一卷，十七幅圖和十七條題記。該書不著撰人及成書時代，從故事内容來看，應爲明朝永樂年間武當山道士奉旨編輯而成。明朝永樂皇帝曾大規模修建武當山宫觀，本書正是匯集大修武當宫觀時出現的各種祥瑞故事，如『神留巨木』、『水湧洪鐘』、『榔梅呈瑞』等，繪成圖畫，進獻給永樂皇帝，因而書名爲《瑞應圖録》。該書匯集了當時大修武當山的敕諭和碑文等資料，書末還附有《御製真武廟碑》，讚揚玄帝的功德。《真武靈應圖册》中有四幅圖畫和五條題記來源於該圖録。

五　武當山磨針井壁畫

磨針井，又名純陽宫，位於武當山回龍觀至老君堂之間的登山公路旁，按真武『悟杵成針』的故事建於清康熙年間（一六六二至一七二二年），清咸豐二年（一八五二年）重建。磨針井正殿東西兩壁上所見的清代真武壁畫，東西兩壁各四大幅，每一大幅中又包含着若干個真武故事。具體每一幅包含哪些真武故事内容，仍有待進一步研究。

六　歷代真武圖像資料

本文收集了衆多的歷代真武圖像資料，涉及繪畫、版畫、壁畫、雕塑、畫像石、畫像磚等各種藝術門類。其中武當山宋代真武銅像、武當山元代玉雕真武像等是首次使用的極其珍貴的研究資料。

以上這些研究資料，除《道藏》所收的之外，有的是首次發現，有的雖於近年來面世，但幾乎没人做過深入研究，這也是本文的顯著特點之一。

【第二章　真武信仰與真武圖像的綜合考察】

真武信仰與財神、關公等民間信仰神一樣，在中國各地有着廣泛的影響，本章從文獻着手對真武信仰進行簡要的回顧，重點考察歷代真武圖像資料，並簡要探討圖文互證的研究方法。

第一節　真武信仰回顧

真武，古稱玄武，是道教尊奉的重要神祇之一。真武的民間稱謂衆多，諸如北帝、黑帝、玄帝、祖師爺、蕩魔天尊、真武大帝、玄天上帝、上帝公、北帝公等。有關真武來歷變遷的説法頗多，各地的真武廟都有自己的一些獨特的真武來源説。本文採用的是爲大多數人所公認的星宿説和動物圖騰説。中國古代天文學家把黄赤道附近的一周天，按諸月步，以最顯著的星象爲目標，分爲二十八個不等的區域，稱爲二十八宿，根據它們的出没和經過中天的時刻以定四時。從戰國中期以後，又把二十八宿分爲四組，分别以四靈（四象）來命名，即東方青龍、南方朱雀、西方白虎、北方玄武[一]。其中北方七宿斗、牛、女、虚、危、室、壁總稱爲玄武。可見玄武的起源與星宿有關。四象産生之後，又與中國古代盛行的陰陽五行學説混合，構成一個頗爲龐雜的體系，在這個體系中，玄武對應北方、水位、辰星、黑色、顓頊等，對後世真武信仰的形成産生了很大的影響。

『玄武』之名早在戰國時期就出現了。如《楚辭·遠遊》中就有『召玄武而奔屬』的記載。到了漢代，有關玄武的記述就更多了。如《淮南子·天文》：『北方水也，其帝顓頊，其佐玄冥，執權而治冬。其神爲辰星，其獸玄武』；《史記·天官書》：『北宫玄武，虚、危』；《重修緯書集成》卷二《尚書考靈曜》：『二十八宿，天元氣萬物之精也。北方斗、牛、女、虚、危、室、壁七宿，其形如龜蛇，曰後玄武。』[二]同書卷六《河圖帝覽嬉》：『北方玄武之所生，其帝顓頊，其神玄冥。北方七神之宿，實始於斗，鎮北方，主風雨。』[三]早期的記載多與星宿方面有關。

[一] 鄭文光：《中國天文學源流》，北京，科學出版社，一九七九年。
[二] 轉引自宗力、劉群：《中國民間諸神》，六二至六三頁，石家莊，河北人民出版社，一九八七年。
[三] 同[二]。

就『玄武』二字的歷代釋義來看，玄武又似乎與中國古代的動物崇拜、圖騰崇拜有關。《禮記・曲禮上》云：『行，前朱鳥而後玄武』。唐孔穎達疏曰：『玄武，龜也。』南宋洪興祖《楚辭補注》引説者曰：『玄武，謂龜蛇，位在北方，故曰玄；身有鱗甲，故曰武。』《後漢書・王梁傳》：『王梁主衛作玄武』，李賢注云：『玄武，北方之神，龜蛇合體。』《文選》卷一五張衡《思玄賦》：『玄武宿於殼中兮，騰蛇蜿而自糾。』李善注云：『龜與蛇交曰玄武。』此外，許慎《説文解字》云：『龜，外骨内肉者也。從它，龜頭與它頭同。天地之性，廣肩無雄，龜鱉之類，以它爲雄。』[一]這種傳説爲龜蛇相纏、龜蛇合體、龜與蛇交等形象的出現提供了理論依據。東漢魏伯陽《周易參同契》曰：『關關雎鳩，在河之洲，窈窕淑女，君子好逑，雄不獨處，雌不孤居，玄武龜蛇，糾盤相扶，以明牝牡，畢竟相胥。』[二]這也是利用玄武糾蟠的例子來論證陰陽相合的觀點。

與二十八宿相配的青龍、白虎、朱雀、玄武四象中，龍、虎、雀、龜、蛇在中國古代的動物崇拜中均被視爲神靈，並發展成爲部分原始氏族的圖騰。民間流傳的麟、鳳、龜、龍『四靈』則都有靈性。可見，四象都是古代動物崇拜、圖騰崇拜發展中被選中的佼佼者。二十八宿與四象的結合，是星辰崇拜與動物崇拜、圖騰崇拜的結合，無疑也是千百年來文化選擇的結果。

玄武崇拜又爲星辰崇拜，又爲動物圖騰崇拜，兩者是如何產生聯繫的呢？鄭玄注、孔穎達疏《尚書注疏》卷二解釋爲：『四方皆有七宿，各成一形。東方成龍形，西方成虎形，皆南首而北尾；南方成鳥形，北方成龜形，皆西首而東尾。』前引《重修緯書集成》卷二《尚書考靈曜》：『北方斗、牛、女、虛、危、室、壁七宿，其形如龜蛇，曰後玄武。』朱熹總結前人的此類觀點認爲：『玄，龜也；武，蛇也。此本虛危星，形似之，故因而名。』[三]據此可知，北方七宿形似龜蛇，故稱爲玄武。此論是否正確，尚難定論。筆者認爲二十八宿與四象的結合，形象相似衹是一方面的原因，更重要的是當時的四象崇拜已趨於成熟，爲啓發古人的聯想創造了必要的條

[一] 許慎：《説文解字》，二八五頁，北京，中華書局，一九七七年。
[二] 正統《道藏》第三十一册，上海書店、文物出版社、天津古籍出版社，一九九四年。
[三] 朱熹：《朱子語類》卷一二五，北京，中華書局，一九八六年。

件，是二者有機結合的結果。

東漢後期是玄武地位上昇的階段，《重修緯書集成》卷三《詩含神霧》曰：『其北黑帝座，神名曰協光紀，其精爲玄武之類。』同書卷六《河圖》記載：『北方黑帝，神名爲葉光紀，精爲玄武。』『北方黑帝，體爲玄武，其人夾面兑頭，深目厚耳。』尤其是後一句話，把當時玄武神的形象描述了出來，玄武是一個半人半龜蛇的形象，反映了玄武圖像的變化軌跡。葛洪《抱樸子内篇》講述道士隱居山澤闢蛇蝮之道，要求『思日月及朱雀、玄武、青龍、白虎，以衛其身』，這裏很可能與星辰崇拜有關。同書著録鄭隱藏有『青龍符』、『白虎符』、『朱雀符』、『玄武符』[一]，這些符顯然具有闢邪或護衛的作用。《抱樸子内篇·雜應》描繪老子時說：『左有十二青龍，右有二十六白虎，前有二十四朱雀，後有七十二玄武。』此時的玄武，衹是護衛老子以壯威儀的普通的護法神，地位似乎比青龍、白虎、朱雀還低。但玄武信仰在民間的影響仍在不斷地擴大。據唐代段成式《酉陽雜俎·續集》卷三記載：『朱道士者，太和八年（四八四年）嘗遊廬山，憩於澗石，忽見蟠蛇如堆繒錦，俄變爲巨龜。訪之山叟，云是玄武。』[二]類似的玄武傳説對引起歷代道士們的注意很有幫助。在六朝出土的地券中，也常有『四象』以代表『四至』並守護四方。如宋泰始六年（四七〇年）始安郡歐陽景熙買地券稱：『以錢萬萬九千九百九文買此冢地，東至青龍、南至朱雀、西至白虎、北至玄武……如律令。』[三]六朝道經《太上元始天尊說北帝伏魔神咒妙經》已將玄武視爲將軍，其形象爲：『冠黑幘，著皂衣，身長二十五丈，手持鐘鼓，兵士四十萬人，羽服赫然。』[四]這些把玄武尊爲將軍的稱呼，已出現了將玄武人格化的端倪了。

唐五代承襲了漢魏六朝以來玄武崇拜的傳統，利用『玄武』來正四時，定方向，闢邪護衛。宮廷也以『四象』名其宮廷門闕，奉祀玄武的專祠也開始出現，有關唐太宗、武則天等唐代帝王崇奉玄武的故事也增多了。民間除了繼續流行玄武鎮墓之外，據臺灣鄭阿財先生考證，唐末五代民間玄武信仰已從陰宅墓室之鎮守護衛，開始

[一] 葛洪：《抱樸子内篇》卷一九《遐覽》，《道藏》第二十八册，二四六頁。
[二] 轉引自宗力、劉群：《中國民間諸神》，六二至六三頁，石家莊，河北人民出版社，一九八七年。
[三] 陳垣：《道家金石略》，一二頁，北京，文物出版社，一九八七年。
[四] 《太上元始天尊説北帝伏魔神咒妙經》，《道藏》第三十四册，四〇五頁。

發展到陽宅安居闢邪奠祭的神祇信仰[二]。唐代繼承了漢魏六朝以來以『四象』名門闕的傳統，唐長安宮城有兩處北門，都稱爲玄武門。《唐六典·尚書工部》云：『殿之南面紫宸門，……殿之北面曰玄武門。』原注曰：『其内又有……玄武、明義、大角等觀』。另外，唐長安太極宮北面正門也稱玄武門。《新唐書·太宗紀》云：『武德九年（六二六年）六月，太宗以兵入玄武門，殺太子建成及齊王元吉。』這就是著名的『玄武門之變』。元代王士點《禁匾》一書中還提到唐代宮城有玄武殿、玄武樓、玄武闕等，可見玄武崇拜在唐代的影響。

除長安城内有玄武觀奉祀玄武外，據宋代宋敏求《河南志》載：『洛陽玄武神祠。景德三年（一〇〇六年），知河南府邊口言，宫苑有（玄）武神，京邑人崇祀已久，靈異之跡，著於傳聞。』[一]據鄭阿財先生考證，此處提到的玄武祠當爲唐皇室所建。《縉雲縣志》載有元代《重修佑聖殿記碑》曰：『邑北隅有佑聖真君祠，令君所建也。……父老曰：祠始唐上元間。』[三]可見此祠始建於唐肅宗時。又據明代顧起元《客座贅語》卷七所載：南京『北門橋有玄帝廟，相傳聖像乃南唐北城門樓上所供者，後移像於今廟。』[四]可見五代的南唐都城北城門也供奉着玄武神像。

《大唐開元禮》録有天子派遣大臣祭祀青龍、朱雀、麟、騶虞和玄武諸神的祝文[五]。說明玄武在唐代被皇帝作爲四靈或五靈之一來祭祀。元代任士林《四聖延祥觀碑銘》曰：『北極中天之尊，左右前後，有奕有靈，尚矣。故四聖之奉，著於隋唐。蓋招摇在上，天帝之居，四衛所領，威德爲鎮，在天成象，在地成形，而共運立極，著見之跡，昭在人世。是故歷代虔事之典，唯道家爲最嚴，宋建隆初，置紫陽觀於汴，奉四聖也。』[六]一般認爲隋唐玄武神格地位的提昇與北極紫微大帝及四聖崇拜有關。據《玄天上帝啓聖録》卷三記載：『西京崇福宫，有北極紫微閣，唐則天時建，倣傚天宫有二勝四將之院，有前後帝代御書。』（參見附録圖三八題記）這說明至

[一] 鄭阿財：《從敦煌文獻看唐五代的玄武信仰》，臺灣，《道教的歷史與文學》。
[二]［日］平岡武夫：《唐代的長安與洛陽資料》，上海，上海古籍出版社，一九八九年。
[三] 湯成烈：《縉雲縣志》卷一五，《碑銘》上。
[四] 顧起元：《客座贅語》卷七，北京，中華書局，一九八七年。
[五] 蕭嵩等撰：《大唐開元禮》卷二二，《四庫全書》第六四六册，一九六頁。
[六] 陳垣：《道家金石略》，八八七頁，北京，文物出版社，一九八八年。

遲在唐代時已開始崇奉北極紫微大帝手下的神將四聖，即天蓬、天猷、黑煞、玄武了。宋初王欽若《翊聖保德真君傳》裏就提到了天蓬、翊聖（黑殺）、真武等將軍〔一〕。北宋楊億《談苑》記載：『開寶中（九六八至九七六年）有神降於終南山，進士張守真自言：「我天之尊神，號黑煞將軍，與真武、天蓬等列爲天之大將」』〔二〕。北宋李昭玘《樂静集》説：『北極大帝，位紫微垣，左右四將，真武在其序，明威正一，實帝之司殺者也。』〔三〕由上述記載可知，唐以來，玄武作爲四聖神將之一已相當普及。這爲玄武擺脱龜蛇形象，於宋初發展成爲人格化的尊神打下了堅實的基礎。

隨着唐五代以來玄武崇拜的興盛，有關玄武靈應的故事也開始流傳，爲宋初玄武故事的廣泛傳播埋下了伏筆。如五代于逖《靈應録》云：『沈仲霄之子於竹林中見蛇纏一龜，將鋤擊殺之，其家數十口，旬日相次而卒。有識者曰：「玄武神也」。』〔四〕成書於元代的《玄天上帝啓聖録》記載了數篇唐以前的真武靈應故事。如『谷嵒修果』篇主要描述了隋朝江西安撫使張佑之的軍虞候何詮，在廬山谷嵒洞於三月三日幸遇真武及其父母的故事（參見附圖二一題記）。『甘霖應禱』、『五龍唐興』篇云：唐貞觀間，歲值苦旱，朝廷下令有司禱天下名山大川。是時武當山節度使姚簡奉命躬詣武當紫霄宫齋醮致禱。建壇之夕，五氣龍君化爲五儒出現，謂爲玄武敕命守武當山者，並降甘雨。姚簡將此靈異奏聞太宗，降旨就武當山建五龍觀以表其聖跡。又如『歸天降日』，『毒蜂靄雲』，『當殿試法』等故事，都提到唐朝的女皇帝武則天。唐代流傳的有關玄武神的故事主要集中在唐太宗和武則天時，這兩個朝代應爲唐代崇祀玄武較爲興盛的時期。據程鉅夫所撰《元賜武當山大天一真慶萬壽宫碑》云：『道家言，……道成，乘龍飛天，是爲玄武之神。至唐貞觀益顯，天下尊祀。』可見，玄武崇拜在唐貞觀時已十分普及。唐人張鷟的《朝野僉載》説：『僞周武姓，玄武龜名，故以銅爲龜符。』又云：『襄州胡延慶得一龜，以丹漆書其腹曰：「天子萬萬年」以進之，鳳閣侍郎李昭以刀刮之，並盡奏請付法。則天曰：「此

〔一〕王欽若：《翊聖保德真君傳》，《雲笈七籤》卷一三〇，《道藏》第二十二册。
〔二〕高承：《事物紀原》卷二，《翊聖封號》，北京，中華書局，一九八九年。
〔三〕李昭玘：《樂静集》卷六，《濟州真武殿記》，臺北，臺灣商務印書館，一九八三年。
〔四〕蓮塘居士：《唐人説薈》第二十八册，北京圖書館藏乾隆五十八年刻本。

非惡心也」，舍而弗問。』[一]從上述唐太宗、武則天與玄武的記載來看，《玄天上帝啓聖録》裏記載的此類故事並非空穴來風。

晚唐五代道教著名人物杜光庭的《廣成集》一書中，多處載有北帝醮詞，如卷七《川主太師北帝醮詞》云：『伏聞垂象表靈，位尊北極，統臨萬有，照燭群生，八十一變之威宗，三十六兵之神，肅清造化，臨察幽明，殄惡誅邪，安人護國。』[二]這些醮詞反映了晚唐五代玄武崇拜與道教的進一步融合，爲玄武崇拜在其後的飛速發展奠定了基礎。

宋代增補的唐末五代道經《太上説玄天大聖真武本傳神咒妙經》説：

且玄元聖祖八十一次顯爲老君，八十二次變爲玄武。故知玄武者，老君變化之身，武曲顯靈之驗，本虛危之二宿，交水火之兩精。或掛甲而衣袍，或穿鞋而跣足。常披紺髮，每仗神鐸。聲震九天，威分四部。擁之者，皂纛玄霧；躡之者，蒼龜巨蛇。神兵神將從之者，皆五千萬衆；玉童玉女侍之者，各二十四行。授北帝之靈符，佩乾元之寶印。驅之有雷公電母，御之有風伯雨師。衛前後則八煞將軍，隨左右則六甲神將。天罡太一率於驅使之前，社令城隍悉處指揮之下。有妖皆翦，無善不扶。朝金闕而赴昆侖，開天門而閉地户。杳冥恍惚，審查窮通。居其壬癸之方，助有甲庚之將。或乘玄駿，或跨蒼虬。目閃電光，眉横雲陣。身長千丈，頂戴三臺。其動也山水蒙，其静也地天泰。以兹顯化，故乃神通[三]。

宋初成書的《元始天尊説北方真武妙經》記玄武的來歷是：

昔有淨樂國王與善勝皇后夢吞日光，覺而有娠，懷胎十四個月，於開皇元年甲辰之歲三月建辰初三日午時，誕於王宫。生而神靈，長而勇猛。不統王位，唯務修行，輔助玉帝，誓斷天下妖魔，救護群品。日夜於王宫中發此誓願，父母不能禁制。遂捨家辭父母，入武當山中修道。四十二年功成果滿，白日登天。玉帝聞

[一] 張鷟：《朝野僉載》，北京，中華書局，一九七九年。
[二] 杜光庭：《廣成集》卷七，上海，商務印書館，民國間。
[三] 《太上説玄天大聖真武本傳神咒妙經》，《道藏》第十八册，三八至三九頁。

其勇猛，敕鎮北方，攝真武之位，以斷天下妖邪……真武神將敬奉天尊教敕，乃披髮跣足，踏螣蛇八卦神龜，部領三十萬神將、六丁六甲、五雷神兵、巨虬獅子、毒龍猛獸前後導從，齊到下方。七日之内，天下妖魔一時收斷。人鬼分離，冤魂解散，生人安泰，國土清平。真武神將與諸部衆，還歸上元宫中朝見天尊[一]。

從上引這些唐末宋初的玄武本傳經典來看，玄武已是地位尊貴、披髮跣足、足踏龜蛇、持符佩印、敕鎮北方、驅雷馭風、伏魔降妖，擁兵五千萬衆的大將軍了。玄武的形象也已經相當具體豐滿，並變爲太上老君的第八十二化身，位列道教的尊神之列。

但從史料記載來看，宋初玄武在道教諸神中的地位還不是太高。據前引楊億《談苑》稱：宋太祖『開寶中（九六八至九七六年），有神降於終南山，進士張守真自言：「我天之尊神，號黑煞將軍，與真武、天蓬等列爲天之大將」』[二]。王欽若《翊聖保德真君傳》詳記其事，謂該神向宋太祖説：『吾乃高天大聖玉帝輔臣，蓋遵符命降衛宋朝社稷。』太祖對此『未甚信異』[三]。至太宗嗣位，始敬信之，命於終南山築上清太平宫以祀，並於太平興國六年（九八一年）封之爲翊聖將軍（宋真宗時加封翊聖保德真君）。但這次顯聖的主角是黑煞（翊聖將軍），真武、天蓬、天猷（宋代稱此四神爲四聖）僅是配角。宋太宗於太平興國初所建的上清太平宫的神像設置也説明了這一點：『中正之位列四大殿，前則玉皇通明殿，次紫微殿，次七元殿，次則（翊聖保德）真君殿，東廡之外，有天蓬、九曜、東斗、天地水三官四殿；西廡之外，有真武、十二元辰、西斗、天曹四殿。』[四]可見真武雖在西廡之外據有一席之地，顯然衹是配祀黑煞。玄武能從四聖中脱穎而出，受到皇帝的崇信，顯然經過了艱難的選擇過程。一般認爲宋代崇奉玄武的重要原因是，宋室從立國之初起，就受到來自北方的游牧民族政權的嚴重軍事威脅，宋朝諸帝和民間都希望找到一個威武勇猛的北方保護神，而玄武的神性正合所需。

玄武在宋真宗時，爲避宋室聖祖趙玄朗之諱而改名爲真武。據李攸《宋朝事實》記載：在大中祥符五年（一

[一]《元始天尊説北方真武妙經》，《道藏》第一册，八一三頁。

[二]高承：《事物紀原》卷二。

[三]《翊聖保德傳》卷上，《道藏》第三十二册，六五一至六五二頁。

[四]同[三]。

○一二年）十月戊午深夜，傳説宋皇室的聖祖降臨延神（恩）殿，並自言：『吾人皇九人中之一人也，是趙之始祖……後唐時，奉玉帝命，七月一日下降，總治下方，主趙氏之族，今已百年。皇帝善爲撫育蒼生，無怠前志。』説完即乘雲而去。真宗隨後下詔曰：『聖祖名：上曰元（玄），下曰朗，不得斥犯。』[一]爲了避諱，玄武被改爲真武，並一直爲後代所沿用。

《事物紀原》卷七引《東京記》云：『（天禧）元年（一〇一七年），（拱聖）營卒有見龜蛇者，軍士因建真武堂。二年閏四月，泉湧堂側，汲不竭，民疾疫者，飲之多愈。乃詔就其地建觀，十月觀成，名祥源。』[二]《宋會要輯稿》則云：『是年泉湧堂側』，並云：『真宗天禧二年閏四月，詔拱聖營醴泉所宜度地立觀，以祥源爲名。』，『自後常令會靈觀使都監掌之。……六月，詔加真武號曰「真武靈應真君」。』[三]由上可見，天禧二年所建的祥源觀（仁宗時觀被火焚，重建後改名醴泉觀），是真宗皇帝親賜的專祀真武的廟宇，這表明真武的第一次顯赫時期已經到來。此後由於歷代皇帝的相繼崇奉，這種專祀愈建愈多，以至『遍寰宇焉』。另一方面，繼宋真宗加號真武靈應真君後，歷代宋帝又相繼加封。徽宗大觀二年（一一〇八年）增上尊號曰『佑聖真武靈應真君』[四]。欽宗靖康元年（一一二六年），再加號曰『佑聖助順真武靈應真君』[五]。南宋寧宗嘉定二年（一二〇九年），再加號爲『北極佑聖助順真武靈應福德真君』[六]。理宗寶祐五年（一二五七年），再加號爲『北極佑聖助順真武福德衍慶仁濟正烈真君』[七]。據元代劉道明《武當福地總真集》稱，宋代真武封號累加至二十四字，即：『北極鎮天真武佑聖助順靈應福德仁濟正烈協運輔化真君』[八]。從以上廟祀不斷增多，封號愈加愈長

[一] 李燾：《續資治通鑑長編》卷七九，北京，中華書局，一九八五年。
[二] 臺灣影印《四庫全書》第九百二十册，一八八至一八九頁。
[三] 《宋會要輯稿》第一册，四七二頁，一九三六年北平圖書館影印。
[四] 《真武靈應真君增上佑聖號册文》，《道藏》第十八册，四二頁。
[五] 《文獻通考》卷九〇，北京，中華書局，八四二頁。
[六] 中國武當文化叢書編纂委員會編：《武當山歷代志書集注》（一），五四頁，武漢，湖北科學技術出版社，二〇〇三年。
[七] 同[六]，五五頁。
[八] 同[六]，三六頁。

的事實，反映出宋代皇室崇信真武的程度越來越深。南宋理宗《御製真武像贊》曰：『於赫真武，啓聖均陽。克相炎宋，寵綏四方。累朝欽奉，顯號徽章。其佑我宋社，萬億無疆。』[一]宋皇室對真武的尊崇，由此可見一斑。

由於宋代皇室崇奉真武，上行下傚，真武在宋代民間的影響也非常大，流傳下來的真武靈應故事也很多。如《玄天上帝啓聖録》中就記録了一百多條真武靈應故事，宋人洪邁《夷堅志》記載了十多條，《道家金石略》也收集了不少有關真武故事的碑刻。比較著名的如北宋名將狄青與真武的故事。據《玄天上帝啓聖録》『馬前戲躍』篇載：『至和（一〇五四至一〇五六年）中，臣僚富弼等上言：……天帥真武即凡降世，佐助狄青行軍剪除西蕃李繼遷、趙元昊兵寇二百萬；南蠻儂智高山虜十萬。況狄青有神賜面衣，遂如真武之貌。前後勝敵盡屬真武附助。』[二]又據《續資治通鑒長編》載：康定元年（一〇四〇年）十一月『丁卯，鄜延路部署使狄青，每臨陣披髮面銅具，出入賊中，皆披靡無敢當者。』[三]由於狄青常常頭戴真武面具，披髮仗刀，扮作真武附體，勇猛作戰。民間傳説他就是真武神了，出現了諸如『世言青真武神也』，『世言武襄（狄青）真武神也』[四]的傳説。由於此類故事深受老百姓的喜愛，流傳甚廣，客觀上也起到了擴大真武影響的作用。

興起於北方草原的蒙古貴族，相繼滅掉西夏、金和南宋，在中原建立起大元帝國。元世祖忽必烈在正式建立元朝之前，就開始奉祀真武，其後諸帝也都崇信真武。據徐世隆（一二〇六至一二八五年）《元創建真武廟靈異記》載：

皇帝（指元世祖）踐祚之十年，奠新大邑於燕，落成有日矣。是（至元六年）冬十二月庚寅，有神蛇見於城西高粱河水中，其色青，首耀金彩，觀者驚異。槃香延召，蜿蜒就享而去。翼日辛卯，復有靈龜出游，……回旋久之。夫隆冬閉藏之候也，龜蛇潛蟄之類也，出以是時，其爲神物也昭昭矣。……詢於衆，咸以爲玄武神應。……於是有旨，以明年二月甲戌，即所現之地構祠焉，昭靈貺也。……我國家肇基朔方，盛德在水，今天子

[一]《兩浙金石志》卷一二，臺北，新文豐出版公司，一九八二年。
[二]《玄天上帝啓聖録》卷二，《道藏》第十九册，五八三頁。
[三]李燾：《續資治通鑒長編》卷一二九。
[四]《宋人佚事匯編》卷七。

觀四方之極，建邦設都，屬水行方盛之月，而神適降，所以延洪休、昌景命，開萬世太平之業者，此其兆歟？[一]

元大都城西高粱河相繼出現龜蛇應現之事，元世祖忽必烈身邊的大臣們將其解釋爲元朝『開萬世太平之業』之徵兆。又據元代揭傒斯（一二七四至一三四四年）撰《武當山大五龍靈應萬壽宮瑞應碑》載：『國家受命朔方，上值虛危，其神玄武，其應龜蛇，其德惟水，水勝火，國家其盡有宋乎？此水德之徵也。』[二] 忽必烈對這種解釋欣然接受，同意就其地建大昭應宮以祀玄武神。可見，肇基業和滅南宋都是元初崇祀真武的最主要原因。

元代趙孟頫說：『皇元之興，實始於北方。北方之氣將王，故北方之神先降，事爲之兆，天既告之矣。』[三] 元室既視真武爲其開國的肇基神，自然希望提高真武的神格地位，元成宗於大德八年（一三〇四年）將真武封號由宋封的『真君』升格爲『帝』，稱爲『玄天元聖仁威上帝』。湖北武當山原有成宗大德八年三月立石之《大元敕封真武詔書碑》云：『上天眷命，皇帝聖旨：武當福地，久屬職方，靈應玄天，宜崇封典。睠言真武，昔護先朝，定都人馬之宮，嘗現龜蛇之瑞，雖昭應已修於明祀，而仙源位表於徽稱……天道主宰謂之帝，四字庸鎮於山川。帝室眷命受於天，萬年永安乎宗社。思皇多祉，佑我無疆。特別號曰玄天元聖仁威上帝。主者施行。』[四] 雖然稱真武爲玄天上帝，已見於南宋某些道書，如《道藏》第十七册所收的南宋陳伀《太上說玄天大聖真武本傳神咒妙經集疏》卷一、南宋仲勵《真武靈應大醮儀》等，但由皇帝正式册封此號則自元成宗始。到元仁宗時，仁宗皇帝因自己生於三月三日，與道書所謂真武生於開皇元年（此爲道教紀年）三月三日同，故對真武的崇奉更加虔誠。元代揭傒斯武當山《大五龍靈應萬壽宮碑》云：『仁宗皇帝天壽節，實與玄武神同，遂加賜其額曰「大五龍靈應萬壽宮」，仍甲乙住持，歲遣使以是日建金籙醮，祝釐其山。自是累朝歲遇天壽節，一如故事。』[五] 元仁宗以後的元朝皇帝，把武當山作爲元皇室『告天祝壽』的重要道場，每年建醮祝壽，有時一年有四次之多。元

[一]《玄天上帝啓聖靈異録》，《道藏》第十九册，六四一頁。
[二]《武當山大五龍靈應萬壽宮瑞應碑》，見《古今圖書集成》《方輿匯編·山川典》，一五六卷：《武當山部·藝文一》，四七至四八頁。
[三] 趙孟頫：《啓聖嘉慶圖序》，見《道藏》第十九册，六四六頁。
[四] 同[一]，六四四頁。
[五] 陳垣：《道家金石略》，九四六頁。

惠宗時，據揭傒斯《天壽節大五龍靈應萬壽宮瑞應碑》載，四月十七日爲惠宗生日，在至正二年（一三四二年）此日，龜蛇復『見於均（州）之武當山大五龍靈應萬壽宮』，當時的道教大宗師吴全節等上表祝賀，謂國初龜蛇見於高粱河，已示『天子受命之符也。今復以雲行雨施承德布澤之時，見於天壽節祝釐之所，必符復見中統、至元之□如世祖時也。』[一]解釋真武神的再現，預示着世祖中統、至元時之盛世將會重現。元朝崇信真武超過宋代，真武神的廟祀更加普遍。延祐七年（一三二〇年）所立的《涿州新修真武廟碑》云：『聖朝建廟高粱，隆加徽號，以嚴祀事。今在在有廟，凡民得以通祀焉。』[二]元代道士還先後編刊《武當福地總真集》、《玄天上帝啓聖録》、《武當嘉慶圖》等書，對擴大玄帝的影響產生了非常積極的作用。

明朝對真武神的崇祀，始於太祖，盛於永樂，其崇奉的規模和典制遠遠超過宋元兩代。據《明實録》記載，朱元璋於至正十五年（一三五五年）春正月與元軍作戰時，有『神蛇』相助；至正二十一年（一三六一年）八月庚寅（十二日）徵討陳友諒時：『（軍）至采石，泊牛渚磯，復有龜蛇於急流中旋繞舵後竟日，衆喜，以爲神物之相。時友諒江上斥候，望風奔遁。』[三]爲了感謝真武的陰佑，朱元璋定都南京後，就建廟以祀。據《明經世文編》載倪岳《正祀典疏》曰：『再考國朝御製碑文，太祖高皇帝平定天下，兵戈所向，神陰佑爲多。定鼎金陵，乃於鷄鳴山建廟，以崇祀事，載在祀典。』[四]至今南京鷄鳴山上還有北極閣，即爲當時所建。華南著名的佛山祖廟大殿也重建於洪武五年（一三七二年）。明朝祀典還規定，每年三月三、九月九，朝廷派遣太常寺官員致祭，用素羞[五]。洪武時對真武的廣泛祭祀，爲明成祖把真武崇拜推上頂峰打下了基礎。

一三九九年明朝内部發生了『靖難』之役。封國在北京的燕王朱棣，以『誅齊黄，清君側』爲名起兵，與建

[一] 陳垣：《道家金石略》，九五二頁。
[二] 同[一]，一一五七頁。
[三] 《明實録·太祖實録》卷九『辛丑八月庚寅』，一一八至一一九頁，臺北，中央研究院語言歷史研究所，一九八二年影印本，第一册。
[四] 《明經世文編》卷七七，六六一頁，北京，中華書局，一九六二年。
[五] 《明史》卷五〇《禮四》，第五册，一三〇四頁；《大明會典》卷九三《禮部·群祀》，第三册，一四六三頁，臺北，文海出版有限公司，一九八五年。

文帝爲爭皇位而進行了長達四年的内戰，最後燕王朱棣奪得王位，即爲明成祖。明成祖以一封王與天子戰，冒很大風險，況且他是自北方起兵，因此當時已影響很廣的北方元帥真武神，自然是其首先的祈禱對象。《大嶽太和山記略》卷三記載李卓吾云：『成祖初起燕，問師期於姚廣孝，對曰：「未也，俟吾師至。」及期，出祭纛，見披髮而旌旗蔽天。問：「何神？」曰：「吾師北方之將玄武也。」成祖則披髮仗劍以應之。』傅維鱗《明書·姚廣孝傳》關於朱棣問姚廣孝起兵日期的記載更爲詳細，姚廣孝曰：

『未也，俟吾助者至』。曰：『助者何人？』曰：『吾師』。又數日，入曰：『可矣』。遂謀召張昺、謝貴等宴，設伏斬之。遣張玉、朱能勒衛士攻克九門，出祭纛，見披髮而旌旗蔽天。太宗顧之曰：『何神？』曰：『向所言吾師，玄武神也。』於是太宗仿其像，披髮仗劍相應〔一〕。

有關成祖『靖難』與真武的記載，明清兩朝史料頗多。雖成祖在《御製真武廟碑》中云：『北極玄天上帝真武之神，其有功德於我國家大矣。昔朕皇考太祖高皇帝，乘雲龍飛，平定天下，雖文武之臣克協謀佐，實神有以相之。肆朕肅靖内難，雖亦文武不二心之臣疏附先後，奔走禦侮，而神之陰翊默贊，掌握樞機，斡運洪化，擊電鞭霆，風驅雲駛，陟降左右，……跡尤顯著。』〔二〕極力宣揚真武助明室平定天下的功績，但他欲通過崇奉真武神來助其一統天下的意圖，早在王世貞《武當歌》中就指了出來：『嗚呼！英雄御世故多術，卜鬼探符皆恍惚。不聞成祖帝王須，曾借玄天師相髮？』〔三〕此種觀點已爲大多數學者所認同。

明成祖尊崇真武的活動大致歸納爲三類：第一，在全國各地大修真武廟，以致明代劉效祖撰《重修真武廟碑》云：『成祖靖難時，（真武神）陰佑之功居多，普天之下，率土之濱，莫不建廟祀之。』〔四〕第二，健全禮樂、祀典。成祖專門編製《玄天上帝樂章》、《玄天上帝詞曲》等爲真武祀典之用。第三，編製宣揚玄帝『瑞應』的道書、圖册等。本文所研究的《真武靈應圖册》即爲這種影響的産物。

〔一〕傅維鱗：《明書》卷一六〇，三一五七頁，臺灣，《叢書集成》本，一九三六年。
〔二〕朱棣：《御製真武廟碑》，《道藏·大明玄天上帝瑞應圖録》第十九册，六四〇頁。
〔三〕王世貞：《弇州山人四部稿》卷二二，《武當歌》。
〔四〕轉引自陳學霖：《『真武神·永樂像』傳説溯源》，見臺灣《明代人物與傳説》，一二二頁。

由於明成祖對玄武的特別尊奉，使玄武崇拜在明代達到了登峰造極的地步。明代御用的監、局、司、廠、庫等衙門中，都建有真武廟。真武廟不僅在北京一帶香火鼎盛，而且迅速遍及全國。現存較著名的真武廟大都建於明代或重修於明代，如湖北武當山宮觀、廣東佛山祖廟、陝西佳縣白雲山祖師廟等。

明代北帝崇拜登峰造極的事實從武當山宮觀的修建亦可見一斑。永樂年間（一四〇三至一四二四年），明成祖派工部侍郎郭進、隆平侯張信、駙馬都尉沐昕等，率軍民三十餘萬，用了十多年（一説三十多年）時間，在武當山修建了數以百計的雄偉壯麗的宮觀庵宇，以銅爲殿，以黄金範真武像，使武當山常年香火不衰，祭拜者絡繹不絕。此段史實在《明史》中有較詳的記載。《明史·禮志》四：

弘治元年（一四八八年）尚書周洪謨等言：『《圖志》云：「真武爲淨樂王太子，修煉武當山，功成飛昇。奉上帝命鎮北方。被髮跣足，建皂纛玄旗。」此道家附會之説。國朝御製碑謂，太祖平定天下，陰佑爲多，嘗建廟南京崇祀。及太宗靖難，以神有顯相助，又於京城艮隅並武當山重建廟宇。兩京歲時朔望各遣官致祭，而武當山又專官督祀事。憲宗嘗範金爲像。今請止遵洪武間例，每年三月三日、九月九日用素羞，遣太常官致祭，餘皆停免。』

《明史·張三丰傳》中亦有云：

永樂中，成祖遣給事中胡濙，偕内侍朱祥齊璽書香幣往訪，遍歷荒徼，積數年不遇。乃命工部侍郎郭進、隆平侯張信等，督丁夫三十餘萬人，大營武當宮觀，費以百萬計。既成，賜名大嶽太和山，設官鑄印以守，竟符三丰言。

像明成祖這樣傾一朝之力，來大規模建設一座山，在中國歷史上恐怕絶無僅有，明人稱這一工程爲『誠曠世之極盛、萬古之奇觀也』[一]。永樂十五年（一四一七年），成祖賜名武當山爲『大嶽太和山』，位居五嶽之上。欽選全國數百名道士居住武當山各大宮觀，又命當時著名正一派道士張宇清舉薦各地著名高道二十多人，主持武當各大宮觀事務，定期主持齋醮，爲皇帝祈福。武當山各宮觀所需費用，由皇室或國庫支付。因此自成祖之後，

[一] 轉引自王光德、楊立志：《武當道教史略》，一六六頁，北京，華文出版社，一九九三年。

武當山已成爲明皇室的御用道場，真武大帝也被欽定爲明皇室的保護神或家神，武當山成爲『朝廷家廟』。嘉靖年間提都太和山的太監王佐云：『臣伏思武當香火，爲朝廷祝禧之家廟』，『如此，庶使朝廷家廟香火不廢。』[一]

成祖是一代有爲之君，創造了明代的鼎盛局面，他崇祀真武的思想和所定的制度，爲明室後來歷代皇帝所恪遵。孝宗弘治元年（一四八八年），禮部雖對成祖時的祀典有所『釐定』和削減，但有明一代，真武祭祀一直隆盛，武當山和各地的真武廟香火也長盛不衰。明世宗醉心道教，對真武更是崇奉備至，於嘉靖三十一年（一五五二年）起用了一年多時間大修武當山宮觀，這是明代繼成祖之後最具規模的大修，明代《武當山志》甚至將兩者並提，稱『創建宮觀』和『重修宮觀』。[二]

世宗在《御製重修太和山玄殿紀成之碑》中解釋此次重修爲：

朕皇考封藩郢邸，實當太和靈脈蜿蜒之勝，歲時崇祀惟謹。肆朕入承大統以來，仰荷垂佑，游錫庥祥，祇念帝功，報稱莫罄。深慮歲久，宮殿圮壞，宜加修飭。爰發內帑，申命部臣，往督其役。以嘉靖壬子年六月肇工，於凡宮殿門廡齋堂，藕（按：應爲藉）以妥靈而供祀者，悉鼎新之。……帝護國翊運，威靈顯彰，致祖宗建丕丕業。既而定都幽燕，位應玄冥，是以掃犁腥膻，廓清華夏，惟神陰助，風行霆擊，天戈所臨，無往弗跡。二百年來，民安國阜，媲隆三五，雖或一二氣數不齊，邊疆小警，旋即殄逐。至如庚戌內之大奸，每即褫殛，豈尋常山之神能出雲雨捍患災一節之功所可並者與[三]！

世宗一方面認爲由於其父興獻王所封之地——郢（今湖北鐘祥）屬武當山餘脈，是靈氣所及之地，興獻王也『歲時崇祀（真武）惟謹』，故使自己入繼大統；另一方面成祖大修之後，『計今百數十年，必有弗堪者』，因而決定大修。由於歷代明帝精心管理和維修，在明朝，武當山始終保護完好。

明代真武崇拜不僅在皇室流行，民間的崇拜也十分盛行，比較著名的如朝山進香習俗、三月三真武誕廟會習

[一] 凌雲翼、盧重華：《大嶽太和山志》卷七《敕存留香錢》，《明代武當山志二種》，武漢，湖北人民出版社，一九九九年。

[二] 王光德、楊立志：《武當道教史略》，一七九頁，北京，華文出版社，一九九三年。

[三] 凌雲翼、盧重華：《大嶽太和山志》卷二《歷代御製》，《明代武當山志二種》，二八一頁。

俗等。這裏僅以武當山朝山進香習俗爲例來了解明代民間對真武的崇信。

武當山朝山習俗在宋元時期已經形成，明成祖大修武當宫觀後，提出朝廷創建宫觀，爲天下蒼生祈福，如有損壞時，允許各處好善肯作福的人都來修理的主張，這種觀點與民衆的信仰需求十分脗合，從而形成了全國性的朝山進香習俗。明代陸傑説：

> 太和振古名山，海内無遠無近，罔不齋誠朝禮，揭揭乎若日月之行天，雖昧者知其不可誣也。杰見道路十步、五步拜而呼號，聲振山谷。亦既登絶頂，瞻玄像，則又涕泣不已，謂夙昔傾戴，今始一睹，性真感發，至有欲言而不能自達者[一]。

明代謝肇淛《五雜俎》也載：『均州之太和山，萬方士女駢闐輻凑，不減泰山。然多閩浙江右嶺蜀諸人，與元君雄視，無異南北朝矣。』[二]由上兩段記載不難看出明代武當山朝香的繁盛景象。即使現在看到武當山那古樸而精美的明代神道石板、雕欄以及遍佈山裏的各類明代朝香碑刻，也會讓人肅然起敬。

清代是真武崇拜由宋元明三代的節節上昇轉向衰落的分水嶺。由於清皇室信奉的是藏傳佛教格魯派，奉黄教爲國教，對明代盛極一時的真武崇拜採取保護與限制相結合的政策，真武崇拜當然不能與明時同日而語。但因真武又是司命之神和福神，也能够滿足清帝長生祈福之需，再則真武崇拜深厚的群衆基礎也使清室注意到了利用其安撫民心的價值，故清初諸帝都把真武列爲信仰神之一。《清朝文獻通考》卷一〇五《群祀一》記載：『順治八年（一六五一年）定致祭真武、東嶽之神之禮。每年恭遇萬壽聖節，遣官致祭北極佑聖真君於顯佑宫。』其祝詞曰：『兹朕誕辰，惟神永遠默佑，僅以茶果庶品之儀致祭，尚饗。』此處的顯佑宫即明代的真武廟。其後清室歷朝皇帝生日均『遣官祭真武，東嶽大帝，城隍之神』。清代皇宫御花園内有欽安殿，爲明成祖時專門供奉真武的場所，爲清帝所沿用。『每歲元旦，宫殿監率該處首領太監等於欽安殿、天一門内正中設斗香，恭候皇帝親詣拈香行禮。其每月朔望，俱設斗香，宫殿監等敬謹拈香行禮。』[三]

[一] 凌雲翼、盧重華：《大嶽太和山志》卷五，《明代武當山志二種》，三五四頁。
[二] 謝肇淛：《五雜俎》卷四，《地部二》，七〇頁，瀋陽，遼寧教育出版社，二〇〇一年。
[三] 章乃煒：《清宫述聞》卷四，《述内廷一》，二九六頁，北京，北京古籍出版社，一九八八年。

清朝還對明代的部分真武廟宇進行了維修和擴建。如位於北京地安門東北的顯佑宮在雍正九年（一七三一年）和乾隆二十八年（一七六三年）兩次進行重修，並有御賜楹聯，正殿額曰：『拱辰錫福』，聯曰：『太紫衛皇圖，功資左輔；上清通昊綍，化運元樞。』北京景山東門内有真武殿三間，乾隆九年（一七四四年）添建配殿六間[一]。清帝對武當山各宮觀也時有修繕，如康熙二十一年（一六八二年），總鎮蔡公與撫軍王公捐資修到金頂山路朝天宮至朝聖門五華里，又修七星樹一帶險徑，砌石設欄，加固蹬道[二]。雍正八年（一七三〇年）督憲邁公重修淨樂宮父母殿，裝塑聖父母及侍神像。道光十一年（一八三一年），重修太和宮皇經堂，道光皇帝還御賜『生天立地』四個大字。

清代雖然各地重修和擴建真武廟的記載很多，但已不是明代的主要由太監或内府出資的模式，而是靠道士募化、信士捐助爲主。《北京圖書館藏中國歷代石刻拓本匯編》『清代部分』收録有今北京所存真武廟碑十四塊，從碑文來看，真武廟均爲明代或前代所建，清代新修的幾乎没有，而且多爲信士捐助。如位於崇文區東曉市慈源寺的北極玄天真武大帝神殿，由僧真宗倡議，『仰募於善男、信士捐助資財，共成盛舉。』位於西城區西海北河沿的玄帝廟，乾隆年間有道士清安倡議，衆人捐資重修。而明代存碑八塊中，祇有一塊指明由本地善士修建，其餘均爲官修或太監出資[三]。清代京城的真武廟尚且如此，各地的真武廟就更不必説了。如廣東佛山祖廟是一座在明代就列入祀典的真武廟，清代曾在康熙二十三年（一六八四年）、康熙二十九年（一六九〇年）、乾隆二十四年（一七五九年）、嘉慶元年（一七九六年）、咸豐四年（一八五四年）、光緒二十五年（一八九九年）等均進行過較大的維修，雖然有時是地方官員捐資倡修，但主要還是當地的商人和信衆捐資修建。從現存佛山祖廟的建築和文物上留下的大量捐資者的店號和姓名，很容易看到這一點。

清代武當山朝山進香習俗仍十分盛行，據《武當道教史略》記載，在清代到武當山進香的有廣西、貴州、雲南、四川、陝西、河南、安徽、湖北、湖南、江西、浙江等省的信衆，其中最遠的有福建漳州、廣東汕頭、佛山

[一] 章乃煒、王藹人：《清宮述聞》，九五九頁，北京，紫禁城出版社，一九九〇年。
[二] 王光德、楊立志：《武當道教史略》，二三六頁，北京，華文出版社，一九九三年。
[三] 梅莉：《明清時期的真武信仰與武當山朝山進香》，二一一頁，武漢大學二〇〇三年博士論文。

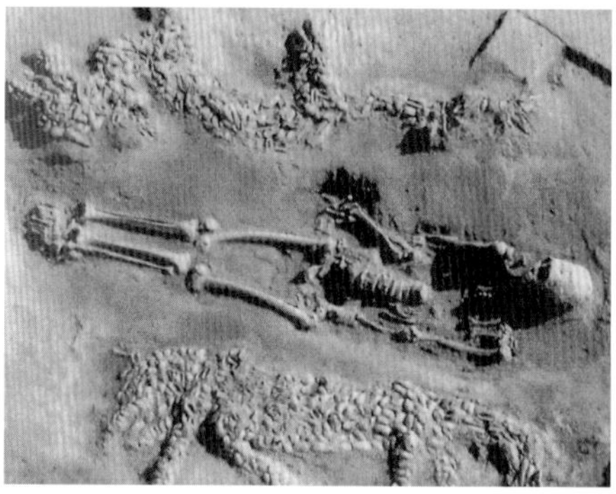

圖二·二　濮陽蚌塑龍、虎組合形象

圖二·三　西安漢城遺址出土的西漢玄武紋瓦當

等地的香會。而且按朝山香會的形式和路綫不同可分爲四路：從漢水之北而來的河南香會爲第一路；東綫來自於荊州、襄陽一帶的爲第二路；西綫來自於陝西安康、漢中、四川達縣一帶的爲第三路；武當山附近州縣的香客爲第四路〔二〕。香會是一種以朝山進香、祈福納祥爲目的的民間宗教團體。從清代武當山如此廣泛的進香團體和香客，不難想像，清代真武崇拜在民間的影響還是很大的，民衆並不會因爲朝代的更迭而迅速改變自己的傳統信仰。

圖二·一　《二十八宿圖》漆木衣箱

第二節　歷代真武圖像的綜合考察

本節將試圖對歷代真武圖像作一些綜合考察，以求初步建立起由龜蛇到真武大帝的圖像學系譜，並嘗試追溯其變遷的軌跡。

從目前所見的考古材料來看，青龍、白虎、朱雀、玄武四象的組合中，龍、虎的組合最先出現。一九七八年夏，考古工作者在湖北隨縣（今隨州市）發掘了一座戰國早期的曾國國君墓葬——曾侯乙墓，其中出土了一件《二十八宿圖》漆木衣箱（圖二·一），衣箱蓋上一邊繪着龍、一邊繪着虎，中間是表示二十八宿的文字和圖案。此處並未發現朱雀和玄武的形象，玄武既然始源於星宿崇拜，此處按理應該有其出現才對。這說明戰國早期玄武和朱雀的形象似乎還沒有進入四象的行列。其實，早在很可能屬新石器時代晚期的河南濮陽西水坡四十五號墓中就已經發現了用蚌殼堆積而成的龍、虎組合形象（圖二·二），也未出現玄武圖像。屈原在《楚辭·遠遊》中有『召玄武而奔屬』的詩句，是迄今所見最早的有關玄武的文字，雖然目前還沒有發現戰國時期的玄武圖像材料，但從屈原的《遠遊》說明，在戰國中晚期就有可能出現玄武的形象。

一、龜蛇緊纏的秦漢玄武

秦代的玄武圖像暫時還未收集到，但從陝西西安漢城遺址出土的西漢玄武紋瓦當的玄武圖像（圖二·三）來看，龜蛇相纏的玄武形象已相當成熟，而且具有自己的獨特風格。這種風格也許就承繼了秦代關中一帶的玄武圖

〔二〕王光德、楊立志：《武當道教史略》，二六九頁，北京，華文出版社，一九九三年。

圖二·四　山東嘉祥玄武畫像石

圖二·五　陝西綏德玄武畫像石

像風格。

漢代是一個漢畫像石全面繁盛的時代。所謂漢畫像石，是指漢代地下墓室、墓地祠堂、墓闕和廟闕等建築上雕刻畫像的建築構石[一]。據不完全統計，在全國範圍內發現和發掘的漢畫像石墓已超過二百座，漢畫像石總數已超過一萬塊。漢畫像石已成爲目前數量最大，畫像內容最豐富的漢代美術作品群，漢畫像石所代表的漢代美術不僅是漢以前中國古典藝術發展的顛峰，而且對漢以後的藝術也產生了深遠的影響，在中國美術史上有承前啓後的作用[二]。漢畫像石出現於西漢中期，止於東漢王朝的滅亡，在社會上流行了三個世紀之久，其產生的原因主要與漢代的厚葬風潮有關。

圖二·六　四川瀘縣王暉墓玄武圖

在漢畫像石中出現了大量的玄武圖像，如山東嘉祥玄武畫像石（圖二·四）、陝西綏德玄武畫像石（圖二·五）、四川瀘縣王暉墓玄武圖（圖二·六）、四川渠縣玄武畫像石（圖二·七）等等。漢畫像中的玄武圖像還有豐富的變形圖，數量難以估計，僅筆者所見的就超過七八十種。王清建在《論漢畫中的玄武形象》一文中指出，漢畫中的玄武形象大致分爲四類：第一是神話類。如一九七一年在河南省唐河縣針織廠發現的漢畫像石墓中，出土了一塊女媧玄武畫像石，具體形象爲女媧人首蛇軀，蛇尾彎曲下垂，雙手各持一樂器；女媧下部刻一龜蛇交體的玄武。把女媧神話與玄武聯繫起來，似乎與生殖崇拜有關。第二是天文類。青龍（東）、白虎（西）、朱雀（南）、玄武（北）四象圖案本身就與天文方位有關。河南南陽曾出土一塊『嫦娥會玄武』畫像石，是月亮運行到北方七宿的形象表現。河南省唐河縣針織廠發現的

[一]　信立祥：《漢代畫像石綜合研究》，四頁，北京，文物出版社，二〇〇〇年。

[二]　同[一]。

圖二·七　四川渠縣玄武畫像石

圖二・九
陝西發現的北魏石刻綫畫天祿、玄武圖

圖二・八
江蘇鎮江出土的東晉隆安二年玄武畫像磚

圖二・一〇
北魏爾朱墓石刻綫畫玄武圖

圖圖二・一一
河南鄧縣學莊南北朝時期玄武畫像磚

漢畫像石墓中四象出現於墓頂蓋石上，反映了漢代的時空觀念。第三是祥瑞類。玄武經常被認爲是吉祥長壽的瑞物，具有厭勝闢邪的作用。如山東有一畫像石，上刻玄武，柱礎刻一鱉，意寓主人的功德將永世流芳。第四是昇仙類。漢畫像石中所見的玄武形象大都具有護衛昇仙的意義。《楚辭・遠遊》『召玄武而奔屬』，王逸注云『呼太陰神，使承衛也。』《楚辭・九懷・思忠》『玄武步兮水母』，王逸注玄武云『天龜，水神。侍從余也。』[一]這些都反映了玄武與人死後昇天有關。孫作雲在《長沙馬王堆一號漢墓畫幡考釋》[二]一文中也認爲，『玄武是人們昇天時所伴之物』。一九八八年在河南南陽市麒麟崗漢畫像石墓中發現一塊『乘龜昇仙』畫像石。山東出土的漢畫像石中，既有仙人乘玄武的形象，也有兩人乘玄武的畫面。在兩人乘玄武畫像石上還刻有仙人騎虎、乘龍的圖像[三]。

第四類昇仙畫像石非常值得重視，玄武之所以能在漢代藝術的代表作品漢畫像石中佔有一席之地，與其護衛昇仙的功能有極大的關係。這種功能還對後代玄武圖像和玄武崇拜的繼續發展産生了深遠的影響。從某種角度來

[一] 《楚辭四種》，一〇一頁，上海，上海國學整理社，一九三六年。
[二] 孫作雲：《長沙馬王堆一號漢墓畫幡考釋》，《考古》，一九七三年第一期。
[三] 王清建：《論漢畫中的玄武形象》，《中原文物》，一九九五年第三期。

圖二・一三　敦煌第二四九窟中的西魏玄武壁畫

看，這種昇仙圖爲後來玄武神的人格化創造了極大的想像空間。

二　氣韻生動的魏晉南北朝玄武

魏晉南北朝時期處在强大的漢朝崩潰之後和繁榮的隋唐王朝到來之前，是中國合久必分之後，又爲新的大一統積累各種條件的時期。這個時期各民族所建立的政權此起彼伏，頻繁的戰爭帶來了人口的大規模遷移，民族融合和文化交流不斷加强，與域外的交流開始增多。思想觀念也變得多元化，文化藝術出現了多元共存的局面。這種局面也爲玄武圖像的發展與創新創造了條件。

魏晉南北朝時期所見的玄武圖像大致可分爲兩類：

第一類是龜蛇相纏的形象，其與漢代的玄武圖像最大的不同是不但龜蛇交尾，蛇頭和蛇尾也相交。如一九七二年江蘇鎮江出土的東晉隆安二年（三九八年）的玄武畫像磚（圖二・八），蛇纏着龜，龜回首張口望着蛇，蛇身除了與龜尾相交外，蛇首和蛇尾也相交，而且蛇首和蛇身組成一個環狀結構，圍繞着龜身。玄武圖的左右兩邊各有一行隸書，右邊作『晉隆安二年造立冢郭』，左邊爲『顯陽山子孫安壽万年』[一]。又如陝西發現的北魏石刻綫畫天禄、玄武圖（圖二・九）、北魏爾朱墓的石刻綫畫玄武圖（圖二・一〇）、河南鄧縣學莊南北朝時期的玄武畫像磚（圖二・一一）、法國國家圖書館藏編號P.2683的敦煌六朝《瑞應圖》中的玄武圖（圖二・一二）和敦煌第二四九窟中的西魏玄武壁畫（圖二・一三）等，上述這些玄武圖與晉畫像磚玄武圖相比，風格基本一致，祇是蛇纏龜身的圈數有所增加，大概是承繼不同的地域文化之故。魏晉南北朝時期的玄武圖像與漢畫像石相比在藝術風格上表現出動感較强，飄逸灑脱的特點。這似乎與道教、魏晉玄學和神仙方術等思想的影響有關。也與六朝畫家謝赫在《古畫品録》中提出的『六法』之首『氣韻生動』的主張相一致。尤其是玄武雙重交尾的特點表明當時對陰陽交合、生殖崇拜的進一步强調。前引東漢許慎《説文解字》云：『龜，外骨内肉者也。從它，龜頭與它

圖二・一二　六朝《瑞應圖》中的玄武圖

[一]　陳益宗：《東方圖像榜・鶴龜》，一七七頁，長沙，湖南美術出版社，二〇〇一年。

圖二・一四　北魏石棺石刻玄武圖

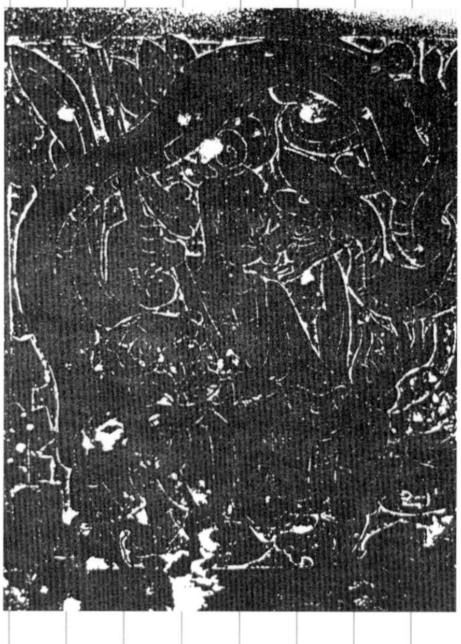

圖二・一五　河南洛陽瀍山下海資村出土的北魏石棺綫刻玄武圖

頭同。天地之性，廣肩無雄，龜鱉之類，以它爲雄。』晉代張華《博物志》亦云：『大要龜黿之類無雄，與蛇通氣則孕。』[一]聯想到漢畫像石中的女媧、玄武共處一圖的形象，我們認爲這種雙重交尾圖形的出現也許是受到了女媧交尾圖像的影響。六朝《瑞應圖》中的玄武圖（圖二・一二）旁的解釋文字爲：『似龜而黑色，常負蛇而行，北方神獸。』說明當時把玄武作爲一個神獸來看待，與文獻記載大致脗合，此問題後面還要論及。

第二類是玄武護衛昇仙圖像。如北魏石棺石刻玄武圖（圖二・一四）、河南洛陽瀍山下海資村出土的北魏石棺綫刻玄武圖（圖二・一五）、北齊山東臨朐崔芬墓墓室北壁壁畫玄武圖（圖二・一六）等。石棺玄武圖像都位於石棺的北壁或後壁，與左青龍、右白虎、前朱雀、後玄武的四象方位相脗合。一般認爲其作用是與青龍、白虎、朱雀一起護衛墓主人的靈魂進入天堂，也是漢代以來『以四靈正四方』傳統觀念的延續。這類玄武護衛昇天圖像與前述漢畫像石中出現的此類圖像一脈相承。其最大的特點是在龜蛇糾纏組成的環狀結構的中央出現了一位半身的人物形象。漢畫像石中出現的此類人物形象一般認爲是仙人，北魏、北齊的這些玄武圖中的人物似乎明顯地受到了佛教人物圖像的影響。如圖二・一四的石棺石刻玄武圖中的人物，《真武：完美的戰神》一文認爲此人物穿着像一個學者或宮廷官員[二]。他頭戴一冠，雙目微閉，大耳下垂，受佛教雕塑影響明顯。聯想到北魏時期

[一] 范寧：《博物志校正》，北京，中華書局，一九八〇年。
[二] Stephen Little with Shawn Eichman edit. *Taoism and the Arts of China*, No.239, The Art Institute of Chicago, 2000.

出現的雲崗石窟、龍門石窟，以及更早出現的敦煌莫高窟這三個我國古代佛教石窟藝術寶庫留下的大量佛像，不難理解佛教在當時的巨大影響。圖二・一五洛陽石棺的圖像，從人物的輪廓來看，也有佛教塑像影響的痕跡。人物的左手握着一把寶劍，威風凜凜。圖二・一六的崔芬墓壁畫，是一九八六年在山東臨朐縣發掘的北齊天保二年（五五一年）墓葬，玄武彩繪壁畫位於墓室北壁。圖中龜蛇糾纏，龜首上仰回視，與蛇首相對。龜背上有一人物，頭戴一冠，手執一劍，瞠目張口，神態威猛。玄武前後各有一位面目猙獰、一蛇繞身的侍者。

研究焦點主要集中在上述第二類人物的身上，許多研究者認爲龜蛇上的這些人物是仙人，護送墓主人昇天的。《真武：完美的戰神》一文中說，這些人物的身份還不清楚，也許是描繪了强有力的真武神早期的人格化形象〔二〕。筆者認爲這種觀點很值得重視。這些人物也許就是玄武向以後的真武大帝發展的重要一環，這些人物就是早期人格化的玄武神。從圖二・一五、二・一六兩圖的人物手握寶劍的造型中，也很易聯想到宋朝以後仗劍披髮的真武大帝。其實，在前引《重修緯書集成》卷六《河圖》中，也有『北方黑帝，神名爲葉光紀，精爲玄武』，『北方黑帝，體爲玄武，其人夾面兑頭，深目厚耳』的記載。尤其是後一句，把當時玄武神描述爲一個半人半龜蛇的形象，而且還提到『深目厚耳』，此類記載也與上述圖像資料相類似。

三　環狀優美的隋唐玄武

隋唐五代時期的玄武圖像仍以墓室壁畫出現較多，在圖像風格上

圖二・一六　北齊山東臨朐崔芬墓室北壁畫玄武

〔二〕Stephen Little with Shawn Eichman edit. *Taoism and the Arts of China*, No.239, The Art Institute of Chicago, 2000.

圖二·一七　河南洛陽出土隋代石棺上的石刻玄武像

圖二·一九　西安東郊唐蘇思勗墓墓室北壁玄武壁畫

圖二·二〇　唐高元珪墓墓室北壁玄武壁畫

承繼魏晉南北朝時期雙重交尾的構圖特色。與魏晉南北朝時期的玄武圖像相比，首先，最大的不同是蛇首和蛇尾相交組成的環狀結構比魏晉南北朝時期更大，形成了一個圓形結構，而不是魏晉南北朝時期的扁圓形結構，從而使構圖更爲美觀，綫條更爲流暢。其次，蛇身纏龜的圈數有增加的趨勢，龜的行走圖像更爲優美，整體構圖日趨簡練。此外，在圖像的變化上也比魏晉南北朝時期更爲靈活、多樣。隋代玄武圖像，如河南洛陽出土石棺上的石刻玄武像（圖二·一七），圖中蛇纏龜身的圈數仍爲兩圈，龜和蛇的形象比前代更爲生動、寫實。圖像的蛇首和蛇尾組成的環狀結構明顯比魏晉南北朝時期的玄武圖更大。隋代墓室壁畫的佈局和內容大體沿襲北朝舊制，墓室內壁畫多見四象圖像，尤以青龍、白虎爲多。成書於元代的《玄天上帝啓聖録》卷一『谷喦修果』篇主要描述了隋朝江西安撫使張佑之的從人軍虞候何詮在廬山谷喦洞於三月三日幸遇真武及其父母的故事。文曰：『詮入洞行二十餘步，聞洞中有人勘筭文字，遂隨語聲處尋路，行半里見一宮殿虛聳，上有三位燕會，下有判官符使數百人，將薄書點筭人間善惡之事。詮子細觀望，見有龜蛇在於戲躍，知是北方真武。』（參附圖二一題記）從此處記載來看，似乎隋朝時已有了完全人格化的真武。由於這些靈應故事是宋、元以來從民間收集來的，於史無徵。從現存隋代的玄武圖像來看，似乎還未發現人格化的傾向，甚至連魏晉南北朝時期多見的昇仙圖像也難以見到了。

從第一節的文獻材料中可以看出，唐代的玄武崇拜已經相當興盛。但現今留下的玄武圖像資料主要還是集中在墓室壁畫、石棺雕刻中，如陝西唐李壽墓石棺玄武圖像（圖二·一八）、西安東郊唐蘇思勗墓墓室北壁玄武壁畫（圖二·一九）、唐高元珪墓墓室北壁玄武壁畫（圖二·二〇）、唐韋氏墓墓室北壁玄武壁畫（圖二·二一）、日

圖二·一八　陝西唐李壽墓石棺玄武圖像

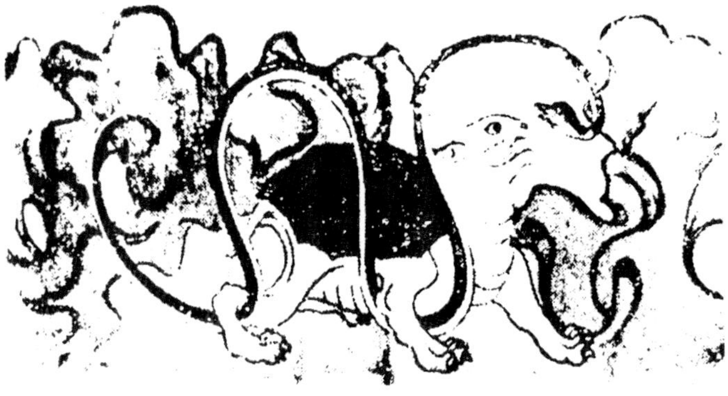

圖二一·二三　吳道子畫的龜蛇合體的玄武

圖二一·二二　日本正倉院藏唐代玄武畫像石

本正倉院藏唐代玄武畫像石（圖二一·二二）等。日本學者東潮在《北朝、隋唐和高句麗壁畫——以四神圖像和神怪圖像爲中心》一文中，通過闡明北朝壁畫的四神圖像，乘駕龍虎神仙像，牽引青龍、白虎像，墓主圖像，屏風畫的變遷過程，明確指出東魏茹茹公主墓壁畫的四神圖和宮廷儀仗圖等等，是初唐壁畫的原形。隋唐壁畫中的四神圖像，七世紀中葉從墓室被表現在墓道[二]。王仁波、何修齡、單暐在《陝西唐墓壁畫之研究》中將唐墓壁畫的題材分爲四神、狩獵、儀仗、宮廷生活、禮賓、宗教、建築、星象八類[三]。尹盛平主編的《唐墓壁畫真品選粹》中將唐墓壁畫分爲四神、星象、宗教、建築、儀衛、狩獵、生活、唐與四鄰的友好往來八類[三]。兩文都把四神放在分類的首位，可見四神題材在唐墓壁畫中確實頻頻出現。唐墓壁畫中的玄武圖像多數出現雙重交尾現象，如圖二一·一九至圖二一·二二；也有非雙重的，如圖二一·一八。有的蛇身繞龜三圈，如圖二一·一九至二一·二一；有的兩圈，如圖二一·二二，總體來説圖像變化較爲複雜。唐代的玄武圖像一般出現在墓室的北壁，其最值得注意的特點是許多墓室壁畫在玄武兩旁加了男女侍從各一人。如西安東郊唐蘇思勗墓、長安縣南里王村唐墓等。可見此時的玄武雖仍被用來表現方位和闢邪免災，但他的地位已明顯提高，旁邊出現了侍從圖像[四]。當然，不能確定這些侍從就是服侍玄武神的，但能够把玄武與一男一女兩侍者圖像放在一起，無疑會對後世玄武圖像的發展產生影響。如果聯想到宋以後真武神旁邊的金童、玉女兩位侍神，唐墓壁畫中出現的這些圖像就很值得深思。

唐代的玄武題材也進入了盛唐名畫家吳道子的視野，大英博物館收藏有一幅吳道子畫的龜蛇合體的玄武畫像（圖二一·二三）。畫面十分生動流暢，但龜蛇合體的方式與唐墓壁畫有很大的不同，蛇似乎從龜的右側穿過，而且蛇也未纏在龜身上。爲何出現這種形象不得而知，但是，單從玄武能够成爲尤擅宗教人物畫的唐代大家吳道子筆下的題材這一點來看，唐代玄武信仰確實有相當的流行。前文所引《唐六典》、宋代《河南志》、《縉雲縣志》、《客座贅語》等文

圖二一·二一　唐韋氏墓墓室北壁玄武壁畫

[一] 周天游主編：《唐墓壁畫研究文集》，一七頁，西安，三秦出版社，二〇〇三年。
[二] 同[一]，一〇頁。
[三] 同[二]。
[四] 同[一]，三四至三五頁。

圖二・二四　四川瀘縣牛灘鎮灘上村二號墓玄武圖

圖二・二五　四川瀘縣牛灘鎮灘上村一號墓玄武圖

獻中都有關於唐五代立專祠祭祀玄武神的記載。據楚啓恩《中國壁畫史》記載，五代十國時期，西蜀有一位以善畫道門尊者著稱的著名道士畫家張素卿，他的得意弟子陳若愚也是一位專畫道門尊像的道士畫家，陳若愚曾在龍興觀畫有青龍、白虎、朱雀、玄武四位星君畫像[一]。該書在《唐代壁畫藝術家及其作品概況》一章中也記有：『陳若愚：畫成都精思觀《青龍、白虎、朱雀、玄武四神圖》』[二]。這些畫像今已無存，我們無緣得睹當時玄武神的尊容。隋唐五代的玄武形象，從現在可以見到的圖像來看，均爲龜蛇合體，與漢魏六朝以來龜蛇合體的玄武圖像傳統一脈相承。但從杜光庭所著的《廣成集》中多處有關玄武神的記載來看，晚唐五代是玄武信仰與道教結合的關鍵時期，正如鄭阿財先生所言：『其後五代玄武信仰與道教緊密結合，大力的宗教化，更加深了玄武的神明性格與提昇玄武的宗教地位，使之明顯進入道教的神系。所以唐五代玄武信仰的發展，可說是爲宋明「玄天上帝」、「玄武真君」的興盛奠定了極爲重要的基礎。』[三]

圖二・二六　廣德公遼墓木棺後壁的玄武圖

四　完全人格化的宋代真武

宋代是玄武完全走向人格化的時期，描述宋代玄武神形象的文字記載較多，但存世的玄武神像非常少見。隨着玄武的人格化，雖然宋、遼墓室中仍時有玄武圖像出土，如四川瀘縣牛灘鎮灘上村二號墓玄武圖（圖二・二四）、灘上村一號墓玄武圖（圖二・二五）、廣德公遼墓繪於木棺後壁的玄武圖（圖二・二六）等，但就全國範圍，已遠沒有隋唐墓室北壁壁畫中的玄武圖像那麼風行。從宋元墓中的玄武圖像風格來看，地域差別很大，如四川瀘縣宋墓中所見的龜蛇形象就似乎承繼了當地漢代王暉墓中的玄武圖像（圖一・六）風格，有自己的特色。明

[一] 楚啓恩：《中國壁畫史》，一四四頁，北京，北京工藝美術出版社，二〇〇〇年。

[二] 同[一]，一一八頁。

[三] 鄭阿財：《從敦煌文獻看唐五代的玄武信仰》，四二三頁，臺灣，《道教的歷史與文學》。

圖二·二七　武當山宋代銅鑄真武像（武當山文物保護管理所提供）

人樊深說：『真武者，本北方玄武之像，世乃繪塑以貌之，廟宇以居之，祭享之禮殆遍天下，蓋自宋以來已然。』[一]唐末五代至宋初成書的道經《太上說玄天大聖真武本傳神咒妙經》、宋初成書的道經《元始天尊說北方真武妙經》都把玄武描繪爲『建皂纛玄旗，被髮跣足，攝踏龜蛇』的形象，這些道經已初步奠定了宋代玄武神人格化形象的格局。宋仁宗至和二年（一〇五五年）在原真宗天禧二年（一〇一八年）所建的祥源觀舊址重建醴泉觀，南宋趙彥衛《雲麓漫鈔》卷九曰：『後興醴泉觀，得龜蛇，道士以爲真武現，繪其像爲北方之神，被髮黑衣，仗劍蹈龜蛇，從者執黑旗，自後奉祀益嚴，加號鎮天佑聖，或以爲金虜之讖。』[二]此段記載說明此時玄武形象已基本定形，後世所見的玄武形象大多與此書中所描繪的類似。仁宗建醴泉觀時，又將其從神中的六丁六甲配爲夫婦，『六丁皆爲女子像』[三]『於是，一個人獸混雜、陰陽協調的真武神群體，便被宋人塑造完成，以後道觀中的真武神殿均倣此形而設置。』[四]

湖北武當山文物保管所藏有一尊宋代崇寧至大觀年間（一一〇二至一一一〇年）的銅鑄真武像（圖二·二七），是存世不可多得的宋代真武圖像資料。《武當山志》記載：『銅鑄真武像，一尊。宋代崇寧至大觀年間（一一〇二至一一一〇年）造。高七十六厘米，披髮跣足，身着廣袵衣，坐勢端莊，左手搭膝，右手撫帶，面容豐潤，兩眼微睁，造型古樸。底座兩邊鑄「崇寧」、「大觀」錢印。』[五]該造像在民國時期曾與一批武當山銅像輾轉

[一] 樊深纂：《嘉靖河間府志》卷三，《古跡·興濟縣·崇真宫》，上海，上海古籍書店，一九八一年。
[二] 轉引自宗力、劉群：《中國民間諸神》，六四頁，石家莊，河北人民出版社，一九八七年。
[三] 陸游撰，楊立英校注：《老學庵筆記》卷九，西安，三秦出版社，二〇〇三年。
[四] 劉喜海：《金石苑》卷六，《大雄真聖像》，民國影印本。
[五] 武當山志編纂委員會編：《武當山志》，一九三頁，北京，新華出版社，一九九四年。

多處，險遭熔化，現在造像的左側面部因被燒已稍有變形，腳前的龜蛇鑄像的龜、蛇頭部都已不見，但造像的整體輪廓和神韻仍保存較好。該造像造型古樸，衣紋簡練，尤其珍貴的是它有宋代的確切紀年，爲斷代提供了最具説服力的證據。從該造像披髮跣足、前放龜蛇的造型來看，與現在存放於武當山天柱峰金頂的明永樂御賜真武大銅像應爲同一脈絡，這表明永樂皇帝認可的標準真武形象至遲在北宋末年的宋徽宗時已經發展得非常成熟。上文提及的比此像約早半個世紀的宋仁宗時期醴泉觀『被髮黑衣，仗劍蹈龜蛇，從者執黑旗』的真武形象，兩者相比較有理由相信，隨着宋皇室的崇奉真武，道士的迎合塑造，在北宋初年真武已完成了人格化，真武形象也一改過去龜蛇合體的造型，成爲一位披髮跣足、腳踏龜蛇或腳前放龜蛇的道教神祇。

雖然北宋初真武已完成人格化，後世流行的真武標準造像也已經出現，但當時真武的人格化形象因爲出現不久，還未統一爲後世常見的標準造型，各地出現了不同造型的真武圖像。如《仙鑒》卷五三載，徽宗政和七年（一一一七年）十二月，命林靈素修『佑聖殿』，並『願見真武聖像』，在林靈素的召請下，徽宗見到了真武神。徽宗『宿殿致齋，於正午時，黑雲蔽日，大雷霹靂，火光中現蒼龜巨蛇，塞於殿下。帝祝香再拜曰「願見真君，幸垂降鑒」。霹靂一聲，龜蛇不見，但見一巨足塞於帝殿下。帝又上香再拜云：「伏願玄元聖祖，應化慈悲，既沐降臨，得見一小身，不勝慶幸」。須臾，遂現身長丈餘，端嚴妙相，披髮皂袍，垂地金甲，大袖玉帶，腕劍跣足，頂有圓光，結帶飛繞，立一時久。帝自能寫真，更宣畫院寫成間，忽不見，次日安奉醮謝。』[一]又如《玉真觀記》記載徽宗政和間所奉真武，『像如道君皇帝』，道君皇帝即指宋徽宗[二]。宋欽宗時，會稽守翟汝文令工塑真武像，則以自己爲模特，道士賀仲清在旁見而不敢言[三]。孝宗淳熙三年（一一七六年）臨安佑聖觀落成之日，人們驚奇地發現：『內塑真武像，蓋肖上御容也！』[四]，這些傳説爲明代『真武神，永樂像』故事的廣泛流傳埋下了伏筆。據洪邁《夷堅志》卷三載：『婺士葉昉，登乾道己丑進士第。得故紙一幅，畫真武仗劍坐石上，一

[一]《仙鑒》卷五三，轉引自王光德、楊立志：《武當道教史略》，六八頁，北京華文出版社，一九九三年。
[二] 劉辰翁：《須溪集》卷四，《玉真觀記》，《四庫全書》本。
[三]《老學庵筆記》卷八。
[四] 李心傳撰，徐規點校：《建炎以來朝野雜記》甲集卷二，《佑聖觀》注，北京，中華書局，二〇〇〇年。

圖二・二八　福建晉江深滬崇真殿宋代真武石像（晉江博物館提供）

神將甚雄猛，持斧拱立於旁，後書「道子」兩字，疑爲吳生筆也。紙略不沾濕，若初未著水者。葉徙居嘉和，此像爲其任宜之所得，供事於神堂，極有靈驗。』[一]直到理宗淳祐年間（一二四一至一二五二年），臨安道士江師隆仍摹本上進[二]。

福建晉江深滬崇真殿有一尊宋代真武石像（圖二・二八），高二・二六米。此像面部輪廓與常見的受佛教影響的真武像有很大的不同，更像真人模樣，雙目非常逼真有神。更爲特別的是腦後有兩個髮髻，而不是常見的披髮形象，後世描繪青年真武的圖像中多見兩個髮髻的形象，因而此像描繪的當爲青年真武。神像右手靠着一物，左手垂於膝前，袖口自然下垂，這樣的下垂也很罕見。胸前有玉帶，似符合徽宗時『大袖玉帶』的造型，兩足爲跣足，不見龜蛇形象。閩南地區從古到今都是著名的石雕中心之一，又是真武信仰較爲興盛的地區，能够留存下宋代的真武石像也符合情理。該像與通常所見的真武形象不同也說明了真武形象的最後定型經過了艱難的選擇過程。宋人陳長方作《真武贊》曰：『北方之神非此形，世俗强爲圖其真。天一生水罔與實，革玄揚雲知彼情』[三]。南宋朱熹則說：『今乃以玄武爲真聖，而作真龜蛇於下，已無義理，而又增天蓬、天猷及翊聖真君作四聖，殊無義理。』[四]從此文我們至少可以看出兩點：其一，玄武變爲真聖是道士所爲；其二，宋代玄武人格化的活動遭到了當時部分士大夫的反對。

五　南文北武的元代真武

元代的真武圖像存世的也不是很多，以山西芮城永樂宮三清殿『佑聖真武』壁畫最爲著名。元代的真武圖像

[一] 見《夷堅志》《景卷第三》，九〇五頁，臺灣，明文書局，一九八二年。
[二] 潛說友：《咸淳臨安志》卷七五，《寺觀・真聖觀》。
[三] 陳長方：《唯室集》卷三，《真武贊》，臺北，臺灣商務印書館影印本，一九八三年。
[四] 朱熹：《朱子語類》卷一二五，北京，中華書局，一九八六年。

圖二·二九　永樂宮三清殿西壁『佑聖真武』

圖二・三〇
《新編連相搜神廣記》元代玄天上帝圖

承繼宋代真武圖像的傳統，在宋代多種玄武圖像並存的基礎上已明顯地形成了武神和文神兩個傳統。武神以北方地區全真派傳統爲代表，文神則以南方地區道派傳統爲代表。山西芮城永樂宮壁畫是中國壁畫史上的巔峰之作，三清殿西壁所繪的『佑聖真武』（圖二・二九）位在天猷副元帥之後，披髮飄逸，髯鬚外撇，表情嚴肅威武，身披皂袍，內着金甲，右手握一把寶劍橫在胸前，給人一種不怒而威的感覺。林聖智先生提到的加拿大多倫多博物館（Royal Ontario Museum）藏朝元壁畫的玄武像位於所在殿宇的東壁，以全身像出現，特別顯得威風凜凜，天蓬元帥被擋在身後，但這兩種樣式均爲頂有圓光、披髮跣足、着黑袍戰甲、右手持劍，真武是『四聖』的一員。現藏國家圖書館的元版《新編連相搜神廣記》中有一幅元代玄天上帝圖（圖二・三〇），圖上、下部均以浮雲爲背景，玄天上帝頭頂圓光，披髮飄逸，皂袍跣足，衣帶飄舉，雙手握於腹前作戰鬥狀，前有龜蛇戲躍。上述圖像都來源於同一傳統，即繼承唐代吳道子風格的宋代武宗元《朝元仙仗圖》傳統，真武爲威武的武神形象。這些圖像均出自山西南部的『馬、朱作坊群』，山西是北方重要的刻經版畫生産區，金朝滅北宋之後，將汴京的刻工遷往山西平陽，平陽成爲重要的雕版印刷重鎮，金、元兩代佛道經典的刊刻中心。元初全真派道士宋德方曾在山西平陽玄都觀編輯《玄都寶藏》，可見平陽版畫與元代全真道教有密切關係，『山西平陽壁畫與版畫的興盛，全真道教之贊助居功甚大』[一]。

元代南方地區的玄武圖像與晉南武神玄武圖像風格有明顯的不同。這種風格甚至可以上溯至宋代，前引宋代所見的兩尊真武像，圖二・二七、圖二・二八，一尊在武當山，一尊在福建晉江，雖都具有明顯的真武特徵，但均不强調真武的『武將』性格，面相慈善，衣袍沉靜自然，綫條簡化，强調內在修爲。武當山現存一尊元代玉雕真武像（圖二・三一），《武當山志》記載其爲：『玉雕真武像，一尊。元代雕製。原置華陽岩，一九八七年遷至老營。像高六十七厘米，披髮盤坐，身着道服，作凝神修煉狀。是全山尚存唯一玉石像。』[二]該像真武披髮

[一] 林聖智：《明代道教圖像學研究：以〈玄帝瑞應圖〉爲例》，國立臺灣大學《美術史研究集刊》六期，一五二頁。
[二] 武當山志編纂委員會編：《武當山志》，一九三頁，北京，新華出版社，一九九四年。

圖二·三二　武當山元代玉雕真武像（採自《武當山志》彩圖插頁）

盤腿端坐，雙目微閉，凝神靜氣，雙手交疊放於丹田前，似正在入靜修煉；身着廣衲衣，衣紋簡練，造型精美，再輔以玉石的光潔質感，更顯得生動傳神。元代武當山道教本山派、正一派、全真派、清微派等並存發展，互相影響，後被元仁宗賜爲『體玄妙應太和真人』的著名高道張宇清採衆派之長，創立了新武當派[一]。新武當派糅内丹修煉、符籙齋醮、清微雷法等各派長處爲一體，與北方的全真派相比較，仍應屬於南方教派。玉雕真武像這種既似佛教的觀音，又像古代聖賢的形象，當與以内丹修煉、符籙齋醮等爲主的南方教派影響有較大的關係。當然，真武聖賢形象的出現也與宋元以來真武地位的不斷提昇有關。

元代南方出現這類聖賢真武圖像的原因還有一種説法，據虞集《玄帝畫像贊》云：『吳興趙公，前代公族，神明氣清，靜處貞獨，乃夢天人，被髮跣足，玄衣寶劍，坐臨崖谷，再拜稽首，仰視退伏，……知子誠篤，而善繪事，追步顧陸，凡吾真儀，子善記録，審而傳子，與世瞻矚。……夢亦遂覺，明日在户，香彩遍屋，取火亟寫，神運掌握，豪分無失，三十其幅。……方壺仙人，潔以薰沐，臨池擬容，識以玄玉，有得之者，昭事毋瀆，……。』[二]從上文記載可知，玄帝將其形象托夢集賢學士趙孟頫，趙孟頫成畫之後再由方壺仙人臨摹而傳給後世，虞集正是在這樣的情況下爲趙孟頫的玄帝畫作上述贊詞的。林聖智先生研究認爲，趙孟頫托夢畫像的故事可以解釋成替元代玄帝新形象取得合法來源並建立權威的手段。因爲：『對元代南方道士而言，原來朝元圖系統中的玄帝形象不但與北方全真道教關係過於密切，而且這種形象自武宗元以來已經流傳四百年之久。元代玄帝的政治宗教地位日漸重要，配合其地位的提昇，如何對玄帝的特質加以詮釋，重新建立圖像與神明的更直接的關係，找回迷失在職業作坊小樣之中的玄帝真形，以建立形象的純正性，實有其宗教上的必要性。』[三]從而他認爲這類在元代南方道教風雅的環境中所出現富有文人氣味的新玄帝圖像，與南方道士文學化、雅化的特色當有深切的關聯，這意味着元代南方出現了新的道教圖像傳統。

[一]　王光德、楊立志：《武當道教史略》，一三二頁，北京，華文出版社，一九九三年。
[二]　虞集：《道園學古録》，文淵閣《四庫全書》本，臺北，商務印書館，一九七七年。
[三]　林聖智：《明代道教圖像學研究：以〈玄帝瑞應圖〉爲例》，國立臺灣大學《美術史研究集刊》六期，一五四頁。

圖二·三二　明代山西寶寧寺水陸畫中的玄武

筆者認爲南方出現的這種玄帝圖像新傳統可能在宋代玄武圖像形成的過程中就在南方逐步出現了，元代衹是進一步發展而已，前面提到的兩尊宋代南方的真武像即爲明證。

六　由盛而衰的明清真武

明代的真武崇拜已發展到登峰造極的地步，真武信仰在明代遍及全國。因而現存的真武圖像絕大部分都是明代產品。如湖北省武當山雖經過民國戰亂、『文革』等劫難，登記入册的現存歷代真武像仍有一百二十七尊。全國各地的真武廟宇、國内外文博單位仍藏有不少明清時期的真武像。明代的真武圖像繼承了宋元以來形成的北方、南方兩個發展傳統，並有了新的突破。圖像變化更加豐富，呈現出了多元並存的狀態，圖像的藝術水平更高，真武圖像的發展走到了巔峰。明代北方武宗元朝元圖傳統中的玄帝武神形象依然持續不斷地發展，如明代山西寶寧寺水陸畫《天蓬、天猷、翊聖、玄武真君》中的玄武（圖二·三二），披髮執劍，皂袍跣足，金甲露出皂袍的面

圖二·三三　河北省石家莊毗盧寺後殿明代水陸會壁畫中的玄天上帝圖像

積很大，形象威武，武神特徵明顯；衣帶飄舞，動感强烈，玄武仍作爲四聖的一員而存在，與永樂宮真武壁畫的風格相似。又如河北省石家莊市毗盧寺後殿明代水陸會壁畫中的玄天上帝圖像（圖二·三三），高大威猛，全身金甲，是典型的武神形象。玄帝頂戴圓光，右手持劍，左手握袍，常見的皂袍被顯著的弱化，縮到一角，採用瀝粉貼金的技法，使金甲更加絢爛奪目。此玄帝像更爲有特色的是不僅衣帶飄動，而且腦後的披髮在圓光的周圍飄昇飛舞，神氣十足。從此圖高超純熟的壁畫技法來看，明代北方的宗教壁畫仍有較高的藝術水平。但明代從朱元璋起，『出於對全真道唯獨修一己性命的看法，及全真道與元室關係密切的嫌隙，對全真派不大重視。』〔一〕全真派在明代沉寂了下來，對北方道教圖像的發展無疑會有一定的影響。

明代南方地區的真武圖像也延續了宋元以來以文神爲主的南方造像傳統，明代正一派道教成爲法定的道教領袖，形成了龐大的勢力。由於明代的正一道士多出自江西，屬於南方，因而在造像選擇上更易於受南方造像傳統的影響。正一派道教領袖與明皇室關係密切，因而

〔一〕任繼愈：《中國道教史》，六五五頁，上海，上海人民出版社，一九九七年。

圖二·三五　武當山帶龜蛇持劍真武像（採自《仙山武當》，一一九頁）

圖二·三四　武當山紫霄宮大殿内持劍真武像（採自《仙山武當》，三一頁）

圖二·三七　廣東佛山祖廟明代真武行宮武神像

南方造像傳統影響到了京師，甚而波及全國。從現存明代真武圖像來看，主要分爲以下幾類：第一類爲純武神圖像，如前引石家莊毗盧寺後殿明代水陸會壁畫中的玄天上帝圖像（圖二·三三）、武當山紫霄宮大殿内持劍真武圖像（圖二·三四）、武當山帶龜蛇持劍真武像（圖二·三五）、杭州六和塔明萬曆石刻真武像（圖二·三六）、廣東佛山祖廟藏明代真武行宮武神像（圖二·三七）等。這類真武圖像全身鎧甲，盡量將皂袍隱去不見，寶劍寒光閃閃，人物衣帶飄舞，有的甚至腦後的披髮也飄昇起來，如圖二·三三、圖二·三六，動態感强，一副如臨大敵、隨時準備投入戰鬥的架勢，真武戰神的特徵十分明顯。這類圖像在北方較爲多見，明代北方的少數民族常來騷擾邊境地區，因而與少數民族接壤的山西、河北一帶，很需要這位護國戰神的佑護，武神形象最適合當地的需要。當然南方地區也常出現此類戰神形象，但一般都是在護衛、助戰、巡遊等需要武神的場合時多見。

第二類爲古聖賢模樣的文武神真武圖像，如武當山金殿内的銅鑄真武大帝像（圖二·三八）、武當山五龍宮的全山最大真武銅像（圖二·三九）、美國芝加哥藝術學院所藏的明正統年間真武銅像（圖二·四〇）、明代水陸畫真武大帝像（圖二·四一）等。這類圖像根據皂袍中所見鎧甲面積的大小，又可以分爲武神特性稍强（如圖二·四一）和武神特性稍弱（如圖二·三八）兩類。但總體來講，此類圖像中真武的武神特性已明顯退居次要地位，而古聖賢模樣的文神特性則居於主導地位。此類圖像的數量較多，如圖二·三八就是明皇室認可的標準圖像，鑄於永樂十四年（一四一六年），置於金殿之内，是永樂皇帝御賜的全山最重

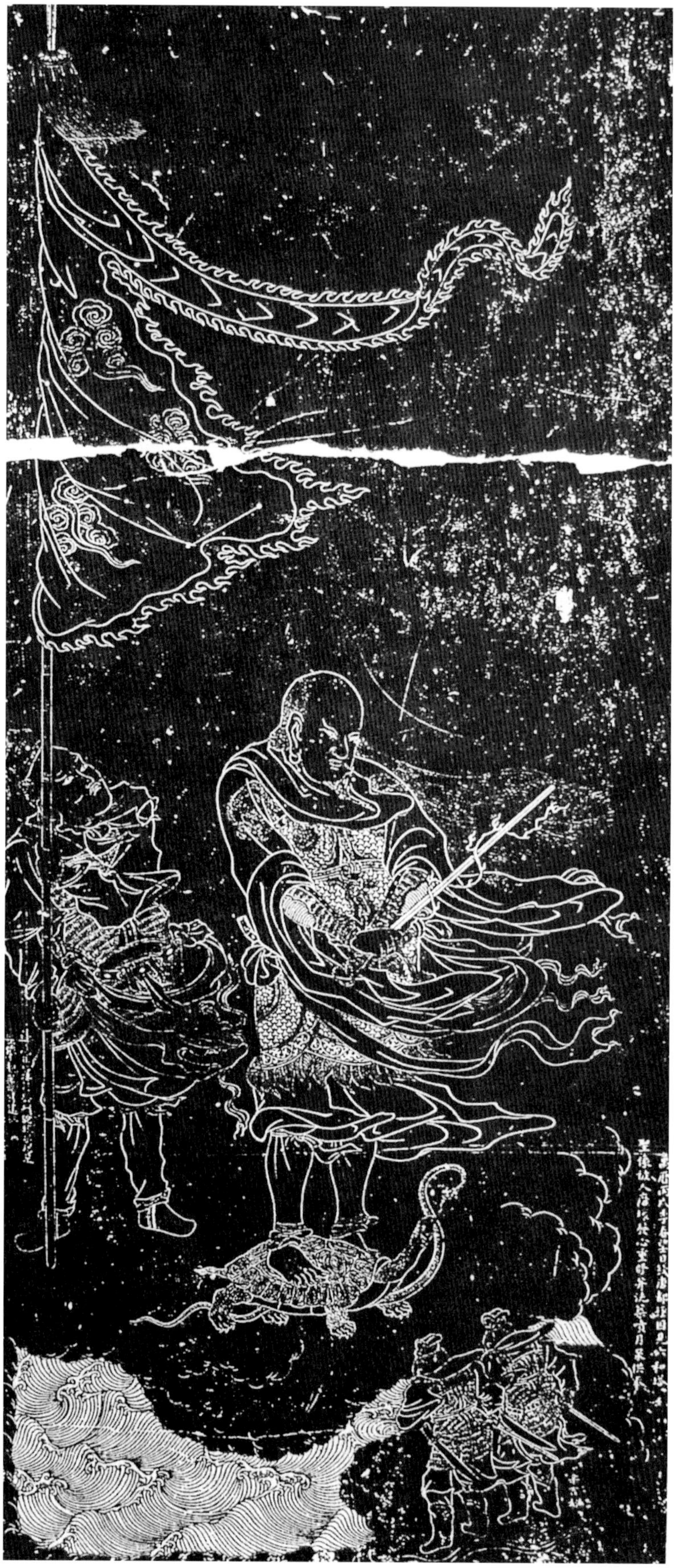

圖二·三六　杭州六和塔明萬曆石刻真武像

圖二·三八　武當山金殿真武大帝銅像
（採自《美術史研究集刊》，一八九頁）

圖二·三九　武當山五龍宮的全山最大真武銅像
（採自《仙山武當》，三二頁）

圖二·四〇　美國芝加哥藝術學院藏明正統年間真武銅像
（採自《道教和中國藝術》，二九四頁）

圖二·四一　明代水陸畫真武大帝像

永樂十一年八月十七日光中三現
聖像前有一神導引後一神捧印侍從

圖二·四五 《大明玄天上帝瑞應圖録》
《應現圖》十五圖

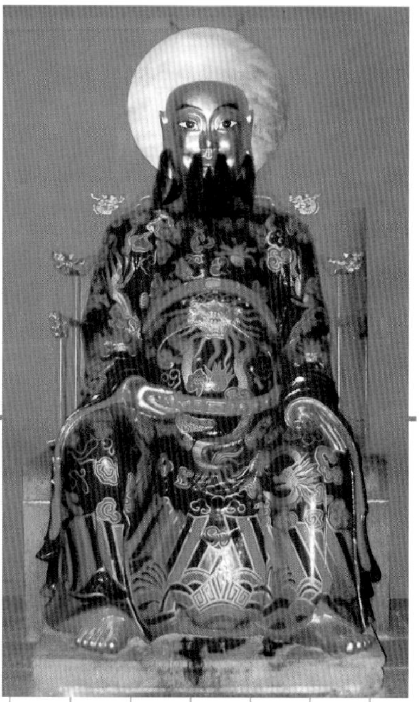

圖二·四二 廣東佛山祖廟國內現存最大的明代真武坐像

圖二·四三 武當山紫霄宮大殿明代真武坐像
（採自《仙山武當》，三一頁）

圖二·四四 美國波士頓Museum of Fine Arts藏明萬曆青花瓷真武像
（採自《道教和中國藝術》，二九七頁）

要的銅像，民間流傳此像是按照永樂皇帝的樣子塑造的，故有『真武神，永樂像』之說。永樂皇帝選定這種真武圖像作爲皇室家廟的主像，當然具有官像或官樣的特性。此類像從總體來看已是文神真武，其最大的特點是在胸前襯出一片鎧甲，以表明真武所具有的武神特徵，鎧甲的表露十分含蓄，表明明代真武政治宗教地位提昇之後，適應其玄天上帝身份的需要，有意弱化真武武神特性的趨勢。

第三類是古聖賢模樣的文神真武圖像，如廣東佛山祖廟藏國內現存最大的明代真武坐像（圖二·四二）、武當山紫霄宮大殿明代真武坐像（圖二·四三）、美國波士頓Museum of Fine Arts藏明萬曆青花瓷真武像（圖二·四四），以及《大明玄天上帝瑞應圖録》中的《應現圖》十五圖（圖二·四五）、《繪圖三教源流搜神大全》中的《玄天上帝》插圖（圖二·四六）等。這類圖像的數量也較多，與第二類最大的不同是此類像真武已完全着皂袍或彩袍，沒有一點鎧甲的痕跡。雖然真武披髮跣足、前放龜蛇的標誌性特徵仍然存在，但已不見持劍的圖像。真武的面部表情也變得和藹可親，有的還面帶微笑，如圖二·四二。這些圖像中有的還在像後的座椅上或像所在的神龕上飾有蝙蝠圖案，如圖二·四四座椅上的衆多蝙蝠，圖二·四二神龕上所雕的蝙蝠，比較强調『福神』的神性。這說明此類神像的文神化不僅有玄武地位提昇的原因，還有親近民衆、親近世俗的實際需要。

第四類是天帝類真武圖像，如武當山紫霄宮大殿全山尚存最大的泥塑真武聖像（圖二·四七）、現藏於日本

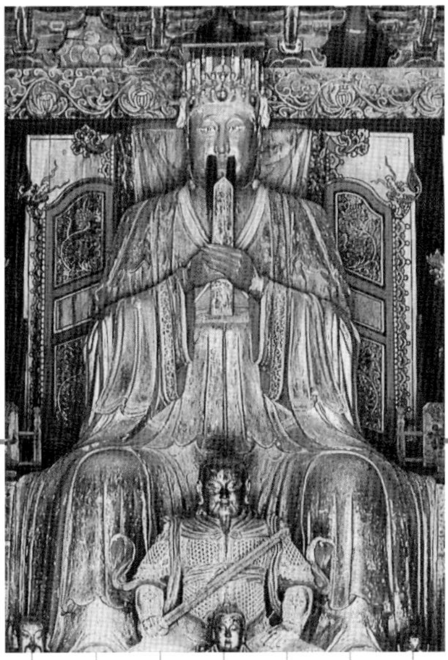

圖二·四七　武當山紫霄宮大殿最大的泥塑真武像
（採自《仙山武當》，三一頁）

圖二·四六　《繪圖三教源流搜神大全》《玄天上帝》

東京靈雲寺的《天帝圖》（圖二·四八）、徐永道《武當嘉慶圖》《玄帝聖號》圖（圖二·四九）等。這類圖像特色鮮明，是元明以來真武被封爲玄天上帝、玄天大帝之後，地位尊崇的反映。武當山紫霄宮大殿明代泥塑真武聖像，像高四·八米，身着帝王服，頭戴九穗冕旒，雙手捧圭，腳踏雲舄，儼然若玉皇大帝形象，以致有些書誤以爲是玉皇大帝。東京靈雲寺《天帝圖》中的天帝頭戴通天冠，頂有圓光，身着衮服，面容端莊平靜，坐在寬大的六龍首大椅上，龍椅裝飾極爲華麗考究，真武的這種形象與武宗元《朝元仙仗圖》、永樂宮壁畫中的天帝圖十分相似。《天帝圖》中的天帝侍從和元帥也增加到了十人，真武已完全帝王化了。

《武當嘉慶圖》中的《玄帝聖號》圖真武形象也與《天帝圖》相似。此類圖像多出現在明代，應與明皇室冊封玄帝有密切關係。這也是明代真武崇拜發展到登峰造極地步的真實反映。

清代的真武圖像相對而言仍比較多見，如美國芝加哥藝術學院藏清代真武神像（圖二·五〇）、廣東佛山《北帝座鎮》木版年畫（圖二·五一）等。清代隨着真武崇拜的日趨衰落，真武圖像幾乎都爲因襲明代而作，並無多少創新。故此處略而不述。

綜上所述，可以大致列出從玄武發展到真武大帝的圖像學系譜：秦漢玄武→魏晉南北朝玄武→隋唐玄武→武神真武→古聖賢模樣的文武神真武→古聖賢模樣的文神真武→天帝圖真武。每個階段若用一個代表性的圖像來表示的話，如圖二·五二。

第三節　關於真武圖像變遷的若干問題

本節將針對玄武到真武大帝的圖像學系譜，重點探討三個有關真武圖像變遷的問題。

一、龜蛇向人格化的腳踏龜蛇的真武神轉變過程分析

前文已論及真武形象於宋初已完全由龜蛇變爲人形，並提到真武是適應當時封建帝王的需要，由迎合皇室的

圖二·四八　日本東京靈雲寺藏《天帝圖》（採自《美術史研究集刊》，一九一頁）

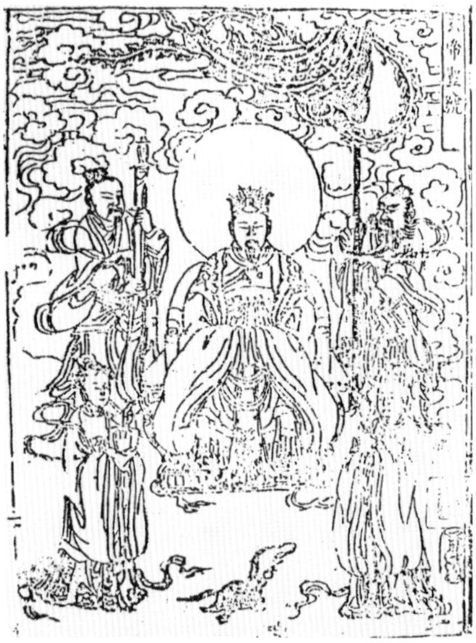

圖二·四九　《武當嘉慶圖》《玄帝聖號》圖

圖二·五〇　美國芝加哥藝術學院藏清代真武神像（採自《道教和中國藝術》，三〇八頁）

圖二·五一　廣東佛山《北帝座鎮》木版年畫

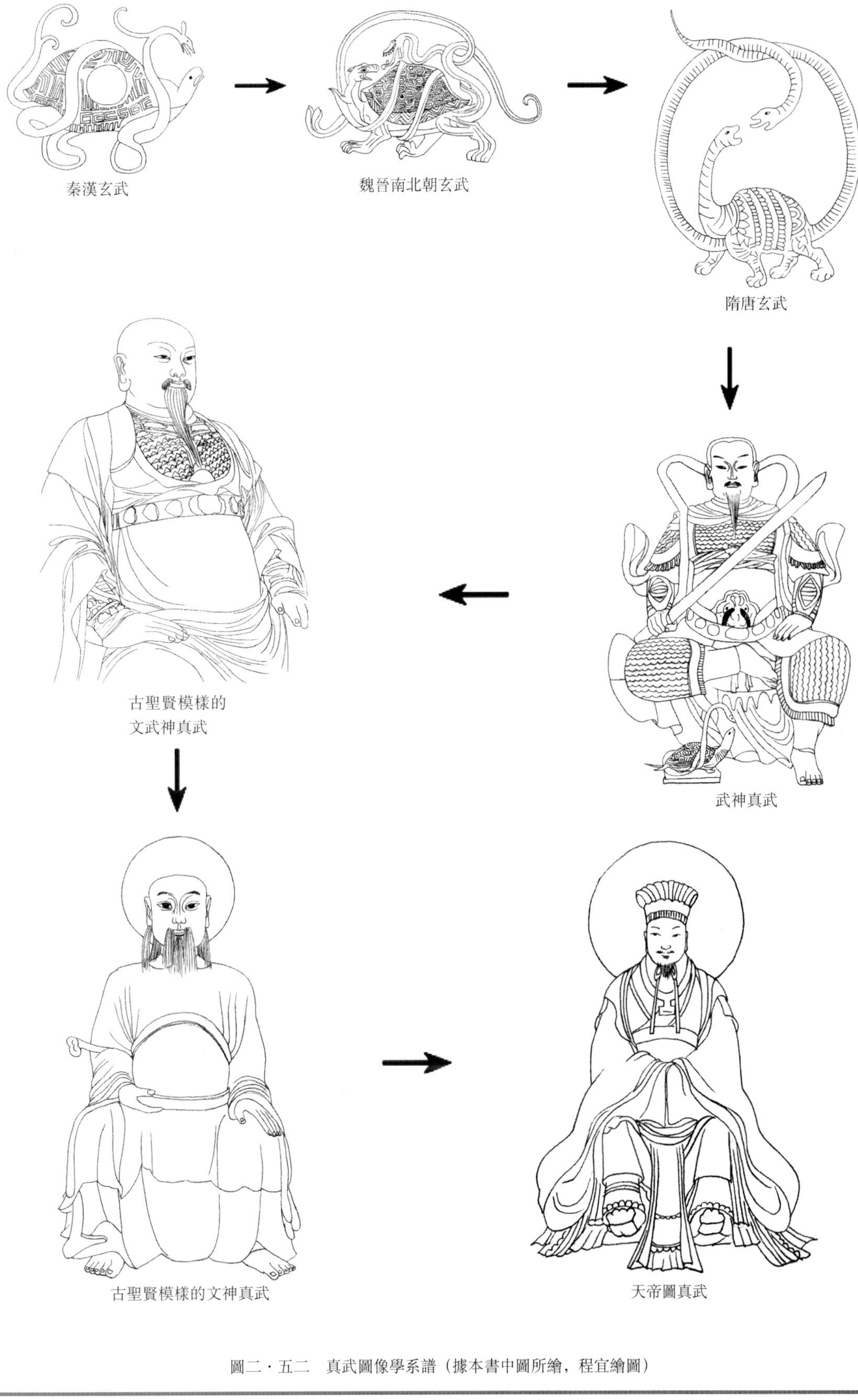

圖二·五二　真武圖像學系譜（據本書中圖所繪，程宜繪圖）

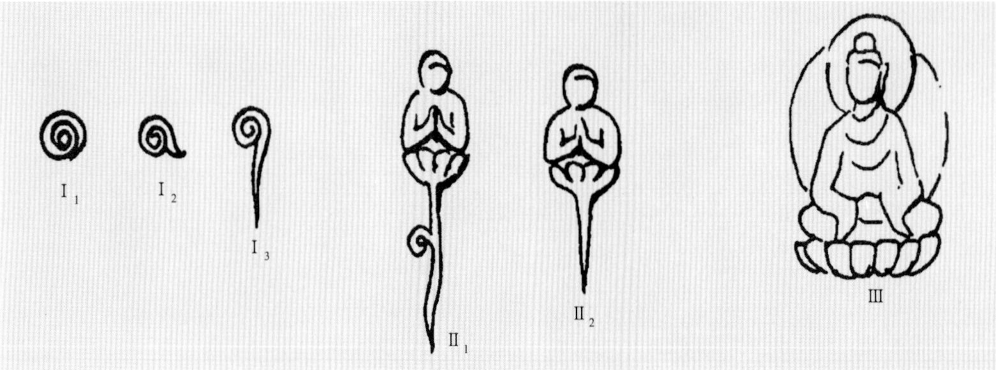

圖二・五五　雲岡第十八窟本尊像上的蓮華化生圖
（採自《天人誕生圖研究》，一三頁）

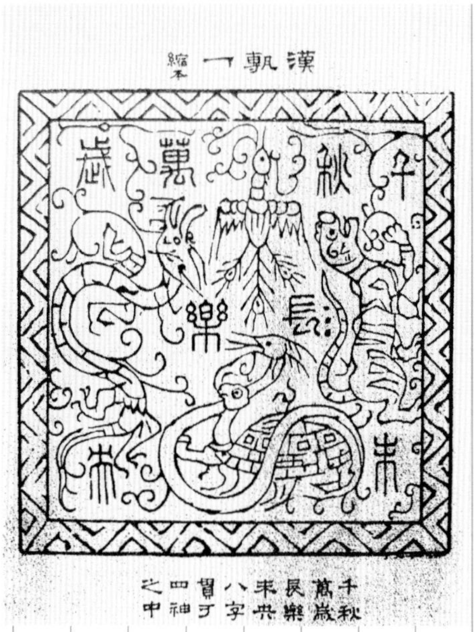

圖二・五三　漢長樂未央磚
（採自臺灣《道教的歷史與文學》，四〇七頁）

道士逐步創造出來的。這裏想討論的是這些道士是依據什麼完成了龜蛇到人形這樣一個塑造過程。

通常所見的真武研究文獻中多側重於論述龜蛇轉變爲人格化神的歷史發展過程，注重對現象的描述，對圖像變化的依據很少提及。朱越利先生在《〈道藏〉與玄天上帝》一文中認爲，按照我國古代的方位習慣，左爲東，右爲西，上爲南，下爲北。如果將四靈的平面排列竪起來，則變成左青龍，右白虎，頭上朱雀，足下玄武的位置。出於繪畫和雕塑的藝術需要，早在漢代就出現了四靈的立體排列方式[一]。六朝道經《太上元始天尊説北帝伏魔神咒妙經》描述四靈環繞北帝的方式，除了吸收傳統的左右前後平面方式外，值得重視的是吸收了上下左右的立體方式，即頭戴朱雀，足履玄武，左扶青龍，右據白虎。或説左青龍，右白虎，頭上朱雀，足下玄武。到了唐代梁丘子注《黄庭内景經》，引《太微靈書》存鼻端白氣養生法曰：『九重氣忽變成兩青龍在兩目中，兩白虎在兩鼻孔中，皆向外。朱鳥在心上，向人口。蒼龜在左足下，靈蛇在右足下。』[二]他據此認爲北帝足踏玄武和練功人足踏龜蛇的形象，是日後真武足踏龜蛇形象的張本[三]。這種觀點自有其合理之處，如果把漢磚或漢代印章中的四靈圖案竪起來看，如漢長樂未央磚（圖二・五三）、漢代『四靈』印圖案（圖二・五四）等，確實爲頭頂朱雀，腳踏玄武的形象。但這種觀點也留下了一些疑問，如爲什麼不出現頭頂朱雀或頭頂朱雀、腳踏龜蛇兩圖合體的形象，而衹出現腳踏龜蛇的形象呢？按

圖二・五四　漢代『四靈』印
（採自臺灣《吉祥納福看瑞獸》，二〇三頁）

[一] 朱越利：《〈道藏〉與玄天上帝》，見《道韻》第三輯，中華道統出版社，一九九八年。
[二] 《黄庭内景玉經注》卷中，《道藏》第六册，五二二頁。
[三] 《道韻》第三輯，三七頁，中華道統出版社，一九九八年。

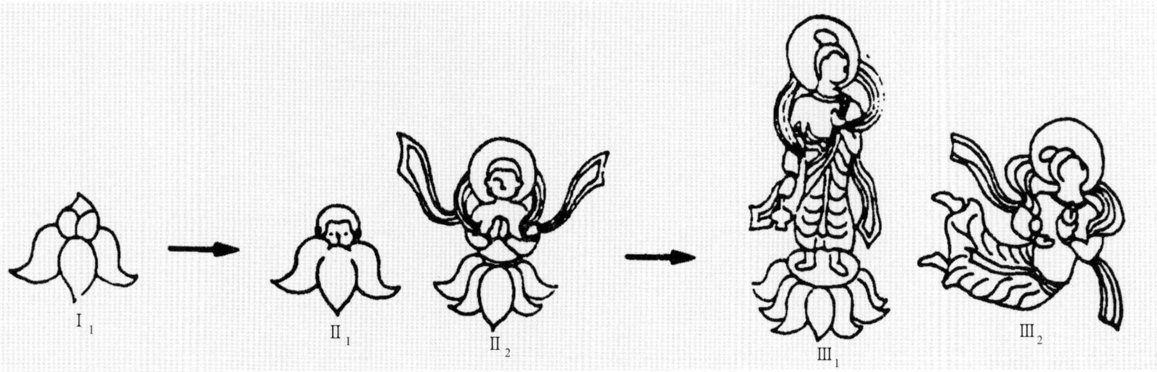

圖二·五六　從雲岡石窟中採集的蓮華、蓮華化生、菩薩、天人諸相（採自《天人誕生圖研究》，一七頁）

理説四靈圖案豎起看後，在啓發人想到腳踏龜蛇的同時，也當然會啓發人想到頭頂朱雀，那以後的真武又爲何變爲披髮的形象呢？這些問題必須應有更合理的解釋。

龜蛇到人形的轉變也許受到了佛教蓮華化生圖的影響。佛道之間的相互影響由來已久，王承文先生在《敦煌古靈寶經與晉唐道教》一書中以六朝重要道經《敦煌古靈寶經》爲中心，着重討論了道教在吸收佛教教義教規時的文化本位意識，以及道教如何在保持本土宗教文化傳統前提下進行創造性發展[一]。結合其他相關研究材料可知，在六朝時期，佛教已對道教產生了較大的影響，以後佛道兩教的相互影響也從未間斷過。

日本早稻田大學的吉村憐先生在《天人誕生圖研究——東亞佛教美術史論文集》一書中對佛教蓮華化生圖做了相當深入的研究。蓮華化生圖描繪的是從蓮華的『華』中露出半身的聖者的圖像，通常稱爲蓮華化生像或化生像。其依據是來自《法華經》、《無量壽經》等經典的經文：『若生人天中，受勝妙樂。若在佛前，蓮花化生。』『此諸衆生，於七寶蓮華中，自然化生，跏趺而坐。』[二]蓮華化生圖像產生於印度，印度人把蓮華的華珍視爲神聖的華，是生命的象徵，可以追溯到佛教以前的時代。而這種可愛的華的圖案隨着佛教文化的東漸，經過犍陀羅、西域而傳入中國，在中國頗受喜愛。如中國的雲岡石窟、龍門石窟、北魏鞏縣石窟等處均可見到，並影響到朝鮮、日本等地。這裏僅引用吉村憐先生所繪的二組雲岡石窟蓮華化生圖像來討論。第一組是雲岡第十八窟本尊像上的蓮華化生圖像（圖二·五五），圖中I_1、I_2、I_3爲未化生的蓮華，II_1、II_2是正在蓮華化生的形態，Ⅲ則是已完成化生的化佛，即變成了坐在蓮華上的坐佛。第二組是從雲岡石窟中採集的蓮華、蓮華化生、菩薩、天人諸相（圖二·五六）。該圖中各圖案按照I_1、II_1、II_2、III_1、III_2的順序排列，『這些圖像就可以理解爲連續地捕捉了由蓮華誕生出來的菩薩、天人的形象的一系列的動畫。』[三]I_1表示神聖的生命母胎天蓮華，II_1、II_2表示開始化生之後，蓮華上先出現頭部，接着出現上半身，變成穿着天衣、背帶圓光的形象。III_1、III_2表示蓮華化生過程已經完

[一]《歷史人類學學刊》，第二卷第一期，二〇〇四年，二一〇頁。
[二][日]吉村憐：《天人誕生圖研究——東亞佛教美術史論文集》，一六頁，北京，中國文聯出版社，二〇〇二年。
[三]同[二]。

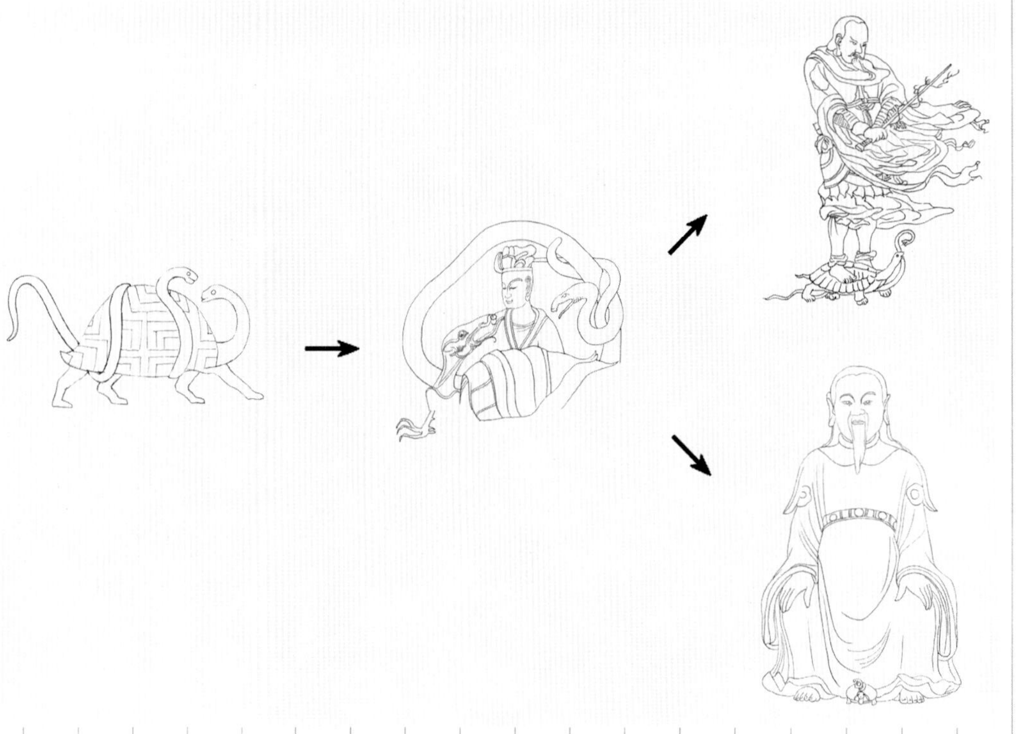

圖二·五七　真武變遷圖（據本書中圖所繪，程宜繪圖）

成，成長爲站在蓮華上的菩薩（Ⅲ$_1$）或在空中飛翔的天人（Ⅲ$_2$）。如僅把蓮華（Ⅰ$_1$）和菩薩（Ⅲ$_1$）或天人（Ⅲ$_2$）加以比較，兩者似乎毫無關係。但是，在兩者之間放進蓮華化生諸相（Ⅱ$_1$、Ⅱ$_2$），就會重新認識到『天蓮華→蓮華化生→菩薩』、『天蓮華→蓮華化生→天人』的連鎖關係[一]。

上述這種『由天蓮華化生爲佛、菩薩或天人』的發生論理念與由龜蛇變爲真武大帝的演變十分相似。前文已經提及漢代的玄武圖像分爲四類，有一種就是昇仙類圖像，如在龜蛇上出現一人或兩人的圖像。魏晉南北朝時期的玄武圖像分爲兩類，其中一類也是昇仙類圖像，如在龜蛇上出現一位受佛教造像影響較明顯的人物（圖二·一四），或在龜蛇上出現一位手握寶劍的人物（圖二·一五、二·一六）。我們一旦把龜蛇合體的圖像、上述這些昇仙類圖像、宋代以後腳踏龜蛇或腳前放龜蛇的圖像按佛教蓮華化生圖像的排列順序排起來後，所組成的圖像（圖二·五七）就與圖二·五五、圖二·五六的化生過程十分相似。蓮華本來是母體和象徵，經過化生之後，上面出現了人格化的坐佛，蓮華卻變成了坐佛的座子。龜蛇也本是玄

[一]　［日］吉村怜：《天人誕生圖研究——東亞佛教美術史論文集》，一七頁，北京，中國文聯出版社，二〇〇二年。

武的母體和象徵，經過類似昇仙圖式的化生之後，上面出現了披髮跣足、手執寶劍的玄武神，龜蛇卻被踩在了腳下，類似於蓮華的身份。這兩類圖像雖然十分類似，但筆者並不以爲龜蛇到腳踏龜蛇的真武大帝就一定是這樣化生來的，衹是認爲在宋代以前真武神漫長的發展過程中，很可能受到了當時已在中國十分普及的佛教蓮華化生這種發生論理念的影響，從而塑造出腳踏龜蛇或腳放龜蛇的真武神形象。

二 宋元明真武圖像變化的『一綫多元』格局

本章第二節末列出的真武圖像學系譜下半段爲『武神真武→古聖賢模樣的文武神真武→古聖賢模樣的文神真武→天帝圖真武』，這幾種真武圖像（與前述明代真武圖像的幾種類型相同）大致概括了宋元明真武完成人格化以來所形成的幾種基本類型。由武神真武→古聖賢模樣的文武神真武→古聖賢模樣的文神真武→天帝圖真武這一圖像發展系譜代表了宋代以來真武神圖像發展的總趨勢。雖然宋元明三代全國各地真武圖像千變萬化，但這種『一綫』格局的總趨勢未變，故筆者把這種趨勢稱爲由武神向文神發展的『一綫』格局。『一綫』格局的形成與宋元明三代皇室對真武的崇拜不斷昇溫，使真武的神性和地位不斷提昇有密切關係。真武在宋代剛剛人格化時，多爲披髮仗劍、腳踏龜蛇的武神形象。當他的神性發展到帶『帝』字號的大神時，若還是披頭散髮、揮拳舞劍的模樣，就與帝王的身份不相符了，必須進行文官化、帝王化，真武造像者適應這種變化塑造出來的真武，當然就類似文官形象了。

宋元明三代真武圖像『一綫』格局的趨勢雖然明顯，但這並不表示『一綫』格局是按單綫進化發展的，實際上從宋代開始，真武圖像就已經呈現出『多元並存』的局面。出現這種局面的原因很多，至少有以下幾條：（一）各地對真武形象認識的差異。前文已述及，人格化真武的塑造是經過相當長的時間才基本定型的，即使定型之後，各地對真武的認識還會存在微小的差異。（二）帝王個人的喜好。宋明兩代都出現了按皇帝形象來塑造真武像的傳説，不管這些傳説有無根據，帝王的喜好對真武形象，特別是對官樣或官像的影響無疑是巨大的。（三）道教派別的影響。從宋元明真武圖像的變遷來看，道派塑像傳統也對真武圖像有明顯的影響。由本章第二節可知，全真有全真的真武像，正一有正一的真武像，即爲明證。（四）地域文化傳統的差異與畫史脈絡的不同。文化是一個密切聯繫的整體，不同地域文化傳統和畫史脈絡所塑造出的真武圖像不言而喻會或多或少留下當地文化的因子。（五）對真武神性需求的不同。真武是一個神性衆多的神靈，如星辰神、戰神、水神、厭勝神、生殖神、司命神、福神、防火神、除疫免災神、相術行、屠宰業的行業神等等。神性需求的不同就會影響其形象的塑造，如戰神需要威風凛凛，福神需要和藹可親，相術神則需要高深莫測，神性的多元也導致了形象的多元。（六）造像媒材的不同。真武造像涉及的媒材衆多，雕塑類的如木雕、石雕、玉雕、陶塑、瓷塑、鑄銅、鑄鐵、鑄金、鑄銀、乾漆夾苧等；繪畫類的如掛軸、壁畫、版畫等，因爲各種媒材都有各自的表現方式和圖像局限，不同的媒材所表現出來的視覺效果與所傳達的意義也會不同，這也很易造成圖像的差異。

在宋初有關真武形象塑造的道教經典基本定型之後，這種圖像變化的多元性局面其實對促進真武崇拜的繼續發展十分有益。陳履生先生在《神畫主神研究》一書中通過對漢代神畫中的兩對主神（伏羲、女媧與東王公、西王母）形象系統的研究後認爲，兩對主神『形象的美是通過形象所流露出的情感內容的不確定性和情趣境界的隨機性而表現的。「模糊的觀念要比明晰的觀念更富有表現力」，同樣，模糊的形象也比明確的形象更富有表現力，因爲它含蓄多變，深邃莫測，廣闊無垠，能給人們提供廣袤的審美再創造的空間，符合人們審美觀念的要求。……漢代神畫中兩對主神的形象系統正因爲具有這種模糊性，才獲得了他們在神界的多樣性，給人們在想像神的偉大時以廣闊的思維空間和形象畫面，從而完成神畫所具有的現實功用和歷史任務。』[一]這種神的形象的模糊性，給真武圖像的塑造留下了一定的自由發揮空間，這無疑有利於『完成真武圖像所具有的現實功用和歷史任務』。

當然，『漢代神畫中兩對主神的形象系統雖然表現出了模糊性的特徵，但他們又有着相對的確定性和穩定性。這表現爲兩對主神的形象系統在發展過程中，均保持了基本的形貌和確定的內涵，而模糊性僅是這穩定內核的外殼和這一內核含義的外延』[二]，如伏羲、女媧雖源遠流長，但人首蛇尾的基本形貌特徵一直保持了相對的穩定性。真武圖像系譜也與此類似，宋元明以來真武圖像雖然呈現多元並存的局面，但真武的披髮跣足等基本特徵一直保持着相對的穩定性，這些已成爲了後人識別真武圖像的重要依據。

[一] 陳履生：《神畫主神研究》，五二頁，北京，紫禁城出版社，一九八七年。
[二] 同[一]。

三　真武文獻與真武圖像變遷的互動

把本章以文獻爲主撰寫的第一節《真武崇拜概述》與以圖像考察爲主的第二節《歷代真武圖像的綜合考察》相互對比，就不難發現文獻與圖像雖可以各自形成相對獨立的表述系統，但兩者是可以相互促進、相輔相成的。這正如日本吉村憐教授所說的那樣『文獻和圖像正如圖像學研究的兩個輪子』，也如鄭振鐸先生在《中國歷史參考圖譜》一書的跋中所寫的：『圖與文也是如鳥之雙翼，互相輔助的。』[一]

漢代有關玄武的文獻實際上並不多，但當看到漢代留下的如此衆多的玄武畫像石時，不得不驚嘆漢代玄武信仰的興盛景況，這也會促使學者重新審視和評價漢代的玄武崇拜。魏晉南北朝時期是玄武第一次出現人格化端倪的時期，如《重修緯書集成》卷六《河圖》記載：『北方黑帝，體爲玄武，其人夾面兑頭，深目厚耳。』把當時玄武神的形象描述爲一個半人半龜蛇的形象，單從文獻來理解似乎有一定的難度，可一旦把北朝時期墓葬石棺或墓室壁畫中所見的『仙人乘龜蛇』類玄武圖像聯繫起來，就較易明白『體爲玄武』，『深目厚耳』是怎麼回事了。隋唐五代時期的有關玄武崇拜的文獻記載逐漸增多，一般認爲隋唐玄武神格地位的提昇與北極紫微大帝及四聖（天蓬、天猷、黑煞、玄武）崇拜有關，故有『四聖之奉，著於隋唐』[二]之說。但當時所奉的玄武神究竟是什麼樣子，文獻中並没有描述。從現存隋唐玄武圖像資料的研究中可知，隋唐的玄武神應仍爲龜蛇合體的形象，就連擅畫道釋人物的『畫聖』吴道子筆下的玄武形象仍爲龜蛇合體。圖像資料的作用還不止於此，文獻中把漢代、魏晉南北朝時期、隋唐五代時期的玄武形象都描述爲龜蛇合體，看似没有什麼區别，可一旦將這三個時期的圖像放到一起去比較，就會發現三個時期的玄武龜蛇合體形象其實有各自明確的特色，是在不斷發展變化之中，與各自時代的歷史背景、畫史傳統、宗教信仰等息息相關。當代西方著名藝術史家哈斯克爾認爲，史學家在重構往昔時應當使用視覺證據。因爲，這些圖像材料的存在，它們所呈現的各種各樣的風格和形式，其本身就是重要的歷史事實：它們爲特定的歷史目的而創造，被破壞，或得以幸存。因此，只要加以正確對待，它們就能提供可貴的綫索，

[一] 鄭振鐸：《〈中國歷史參考圖譜〉跋》，也收入《鄭振鐸藝術考古文集》，北京，文物出版社，一九八八年。
[二] 任士林：《四聖延祥觀碑銘》，見《道家金石略》，八八七頁。

從而使後人了解製造這些圖像的往昔社會所抱的信仰、希望與恐懼，加深對歷史的理解〔一〕。

宋元明有關真武崇拜的文獻資料比前代更多，如果沒有這些文獻資料，就很難將宋元明真武崇拜的發展史建構起來，也無法準確理解宋元明以來真武圖像因何會不斷發展變化。在西方，『藝術史是指在一個歷史的框架中，從盡可能廣闊的人類活動背景裏，去探索和理解視覺藝術。』〔二〕要對古人的活動背景有了解，也離不開文獻資料的運用，可見圖像也需要文獻資料來解釋。反之，圖像資料的運用，對宋元明真武崇拜研究的深入也很有助益。比如本章第二節中，筆者用武當山現存的有確切紀年的真武銅鑄像爲證據，提出了宋初真武已完成人格化的觀點，從而將許多學者主張的南宋才完成真武人格化的舊説大爲提前。又如筆者舉出武當山現存的元代古聖賢模樣的文神真武玉雕像，進一步證明了元代時真武圖像風格存在的南北差異。從現在全國各地存世真武圖像中明代真武像數量最多這一點，不難想見明代真武崇拜的繁榮鼎盛。

綜上所述，真武文獻與真武圖像的互動、互證是深化真武研究的有效途徑，很值得我們深入探索。但同時又應該注意到，『歷史與藝術史的合作決非是一種外在的形式，而是一種內在的實踐。』〔三〕

〔一〕曹意强：《藝術與歷史》，九五頁，杭州，中國美術學院出版社，二〇〇一年。
〔二〕同〔一〕，九一頁。
〔三〕同〔一〕，九七頁。

【第三章　靈應本的分類與研究】

《真武靈應圖册》共八十二幅圖畫，除多出一幅題記外，其餘都是一圖一文，圖畫多爲某一真武故事的一兩個具體的場面或片段的描繪，題記則爲這一真武故事整個過程的介紹或相關教義、教理的闡述。經過與明代《道藏》所存相關資料的比較，發現《真武靈應圖册》的内容屬元代《玄天上帝啓聖録》的有七十八幅彩圖、七十八紙題記，屬明代《大明玄天上帝瑞應圖録》的有四幅彩圖、五紙題記。爲了研究的方便，筆者將此套圖册按内容分爲三節，每節又分爲數類，並分别選出一些代表性的圖畫進行圖像記述、圖像解釋以及初步的研究工作。

第一節　太子成仙——真武本生故事

真武本生故事借助了佛本生故事的概念，主要講述了真武從凡間的淨樂國太子如何憑着自己堅定的信念和艱苦修道的磨練，最終功成圓滿，成神受封的故事。此部分共有十八則，即淨樂仙國金闕化身、王宫誕聖、經書默會、元君授道、天帝錫劍、澗阻群臣、悟杵成針、折梅寄榔、紫霄圓道、三天詔命、白日上昇、玉陛朝參、真慶仙都、玉清演法、降魔洞陰、復位坎宫、瓊臺受册、紫霄禹迹。按内容又可細分爲三類，即太子降生、辭親修道、成神受封。下面從上述三類中每類選取兩篇進行圖像記述與解釋。

一、太子降生故事

靈應本中共有兩篇，即淨樂仙國金闕化身、王宫誕聖，主要講述真武降生的情景。分别介紹如下：

『淨樂仙國金闕化身』圖（附圖一）[一] 主要内容是講真武大帝乃先天始炁所化，托胎於净樂國善勝皇后之身。畫面上描繪出的是淨樂國宫廷内院，院中置湖石鐵樹，主圖是一座建有飛龍階石、飾金雕欄的高臺寢宫，中年婦女形象的善勝皇后卧眠床上，錦被覆身，宫檐下兩個侍童蹲踞瞌睡，一道代表先天始炁的光芒，從遥遠的太陽上射來，直射在睡眠中的善勝皇后身上，以示真武大帝托胎時的情景。有關托胎降生故事中外都有，如佛祖夢象受孕、基督教聖母瑪利亞處女懷孕等，反映這些故事的圖像也相互影響，有許多相似之處。流傳於世的真武托

[一] 本處的『附圖一』指本書附録中的第一圖，以下依此類推。

胎故事，有本篇的『符太陽之精』和河北省蔚縣北極宮壁畫真武『夢象受孕』兩類，兩者都明顯地受到了佛祖托胎故事的影響，尤其是後一種，直接採用了佛祖夢象受孕的故事。

該圖的題記，主要講述玄帝爲先天始炁化身的故事和相關道教理論，共十九行，行字多寡不一，其文爲：[一]

一　淨樂仙國
二　原夫淨樂國，乃奎婁之下海外之國，上應
三　龍變梵度天也。
四　金闕化身
五　按《三寶大有余書》云：一炁分形，靈虛生五刦之宗。三清出號，神景化九光之始。
六　太初溟涬，玄極溟濛，中有虛皇，分置五刦。曰龍漢，曰赤明，曰上皇，曰延康，曰開
七　皇。當斯時也，天光未分，清濁未判，則知三炁爲天地之尊，九炁爲萬真之本。是
八　故
九　元始象先天尊，開明三景，造立天根。五文開廓，普植神靈。太極一判，天地始明。東分
一〇　青九，南受丹三，西城白七，北歸玄五，中生黃一，號爲五老，即玄黃植象之根也。
一一　五老各布，始炁化成四靈，以定四隅。周環六合，兩儀運乎其中，推成萬物。以此
一二　考源，明
一三　玄帝果先天始炁五靈玄老太陰天一之化。按
一四　《混洞赤文》所載：
一五　玄帝乃
一六　元始化身，太極別體。上三皇時，下降爲太始真人。中三皇時，下降爲太初真人。下三
一七　皇時，下降爲太素真人。黃帝時下降，符太陽之精，托胎

[一] 本書中所引用靈應本題記仍按原文，可參考附録中與《道藏》所作的校記閱讀。文中行號和標點爲本書作者所加。

一八　淨樂國王善勝皇后，孕秀一十四月，則

一九　太上八十二化也。

『王宮誕聖』圖（附圖二）　主要描繪真武大帝誕生時的情景，畫面仍以宮廷內院的寢宮爲主圖。圖上善勝皇后剛剛生下真武帝，正側卧於床榻之上休息，身上錦被覆蓋，床榻裏側五彩祥雲直昇天空，榻外側有一侍女面向善勝皇后噓寒問暖。床榻前方擺放一盛滿水的大木盆，兩侍女一左一右，正在給赤身裸體的嬰兒狀的真武帝洗浴，右側有兩女子侍立其旁，手捧物品侍浴。整個畫面顯得十分祥和、有條不紊，這應是古代最理想的分娩場面了。此圖太子降誕沐浴的場面，也明顯地受到了佛教《本行經》太子『九龍灌浴』故事〔一〕的影響，從河北省蔚縣北極宮壁畫真武故事『五龍吐神水』中可以更明顯地看到這一點。古代繪畫中類似的聖人降生圖時有所見，如明代《聖跡之圖》中的孔子降生圖，可見佛祖降誕故事影響之大。中國農曆四月八日的浴佛節也是受佛祖降誕沐浴故事影響的産物。

該圖的題記比較簡單，僅六行，行字多少不一。主要是描寫真武出生時的情景，其文爲：

一　王宮誕聖

二　是時，正當

三　上天開皇初刼，下世

四　元年歲建甲辰三月戊辰初三日甲寅庚午時，

五　玄帝産母左脅。當生之時，瑞雲覆國，天花散漫，異香芬然。身寶光焰，充滿王國，地

六　土皆變金玉。瑞應之祥，莫能備載。

二、辭親修道故事

靈應本中共有九篇，即，經書默會、元君授道、天帝錫劍、澗阻群臣、悟杵成針、折梅寄榔、紫霄圓道、三天詔命、白日上昇。主要講述真武離別親人赴武當艱苦修道的故事。本文選經書默會、悟杵成針兩篇分別介紹如下：

『經書默會』圖（附圖三）　描繪的是玄帝在宮廷的書房裏讀經書的場面。身着紅袍的少年玄帝正在潛心攻

〔一〕轉引自〔清〕永珊編，梅慶吉整理：《釋迦如來應化事跡》，二〇頁，哈爾濱，黑龍江人民出版社，一九九四年。

讀，書桌上放着經書、筆、硯等，齊整有序。左邊的書童正在送書給玄帝，右邊的則恭敬侍立。周圍的環境清雅而恬静，是一個理想的讀書之處。此故事也受到了佛祖故事的影響，佛祖也是在七歲時父親淨飯王延請到國中最具智慧的婆羅門學者跋陀羅尼爲太子講經，太子博學强記，不到五年工夫，就已經精通了『四吠陀』、『五明』等婆羅門教傳習的經典，學盡了名師的所有知識[二]。靈應本中描繪太子『經書默會』有所不同的是，沒有講明太子的老師是誰，似乎太子是自學成材的。但從河北省蔚縣北極宫壁畫真武故事『太子入學堂』來看，既然太子入了學堂，那當然會有老師，祇是不想講明而已。真武故事中不指明太子的老師是誰，筆者認爲至少有以下兩點理由：第一，真武是天神下凡，在凡間很難找到合適的老師，又不能照搬佛祖的老師；第二，突出真武自學成材，會更有利於强化少年真武非凡的智慧。

該圖的題記僅四行，主要描寫玄帝少時默會經書，潛心念道的情景。其文爲：

一　經書默會

二　玄帝生而神靈，舉錯隱顯，聰以知遠，明能察微。年及七歲，經書一覽，仰觀俯視，

三　靡所不通。潛心念道，志契太虛，願事

四　上帝，普福兆民。

『悟杵成針』圖（附圖七）　主要描繪了玄帝修道未果，心生厭煩而欲下山，路遇一老媪在大石上磨針，上前詢問的情景。圖中層巒疊嶂間，一條溪流從遠處蜿蜒而下，一位身着黄衣的老媪在溪邊的一塊大石上正在磨一條長圓錐形的鐵杵。玄帝路遇此景，十分好奇地躬身詢問緣由。老媪的臉上一副自信的表情，玄帝的表情由好奇轉向若有所思，似乎悟出了什麽道理。此故事顯然來源於前代的民間傳説，最著名的如唐代詩人李白『鐵杵磨成針』的故事。據宋代祝穆《方輿勝覽·眉州·磨針溪》記載：世傳李白讀書象耳山中，學業未成，即棄去，『過是溪，逢老媪方磨鐵杵，問之，曰：「欲作針。」太白感其意，還卒業』[三]。是否此故事在李白之前還有出處，

[二] 無礙編著：《佛教的故事》，一一頁，北京，北京出版社，二〇〇四年。

[三] ［宋］祝穆撰、施和金點校：《方輿勝覽》，《眉州·磨針溪》，北京，中華書局，二〇〇三年。

不得而知。道教是很善於吸收中國傳統文化的宗教，由此可見一斑。

該圖題記共十行，較詳細地描述了玄帝悟杵成針，轉而潛心修道的故事。文中還提到了武當山磨針澗典故的來歷。其文爲：

一　悟杵成針
二　玄帝修鍊，未契玄元，一日欲出山，行至一澗，忽見一老媪操鐵杵磨石上，
三　帝揖媪曰：磨杵何爲？媪曰：爲針耳。
四　帝曰：不亦難乎？媪曰：功至自成。
五　帝悟其言，即返岩而精修至道。老媪者，乃
六　聖師京元君感而化焉。澗曰磨針，因斯而名，
七　雲麓仙人題磨針澗
八　詩曰：
九　淬礪功多粗者精，聖師邀請上天京。我心匪石堅於石，
一〇　小器成而大道成。

三　成神受封故事

靈應本中共有七篇，即：玉陛朝參、真慶仙都、玉清演法、降魔洞陰、復位坎宮、瓊臺受册、紫霄禹迹。主要講述真武成神後受元始天尊、玉帝等敕封的故事。本文選玉陛朝參、瓊臺受册兩篇分别介紹如下：

『玉陛朝參』圖（附圖一二）是描寫玉皇大帝在金闕接見玄帝的場面。畫面繪出一座宮殿式建築，殿門大開，延伸出一道雕有蟠龍的玉陛，陛側各一雕畫漆欄。殿内玉皇大帝端坐在高背帶扶手的大椅上，頭戴旒冕，身着朝服，雙手捧一玉圭。玉帝左右兩側，各立一文官模樣的人物，手中也各執一圭，恭敬侍立。玉陛兩邊，各有一神將，皆手持一長柄大斧，威武侍立。玉陛之前，玄帝正跪拜執圭，大禮參拜玉皇大帝。此故事將玄帝朝拜的

天神轉向了道教和中國民間均十分尊崇的玉皇大帝，又表明了真武故事塑造的本土化特色。從該圖題記提到元代的『天一真慶宮』可知，此故事在元代曾改編過。

該圖的題記，是講述玄帝朝見玉帝，接受玉帝敕封的情況。全文共十三行，行字多少不一，其文爲：

一　玉陛朝參

二　玄帝飛昇至

三　金闕，朝參

四　玉陛。

五　上帝告曰：卿往北方，統攝玄武之位，以斷天下邪魔。時

六　帝白

七　上帝曰：臣宿緣慶幸，得覩

八　天顔。功行卑微，奚堪重任。

九　上帝告曰：卿道參天地，萬真所推，幸勿所辭。

一〇　帝奉

一一　玉旨，謝恩而退。乃居

一二　太一真慶宮，如

一三　詔命。

『瓊臺受册』圖（附圖一七）是描寫玄帝受到昊天至尊册封的場景。畫面中心是一閃爍光芒、祥雲繚繞的高臺，臺爲三重，有三層玉階作爲上臺的通道，各層皆有漆欄圍護，此即所謂七寶瓊臺。臺下是金甲紅袍的神將，或持斧鉞，或持旌節等各種儀仗，肅立於瓊臺周圍。臺上則是昊天上帝和玄帝，表現册封之情景。前者旒冠衮服，立於臺中，一手持玉册，似在發布册命。真武帝則雙手抱圭，跪拜於臺上，正在接受册封，整個氣氛莊嚴隆重。有關瓊臺的研究，後文還有論述。

該圖的題記，主要描述了玄帝接受昊天至尊的册封和賞賜的故事，共十二行，行字不等，其文爲：

一 瓊臺受册

二 是時，

三 玄帝與

四 上元天官、中元地官、下元水官、

五 天蓬元帥、天猷元帥、翊聖真君，以上元日並受

六 號於七寶瓊臺之上。

七 昊天至尊親行與儀，與凡世帝王拜大將開國承家之儀頗同。

八 上賜

九 帝瓊旌寶節、九龍玉輦，其冠則通天十二旒，其服玄衮，上施日月山龍物像，皆與世

一〇 間天子者同。圭以玄玉，履以紅舄。于今群真朝禮

一一 昊天至尊，則

一二 四聖爲都班之首。

第二節 有求必應——真武靈應故事

此部分主要描繪真武成神之後的各種靈應故事，是這批書畫作品的主體部分，共有六十篇，分别爲：五龍唐興、武當發願、谷嵒脩果、歸天降日、供聖重時、進到儀式、洞天雲蓋、宫殿金裙、聖像先鋒、靈閣真瑞、二十化光、唐憲寶像、朱氏金甎、寶運重辛、天罡帶箭、蜀王歸順、瓢傾三萬、雪晴濟路、神獸驅雹、毒蜂靄雲、神將教法、柯誠識奸、刼院就擒、附語祈晴、消禳火德、折應計都、鄭箭滅龜、聚廳禁妖、妖惑柴逸、魅纏安仁、陸傳招誣、陳妻附魂、王氏懷鬼、施經救災、靈功咒水、鎮河興福、現海救危、吴氏緣合、進明顯聖、鄒宿契靈、天錫青棗、神化紅纓、焦氏一嗣、小童應夢、索錢二萬、翻鈔四千、籤詞應驗、相術指迷、胡清棄業、仲和辭吏、良嗣感祥、王衮烙鼈、華氏殺魚、朱氏舍利、梁公冠簪、聖井辨異、焦湖報惡、虚財化礫、假燭燒塵、叙功賜銜奉御制讚。其中五龍唐興、谷嵒脩果、歸天降日幾篇據題記載是隋唐真武故事，其餘大多爲宋代真武靈應故事，尤以北宋故事爲多。這些故事按内容又可細分爲十類，現分别介紹如下：

一 回顧、儀式故事

靈應本中共有六篇，即：五龍唐興、武當發願、谷嵓脩果、歸天降日、供聖重時、進到儀式。主要講述真武成神之後對往事的追憶和有關敬奉真武的時日和儀式。本文選武當發願、歸天降日兩篇分別介紹如下：

『武當發願』圖（附圖二〇） 描繪的是真武帝受封後回顧其早年在武當山修道時的事跡。畫面雖是一幅，但描寫的卻是兩件相互聯繫的事情。下部描繪的是豐乾大天帝君賜劍的情況，主題與前所述『天帝錫劍』圖相同，但是後者賜劍畫面上的真武帝完全是個孩童模樣，在本圖中卻成爲帶鬚的中年人的形象，表現出了回顧的主題。上部描繪的是表現真武帝向太上老君問道、請求授記的情況，老君坐在巖石之上，首罩頭光，長眉白鬚，一手指天、一手指地，正在向玄帝講述着『天地尚存，人間妖魔何得潛伏』的道理；真武跪在其面前，拱手揖拜，虔誠恭聽。此圖中老君一手指天、一手指地的姿勢，也受到了佛祖出生故事的影響。相傳佛祖出生時，一落地便右手指天、左手指地，前行七步，腳下步步生蓮花，開口作獅子吼：『天上天下，惟我獨尊』[一]。靈應本中老君指天指地的動作與此相反，代表的意義也不同，但聯繫到整個靈應本的佛教影響來看，此姿勢當受到了佛祖出生故事的影響。

該圖的題記，較好地解釋了畫面，共十八行，行字不等，其文爲：

一 武當發願

二 南陽武當山

三 真武，初學業遇豐乾大天帝君，賜劍名曰北方黑駞袤角斷魔雄劍。長七尺二寸，應

四 七十二候，撫三輔，應三台，降伏不祥之事。重二十四斤，應二十四氣，斬邪歸正，

五 不侵邪見之道。橫闊四寸八分，應四時八節。常在人間，定除災禍。因得從吏天

六 罡河魁，於噩仙山降伏天下水火二精、青龜赤蛇，一切妖魔與爲患於世者，盡

七 皆潛伏。

[一] 無礙編著：《佛教的故事》，八頁，北京，北京出版社，二〇〇四年。

八　真武往問

九　老君曰：蒙囑付於武當山，若能降伏世間一切妖魔了當，即與授記，成其正真之道。

一〇　臣今降水火妖精，歸於足下，但係種種群魔，皆已潛伏，告師授記。

一一　老君曰：汝來授記，還脩得甚果。

一二　老君以一手指天，一手指地：乃天地尚存，人間妖魔何得潛伏。候取得閻羅王同來，

一三　方可授記。閻羅王若來見吾，即是無地獄人也。無善無惡，無天無地，得同汝一

一四　處授記，乃爲無上正真道果。汝且更修其果，爲衆生断除邪道，增益功行。真武

一五　從此復降武當山，寄凡修行一十二年。忽一日，受

一六　玉皇金籙，差充北極右勝院都判人間善惡公事，提點生死罪籙。乃授消災降福神

一七　將，每月定一日下降，及庚申、甲子日亦如之。有發願文云：衆生善惡，與我齊身。

一八　我登證果，亦同其因。

『歸天降日』圖（附圖二二）　主要描繪了唐代武則天時，時任西郊縣令的裴濤夜夢太上老君顯靈的故事。圖中在高大的縣衙官邸中，有一個頭戴黑官帽、身着藍色官袍的縣令模樣的人正倚桌昏睡。一團仙氣從他的頭上飄向門外的空中，仙氣中五色祥雲盤繞，領頭的老者鶴髮童顏，帶金色頭光，正在講述着什麽。其身後的兩位仙童手執旌幡，面帶微笑，侍立於後。圖中的老者顯然就是來托夢的太上老君，而昏睡的縣令模樣的人就是西郊縣令裴濤。圖中通過仙氣將天神與凡人直觀地聯繫了起來，充分表現了圖像獨特的表意優勢。

該圖題記共二十行，主要描述了裴濤之子裴仲方寄胎降世，歸天復位的詳細過程。文中還詳細列出了真武每月下降的月日，較有研究價值。當然文中提到自唐則天時，方始供養真武，這種說法並不正確。全文爲：

一　歸天降日

二　唐則天朝，有門下侍郎裴濤劄子奏聞，臣濤昨蒙充西郊縣令，恐夜夢見

三　太上老君曰，下降入於卧所告云：唐朝將有邪禍妖臣，鬭亂國政，不能剪除，是謂大

四　忌。有北方神將名曰

五　真武，合注下界，係第四次。天行因果，合當在濤寄胎降世，其妻乃生男仲方。近國家
六　收戳西蕃趙宏二千邪寇，生擒回國，并驗本朝奸佞賀全龍五百妖童，與民間
七　斬滅邪禍，救護不少。今爲臣男仲方曾受神應將軍，於是傳播天下，漏泄天機
八　一日臣與妻語論次，其男於座前放開兩手，有朱硃肉跡篆字。臣將辯認，其左
九　手心真字，右手心武字，繼捻雙拳，更不放開。乃取香湯沐浴，更换净衣，告辭父
一〇　母而去。如要相見，秖於每月一次下降時，普爲天下係善之人消解罪惡。臣告
一一　仲方，今既拾父母歸天，未審後來每月下降在於甚日，今從何往？仲方曰：復歸
一二　北闕。若要知吾下降日分　正月七日　二月八日　三月九日
一三　四月四日　五月五日　六月七日　七月七日　八月十三日
一四　九月九日　十月二十一日　十一月七日　十二月二十七日
一五　是吾下降日也。去從地去，來從天來，言訖，握手於膝，坐於卧床而去。臣合聞奏
一六　狀候進止，奉
一七　聖旨特賜道教威儀法事，差使押香前去裴濤家祝献，莫使方到，不見仲方肉身，但
一八　見空中祥雲垂下仙杖，㚲一同棺盛貯，音樂嘹喨，散花滿空，引聲向武當山路
一九　冉然而去。自唐則天時授得逐月下降日分，方始奉行供養，贈爲武當山傳道
二〇　真武靈應真君。

二　應現感應故事

靈應本中共有七篇，即：洞天雲蓋、宮殿金裙、靈閣真瑞、二十化光、唐憲寶像、朱氏金甄、寶運重辛。主要講述真武顯靈現身，顯靈感應的故事。本文選『宮殿金裙』、『朱氏金甄』兩篇分別介紹如下：

『宮殿金裙』圖（附圖二六）描繪的是宋仁宗在景靈宮遇真武顯聖的場景。圖中的宮殿爲景靈宮，殿内坐在桌前着黄袍者當爲宋仁宗，其餘應爲仁宗的臣僚。在殿門外的天空中五彩祥雲彌漫，祥雲中現出巨大的金甲裙，旁邊還出現了一隻大足，足側的雲端有一個青衣童子，正在用手指着一個方向，應就是題記中指引仁宗回駕的方

向。有關真武現足的故事，當也受到了佛祖生平故事的影響。據《處胎經》云：爾時世尊還攝威神，在金棺裏，寂然無聲。諸天燒香，散花供養。大迦葉從摩伽提國將五百弟子，來至佛所。聞佛今日滅度，悲啼號泣，不能自勝。世尊以天耳聞迦葉來至，即從棺裏雙出兩足。迦葉見之，手捉摩捫啼泣，不能自勝〔二〕。現足作爲一種神靈顯應的象徵，逐步流傳於後世。

該圖題記描述了兩次真武顯聖，現金甲裙的靈應事跡。第一次在皇祐年，第二次在至和年，從這兩件發生在皇宫中的靈應事件可以看出，宋室真武崇拜的隆盛。其文爲：

一 宫殿金裙
二 至和二年五月五日，建御願專誠法醮道場，禁斷屠宰，寬宥刑獄四十九日，
三 聖駕越内寢戒避服餙，日夕醮會至八月初三日，前殿滿空頓起風霧，群僚侍駕親
四 視，現一渾金甲裙遍滿大殿，漸收雲彩又露一足，望西北角而去。至初八日，解
五 散道場。自
六 真武現足降靈，聖意欽崇，欲將家堂玄真殿立身真武刪移出内，別剏報恩寶殿。禮
七 部點對，神威高廣，兼係先皇特賜家堂之位，天下宫觀難爲當受。體知亳州有
八 太清靈都觀，是太上老君降誕之處，老君則真武承道之師，此地他不便。三司
九 具奏，奉
一〇 聖旨選日，臣僚陪御香送玄真殿立身真武出内，及委官護送太清靈都觀，權受供
一一 養，仍下本州相度別造殿宇。後亳州申奏，靈都觀於十月一日殿前檜栢衰槁
一二 枝條皆結葉穗，並如春苗，見今採摘封合進上。奉
一三 聖旨送入景靈宫三殿供養，旬日間聖體似覺違攝，是夜夢見黃衣武士云：是靈都
一四 觀符吏，蒙真武差來報帝曆數之兆，因何殊無延展之心，已曾有槁木發穗之

〔二〕轉引自〔清〕永珊編，梅慶吉整理：《釋迦如來應化事跡》，三八四頁，哈爾濱，黑龍江人民出版社，一九九四年。

一五　報。次日臣僚龐籍等共奏，此事正當聖躬違和，宜加攝理，永延天禄，亦在禳祈
一六　之誠。行下諸路州軍，發遣道師赴京。有東嶽吴正言持法，殊無真驗。再宣南嶽
一七　王伯初奏録北極紫微大帝保扶聖位，尋同三司禮部進呈，奉
一八　聖旨依仁宗朝皇祐年中五月五日，奉駕赴景靈宫行禮，忽駕起回大内，令臣僚
一九　配享。禮畢朝賀，蒙皇帝諭回駕之因，既臨景靈宫，朕舉目忽見北方天門開，現
二〇　紅光數道，内有金甲裙瑣拖一足，滿空悠悠，向前而過。知是北方真武，又有一
二一　青衣童子，引手指朕駕回，方歸禁掖，聞化成功降慶，即荆國長公主是也。令
二二　於内庭别立真武祠堂，爲保扶香火之所。後三日夜，中庭又見元指回駕童子，
二三　再來告言，伏因皇帝駕出景靈宫，化成宫已生公主，其公主生時，主於父宫臨
二四　背子息之位，上天令避其時，乃是真武特加保護，不受一切驚危。今蒙
二五　真君令報
二六　陛下，其女降世秖一紀，合歸天宫，後果十三歲而卒。當時仁廟爲護此預事，施内藏
二七　財寶立現足碑題，新建景靈宫迎真閣一座，彩塑真武全身，充國家嘉典，贈爲
二八　真武下降垂福濟善通明恩澤。以每年發放看香燈童行一名。

『朱氏金甑』圖（附圖三一）　主要描繪了朱氏突然得到天賜金磚之後的兩個處理場景。左圖描繪了朱氏因虔心供養真武，突然得到了一塊天賜的金磚，一時不知所措，決定拿着金磚來投州府的情景。圖中府衙的上層應爲辦公的場所，居中戴軟角幞頭者應爲題記中提到的蔣廷堅。下層門口手拿金磚的少婦即爲朱氏，她正欲進州府匯報此事。右圖描繪的是金磚顯靈，不能分割後，知州、通判同狀保明，將金磚進奏金闕的情景。圖中着藍色袍服者當爲知州蔣廷堅，旁邊的應爲通判田逵，兩者面前都有狀子，含有同狀保明之意。

該圖題記主要描述的是隰州陸諒恣食鰻鱔，終患怪病而死，其妻朱氏因虔信真武，天賜金磚，進而受到朝廷的賞賜，生活暢順，無疾而終老的故事。文中還提到了一些道教修行的道理和要求。其文爲：

一　朱氏金甑

隰州陸諒嗜酒好殺，恣食鰻鱺，其妻朱氏力戒不改，自將粧奩潛託父母家，命工彩畫真武一軸，論道士錢應方轉經安奉，并受持下降法式。應方曰：供養福神第一須是虔誠發心，不可等閑，每月下降日燒献金錢、雲馬，或有餘力，請道誦經；第二，不得於酒後歸家高聲觸瀆；第三，大忌啗食犬鱉鰻鱺蒜韭等物；第四，憐貧恤老，孝育骨肉，事涉公私，心莫欺陷；第五，語言文字忌諱，切在回避，始終至誠，勿令慢易一心。五事保合吉祥。疑惑之間，求之必應，門招龍神，衛護家協，福禄滋昌。如或懈慢，折人壽禄，作事不利，子嗣不昌，官事重擾。謹之謹之。朱氏敬心受持，陸諒不以爲意，雖不買鰻鱺歸家，却在外烹啗，口帶葷穢。朱氏雖遭魔障，供養愈恪。經十五年，陸諒染患，纏綿一歲，生業漸破，視其卧床席上，惟見一兩堆活物，狀如小蛇蟠繞，又發腦癰，裂開臭爛，湧出膿血，皆長三寸，伏如鰻鱺鮮活肉臤，蹙聚出入，相次命終。男女未婚嫁，朱氏在家堅心欽崇真武香火，略無忌倦，雖生計蕭條，僅存日給。忽於本家客堂上露一片花甎，朱氏將謂街砌甎石，不以爲事。是夜有光，朱氏遂取看，其石太重，與男同扛歸來，揩拭青苔，乃是黄金，極有紫磨光彩。朱氏驚研不敢收藏，遂用綿帛包裹來投知州祕監蔣廷堅云：自夫亡孤孀貧窘，不知此金從何而來。庭堅亦知，因供養真武，天賜其金。當時秤有一十四斤，朱氏堅意不肯將歸，到官司，引因遺捨寶藏條貫，欲均分一半入官，尋勾到金銀匠，方用砧鎚打鑿，忽見無限小赤蛇并碧龜圍繞砧墩，又一蛇稍大蟠在金片上，良久不見，及挈其金看時，猶有一蛇如絲線隱隱在金面內。州司詳此應驗，理合給還朱氏，爲本人情願不留，一任官司收納。知州蔣廷堅、通判田逵同狀保明，并匣封上件金片進奏赴闕，因看詳隰州陸諒無明宰殺，業報疾苦，警示於人。其事誠心好善，

二四 真武應化，特賜黄金，其金顯是天賜，不雜支用。遂送八作坊盡將打造
二五 真武一堂聖像，遣使賫送武當山上清玉仙觀，授金字御書。看管每年恩澤度牒一
二六 道，充焚修香火。其朱氏特給度牒二道，下隰州支錢絹二百貫匹爲酬，朱氏所
二七 得錢物，半將刊板印
二八 《真武出相戒殺圖》俵施，上報國恩及薦亡夫陸諒，其男女婚嫁。仍舊開張絲綿鋪，
二九 復舊興盛。朱氏年八十九，偶一日沐浴易新衣，口誦
三〇 真武尊號，無疾而終。

三 助戰除奸故事

靈應本中共有十篇，即：聖像先鋒、天罡帶箭、蜀王歸順、瓢傾三萬、雪晴濟路、神獸驅雹、毒蜂靄雲、神將教法、柯誠識奸、刼院就擒。主要講述真武幫助大宋軍隊助戰，鏟除奸邪的故事。本文選天罡帶箭、刼院就擒兩篇分别介紹如下：

『天罡帶箭』圖（附圖三三）描繪的是文彥博的大軍攻打貝州城的情景。圖中所繪的這座城樓巍峨、城墻高聳的城池就是發生叛變的貝州城，從堅固的城防來看，顯然是一座易守難攻的城池。由於題記中所説的神助，圖中已是城門大開，全無守軍，文彥博的大軍正長驅直入，威風凜凜。圖中兩個持叉的士卒在相互交談，似乎也在驚詫入城的輕鬆。圖中一位身着紅袍服，雙手捧物，官員模樣的人物，應爲王則判軍的投降者。文彥博大軍攻打貝州城是歷史上的真事，據《宋史》文彥博傳記載：『貝州王則反，明鎬討之，久不克。彥博請行，命爲宣撫使，旬日賊潰，檻則送京師。』[一]本篇故事將此事與真武神顯靈聯繫在一起，靈應塑造的痕跡明顯。

該圖題記共十五行，主要描述了宋保信軍節度使文彥博奉命前去鎮壓在貝州叛亂的王則軍隊，由於有真武顯靈相助，很快攻陷了判軍的城池，而真武廟中的天罡神卻受傷帶箭的故事。其文爲：

一 天罡帶箭

[一]［元］脱脱等撰：《宋史》列傳七十二，北京，中華書局，一九八五年。

二　明道中，貝州王則反逆，據樞密院選委保信軍節度使、尚書、兵部侍郎文彦博
三　前去招捉。今丞相帥回奏，王則叛寇盡以誅滅，非臣功力。臣自到梅州見南城
四　門路東有一華表柱，題『圓通觀』額，内是
五　真武殿，遂赴殿備香願垂聖助。尋到貝州，近城二十里先令將佐問罪其王則，對敵
六　時第四將凌聳出軍迎敵，赴王則復入貝州，閉門不出。試待打城搜擒，緣是
七　本朝州土，不欲遽壞，更且守候。計二十日，忽見貝州城上迅發暴風，亂飛砂砲，如
八　弓弩發箭，時見寇軍從空中墜下城脚，微死微活，不覺城門大開，大軍統入，除
九　留居民外，遇有器甲兵仗者，盡行誅戮，王則就擒馬前，尸首易處。遂委官權行
一〇　知監，臣獲勝回復，往圓通觀謁謝
一一　真武，備醮報賽。細觀
一二　真武左畔立塑一從官員，披械胄，名曰天罡神將，左臂上帶箭一隻，入深三寸，有王
一三　則軍號。纔除其箭，隨有膿血流出，尋和香泥修葺箭瘡，并收元箭一隻，見到候
一四　進，止送三司禮部看詳，差使賫御香前去祭奠及賜修盖殿宇，候畢别降
一五　御銜醮謝。其貝州承恩保護重恩，特改爲恩州。

『刼院就擒』圖（附圖四一）　描繪了在白雲資慶禪院真武顯聖捉住了前來劫院的强盗的場景。圖中寺院殿内有真武及其侍從像，供桌右邊一個僧人模樣的人物即爲維那僧曉初，他雙手合於胸前，似正在唸阿彌陀佛。左邊戴軟角幞頭，官員模樣的人物爲巡檢喪皋，他正在指斥着被捉起來的劫院强盜。殿外的臺階前，被縛的强盗正在一個個被押解跪地，認罪伏法。殿内的真武像，手執寶劍，目視前方，一副一切都在意料之中的神態。

該圖題記共二十一行，主要描述了在真武的暗助下，登州辛山白雲資慶禪院成功捉拿了試圖來院搶劫的一伙强盗的故事。本文講述了一個釋道相互影響的故事，從故事中僧人供養真武的情景來看，當時的道教應比佛教更受重視。其文爲：

一　刼院就擒

二　登州辛山白雲資慶禪院有維那僧曉初，不惟奉佛而留心道教，常於察舍靜
三　處供養
四　真武，專誠勤恪。其院臨近海島，有邵武軍周應等百餘人於海道强刼，殺人放火。所屬
五　州縣堆垛賞錢，召人收捕。日久徒黨轉多，難以除剋。一日，周應等欲入本院刼奪，
六　其夜，曉初夢見院門土地来報，將有驚刼，被
七　真武指揮令放黑風吹逆，舟船来之未及，可速報官，不得遲也。曉初趂夜發人告報
八　巡檢，即時兵甲到院，四散埋伏。果於次日周應等欲數百人執槍杖入院，秪云
九　借此一宿。主事出迎周應等共到法堂點茶，院門已將関閉，曉初哀告，許下錢
一〇　物，至曉臨行當得献納。周應曰：何須候曉，急令般出。應驀然驚懼云：何故眼前
一一　亂花，頭如火燒，四肢不舉。續後西辛山巡檢喪皋一行人馬擁出擒捉，並不走
一二　透一人，觧押入登州禁奏。已各行遣外，所有賞錢，七分合給僧曉初，三分支與
一三　巡檢兵級。檢曉初狀稱，所獲海寇非院門功勞，因
一四　真武降靈使令衆寇手足不遂，各就擒縛。願
一五　朝廷報荅
一六　真武，州司備奏，尋降
一七　旨其辛山白雲資慶，雖是釋教禪院，特賜
一八　真武殿一所，并賜
一九　御書《太上真武經》一卷，永充奉安香火，仍賜曉初紫衣并真應太師，充焚修本
二〇　殿掌管
二一　御經，仍給七分賞錢添造寶殿。

四　祈禳救災故事

靈應本中共有五篇，即：附語祈晴、消禳火德、折應計都、施經救災、靈功咒水。主要講述真武祈禳靈應，

救助災禍的故事。本文選附語祈晴、折應計都兩篇分别介紹如下：

『附語祈晴』圖（附圖四二）描繪的是一幅祈求天晴的道場場面，該道場的中心是一張比較講究的祭祀几案，案邊有黄色帷幕。案上擺放着香、花、燈、水、果各類供品。几案中間是一名主祭的高功道士，左右兩邊各侍立兩名高功道士。五位道士皆頭戴蓮花冠，身披道袍，雙手捧一笏板。從現藏佛山市博物館的佛山祖廟清代道士外出做齋醮法事的記録簿可以看出，五位高功道士同時出現的場面，應是比較隆重的儀式。高功道士身後，正在揖拜的頭戴展脚幞頭、身着官袍的人應爲果州知郡黄宸。畫面上部的團雲中，有披髮跣足、手持寶劍的真武神像和諸隨從，也即此道場禱祈的主神。整個畫面雖然比較簡單，但莊重、肅穆之情盡已表出。

該圖題記共二十行，主要描述了果州知郡黄宸請陳希家真武祈晴靈驗的故事。其文爲：

一　附語祈晴
二　果州有失目人陳希，於少廣山夜遇一
三　真武傳訣，逐日專奉。後覺出言如附神語，爲人求保，事叙皆合來意，四遠響馳。人所
四　施惠，多不戀己，用爲功果。咸平年中，夏接秋序，久雨傷禾。州縣祈禳，皆無感應。
五　衆狀舉陳希供養
六　真武，祈求有靈。知郡黄宸，遂令陳希赴廳。陳希却告黄宸，須得親製祝辞，迎請陳希
七　家
八　真武寳座至州衙，選道士七人，啓立清浄道場，禁屠宰，減刑，逐日放士庶燒香，瞻禱祈
九　晴道場。已對三日，陳希對知通官衆，附傳聖語。蒙
一〇　真武降言，果州爲天曹注定六十日雨，减除禾顆十分不收，今更有二十餘日連雨
一一　未息。今既要求晴，奉
一二　天皇勑旨，消减元注日分。至明日巳時，雨脚漸從正北而收。午時天色晴明，禾株茂
一三　盛，必獲成熟。其陳希精神復回，適來降靈所説之事，皆不知之。明早大雨如傾，
一四　巳時便晴於正北方，雲靄頓收。本州復留

一五　真武，展三日道場，俻香花道具，迎送
一六　真武歸陳希家。又於本堂啓建道場荅謝。至冬間，果州五縣，並無檢放苗數。後轉運
一七　司体問，因依奏聞
一八　朝廷，續降
一九　回命下果州，宜令置立照依，應記録於州衙大廳，永遠為驗。陳希除本州，支與酒
二〇　麵綵帛外，特賜『靜應居士』為號。

『折應計都』圖（附圖四四）　此圖描繪的是真武帝委托神人葛將軍，代報計都星出現原因和禳解辦法的場面。畫面展現的是皇宫内廷景象，廳堂内寶座上端坐的是宋仁宗趙禎，其頭戴烏紗折上巾，雙手交攏於懷中，足下有脚榻。趙禎左右，是兩個頭戴朝天幞頭的侍者，雙手持長柄大宫扇。庭院中的直道上，站立一人，其頭戴展角幞頭，雙手捧一笏板，正在向空揖拜。空中有一團五彩祥雲，雲頭立一戴盔披甲的神人，拱手作禮，應是受真武帝委托，代報計都事的葛將軍。

該圖的題記，對計都事件的原委作出詳細的說明，從文中可以了解到宋仁宗時星宿崇拜及醮謝活動的興盛景況。全文共二十八行，其文爲：

一　折應計都
二　至和三年八月初一日夜，有黄氣出南方，三夜而没。據司天臺朝奉郎夏詢等
三　扎子，伏觀黄氣，現於正南，属吴國分野。其氣一名天門黄道，二名土央，三名計
四　都，現於磨蝎宫。天門黄道，主次年國有内憂，應在陰宫一人，以上央爲墳墓之
五　象。計都是九天禍宿，非時汎宫出現，主一方軍民至冬後疾患，人死四分。猶得
六　此星於磨蝎宫，躔犯亢宿，又是觧灾福德之曜。伏望朝廷早賜謙禳，時臣僚參
七　詳，事属未來，合預防之。謹就玉津園建内道場一月，應名山大川。並遣降
八　御香，板放龍簡，建道場法醮，各七晝夜。仍頒行德音，減除罪囚。又於大内熙聖殿，别
九　致黄籙道場四十九晝夜。每日

一〇　聖駕躬幸，禱祝計都星君及東方亢宿，并家堂
一一　真武，福神保來，休證道場。日限將畢，忽日正午時，驟起風陣，汎湧黃沙，籠罩目前。空
一二　中一金甲神人，現於庭際，稱臣是監西天門葛將軍，與北方
一三　真武，同管陽間，奏注善惡。近見南方天門黃道開現，乃是計都星君當遊九天，七百
一四　二十年一大周官，到比遇本運。爲中方土央相衝，作黃氣三日，躔亢宿磨蝎方
一五　退。主陽間内憂，從屬豬陰人，國長而起。不半年間，荆湖、江浙、福建、廣南、淮漢路，
一六　人死四分，墳墓遍道，可應其氣。灾雖未到，忝
一七　帝德感驗，建醮投龍等事，猶未全禳。惟德音一行，減放囚獄。承此種種功動，感動
一八　諸天。蒙真武憑此朝奏北極，北極朝奏
一九　玉皇。特蒙勑命，天王親往校察計都星君，已爲官家禳解。定下二十九歲命屬猪
二〇　陰人一名，新年正月初旬當死。宜往正南方二十七里外，衝黃道日立墳墓。當
二一　爲内憂，救南國諸州四分軍民死亡，爲
二二　陛下折應計都之限。至時切不得發哀，爲此人命限已滿，元注壽數。今受
二三　真武囑付，特來代報官家知悉，劫返天門。至次年正月初三日，貴妃張氏棄世。貴妃
二四　年二十九歲，正月十九日亥時生，命官屬猪。猴黃道利日，於正南二十七里立
二五　墳墓，自後更無灾憂。緣此應驗，並顆
二六　真武降靈保助。下感其恩宥，及西天門葛將軍等神降報。宜付有司，賜在京諸宫
二七　觀，各令建設羅天大醮三晝夜，報答
二八　聖恩。

五　驅鬼除妖故事

靈應本中共有七篇，即：鄭箭滅龜、聚廳禁妖、妖惑紫邈、魅纏安仁、陸傳招誣、陳妻附魂、王氏懷鬼。主要講述真武驅鬼除妖的故事。本文選聚廳禁妖、魅纏安仁兩篇分別介紹如下：

『聚廳禁妖』圖（附圖四六） 描繪了武安軍節度使、尚書左僕射石光嗣聚廳禁妖的場面。圖中爲一座官府衙門的廳堂，廳的正中頭戴花冠、身着甲袍，威嚴端坐的應是石光嗣。他的兩側侍立的二位應爲隨從官員。殿前的石階兩側立着兩位執法吏卒，中間地上跪着一個平民模樣的人物，正在講述着什麽，此人應爲會左道邪術的馬用成等人物。殿左側的臺基下還站着三位儒生和平民打扮的人物，作拱手狀，應爲其他被傳訊正等待詢問的習左道邪術者。此篇故事實際上是一個北宋初年，官方向洪州等南方地區推行真武信仰的生動例子。可見在真武信仰的早期傳播中，官方和民間都發揮了各自的作用。

該圖題記共十九行，主要描述了石光嗣移鎮洪州後聚廳禁妖，去除當地邪法妖術的故事。從文中可知，真武是此次禁妖的最大功臣。其文爲：

一 聚廳禁妖

二 太平興國四年，武安軍節度使、尚書左僕射石光嗣移鎮洪州，因聞本地性好

三 邪法妖術，雖曾禁約，終不能絶。切知俠道山祖聖觀有特法戒潔之士，請到羅

四 浮同法師凌居邈來問，因知洪、衡、潭、鼎、鄂一帶供養者盡是南神，分差官員搜

五 到習左道邪術馬用成等一百十六人當廳聚官取問。據馬用成執覆，本非齊

六 學左道，因為江南荆湖地水接連蠻貊，常彼七十二候傷魂神殺，行執疫，令人

七 作事淹滯不利。惟信左道法術，施刀刃油火、金剛法事，驅鎮稍愈。石光嗣令遂

八 人賫出行術刀棒、油鐺火燉等物，並行毀納，青狀疎放。至當年七月，洪州果有

九 傷魂為禍，居民皆患狂熱，食瓦屑磁石之類，或緣懸屋梁，或上掛林木，或赴水

一〇 入溝，口稱穢言。光嗣召法師凌居邈普施符水，救治患人，盡皆較損。又慮後來

一一 狂患再作，乃鏤板印

一二 真武靈應聖號牌子一萬餘道，俵散與人供養，遇每月下降日期，

一三 真武妙經，積有歲月，竟絶其災，從此去邪歸正。石光嗣申奏，洪州自南唐以前雖有

一四 宮觀，而

一五　真武殿宇香火至今未有，三司禮部詳定，合下洪州於天慶觀舊來

一六　真武殿去處，專委守臣如法盖造，仍賜

一七　御書殿牌，以『護國感應』為額。石光嗣後往俠道山謁法師凌居遨，受持

一八　真武法式，遂求致政，歸道州治，幽居簡塵，崇奉

一九　真武香火，壽至九十九歲，無疾而終。

『魅纏安仁』圖（附圖四八）　描繪了真武降宅，派天丁力士趕走魅纏安仁的湘花神女的場面。圖中的建築當爲安仁的住宅，安仁和湘花神女一坐一站都在爲即將到來的分別掩面哭泣，甚爲悲痛。屋門內側和門外階下站着三位天丁力士，形貌威猛，似正在受真武之命，監視着湘花神女離開。屋門的外側站着一位頭戴東坡巾，文官模樣的人物，正在焦急地注視着屋裏，當爲安仁的父親孫漸。一道白氣從安仁的頭部飛向天空，似預示着湘花神女的行進路綫。類似的妖怪故事在宋代《太平廣記》等書中也有記載，如《太平廣記》中的『張氏子』、『廣陵士人』、『戴察』等篇〔一〕，可見此類道教故事應與民間故事有共同的淵源。

該圖題記共二十三行，描述了魅纏安仁，不能驅除，後請到真武降宅，驅逐湘花神女的過程。說明了供養真武之家，靈應不可思議的道理。其文爲：

一　魅纏安仁

二　復州觀察使孫漸有男安仁，年十七，賜三班借職，授鳳州隆門鎮監税兼巡檢。

三　到任半年，形神昏耗，語言顛錯，公務乖踈，致被州府差官替罷。尋醫歸家，其患

四　不退，父漸夜間安仁房内婦人言笑不已，方知是妖怪魅惑，明早敦逼詢問，不

五　免説出安仁被鳳州龍門鎮侯家山土地湘花女相纏，每至三更時即來，直候

六　日出時化為塵影潜藏。父漸聞此而奏

七　御前，奉宣差翰林書禁全科師巫行持法事，凡經半月不能驅除。再入奏進還其科，

〔一〕〔宋〕李昉等撰，陳戍國等校：《太平廣記》卷六七，長沙，岳麓書社，一九九六年。

遂至宰執公卿奏議，孫漸家廷不曾供養鎮宅神祇，却有他州山邪為禍，當發心往道觀中求懇真武救護。孫漸依稟聖旨，親自寫疏詣四聖觀，許願虔懇，仍借真武聖幀歸家供養。將滿七日，一夜更初，秖問安仁房内雙聲痛哭，至晚安人如大醉方蘇，言語全不顛錯。安仁稱，自赴龍門任巡轄，馬鋪夜宿侯家山驛，是夜三更，不覺卧床燈火再明，帳前見一美女，冠衣異俗，歛衭低聲，云：奴非鬼怪，不須驚怕，與安仁是宿緣，合注定於此相候。奴是湘浦龍君之女，因為思凡，蒙東獄降調為管山土地，人皆呼為湘花神女，有半仙之分，從此相慕，豈忍相折。今來為君父母請到真武降宅，有無限天丁力士、日遊神道隨從沿宅搜檢，奴若遭檢録，必授鐵杖驅斷，永罰為下鬼，不能得處塵寰。從此棄別，歸侯家山，行，洒淚就髻取下碌玉小梳一隻，令安仁藏於髮髻，候奴再會，欲此照證。尋令取勘，委非凡物，乃賫玉梳呈奏，賜入内庫神器局收掌。又奏願奏曰四聖觀設羅大醮，并設大齋報恩。宰執等謂孫漸曰：當時未信，今乃果應，委知供養真武之家，靈應不可思議。

六　修仙求子故事

靈應本中共有五篇，即：進明顯聖、鄒宿契靈、天錫青東、神化紅纓、焦氏一嗣。主要講述真武助人成仙，感應求子的故事。本文選鄒宿契靈、天錫青東兩篇分別介紹如下：

『鄒宿契靈』圖（附圖五八）　描述了鄭州監酒鄒宿被真武派銅棺迎上虚空的場面。圖中右下角所見的宫殿建築當爲鄭州城内的建築，也許是北門樓，圖中的群山當爲城北的白蓮山。宫殿建築北方的天空中，五色祥雲繚繞，上有一具銅棺，四位天神抬着，前有旌幡引路，後有仙樂相伴，一派仙韶鶴唳、瑞氣天香的景象。這也許是道教中理想的昇天形式之一。銅棺昇天的場景在靈應本中出現了數處，如本篇和『歸天降日』篇等，筆者認爲這也受到了佛祖故事中『金棺自舉』等故事的影響，祇不過靈應本中將『金棺』改爲『銅棺』而已。

該圖題記共二十三行，主要描述了鄒宿精恪侍奉真武，真武派天神用銅棺將他迎去，任命爲北極壽限曹副判官，每年一次隨真武下降人間，計算世人善惡的故事。其文爲：

一　鄒宿契靈
二　慶曆二年三月初五日，中書門下據鄭州保奏，本州監酒、肉殿崇班鄒宿，在任
三　公正，惟祇供養
四　真武，侍奉精恪。既不曾以諂曲欺誑之事祈求，又不曾於諸事背義貪殘，恣殺物命。
五　凡州民有水旱災疫，先於諸處神祠無應，若鄒宿齋戒於本家
六　真武前祈禱，皆獲靈驗。人皆謂鄒宿曾悟聖教，密契神靈，故鄭州陰受其賜。忽一日，
七　鄭州於日午間天降風雹，煙雲四起，於北門裏黑霧盤旋，降下無盖銅棺一具。
八　空中但聞音樂嘹亮，自知通以下至於百姓盡皆易衣入棺，並不容在內。其後
九　監酒鄒宿穿執而來，方入其棺，忽聞振響一聲，遂降其盖，輕舉而上，仙韶鶴唳，
一〇　瑞氣天香，靄而不散，其棺冉冉向正北而去。次據曰連山延壽院僧智仁等狀
一一　申，昨晚山上五色祥雲籠罩，聞有樂聲，異香芬馥，天花如雨，墜而復收，霧垂甘
一二　露，約至更盡方息。今早集僧衆上看，其山中元有一峰號『鵰巢』，兩畔有石岩相
一三　離十五餘步，今却相合。於正北召岩接縫間，留一小石門，方圓四尺，望見裏面
一四　有一銅棺。山之上下朽木並發，芳條一時變為茂林，雜花競開，鳥獸飛鳴，如罩
一五　護狀，未委事由。州司參詳，已得昨晚天降銅棺迎去鄒宿，因依集當職官吏及
一六　道僧前去看驗，委實保奏。續有回降下鄭州，緣鄒宿近出神到內殿朝辭云：臣
一七　蒙天符差充
一八　北極壽限曹副判官勾當，每年一次當隨

一九　真武下降人間，計算世人善惡，校量壽限，皆承

二〇　真武保合授記。臣恩受

二一　皇帝禄賜，特来報謝。今勘會鄒宿有無子孫承紹恩澤，一道遷注供侍。骨肉如無，即

二二　厚給錢帛養贍外，仰就白蓮山建造鄒宿祠堂，以『神應府君廟』為額，永爲祈請

二三　靈迹之處。

『天錫青棗』圖（附圖五九）　描繪了天賜青棗與江州團練判官朱牧妻子，使其受孕的情景。圖中的屋宇當爲朱牧家，朱牧的妻子正睡在卧室内，似在做夢。周圍環境清淨，爲夜晚的景況。一位道士模樣的人從天而降，來到朱牧的屋外，正在指點着什麽。此道士應爲題記中提到的以石碟盛青棗一枚勸朱牧妻吃而致孕的黄衣道士。

該圖題記共十三行，描述了朱牧因精虔祭獻真武，受到好報，天賜青棗而受孕，得一神童的故事。其文爲：

一　天錫青棗

二　饒州樂平縣有江州團練判官朱牧，並無男女，牧自父亢臨終時謂云：今後莫

三　忘

四　真武聖堂香火，凡遇每月下降，至誠供養，如遇三月初三、五月初五、七月初七、九月

五　初九，此四日每備供養三分，精虔祭獻。牧自先父囑付，不曾有違。一次適遇七

六　月七日，聖降之辰，是夜燒獻畢，約三更以来，妻氏夢一黄衣道士以石楪盛青

七　棗一枚勸喫。既喫，覺滿口異香。道士云：此乃天錫仙人之棗。自後有胎，生下一

八　男，風骨俊秀，五歲記誦聰敏，七歲天才通悟，名應四方，可應神童。乃應母氏之

九　夢，名曰天錫。

一〇　朝廷究察得知，臣僚亦有保本，遽蒙借授大理評事，借緋携子天錫上殿説書史，

一一　並不設講論傳記，如流對

一二　御題答。賜天錫特授假承務即，及賜買書錢一百貫，更歸修讀，俟至十六歲赴

一三 闕，別聽指揮，更不追還，并父朱牧先借官職，并賜朱天錫褒諭文典。

七 托夢降言故事

靈應本中共有六篇，即：鎮河興福、現海救危、吳氏緣合、小童應夢、索錢二萬、翻鈔四千。主要講述真武托夢降言，以了神願的故事。本文選鎮河興福、小童應夢兩篇分別介紹如下：

『鎮河興福』圖（附圖五四） 描繪了任悅在赴任秦鳳路軍騎安撫官途中遇到真武的場面。圖中北方的天空中黑雲滾滾，雲端真武執劍站立，似在指點着什麼，前有龜蛇嬉戲。雲下是滔滔黃河水，風浪漸平。一條小船往江心划去，船頭一人正跪地朝拜天空的真武。此人當爲任悅，正在聆聽着真武的教誨。黑雲的下端似有縷縷光綫透下，表現了天氣從風霧昏暗到風色平定的轉變。

該圖題記共十八行，主要描述了任悅經黃河第一崖門赴任，途中遇真武托言轉達希皇上重修該地護國真武院的故事。其文爲：

一 鎮河興福

二 内殿崇班入内人侍省任悅，奉

三 勑充秦鳳路軍騎安撫官，過潞州，渡黃河於半津，遇風霧昏暗，随侍吏云：此是黃

四 河第一崖門，要固嗓口。北岸是潞州天慶觀，分到香火一殿，名

五 護國真武院，凡經過先抱獻紙馬。任悅禱祝靈空過河，別具數日，還賽神意。纔畢，

六 雲彩風色豁然平定。任悅與一行人俱見一神人現於虛空，認其形相，乃在京

七 四聖觀塑畫

八 福神真武也。任悅就舟便拜，起受

九 真武降言，如俗交語，乃云：此一殿係唐太宗因功臣魏徵楔其底柱銘建立至今，爲

一〇 其處乃是院口第一險惡疆界，從此分吾在此為

一一 國家保鎮山河。今殿宇隳損盖有年矣，時復下降，按伏龍蜃，無存泊處。吾若不来，

一二 水操必壞，爲國之害不細，切宜記録，不得漏泄密。除奏達

一三 聖聰外，別與談議，立生瘖瘂之報。言訖不見。任悦回朝面奏緣由，
一四 聖意猶未信，任悦不合，再舉陳於
一五 上前，當殿語聲不出，繼遭瘖瘂之報，因而諦信。除賜任悦就注在京監宫，宜令有
一六 司立便檢會大唐實録照應，選差殿使前去同潞州守臣重建
一七 真武殿宇。
一八 御賜『鎮安興福』爲額，永作香火祀典。

『小童應夢』圖（附圖六二） 描繪了文懿皇后在玉華宫夢見小童來求修整真武殿的場面。圖中巍峨的宫殿當爲文懿皇后所居的玉華宫，文懿皇后正躺在床榻上，處於睡夢之中。一條白氣從她的腦後伸向屋外半空中，白氣中一個身披皂袍的蓬頭小童拱手作揖，正在向皇后報告着什麽。

該圖題記共十九行，主要描述了文懿皇后在夢中見越州龍瑞宫道童來求修真武殿，於是發心修整一新。後來皇后患病，真武爲答謝賜甘露治好了皇后之病的故事。其文爲：

一 小童應夢
二 越州會稽山東有陽明洞天，自文穆王錢氏建立龍瑞宫，年深荒廢，内有
三 真武殿，最為朽堕。淳化元年二月一日夜，文懿皇后玉華宫應夢，見鬔頭小童身披
四 皂袍，來見
五 皇后云：我是越州龍瑞宫道童，為本宫貧乏，無衣可衣，無屋可存，身遭暴露，惟
六 皇后可以救之，他日必來報恩。化為光明不見。明旦具述奏聞，時遣使賫香往龍瑞
七 宫察訪，内臣閻守道回奏，本宫建自唐末，經今年深，全損一殿，
八 真武部從被雨霖日曝，惟倒在地。因省悟前夕之夢，是
九 真武顯應，來來后宫修整宫殿，重興香火之意。已奏取
一〇 聖旨允許，
一一 皇后發心將粧具奩寶兑換度牒、紫衣及金銀等，差内臣同委，越年限一年，重建殿

一二　宇及聖像，裝彩完備訖。忽為
一三　皇后染患，翻胃四十來日，醫理未退。忽一日宴然而卧，出入息微細，相次氣回，遂無
一四　區逆之狀，自然平復。乃曰：適見
一五　真武從雲中來，謝龍瑞宫並已完葺，
一六　皇后命雖未夭，病亦久矣，遂令童子取到一浄瓶、一浄盂，於瓶内傾出五方甘露玉
一七　液於盂中，勸令飲之，遂覺醍醐灌心，胸鬲清凉，厥疾頓除。試開眼又如昨夢不
一八　見，秖覺口中異香，四肢輕爽，起居如常。以顯靈感
一九　國家，再致謚言，重加勳醮，用荅神貺。

八　指點迷津故事

靈應本中共有四篇，即：籤詞應驗、相術指迷、胡清棄業、仲和辭吏。主要講述真武指點迷津，暗中救助的故事。本文選相術指迷、胡清棄業兩篇分别介紹如下：

『相術指迷』圖（附圖六六）　描繪了宿州致仕、駕部郎中王袞在汴河塘岸邀一道士看相的情景。圖中的大江當爲汴河，一隻舡船正靠在岸邊，舡船桅杆高竪，旗幡飄揚，頗爲講究，爲官家船隻。岸邊道士模樣的人當是扮爲相師的真武，而船頭頭戴東坡巾的人當爲王袞，他正欲邀請相師上船爲自己看相。真武被後世作爲相術業的行業神，一般認爲與他的兩位侍從周公和桃花女有關。其實像本篇這種相術指迷故事的塑造，對真武看相神職的塑造也不可低估。

該圖題記共十六行，主要描述了王袞不聽真武化身的道士相術指點迷津，結果在出使西域返回途中陷入『死於卧雪，骸骨不收』慘境的故事。列舉了不聽真武相術指迷，將會付出多大代價的實例。其文爲：

一　相術指迷
二　宿州致仕、駕部郎中王袞，再蒙詔充國子司業，遂於家堂面奏
三　真武，求籤得吉，乃進程，忽於汴河塘岸遇一道士，祇揖稱攻神相，王袞邀上舡，獻茶，
四　乃問高隱何地，道士云：是華山雲臺觀徒弟，姓裴。王袞以一百二十金欲求一

五　相，裴道士云：氣色喜盛，須還編撰。衮曰：見受司業，亦係國家制撰。又問官職位
六　壽所至，道士便起上岸，回首云：但記在後不可受史閣之職，與庚辛方為事，若
七　受之，主死於卧雪，骸骨不收。道士向東而去，更不受資，王衮不以為事。後因西
八　域不寧，時全臺保舉王衮可充奉使，其王衮元授駕部守司業，今權御史大夫、
九　充天章閣侍制。衮甚有喜色，忘却道士之言，迤邐至鄘，蕃君李萬全宴會間出
一〇　言相諷，累遭班辱。將及出界回國，慮負辱責，却説誘從人潛馬走入羊山，連被
一一　雪壓向岸穴中，旬日不食。忽見裴道士再来言曰：吾非凡人，乃汝供養
一二　真武也，汝若依吾指教，莫受御史大夫、天章閣之職，則是亦可免。庚辛則西蕃方所，
一三　雪中當餓死，正是今日，爲之柰何？吾且去矣。衮悔已不及，遂死於羊山，骨殖抛
一四　棄，從人忘命歸國。有司取問，進呈契勘，王衮本非奉使不功，乃属前定。若
一五　真武相術明指迷径，自不知避，故喪其命。其生前權借授御史大夫充天章閣待制，
一六　今来更不追還，贈同正賜，并依品官例支賜招魂禮葬。

『胡清棄業』圖（附圖六七）描繪了東京咸平縣以賣熟食爲業的胡清改業赴京，别求營生，在途中的古廟夢遇真武點化的場面。圖中的景色當爲夜晚，所見的建築當爲真武古廟。案前左側拱手朝拜的人爲驚醒的胡清，他的旁邊還放着旅行的包裹等物。一道白氣伸向屋外的天空中，真武站在黑雲端頭，披髮仗劍，似在對胡清點化着什麽。

該圖題記較短，共十四行，主要描述了棄業謀生，受真武點化的胡清，習武從軍，仕途順利，完全應驗了真武先前點化的故事。其文爲：

一　胡清棄業
二　東京咸平縣胡清賣熟食為業，因五月五日燖殺鶏鵝，偶然刀在手中寸折，物
三　命不死，刀反傷手，湯湧出鑊。胡清自知殺害禽畜非理，因此棄業，欲走上京别
四　求營生。在路值夜，又遭大雨，入一古廟避雨止宿，約三更以来，見一披髮仗劍

五　金甲神人叫起胡清，還知有無數物類寃寃隨汝左右，今不敢入此門来。汝後
六　尚有三十年天禄，切自愛護。言訖，踏龜蛇向空而昇。清遂驚起，覺天朗明月，回
七　看廟中，並無塑像并畫像，止有一碑額，銘
八　『鎮國真武之祠』。及到京師，月餘果足罄盡，思惟在路廟中，
九　真武喝言向去三十年天禄，此意除是充軍。於是就驍勇習武藝，不過二年，遇國家
一〇　殿試，呈過弓、馬、鎗、棒等件，種種絶倫，於一千人中蒙
一一　御筆點為第一，先賜三班殿侍出身，又宣臨殿降言問，有何異術并何處習武藝，如
一二　此精熟？胡清具奏，遇神人露現喝根，今日之事一一應驗。從此又加轉三班，奉
一三　職久任邊庭，轉至作坊使，曾任潤州都大巡檢。胡清終身侍奉
一四　真聖香火。

九　靈異受報故事

靈應本中共有九篇，即：朱氏舍利、梁公冠簪、聖井辨異、良嗣感祥、王袞烙鼈、華氏殺魚、焦湖報惡、虛財化礫、假燭燒塵。主要講述真武褒善除惡，靈異受報的故事。本文選華氏殺魚、聖井辨異兩篇分別介紹如下：

『華氏殺魚』圖（附圖七一）　此圖描繪了兩個場景：左圖描繪的是一個施經的場面。程嗣昌正在將刊印的一千本《戒殺圖》發給密州板橋郊西鎮人，希望他們戒殺鸚鴿、鵓鳩、喜鵲等。右圖故事發生在一座橋上，也許是題記中提到的板橋，橋上兩個人作正在爭吵狀。當爲華氏的丈夫彭景在妻子受報壞眼之後，遷怒於程嗣昌刊發《戒殺圖》，意欲尋釁作鬧的場面。

該圖題記共二十五行，主要描述了興化人程嗣昌客居密州，爲戒殺禽類，刊板印施《戒殺圖》一千本，有華氏婦人不信，結果受報壞一眼。後真武顯聖附言，凡好食生命、不悟因業等人，難免决咎的故事。其文爲：

一　華氏殺魚
二　興化軍程嗣昌少為商賈，性剛氣傲，不崇三寶，不親鄉友，衆皆嫌惡。嗣昌惟買
三　賣不使輕重斗秤，不虧他人價直，不曾用心秤量人物，不慕烹炮，少食活物。偶

客於密州板橋郊西鎮，此地多食鷃鴿、鴣鳩、喜鵲，每日街市煺剥無数，因出郊遊行，見人或擎鷹鷂，或挾弓彈，或張網羅，不忍觀之。囬歸城中，夜静露天於星斗之下，發心蔬食，命工刊板印施《戒殺圖》一千本，適值十月上七真武下降，乘此聖力，普願人心囬改。有税物攬頭彭景，最是好吃酒肉之人，亦受一本歸家，讀向妻子華三娘，却生嗔怒，用手碎墸棄於穢濁之中。次日華氏買一黑魚，方用砧刀，如彼人把定雙手，其魚跳起，尾梢刺入眼中，如中一刀，滴血在地，化爲蟲蟻，沿上床席，咂嗝華氏面上。鎮市搏播，秪因不敬誡殺圖文，立受惡報。忽一日彭景酒醉於市中，見嗣昌便出言毀罵，稱板橋自来無人誡殺，亦自安樂。你是興化客人，乱施文字，壞却我妻一目，用手拖拽嗣昌，意欲作鬧。嗣昌脱走，歸房思悔。時監鎮向孰與巡檢宣旦聚廳見嗣昌脚懸地面三寸許，浮空行立於廳前，附神而語：吾是真武真君。向孰等備香設拜，遽蒙降言：吾見此地居民累刼好食飛禽，業障深重，有興化程嗣昌印施誡殺圖，是為最上善行，秖今華三娘不能信受，因殺黑魚，反害其目。不獨此人受報，凡好食生命、不悟因業等人，難免決咎。嗣昌恍惚化去，不見形影。方行詳究，忽據鎮厢申報，客人程嗣昌無病身死，監鎮等聞之驚歎。華三娘患眼在牀，纏綿半載方得命絶。向孰與宣旦得替歸京，將此因緣鏤板印施，勸誡殺生，仍終身崇敬真武香火。致上達聖聰，蒙宣向孰臨見，逐一聞奏。奉聖旨騰送有司照應，曾謚真武靈驗云：三元一神，通應十門。煒赫光祥，咸真滅殯。

『聖井辨異』圖（附圖七四） 描繪了懷州開胭脂鋪的謝景修上京城販賣期間，夜夢小童來報的場面。圖中的建築應爲京城的一個旅店，謝景修正睡在客房内做夢，一道白氣從其腦後伸向院外的空中，白氣中可見到兩人，左邊的披髮小童，頭戴石盤枷，拱手作揖，似訴説着什麽，此小童應爲真武所化。右邊頭戴軟角幞頭正在聆聽者，當爲謝景修。此圖中對真武所化小童的描繪與題記有一定的出入，似乎表明了圖文並非一人所作。中國古代有關水井靈異的故事衆多，僅宋代《太平廣記》中就記有三十九篇[一]。故此類關於水井的真武靈應故事，當來自民間。

該圖題記共二十行，主要描述了謝景元、景修兄弟家祖有真武，兄因好賭求神不驗而毁真武像投入水中，一向虔敬真武的弟請人修復，不料水香異常，弟因飲此水而白日上昇。後兄遭報應，井變聖井的故事。其文爲：

一 聖井辨異

二 懷州開胭脂鋪謝景元、景脩兄弟，兄好遊治，弟慕崇信。本家自祖有家堂

三 真武，凡事祈求，無不感應。景元耽酒呼博，家計漸壞，乃思慕脩常言家堂

四 真武靈驗，因懇告云：今欲與人賭錢，保當贏他人財物，須得吉珓。累次信用，贏得一

五 二百貫，後復懇求吉兆而去，輒輸一百餘千。發心歸来，将

六 真武堂盡皆拆棄。景脩再自脩完後，景元賭博日輸，種種不利，轉生怨恨。一日景脩

七 上京販賣，其兄毁拆聖堂，其本像用刀碎劈，棄向井中。景元三日後忽患遍身

八 瘡癩，膿血疔瀝，死活不能。景脩在京夢一小童，披髮跣足，渾身俱黄，戴石盤枷，

九 大哭告云：手足皆傷，疼痛不任。近看却是數塊損碎黑木頭，遂驚覺起来，自省

一〇 家堂

一一 真武必遭毁傷，遂歸懷州，見家堂委遭毁壞，兄病恶瘡在床。顧匠者脩盖，及下井取

一二 真武木片輳成全身，不期此井汲上水漿，色如琥珀，別有一般香異。傳聞州府，時知

[一] 〔宋〕李昉等撰，陳戍國等校：《太平廣記》卷七八，長沙，岳麓書社，一九九六年。

一三 州史館馬荀聞此奇異，是日率州官来景脩家令人汲水辨認，果見香異非常，
一四 及具述景元受報，見患惡瘡。馬荀令汲一盞井水與景脩吃，繞飲水罷，雲霧四
一五 合，見景脩空中立身，彩雲遮擁，仙鶴前引，揖謝馬荀及辭衆云：今朝見金闕，白
一六 日上昇。馬脩備奏，准
一七 御扎令懷州別造官屋，兑換謝景脩連井屋基破，以省錢脩盖謝景脩真人上昇觀
一八 一所，及盖殿宇，奉安聖井，不許汲水，或遇民間疾患，許汲救治。特賜『聖水觀』額，
一九 每歲撥恩澤披戴焚脩道童二人，仍賜庄田房廊錢，充常住所有。兄娊一房盡
二〇 歸景元存養，自後家業熾盛，一子及第，後代異事也。

十 賜衘制讚故事

靈應本中僅有一篇，即：叙功賜衘奉御制讚。主要講述真武受宋朝皇帝賜長衘和降讚詩的故事。介紹如下：

『叙功賜衘　奉御制讚』圖（附圖七八）　描繪了真武在被宋仁宗賜衘和降讚後，寶應閣殿宇内萬民虔敬供奉香火的場景。圖中殿宇爲兩層，上下都有真武及侍從像。上層的真武爲第二章所説的古聖賢模樣的文神真武，披髮跣足，身着皂袍，旁邊侍立着執旗、捧劍二將，威風凛凛。下層的真武爲第二章所説的天帝模樣的真武，頭戴通天冠，身着帝王袞服，雙手執圭，旁邊侍立着執册、捧印的周公和桃花女，地位尊貴。這樣的佈局，將殿宇最顯著的大廳位置安放地位最尊貴的真武塑像，説明了真武的地位呈不斷提昇的趨勢。殿宇的入門處，前來供奉香火的官員、僧道、平民等正在排隊等候祭拜，他們有的執花、有的捧果、有的端茶，絡繹不絕。

該圖題記共十六行，主要描述了宋仁宗賜長衘於真武和水火二將，并親作《降真讚》一首，褒奬真武的故事。相傳宋仁宗爲天上赤脚大仙下凡，對真武十分偏愛，從此處的賜衘和降讚亦可見一斑。其文爲：

一 叙功賜衘　奉御制讚
二 原寶應閣，惟神陰相克示顯靈，宜可叙功，特賜
三 真武，永充定國，無礙慈悲，家政殿授上衘
四 玄初鼎運上清三元都部署九天遊奕大將軍左天罡北極右員鎮天真武靈應真

五　君，奉先正化寂照圓明莊嚴寶淨齊天護國安民長生感應福神、智得曆文武

六　定亂聖功慈慧天侯。

七　水之精，贈

八　同德佐理至應大道顯明武濟陰盛翊聖左正侍雲騎護國保寧輔肅玄初太一天

九　大將軍。

一〇　火之精，贈

一一　同德佑理至惠誠重感慈普陽辯武聖右正侍雲騎護國保靜輔肅守玄太一天大

一二　將軍。

一三　封贈如前，奉

一四　御制讚，入閣謚為策寶。

一五　萬物之祖，盛得可委，精貫玄天，靈光有偉。

一六　興益之宗，保合大同，香火瞻敬，五福攸從。

第三節　武當祥瑞——《大明玄天上帝瑞應圖録》故事

此部分是見於《大明玄天上帝瑞應圖録》裏的關於永樂皇帝敕建武當山宫觀時的四幅瑞應圖和五條題記。分别爲黄榜榮輝、榔梅呈瑞、神留巨木、三聖現形圖文和另外一條『永樂十一年八月十七日玄帝五現』題記。現介紹如下：

『黄榜榮輝』圖（附圖七九）　描繪了萬民爭睹永樂皇帝關於敕建武當山宫觀之黄榜的場面。圖正中是一座金碧輝煌的亭子，上有『黄榜亭』金字匾額，並且用細小如蟻的正楷字將此道黄榜全部内容抄寫在亭壁上。亭子的兩旁各有一位手執兵器的士卒在看守。亭前的通衢上，有官員、軍士、儒釋道人士、俠士、平民、婦女兒童、少數民族人物等，生動地描繪了當時全國各族人民爭睹黄榜的熱烈場面。畫面周圍祥雲繚繞，更烘托了這種熱烈的氣氛。

該圖與《大明玄天上帝瑞應圖録》『黄榜榮輝』圖相比，有幾處顯著的特點：第一，該亭不僅有『黄榜亭』

三字，而且將永樂皇帝永樂十一年七月廿一日發佈的黃榜按格式全文登了出來，十分難得。第二，該圖對萬民爭睹黃榜的描繪十分生動、全面，充分應用了象徵的手法。第三，該圖畫面十分清楚，從建築風格來看，與武當山的宮觀建築有許多類似之處，如屋脊上的龍胳、欄杆上的蓮華柱頭等。這不僅爲鑒定此套圖册的出處提供了根據，而且爲武當山重建黃榜亭提供了重要的參考依據。筆者在武當山田野調查期間與當地官員聊起此事，已引起了他們很大的興趣。

該圖題記共十九行，主要描述了永樂皇帝敕建武當山宮觀的目的以及萬民爭睹黃榜的生動畫面。其文爲：

一　黃榜榮輝

二　國朝

三　勑命隆平侯張信、駙馬都尉沐昕統率軍夫二十餘萬，勑建武當山宮觀，

四　聖諭詳明，具載

五　黃榜。永樂十年秋九月庚子之吉興工，首以

六　黃榜揭于玄天玉虛宮前通衢之上，覆以巍亭，護以雕檻，丹漆絢耀，照映山林，使

七　凡官員軍民過於亭下，莫不肅敬，伏覩

八　勑諭，則知興建宮觀之盛，發於

九　皇上誠心，特以昭荅

一〇　神明，顯佑

一一　國家之惠。上薦

一二　太祖高皇帝、

一三　孝慈高皇后在天之靈，下爲天下生靈祈福，豈不重且大哉！於是州之人民扶老携

一四　幼，駭而聚觀，盈街塞途，傳聞四方，雖深山窮谷之民以及僧道亦皆相率爭覩，

一五　其長老莫不嗟嘆，以爲自有生以來所未嘗見。是後亭上常有榮光燭天，祥雲

一六　旋繞，霞彩交輝，珍禽仙鶴，飛鳴翔集。侯與駙馬下逮士庶，於是咸相慶曰，歷代

一七　興建宮觀，無若今日之盛，宜其天人協應，禎祥若此，誠爲

一八　聖朝之盛事，萬世太平之休徵。謹因圖其實，并謄寫

一九　勑諭於其上，使萬代之下有所敬仰云。

『榔梅呈瑞』圖（附圖八〇）　描繪了永樂十一年（一四一三年）武當山五龍宮的榔梅樹開花結果，顯瑞呈祥，觀者驚異的情景。圖中雲霧繚繞中的宮殿當爲武當山五龍宮，右下角有一株用木栅圍起來的樹當爲呈瑞的榔梅樹。圖中雖没能表現出題記中所説的種種靈異之狀，但從樹左的儒釋道人士、平民等虔敬的揖拜表情來看，顯然此樹有令人驚異的神奇之處。

該圖與《大明玄天上帝瑞應圖録》中的『榔梅呈瑞』圖相比，基本格局相似，最大的不同有兩點：第一，榔梅樹的形狀差異較大，靈應本的榔梅樹枝葉密集，與現在武當山榔梅祠側復種的榔梅樹類似，而《大明玄天上帝瑞應圖録》本的榔梅樹則枝疏葉少。究竟哪種正確，目前尚難確定，榔梅據説從明代以後就在武當山消失了，成爲一個千古之謎。第二，朝拜榔梅神樹的人員有别。靈應本畫面上有五位，儒、釋、道、平民皆備，反映出廣泛的代表性，充分表達了當時『觀者嗟異』的場景。而《大明玄天上帝瑞應圖録》本畫面的人員祇有三位，而且難以分辨人物的身份，靈應本對此瑞應事件的表達更爲充分。

該圖題記較短，共十一行，主要描述了永樂十一年春，武當山五龍宮榔梅呈瑞的故事，文中對此祥瑞之事作了生動的描述，目的是爲修建武當山宮觀尋找理論依據。其文爲：

一　榔梅呈瑞

二　武當山五龍宮有榔梅，相傳云，

三　高真脩道之時，折梅枝寄榔樹上，仰

四　天誓曰：予若道成，花開菓結。後如其言，前董真人記之詳矣。

五　國朝永樂十年秋，

六　勑命隆平侯張信、駙馬都尉沐昕勑建武當山宮觀。十一年春，榔梅發花，色敷紅

七　白，暗香疎影，遠近聞見。五月菓成，珠璣錯落，翡翠交輝，累累滿枝，莫計其數。凝

八　霞映日，顏色炫耀，觀者嗟異，皆曰，是菓也，下有仙翁同之，自古及今，結實未有

九　如是之盛，是盖由我

一〇　皇上至誠感格，故雖榔梅仙菓，亦皆顯瑞呈祥。侯與駙馬採取進之於

一一　朝，以彰其靈異。仍著其事，使覽者知所敬信焉。

『神留巨木』圖（附圖八一）是描繪永樂年間修建武當宮觀過程中，在武昌黄鶴樓前江水中發現堪爲棟樑的巨木，被認爲是神留之材而準備運往武當山的場面。圖中江水翻滚，有兩根巨木浮在江中，搬運工們正在費力地把巨木拉向岸邊。岸上遠處所見的建築當爲題記中提到的黄鶴樓，岸邊有儒、釋、道、平民等各類人圍觀，一位騎着白馬的官員正在揮鞭指揮，此人有可能就是督運木材的主管工部侍郎郭進。

該圖與《大明玄天上帝瑞應圖録》本『神留巨木』圖相比，在局部構圖上，差别很大。如題記云『大木一根』、『上露尺許若石柱焉』等，在靈應本裏就不是這個樣子。不同至少有二：第一，《大明玄天上帝瑞應圖録》本作『大木一根』，而在靈應本中卻繪大木兩根；第二，《大明玄天上帝瑞應圖録》本大木是『立於黄鶴樓前江水中』、『上露尺許』，靈應本却是兩根巨木横浮於江水之中。不僅如此，在運木情景的描繪上，兩者也有明顯的差異。如題記有意將該巨木上岸的勞作形容的十分輕鬆，『纜繫於船，亦不勞力，而隨至岸下』。靈應本卻把這個場面描寫得十分緊張、費力：人們將兩根巨木的頭尾，皆用繩索綁牢，水中小船上有兩位役夫拉着巨木尾部的長繩，岸上則有許多役夫牽拉巨木首部縛繫的繩索，看起來一點也不輕鬆。由此也可以看出兩圖所依據的圖是不同的。

該圖題記共十行，主要描述了神留巨木於黄鶴樓前江水中，此木後來成爲武當山玄天玉虚宮正殿大樑的故事。其文爲：

一　神留巨木

二　國朝

三　勑命隆平侯張信、駙馬都尉沐昕勑建武當宮觀，材木採買十萬有奇，悉自漢口

四　江岸直抵均陽，置堡協運。永樂十年十一月初十日，工部侍郎郭進同吏部郎

五　中諸葛平等督運木植經過武昌，見有大木一根立於黃鶴樓前江水中，上露
六　尺許，若石柱焉。奔流巨浪，晝夜衝激，不假人爲而屹然不動。隨復採視，水深五
七　丈五尺，而木止長四丈，下又虛懸，衆皆奇異。纜繫於船，亦不勞力，而隨至岸下，
八　豈非神留以需大用？遂令護運至山，沿江軍民見者莫不咨嗟起敬，以爲靈異。
九　侯與駙馬於是具鼓吹迎送玄天玉虛宮，復上聞於
一〇　朝，以爲正殿之梁，使萬代有所瞻仰。仍圖其事附著于《啓聖録》云。

『三聖現形』圖（附圖八二）是描寫永樂十一年（一四一三年）五月二十六日，武當山大頂天柱峰圓光中聖像現形的情景。圖中群峰聳立，中間一峰頂有金殿，爲重檐廡殿頂，與武當山現存金殿相同，當爲大頂天柱峰金殿。天空中祥雲繚繞，有五彩圓光。圓光内玄帝爲古聖賢形象的文神真武，拱手在前，有兩位天神雙手執圭，侍立於後。從玄帝及從將的表情來看，似乎對明皇室大修武當山深表感激。

該圖與《大明玄天上帝瑞應圖録》本『玄帝應現圖』的第三幅基本構圖相同，衹是靈應本圖像更爲清晰、美觀，可見手繪本的優勢顯而易見。兩圖最大的不同是《大明玄天上帝瑞應圖録》本此圖没有榜題，而靈應本有泥金榜題『三聖現形』四字，爲什麽會有這樣的差別，後面還要專門討論，此處不贅。

該圖題記很少，衹有兩行，描述了永樂十一年五月二十六日，大頂天柱峰頂玄帝顯靈現身的故事。其文爲：

一　永樂十一年五月二十有六日，大頂天柱峰圓光中復有
二　聖像，二天神隨立於後，下有白雲擁護。

第四節　靈應塑造——靈應本故事的分佈與傳播

本節將《真武靈應圖册》八十三篇故事所涉及的時間和地點列表於後，表中的時間和地點絕大多數就是故事發生的時間和地點。表中故事的順序是按照《道藏》所收的《玄天上帝啓聖録》、《大明玄天上帝瑞應圖録》的順序排列[一]。

[一] 本書附録中的靈應本排序也與此相同，以下均同。

表三·一：《真武靈應圖冊》故事所涉的地點、時間一覽表

序號	故事	地點	時間
一	淨樂仙國金闕化身	淨樂國	相傳黃帝時
二	王宮誕聖	淨樂國王宮	元年甲辰
三	經書默會		七歲時
四	元君授道		
五	天帝錫劍		
六	澗阻群臣	武當山	
七	悟杵成針	武當山	
八	折梅寄榔	武當山	
九	紫霄圓道	武當山	
一〇	三天詔命	武當山	
一一	白日上昇	武當山	
一二	玉陛朝參	金闕	
一三	真慶仙都	武當山	
一四	玉清演法	天宮	
一五	降魔洞陰	益州（成都府路）、梓州（梓州路）	宋大觀間（一一〇七至一一一〇年）
一六	復位坎宮		
一七	瓊臺受册	瓊臺	上元日
一八	紫霄禹迹	武當山	
一九	五龍唐興	武當山	淳熙十一年（一一八四年）正月辛卯朔十五日
二〇	武當發願	武當山	
二一	谷嵒脩果	廬山（江南東路）	隋朝 光德元年三月三日
二二	歸天降日		唐則天朝（六九〇至七〇五年）

二三	供聖重時	閬州（利州路）	
二四	進到儀式	東京（寶應閣）	
二五	洞天雲蓋	青羅洞天（宋蕃交界）	
二六	宮殿金裙	東京（皇宮）	至和二年（一〇五五年）五月五日
二七	聖像先鋒	宋蕃交戰地區	天禧年內（一〇一七至一〇二一年）
二八	靈閣真瑞	陝州（永興軍路）	閣建於開寶年中（九六九至九七六年）
二九	二士化光	青州（京東東路）	
三〇	唐憲寶像	宣州（江南東路）	
三一	朱氏金甎	隰州（河東路）	
三二	寶運重辛	陝西終南山	庚戌年巳月辛丑日
三三	天罡帶箭	貝州（河北東路）	明道中（一〇三二至一〇三三年）
三四	蜀王歸順	磁州（河北西路）	
三五	瓢傾三萬	徐州（京東西路）	
三六	雪晴濟路	邕州（廣南西路）	
三七	神獸驅雹	東京（開封）	天祐元年二月一日
三八	毒蜂靄雲	西京（京西北路）	
三九	神將教法	南戎溪洞	乾典一年正月
四〇	柯誠識奸	慶州（永興軍路）	
四一	刼院就擒	登州（京東東路）	
四二	附語祈晴	果州（梓州路）	咸平年中（九九八至一〇〇三年）
四三	消禳火德	鄆州（京東西路）	咸平二年（九九九年）
四四	折應計都	東京（開封府）	至和三年（一〇五六年）八月初一
四五	鄭箭滅龜	北京（大名府）	天聖二年（一〇二四）八月十四日
四六	聚廳禁妖	洪州（江南西路）	太平興國四年（九七九年）

	故事	地點	時間
四七	妖惑柴邈	眉州（成都府路）	
四八	魅纏安仁	復州（荊湖北路）	
四九	陸傳招誣	韶州（廣南東路）	
五〇	陳妻附魂	京兆府（永興軍路）	淳化二年（九九一年）六月二十一日
五一	王氏懷鬼	舒州（淮南東路）	
五二	施經救災	南京應天府	至和中（一〇五四至一〇五六年）冬月
五三	靈功咒水	淮陽軍（京東東路）	
五四	鎮河興福	潞州（河東路）	
五五	現海救危	信州（江南東路）	
五六	吳氏緣合	汀州（福建路）	
五七	進明顯聖	鳳翔府（秦鳳路）	
五八	鄒宿契靈	鄭州（京西北路）	慶曆二年（一〇四二年）三月初五日
五九	天錫青棗	饒州（江南東路）	
六〇	神化紅纓	信州（江南東路）	
六一	焦氏一嗣	東京（開封府）	
六二	小童應夢	越州（兩浙路）	淳化元年（九九〇年）二月一日
六三	索錢二萬	衡州（荊湖南路）	
六四	翻鈔四千	饒州（江南東路）	大中祥符五年（一〇一二年）十月
六五	籤詞應驗	越州（兩浙路）	雍熙中（九八四至九八七年）
六六	相術指迷	宿州（淮南東路）	
六七	胡清棄業	東京（開封府）	
六八	仲和辭吏	許州（京西北路）	天聖八年（一〇三〇年）
六九	良嗣感祥	荊南府（荊湖北路）	

七〇	王衮烙鼈	宿州（淮南東路）	
七一	華氏殺魚	興化軍（福建路）	
七二	朱氏舍利	袁州（江南西路）	天聖六年（一〇二八年）九月九日
七三	梁公冠簪	磁州（河北西路）	
七四	聖井辨異	懷州（河北西路）	
七五	焦湖報惡	巢州（淮南西路）	
七六	虛財化礫	韶州（廣南東路）	
七七	假燭燒塵	南安軍（江南西路）	
七八	叙功賜銜奉御制讚	東京（寶應閣）	
七九	黄榜榮輝	武當山	永樂十年（一四一二年）秋九月庚子
八〇	榔梅呈瑞	武當山	永樂十一年（一四一三年）春
八一	神留巨木	武當山	永樂十年十一月初十日
八二	三聖現形	武當山	永樂十一年五月二十有六日　永樂十一年八月十七日

從上表故事發生的時間來看，除少數相傳爲宋以前的故事，如谷嵒脩果（隋）、歸天降日（唐）等；五則明代永樂年間的故事，如黄榜榮輝、神留巨木等。其餘大多數爲北宋前期的故事，南宋的故事有明確紀年的衹見一篇，即五龍唐興。北宋的故事集中在宋太宗、真宗、仁宗三朝，這與靈應本故事主要來源於元代的《玄天上帝啓聖録》，而《玄天上帝啓聖録》所載北宋初期的故事又來源於北宋成書的《真武啓聖記》[一]有關。據前引《玄天上帝啓聖録》卷二『參定避忌』篇記載，仁宗朝『中書、門下三司、禮部同奉聖旨，遍行根討真武前後於國於民或因供養或自然得遇靈驗事實，共成奏章，總爲一百四件事，各有門例：……中門分管啓聖護國求謝感應奏章三十一件；東門分管啓聖行軍祈感助戰奏章一十三件；西門分管啓聖祈請晴雨顯化奏章一十六件；南門分管啓聖行

[一] 王光德、楊立志：《武當道教史略》，七五頁，北京，華文出版社，一九九三年。

慈救民疾病應驗奏章二十七件；北門分管啓聖救報水火災疫應時奏章一十七件，及有龜蛇顯現事跡並附五門科目於後。』[一]同卷『進到儀式』篇也載『已於内庭建寶應閣及括摘到前後感應事跡，共計一百四件，合隨勘贈入閣，次第關送史館，編修删定傳録。』[二]宋仁宗這種公開向全國徵集真武靈應故事的舉措爲後世歷次整合真武故事的努力開創了先河，歷代真武靈應故事的不斷增加又爲真武神的塑造創造了極好的條件，真武神就是在官方、道士和廣大民衆的共同塑造下，才逐步趨於完善。從真武神的塑造過程可以看出，靈應故事的塑造是民間信仰神塑造極其重要的一個手段，聯繫到各地廟宇流傳的各種靈應故事，筆者認爲這種塑造過程在民間信仰、甚而整個宗教信仰中帶有一定普遍性。美國學者韓森（Valerie Hansen）在其著作《變遷之神——南宋時期的民間信仰》一書前言中舉了一個臺灣的李媽媽爲神『靈』而拜神的故事，指出『靈』是中國民間宗教的顯著特徵，『我以前一直以爲中國人像我們一樣，是將宗教信仰分門別類的。因爲我們西方人總將自己分成猶太教徒、基督教徒或新教徒等，因此我想中國人也會是分別信仰佛教、道教或儒教的，這很簡單。出乎意料的是，我所碰到的所有中國人都並不是這樣將自己歸屬於某一宗教。而且就我所知，他們既拜佛寺、道觀，又拜民間的祠廟。與李媽媽的談話，使我豁然理解了他們的行爲。他們與李媽媽一樣，祇不過是在求一個「靈」的神而已。』[三]這種觀點是否全面暫且不説，就民間信仰而言，『靈』確實是極爲重要的信仰條件之一。歷代真武靈應故事的不斷創新和發展，正是適應這種社會各階層對神『靈』的需要，而真武信仰這種『靈』的積累，又成爲助其走向神聖、走向全國的重要因素。

從上表故事發生的地域來看，故事分佈範圍十分廣泛，遍佈北宋各地，這與宋仁宗等宋皇室在全國徵集真武靈應故事有關，客觀上對瞭解北宋真武信仰的分佈提供了一定的綫索。從表中可以明顯看出，北宋的首都東京出現的頻率約爲百分之八，武當山故事出現得也較多，因表中武當山故事分屬不同的時代，屬宋初的難以統計。不過從整體來看，北宋的首都東京一帶、武當山一帶真武信仰的發展較爲興盛，今四川一帶的分佈也不少。北宋首

[一]《玄天上帝啓聖録》卷二，《道藏》第十九册，五八一頁。
[二]同[一]。
[三][美]韓森：《變遷之神——南宋時期的民間信仰》，一一至一二頁，杭州，浙江人民出版社，一九九九年。

都東京是宋皇室真武信仰塑造的中心，武當山則是宋元以來真武本生故事塑造的發源地，兩地真武信仰的流傳較爲興盛也在情理之中。從真武信仰的地域分佈可以看出，北宋初期真武信仰已經發展到全國的大部分地方，這種局面的出現，無疑爲南宋、元、明真武信仰的繼續發展打下了堅實的基礎。雖然宋元明皇室的崇信是真武信仰快速發展的重要因素，但民間基於真武『靈驗』的不斷塑造也不容忽視。例如，清代皇室對真武的崇信與明代不能同日而語，但清代真武信仰仍有一定的發展，民間的這種基於『靈驗』發展起來的信仰慣性發揮了重要的作用。這種作用甚至對大傳統文化也產生了影響，如真武在清代皇室的祭祀中仍占有一席之地，在每年的萬聖壽節，清皇室仍致祭真武廟，清皇室還時常維修和擴建明代所建的真武廟[一]。綜上所述，真武信仰作爲一種民間信仰，始終是文化創造的產物，歷代真武靈應故事正是這種創造過程極好的印記。

第五節　俗聖之間——靈應本圖像排序的宗教象徵意義

一、圖像排序原因分析

前文已述及《真武靈應圖册》共有八十二幅圖畫和八十三條題記，爲什麽會選擇這樣的數字呢？是否還丢失了部分圖文呢？王卡先生在《〈大明玄天上帝瑞應圖録〉目擊記》一文中指出，《真武靈應圖册》『因道教有老君八十二化而爲玄帝真武之説，故爲八十二圖以應其數也。』[二]筆者也贊同此種觀點，前引宋代增補的唐末五代道經《太上説玄天大聖真武本傳神咒妙經》就有：『且玄元聖祖八十一次顯爲老君，八十二次變爲玄武。故知玄武者，老君變化之身』[三]的記載。從《真武靈應圖册》的實際品相來看，保存相當完好，不似零散收集起來的圖譜。更爲重要的是最後一幅『三聖現形』圖有『三聖現形』四字泥金榜題，而《道藏》所收《大明玄天上帝瑞應圖録》本中相應的圖中就没有榜題。因此，很可能是選編者開始共選取了八十三個文字故事，配圖時爲了應『老君八十二化爲玄武』之説，將最後兩幅選自《大明玄天上帝瑞應圖録》的玄帝應現圖，以一幅『三聖現形』圖來代表，因最後兩幅圖都出現了『三聖』的形象，衹是『三聖』的具體位置不同，而將兩圖的題記保留了下

[一] 梅莉：《明清時期的真武信仰與武當山朝山進香》，一九至二一頁，武漢大學博士論文，二〇〇三年。
[二] 《道韻》第四輯，九頁，臺灣中華道統出版社，一九九八年。
[三] 《太上説玄天大聖真武本傳神咒妙經》，《道藏》第十八册，三八至三九頁。

來，故出現了八十二幅圖、八十三條題記的情況。

《真武靈應圖册》並沒有發現裝訂的痕跡，圖文上也沒有發現編號，它們原來的先後順序如何，從該文物本身很難判定。但與《道藏》所收的《玄天上帝啓聖録》、《大明玄天上帝瑞應圖録》圖文比較後可知，《真武靈應圖册》其實是從上兩書的早期版本中選出的，屬《玄天上帝啓聖録》的爲七十八幅圖、七十八條題記，屬《大明玄天上帝瑞應圖録》的爲四幅圖、五條題記。

表三·二：《真武靈應圖册》與《玄天上帝啓聖録》篇數對照表

卷數／名稱	《啓聖録》	《靈應本》
一	三十一	二十一
二	十四	十
三	十六	七
四	十四	五
五	十四	八
六	十四	十
七	十三	八
八	十二	九

從表三·二可以看出，《真武靈應圖册》的選編範圍盡量覆蓋各卷的内容，而且比較平均，最多二十一篇，最少五篇，多數爲七至十篇，可見選編者確實是煞費心機，以使靈應本具有廣泛的代表性。從選編内容的排序來看似乎也藴涵着一定的宗教意義。《真武靈應圖册》一至一八篇精心選擇了真武大帝來歷、降生、艱難修道、成

神受封的故事，而且通過王宮誕聖、元君授道、天帝錫劍、三天詔命、玉陛朝參、復位坎宮、瓊臺受册等故事，極力强調玄帝出身、修道和成神受封的正統性，此段主要表現的是真武由俗↓聖的過程。一九至七八篇共六十篇，内容十分豐富，集中表現了真武由聖↓人神感應的發展過程。其中一九・五龍唐興，似乎對以後的靈應故事來歷做一個總括性的説明。二〇・武當發願，是真武對修道往事的追憶。接下來的二一・谷嵒脩果，二二・歸天降日，二三・供聖重時，二四・進到儀式幾篇分别提到了真武誕辰三月三、真武下降日、真武顯靈的月、日重時以及啓請真武的儀式，這幾篇似乎傾向於告訴人們祇有通過一定的儀式和時日，才能更好地實現人神溝通，也才能實現由聖↓人神感應過程的轉變。從二五至七八篇都是真武靈應故事，充分體現了人神感應、人神互動，共塑理想社會的價值取向。從這些故事的内容來看，包括了前引《道藏》所載《玄天上帝啓聖録》卷二『參定避忌』篇提到的宋仁宗時向全國徵集真武靈應故事，歸爲五門：中門分管啓聖護國、求謝感應，東門分管啓聖行軍、祈感助戰，西門分管啓聖祈請、晴雨顯化，南門分管啓聖行慈、救民疾病，北門分管啓聖救報、水火災疫。尤其以求謝感應故事最多，充分體現了此部分所要强調的人神感應的主題。

由上分析可見，《真武靈應圖册》一至七八篇這種由俗↓聖，由聖↓人神感應的順序安排暗含着道士最理想的修道追求，即由凡人經過艱苦的虔心修道，最後得道成仙，又反過來感應社會的過程。《真武靈應圖册》所反映出來的真武大帝修道成仙過程就是道教造神者樹立起來的理想榜樣，這種榜樣的經歷隱含在整册《真武靈應圖册》中。

《真武靈應圖册》中屬《大明玄天上帝瑞應圖録》的部分應該放在《玄天上帝啓聖録》部分之前還是之後也是一個值得研究的問題。在明宣德七年（一四三二年）重刊的《武當嘉慶圖》中，是將《大明玄天上帝瑞應圖録》部分放在前面。在趙弼的《重刊武當嘉慶圖序》中説：『首載國朝興修之盛典，與夫聖真靈異昭應之跡』[二]。放到前面，顯然是有其迎合明皇室的喜好這一政治目的的。《真武靈應圖册》似乎有所不同，其一，選取《大明玄天上帝瑞應圖録》的圖文相對較少，並没有像明版《武當嘉慶圖》一樣全文選録。其二，在『神留巨木』條題

[二] 《藏外道書》第三十二册，一〇二一頁，成都，巴蜀書社，一九九四年。

記中有『仍圖其事附著於《啓聖録》云』的記載，而且類似的記載還不止一處，這就説明《大明玄天上帝瑞應圖録》的部分是附著於《玄天上帝啓聖録》部分之後的。從時間的排序來看，《真武靈應圖册》也基本是按照隋、唐、宋朝代順序來排列的，把明代的真武靈應故事排在最後也是合乎邏輯的。

關於《大明玄天上帝瑞應圖録》的圖像排序所隱含的宗教意義，林聖智先生在《明代道教圖像學研究：以〈玄帝瑞應圖〉爲例》一文中已做過深入的研究，他認爲《大明玄天上帝瑞應圖録》這種『宣告榜文→齋袚醮儀→祥瑞事跡→玄帝現身』的編排順序可能與道教科儀的『啓請』、『進表』等步驟有關，『有順序地表現玄帝對成祖虔誠崇信的具體回應。就文字説明來看，宣告榜文的對象爲官員居民，而齋袚醮儀的對象是真武。昭告真武，類於「請神」而又兼具「進表」的作用。宣告榜文與齋袚醮儀可視爲準備的階段，四次祥瑞則反映了神明不同程度的允諾，最後神明出現，瑞應充分完成，以十一幅玄帝現身圖作爲瑞應的最高潮。這種經由特定的程序天神纔得以現身的安排，對正一道士而言，其實也是對瑞應事跡加以合理化的必要手段。經由這種構想，傳達人神之間和諧的互動與理想化的人神關係。』[一]《真武靈應圖册》選取的《大明玄天上帝瑞應圖録》部分包括了宣告榜文（一篇）→祥瑞事跡（二篇）→玄帝現身（二篇）三個階段，雖然少了代表齋袚醮儀的『黑雲感應』一篇，但可以看出選編者仍是精心選過的。第一篇『黄榜榮輝』是瑞應發生的基礎，起着宣告榜文的作用，當然要選取；第二篇『榔梅呈瑞』從兩篇植物類的瑞應圖文中選出最具代表性的一篇，屬消極性的默許；第三篇『神留巨木』從兩篇修建材料方面的圖文中選出最具代表性的一篇，屬積極的回應。玄帝現身圖文則從兩類現身圖中各選擇了一篇：永樂十一年五月二十六日光中復有聖像和八月十七日光中五現聖像。前者圖像由右向左側，三色圓光，下有白雲。本來《大明玄天上帝瑞應圖録》中對應的五現聖像圖是玄帝由側面變爲了正面，圓光由三圈變爲了一圈，像下的白雲變爲了黑雲，《真武靈應圖册》雖然没有畫出此五現聖像圖來，但其題記的存在應仍代表了『玄帝現身』圖像的變化軌跡。由上可知，《真武靈應圖册》選取的《大明玄天上帝瑞應圖録》部分基本上反映了整個《大明玄天上帝瑞應圖録》由俗界到聖域的排序構思。

[一] 林聖智：《明代道教圖像學研究：以〈玄帝瑞應圖〉爲例》，國立臺灣大學《美術史研究集刊》第六期，一五〇頁。

二、《真武靈應圖册》所見真武圖像的變化

《真武靈應圖册》八十二幅靈應圖中包含了四十四個各種真武圖像，形象直觀地表現了真武的圖像變化。這些圖像大致可分爲六類：第一類就是玄帝爲渾身赤裸、坐在澡盆中的嬰兒形象，如『王宫誕聖』圖（附圖二），玄帝完全像一個普通嬰兒，衹能從天空的祥雲中體會到一些靈異之氣。第二類是少年玄帝的形象，玄帝多身着繡金紅袍，頭髮結成三撮，一副可愛的三毛孩童模樣，如『元君授道』圖（附圖四），『經書默會』圖（附圖三）等。第三類是青年玄帝形象，玄帝身着皂袍或松蘿之衣，身後背一把寶劍，頭上梳兩個髮髻，面容青春飽滿，一副青年男子的形象。如『折梅寄榔』圖（附圖八）、『三天詔命』圖（附圖十）等，這類圖像有的跣足，有的不跣足，有的偏文神一些，如『三天詔命』圖；有的則偏武神一些，如『悟杵成針』圖（附圖八）。筆者在第二章中曾提到福建省晋江深滬崇真殿有一尊宋代真武石像（圖二·二八），其頭頂上梳有兩個髮髻，兩眼炯炯有神，應該爲罕見的宋代石刻青年真武形象的實物例證。第四類爲真武武神形象，真武有的披髮跣足，有的披髮脚蹬戰靴，滿身金甲，身披皂袍，手握寶劍，威風凛凛。這類圖還常常以黑雲相伴，再配以勇猛威武的真武從將，營造出了殺氣騰騰的氛圍。如『瓢傾三萬』圖（附圖三五）、『胡清棄業』圖（附圖六七）等。第五類是真武文神形象，真武多爲披髮跣足，身着文官袍，見不到一點鎧甲的影子，有的圖像雙手執圭，有的雙手相拱，或坐或站，神態自然隨和。此類真武圖像多見於廟堂或家堂主神位置，是《真武靈應圖册》中數量最多的一類。如『復位坎宫』圖（附圖一六）、『真慶仙都』圖（附圖一三）、『供聖重時』圖（附圖二三）、『三聖現形』圖（附圖八二）等。第六類爲天帝圖形象，真武頭戴通天冠，身着帝王衮服，脚登雲舄，一派帝王之相。此類圖像真武多雙手執圭，真武已完全改變了慣常的披髮跣足形象，如果没有其他象徵物或場景的提示，一般很難認出是真武，因而此類圖像常有龜蛇相伴，作爲識别玄帝圖像的依據。如『叙功賜銜　奉御制讃』圖（附圖七八）、『谷品脩果』圖（附圖二一）、『瓊臺受册』圖（附圖一七）等。

上述《真武靈應圖册》中的六類真武圖像，雖與第二章所分析的宋代以後出現的四類真武圖像有相類之處，如都體現了宋元明以來玄武地位不斷提昇的趨勢，但在《真武靈應圖册》中這些圖像似乎更主要的是滿足圖像内容和場景的需要，重視真武神性功能的發揮。如第一類中的嬰兒形象，就是爲了滿足表現玄帝出生的需要。第二

類少年玄帝形象，也是爲了滿足宣揚玄帝少年時默會經書、元君授道等修道、學道故事的需要。第三類的玄帝青年形象是配合玄帝青年時期在武當山艱苦修道經歷而繪。上述三類玄帝圖像，同時也是玄帝成長經歷的生動描述，體現了玄帝圖像發展的延續性特徵。第四類玄帝武神形象多出見於降魔、助戰、出巡等需要真武展示武力的場合。第五類玄帝形象是六類真武圖像中使用最多的一類，可視爲《真武靈應圖册》中玄帝的標準形象，也是真武居於廟堂或家堂中受人朝拜，施行日常神職時的標準形象。第六類玄帝形象主要出現在真武成神受封，接見父母等隆重、恭敬的場合，應是玄帝出席重要儀式時身着禮服的形象。由上可見，《真武靈應圖册》中的各類玄帝形象很好地滿足了各種真武故事對玄帝形象的需要，通過不同的圖像，直觀地反映出了真武的重要神性功能，達到了很好的宗教宣傳目的，這也是《真武靈應圖册》此類宗教系列繪畫所具有的獨特優勢。

明版《武當嘉慶圖》是屬於版畫類的真武系列圖像，也是現存較爲完整的一套真武系列圖像。本章將明版《武當嘉慶圖》與靈應本進行微觀、宏觀的比較研究，以求通過比較，進一步增强對靈應本的認識。

第一節　《武當嘉慶圖》及瑞應圖傳統

《武當嘉慶圖》又名《啓聖嘉慶圖》、《玄武嘉慶圖》，下文簡稱《嘉慶圖》。該圖録由元代武當山真慶宮提點張守清主持編寫，其弟子唐中一、劉中和繪圖而成，於元武宗至大三年（一三一〇年）以前刊印。至大三年至延祐元年（一三一四年），張守清在元大都建醮祈雨期間，邀請當時著名道士張與材、吴全節、趙汴，著名文人趙孟頫、虞集、張仲壽、鮑思義爲《嘉慶圖》作序，可見當時該圖册的影響確實很大，是元代一次影響廣泛的整合歷代玄帝瑞應事跡的努力。張仲壽序云：『復取《啓聖記》中數十圖，加之聖朝高梁河示現龜蛇之瑞繼其後，因曰《嘉慶圖》。』[一]鮑思義序云：『思惟《玄帝實録》流佈未廣，作《嘉慶圖》形諸有相而叙其事，自初至終，至爲周悉。募工鋟梓以傳於世。』[二]要明白上述序文中提到的這些書名，還得對真武瑞應圖的淵源作一個簡單的回顧。

中國的瑞應圖具有古老的傳統。東漢武梁祠各種瑞應物獨立出現，附有榜題，代表瑞應圖的基本表現模式[三]。法國國家圖書館藏編號P.2683的六朝《瑞應圖》殘卷，殘存文字四十一則，一百七十三行，圖二十三幅，都附有榜題，上段爲彩色圖畫，下段爲配圖的説解文字[四]。可見六朝時，瑞應圖的發展已相當成熟。北宋徽宗朝的《宣和睿覽册》各瑞應物爲獨立完整的象徵物，卷尾有題詩並記，説明瑞應事跡的源由。南宋傳蕭照《中興禎應圖》（天津藝術博物館藏）則爲長卷的瑞應叙事圖，叙述有關高宗的瑞應故事十二則，附有贊文。元代的《武當

[一]《武當嘉慶圖序》，《道藏》第十九册，六四五頁。
[二] 同[一]，六四七頁。
[三] 林聖智：《明代道教圖像學研究：以〈玄帝瑞應圖〉爲例》，國立臺灣大學《美術史研究集刊》第六期，一三九頁。
[四] 鄭阿財：《從敦煌文獻看唐五代的玄武信仰》，臺灣，《道教的歷史與文學》，四一〇頁。

嘉應圖》、明永樂年間的《大明玄天上帝瑞應圖録》和本文研究的《真武靈應圖册》等無疑都延續着這一瑞應圖傳統。

中國的玄武瑞應圖出現很早，幾乎與瑞應圖同時産生，但人格化的真武神瑞應故事的大量出現則源於北宋。根據前引元代《玄天上帝啓聖録》卷二『參定避忌』、『進到儀式』等篇記載，宋仁宗在真武神『顯靈』治愈其病後，爲報答真武的恩德，曾命中書、門下三司及禮部在全國徹底尋訪真武靈驗事跡，各地方官府撰寫『啓聖奏章』呈報朝廷，共收集到靈應故事一百零四件，分類收入内廷寶應閣長生玄都殿，然後編成《真武啓聖記》一書。《真武啓聖記》，簡稱《啓聖記》，原書已佚，卷數不詳，其主要内容保存在元代的《玄天上帝啓聖録》中。這是第一次大規模整合真武靈應故事的行動。到了南宋孝宗淳熙十一年（一一八四年）又出現一本匯集真武出身、修行、降魔、受封、靈應故事爲一體的書，即《玄帝實録》，又名《降筆實録》、《玄帝實録》、《玉虚師相真武實録》等。原書已散佚，卷數不詳。據南宋陳伀《太上説玄天大聖真武本傳神咒妙經集疏》卷一云：該書爲南宋時襄陽紫虛壇道士張明道托神（中黄先生董素皇）降筆之作，王光德、楊立志《武當道教史略》中有較詳細的研究。這是第二次整合真武靈應故事的行動。這些書是否配圖不得而知，《道藏》所收元代《玄天上帝啓聖録》載有許多北宋初期的真武靈應故事，『朱氏金甎』即爲其中之一。從《玄天上帝啓聖録》卷二『朱氏金甎』篇『朱氏所得錢物，半將刊板印《真武出相戒殺圖》裱施』的記載來看，真武圖像印刷品在北宋已開始流行。

元代整合真武靈應故事的行動以出版兩部真武題材的圖書爲標誌，即《玄天上帝啓聖録》和《武當嘉慶圖》。《玄天上帝啓聖録》，收於明《道藏》洞神部紀傳類，共八卷。不著撰寫人及成書時代，共收入真武靈應故事一百二十八則，故事大多據北宋的《真武啓聖記》、南宋的《玄帝實録》以及元代創建武當宫觀的真武故事編輯而成。現存《玄天上帝啓聖録》並不附圖，但明永樂年間所編的《大明玄天上帝瑞應圖録》中多處稱：『謹用採摭進獻於朝，仍附著《啓聖録》以揚其異也。』[一]這説明《大明玄天上帝瑞應圖録》是倣照《啓聖録》的舊例編輯而成，

[一]《大明玄天上帝瑞應圖録》『鶱林應祥』條，《道藏》第十九册，六三五頁。

有圖有文。王光德、楊立志《武當道教史略》認爲明初將《玄天上帝啓聖録》收入《道藏》時，將圖畫删去了。但社會上流行的元代版本仍有圖畫。明代楊士奇《文淵閣書目》著録『《啓聖實録》一部一册』[一]，明末清初毛扆所編《汲古閣珍藏秘本書目》著録『元版《武當全相啓聖實録》』[二]，這也説明元版《啓聖實録》有圖像。

那麽有圖像的元代《玄天上帝啓聖録》與《武當嘉慶圖》是什麽關係呢？據《武當道教史略》考證，兩書應爲姊妹篇，編者都爲元代武當山天一真慶宫提點張守清及其弟子，内容上《武當嘉慶圖》比《玄天上帝啓聖録》略簡，疑前者爲後者的節本[三]。筆者也贊同此種觀點，其一，因兩書的面世時間比較接近，又都與武當山天一真慶宫關係密切；其二，從《藏外道書》所收明版《武當嘉慶圖》的内容來看，確實比《玄天上帝啓聖録》少了許多。

《武當道教史略》認爲《武當嘉慶圖》已散佚[四]，但在一九九二年巴蜀書社出版的《藏外道書》第三十二册中收録了明代宣德七年（一四三二年）真成道人徐永道重刊的《武當嘉慶圖》。該書的序言名爲『重刊武當嘉慶圖序』，既爲『重刊』，那必然會依據以前的版本。因而筆者認爲元代的《武當嘉慶圖》應在徐永道重刊的明版《武當嘉慶圖》中保留了下來，至於是否完全保存了下來，仍有待進一步研究。

明版《武當嘉慶圖》前半部分收録了《大明玄天上帝瑞應圖録》中的所有十七幅圖文和一張來自不同傳統的『玄帝聖號』圖文[五]，後半部分收録了其他曾收於元代《武當嘉慶圖》的歷代玄帝事跡，共六十幅圖文與《玄天上帝啓聖録》比較後發現，該六十幅圖文與《玄天上帝啓聖録》的前六十篇相同，而且順序也完全一樣，只是《玄天上帝啓聖録》將第一、第二兩篇『淨樂仙國』、『金闕化身』合爲一篇。仔細比較兩者的文字後發現，兩者的文字仍有一定的差異，這説明元代的《武當嘉慶圖》雖有可能是《玄天上帝啓聖録》的節本，但在節選的過程中作了一定的改動，加進了一些改編者的觀點，並不是原文照録。將這六十幅

[一] 楊士奇：《文淵閣書目》卷一六，上海，商務印書館，一九三七年。

[二] 賈貴榮，王冠輯：《宋元版書目題跋輯刊》第一册，北京，北京圖書館出版社，二〇〇三年。

[三] 王光德、楊立志：《武當道教史略》，一三九頁，北京，華文出版社，一九九三年。

[四] 同[三]，一三八頁。

[五] 林聖智：《明代道教圖像學研究：以〈玄帝瑞應圖〉爲例》，國立臺灣大學《美術史研究集刊》第六期，一六六頁。

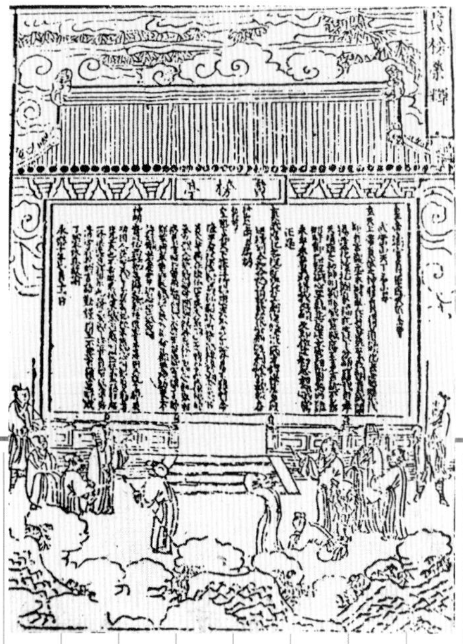

圖四・一 《武當嘉慶圖》『黃榜榮輝』

圖四・二 《道藏》本『黃榜榮輝』

第二節 靈應本與《嘉慶圖》的微觀比較

上一節已提及，明版《武當嘉慶圖》內容分爲兩個部分，第一部分共十八幅圖和十八條題記，內容爲《大明玄天上帝瑞應圖録》的十七幅圖和十七條題記，另有《玄帝聖號》一幅圖和題記。與《真武靈應圖册》相應部分對比，有四幅圖畫和五篇題記相似。它們分別爲『黃榜榮輝』、『榔梅呈瑞』、『神留巨木』、『三聖現形』四幅圖和題記，以及『永樂十一年八月十七日玄帝五現』題記一篇。筆者選取較有代表性的『黃榜榮輝』和『神留巨木』兩篇作一對比。

『黃榜榮輝』圖

明版《武當嘉慶圖》的『黃榜榮輝』圖（圖四・一）與靈應本的『黃榜榮輝』圖（附圖七九）十分接近，也有『黃榜亭』三字，並將永樂皇帝大修武當山宮觀的首道聖旨全文登了出來，從行文格式來看，兩者也十分相似。所不同的是在萬民爭睹黃榜的人物場面描述上，《嘉慶圖》少了很多，氣氛也顯得冷清了很多，當然這也許與版畫表現人物的局限性有一定的關係。將上兩圖與《道藏》本『黃榜榮輝』圖（圖四・二）比較可知，也許上兩圖所代表的形象，才是明永樂年間武當山道士奉旨編寫繪圖的《大明玄天上帝瑞應圖録》『黃榜榮輝』圖的真面目。到編輯《道藏》時，或由於版面的原因，或由於其他原因造成了該圖的簡化。

就靈應本與《嘉慶圖》『黃榜榮輝』的題記來看，也有一定的差異，如靈應本（參附圖七九題記）第二到第三行『國朝勑命』，《嘉慶圖》爲『永樂十年秋，皇帝命』；第四到第五行『聖諭詳明，具載黃榜。永樂十年秋九月庚子之吉興工』，《嘉慶圖》爲『帝御制祭文致告於北極真武之神，是年七月庚子之吉興工』。其餘題記皆同，反倒靈應本與《道藏》本出現的差異，《嘉慶圖》也出現同樣的差異，就此篇來講，靈應本與《嘉慶圖》的關係更近。

『神留巨木』圖

明版《武當嘉慶圖》的『神留巨木』圖（圖四・三）與《道藏》本的『神留巨木』圖（圖四・四）無論在圖上部的建築結構，還是圖中、下部的人物形象、船隻佈局等都十分相似，兩者

圖四·三　《武當嘉慶圖》『神留巨木』

圖四·四　《道藏》本『神留巨木』

應該是根據相似的版本雕刻。兩圖中最大的不同是在巨木的表現上，《嘉慶圖》的水中巨木顏色爲黑色，其上明明白白地寫着『神木』二字；而《道藏》本的巨木則爲白色，且無一字。像《嘉慶圖》表現『神木』這種不加隱喻，直接明了、通俗易懂的藝術表現手法就是瑞應圖類出版物最典型的表現技法。《嘉慶圖》與靈應本的『神留巨木』圖（附圖八一）相比，則差異較大，圖中所見黃鶴樓等建築的展示變得更少，而人物的數量卻空前地增加，這『也就等於擴大場面，增加瑞應的見證人』[一]。尤其不同的是運送巨木的方式，《嘉慶圖》中的巨木爲一根，運送起來很輕鬆，八個人就可以了；而靈應本則巨木變爲兩根，圖中所見運送起來非常吃力，人數也增加到十八人。表現出兩圖並非來源於相似的版本。

《嘉慶圖》『神留巨木』圖的題記與靈應本、《道藏》本除個別異體字外均相同，當爲幾個版本差異最小的題記之一。

綜上所述，明版《武當嘉慶圖》與《真武靈應圖册》、正統《道藏》所收《大明玄天上帝瑞應圖録》相應的部分相比，因三部圖册的出版時間相差不遠，總體來講三者的差異不大，尤其是題記的差異更小。但從圖像的佈局來看，《嘉慶圖》因受元代部分風格的影響，圖像變爲窄長形的畫幅，顯得十分擁擠局促。《道藏》本雖然已多爲正方形圖畫，但餘下的部分長方形圖畫仍感局促。唯有靈應本完全採用正方形畫面佈局，很好地解決了這一問題。

明版《武當嘉慶圖》的第二部分與元代《玄天上帝啓聖録》前五十九篇相似，共六十篇，與《真武靈應圖册》相應部分對比，有三十六篇相似。它們分别爲：金闕化身、王宫誕聖、經書默會、元君授道、天帝錫劍、澗阻群臣、悟杵成針、折梅寄榔、紫霄圓道、三天詔命、白日上昇、玉陛朝參、真慶仙都、玉清演法、降魔洞陰、復位坎宫、瓊臺受册、紫霄禹迹、五龍唐興、武當發願、谷嵒脩果、歸天降日、供聖重時、進到儀式、洞天雲蓋、宫殿金裙、聖像先鋒、靈閣真瑞、二

[一] 林聖智：《明代道教圖像學研究：以〈玄帝瑞應圖〉爲例》，國立臺灣大學《美術史研究集刊》第六期，一四六頁。

士化光、唐憲寶像、朱氏金瓶、寶運重辛、天罡帶箭、蜀王歸順、瓢傾三萬、雪晴濟路。上述三十六篇可分爲兩類，前十八篇爲真武本生故事，主要描繪真武降生、辭家修道及成神受封的故事；後十八篇爲真武靈應故事，主要描繪真武成神之後的各種靈應故事。第一類選取：金闕化身、紫霄圓道、白日上昇、瓊臺受册四篇；第二類選取：武當發願、宮殿金裙、二十化光、雪晴濟路四篇，共八篇與《真武靈應圖册》作對比研究。

『金闕化身』圖

《武當嘉慶圖》『金闕化身』圖（圖四·五）與靈應本不同的是把靈應本合二爲一的『淨樂仙國金闕化身』圖（附圖一）分爲了兩圖，即：『淨樂仙國』圖（圖四·六）和『金闕化身』圖。其中『金闕化身』圖與靈應本『淨樂仙國金闕化身』圖結構基本相似，都爲『陽光照射卧床的皇后，使之受孕』的造型，所不同的是皇后前的兩位侍者的位置和表情有別。兩者的題記也差異較少。《嘉慶圖》的『淨樂仙國』圖是一張十分珍貴的版畫。而有關淨樂國的文字記載不少，但淨樂國究竟是什麼樣子，是西方建築還是東方建築並無描繪。此圖分上中下三部分繪出了淨樂仙國的模樣：上部祥雲繚繞，烘托出仙境的特徵；中部在密林和祥雲之間，巍峨的中式宮殿若隱若

圖四·五　《武當嘉慶圖》『金闕化身』

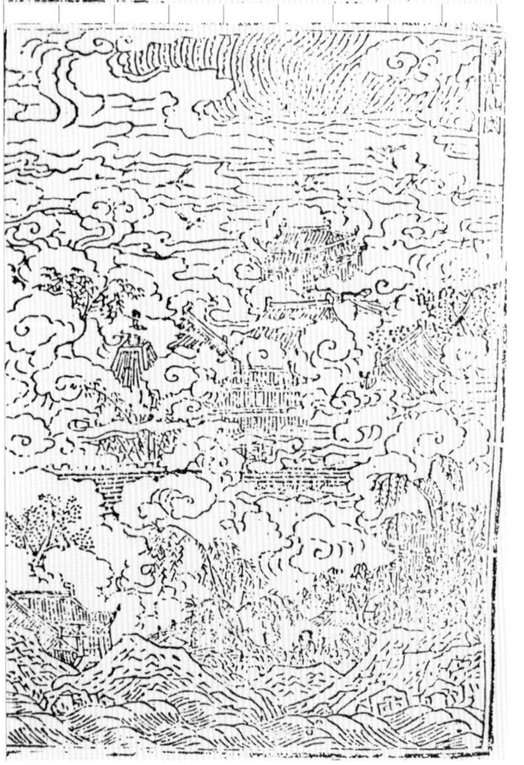

圖四·六　《武當嘉慶圖》『淨樂仙國』

現；下部的群山之下是碧波蕩漾的水面，整幅圖連起來看，與武當山一帶的宮殿景色十分相似。武當山的崇山峻嶺之間經常出現雲霧繚繞的景象，極易烘托出仙山武當的氛圍；武當山的密林和雲霧之間也分佈着各具特色的道教宮觀，與自然環境渾然一體；武當山附近是現今丹江口水庫所在地，有『碧波蕩漾』的自然條件。再結合題記來看，《嘉慶圖》中的淨樂國並非外來之國，而是武當山所在的均州。

《嘉慶圖》『淨樂仙國』的題記爲：

> 淨樂仙國
>
> 《淨樂國傳記》：龍變梵度天之下。《靈寶大法諸大秘文》云：龍變梵度天，北方之天，四種民天之一，在無色界之上。其色赤，太虚之景，靈寶之宫，下應西方婁宿。又《武當圖記》：五龍頂一峰，上應龍變梵度天，北方五氣龍君居之。今均州之南三十里有村，名曰：樂都。傳云：此古淨樂國。村之東山下，古陵數冢。耆舊相傳云：淨樂國王之塋。又《風土記》：均州上古之時即有麇之國，謂人民樸野，安靜樂善，雖曰麇鹿，猶可安居。又《仙傳》稱：黄帝降生於有熊之國，赤帝降生於厲山氏之國，玄帝降生於淨樂之國。蓋爲玄帝神功聖德，萬物悉資潤澤，發生不欲，以有麇之國稱之，而取其人民安靜樂善，易之曰：靜樂，可知矣。切觀均州風土，太和之水，灣環百曲，神仙窟宅。考之古史《仙傳》，淨樂國即均州無疑矣。又云：原夫淨樂國，乃奎婁之下海外之國，上應龍變梵度天也[一]。

此文不見於《真武靈應圖册》，也不見於元代的《玄天上帝啓聖録》，而是來源於元初由武當清微派道士劉道明所編的《武當福地總真集》[二]。《武當嘉慶圖》的這種提法，一方面説明了《武當福地總真集》在元代的影響之大，另一方面也暗示了《嘉慶圖》也認同這種把淨樂國本土化的説法。但《嘉慶圖》聰明的是同時把以前描述淨樂國爲海外之國的文字『原夫淨樂國，乃奎婁之下海外之國，上應龍變梵度天也』也附在文後，以作對比。

[一] 明代所加的贊文略。
[二] 中國武當文化叢書編纂委員會編：《武當山歷代志書集注》（一），武漢，湖北科學技術出版社，二〇〇三年。

圖四·七　《武當嘉慶圖》「紫霄圓道」

圖四·八　《武當嘉慶圖》「白日上昇」

「紫霄圓道」圖

《武當嘉慶圖》的「紫霄圓道」圖（圖四·七）與《真武靈應圖冊》的「紫霄圓道」圖（附圖九）有着較明顯的差別，首先在環境景觀方面，雖然兩圖的大背景都是群峰松林，但靈應本清楚地畫出了相傳玄帝的成道之所——天一真慶宮，而《嘉慶圖》的「紫霄圓道」圖卻不見天一真慶宮的影子。武當山南巖的天一真慶宮在元代就頗具規模，延祐元年（一三一四年）皇室賜額爲「大天一真慶萬壽宮」。「構虛夷峻，拔木穹谷，刊石窮巖，即巖爲宮，廣殿大庭，高堂飛閣，庖庫寮次，既嚴且備。炫晃丹碧，轇轕雲漢，像設端嚴，鐘鼓壯亮。引以石徑，蔭以杉松，積工累資巨萬計。」[一]元末毀於兵火，明永樂十年（一四一二年）重建玄帝大殿，幾經興廢，後於民國年間毀於大火。靈應本中所見的天一真慶宮，「即巖爲宮，廣殿大庭」，「引以石徑，蔭以杉松」，當參照元明的天一真慶宮繪製，對重建南巖宮大殿有一定的參考價值。其次在玄帝的形象方面，《嘉慶圖》中的玄帝端坐於草蒲團上，一副虔心修道的模樣。並不像題記中所說的「玄帝在山往來觀覽」的樣子，反倒靈應本中的玄帝在小徑上似「往來觀覽」之狀。

靈應本題記（參附圖九題記）與《嘉慶圖》題記相比，主要差異爲：靈應本第四行「紫霄峰」，《嘉慶圖》爲「紫霄」；第七行的「富」字，《嘉慶圖》爲「冨」，與《道藏》本同；第十六行「北湧」，《嘉慶圖》爲「背湧」，與《道藏》本同，應是。

「白日上昇」圖

《武當嘉慶圖》的「白日上昇」圖（圖四·八）與《真武靈應圖冊》的「白日上昇」圖（附圖一一）有明顯的不同，《嘉慶圖》似乎强調的是玄帝白日上昇的大場面，玄帝上昇的「丹輿綠

[一] 王光德、楊立志：《武當道教史略》，一四九頁，北京，華文出版社，一九九三年。

輦』雖在圖中央位置，但圖案模糊，玄帝的形象也很小，相反周圍的環境，如『羽蓋瓊輪』、『十絕靈旛』、『鸞歌鳳唱』、『金童揚煙』等場面的塑造卻十分生動，這種注重大場面的烘托是《武當嘉慶圖》的顯著特點之一，與《真武靈應圖册》的風格正好相反，十分强調對重點場景的突出表現。如靈應本『白日上昇』圖中，所有的畫面元素都圍繞乘『丹輿綠輦，羽蓋瓊輪』的玄帝展開，玄帝頭戴通天冠，身着袞服，拱手端坐，九色玄龍在前張牙舞爪，兩邊的神將都向玄帝的方向靠攏，形成了一種衆星拱月的態勢，從兩圖在風格上的差異來看，靈應本與《嘉慶圖》的圖像版本是不同的。

圖四·九　《武當嘉慶圖》『瓊臺受册』

靈應本題記（參附圖一一題記）與《嘉慶圖》題記相比，僅差一字，《嘉慶圖》與《道藏》本同。

『瓊臺受册』圖

《武當嘉慶圖》的『瓊臺受册』圖（圖四·九）與《真武靈應圖册》的『瓊臺受册』圖（附圖一七）相比，基本構圖相似，兩圖的上部都是呈扇形分佈的祥光，祇是《嘉慶圖》的祥光直達天際，而靈應本的祥光則緊緊圍繞着七寶瓊臺，把目光盡量聚集於七寶瓊臺。兩圖的中間都爲裝飾華麗的七寶瓊臺，周圍旌幡、祥雲環繞，氣氛莊嚴隆重。瓊臺上昊天至尊正在册封玄帝，『親行與儀，與凡世帝王拜大將開國、承家之儀頗同』（參附圖一七題記）。兩圖不同的是靈應本中的玄帝頭戴通天冠，無冕旒，而《嘉慶圖》中的玄帝則完全戴着與昊天至尊一樣的十二冕旒。明版《武當嘉慶圖》中的這一圖像如爲元代舊圖的話，說明元代時玄帝的冕旒帝王圖像就已出現，與元成宗『加封真武爲元聖仁威玄天上帝』[一]的記載相應，這是十分有價值的。從圍繞瓊臺四周的旌幡、兵器來看，靈應本衹圍了三面，而《嘉慶圖》四周都有分佈，仍延續了其一貫注重環境塑造的風格。從瓊臺的登臺梯級

[一]《元史》卷二一，四五六頁，北京，中華書局，一九八三年。

來看，靈應本朝向正面，而《嘉慶圖》朝向側面，兩圖的侍神分佈、裝束也有明顯的不同。

《嘉慶圖》的題記與靈應本有三處不同，但都與《道藏》本同，參附圖一七題記。

『武當發願』圖

《武當嘉慶圖》的『武當發願』圖（圖四·十）與《真武靈應圖册》的『武當發願』圖（附圖二〇）相比，在基本結構上就出現了差異，《嘉慶圖》衹是描繪了老君指點授記的場面，而靈應本則描繪了老君指點授記和天帝賜劍兩個故事場面。在老君指點授記圖上，雖兩圖都有一手指天、一手指地的共同象徵手勢，但也存在着明顯的差别。《嘉慶圖》中老君長髯禿髮，似羅漢形象，老君和真武都爲站像，真武的形象較爲年輕，當爲青年真武。遠處巖石下，可見到一緊閉的大門，當爲題記中提到的地獄。靈應本中老君頭戴蓮花冠，坐在巖石上，真武爲中年形象，圖中並不見地獄圖像。從題記中真武『復降武當山』修行的記載來看，此處真武爲中年形象似乎更爲準確。靈應本中所描繪的天帝賜劍場景的變化前文已有論及，將此兩個場景放在一幅圖中，更充分地表達了題記中的描述，表明靈應本更强調這種圖與文的直接轉譯。

靈應本題記（參附圖二〇題記）與《嘉慶圖》相比，差異爲第五行『從吏』，《嘉慶圖》『吏』字缺，爲一空格；第六行『噩仙山』，《嘉慶圖》爲『頭仙山』；第七行『潛伏』，《嘉慶圖》爲『潛扶』；靈應本應是；第十一行『脩得』，《嘉慶圖》爲『修德』，靈應本應是；第十六行『都判』，《嘉慶圖》爲『判』。從此篇來

圖四·十 《武當嘉慶圖》『武當發願』

圖四·一一 《武當嘉慶圖》『宮殿金裙』

圖四・一二　《武當嘉慶圖》『二十化光』

看，靈應本與《道藏》本祇有一處差異，兩者與《嘉慶圖》卻有上述數處差異。可見三種書之間互有差異，沒有哪本完全照抄哪本的傾向。

『宮殿金裙』圖

《武當嘉慶圖》的『宮殿金裙』圖（圖四・一一）與《真武靈應圖冊》的『宮殿金裙』圖（附圖二六）相比簡單了很多，圖中祇有巍峨的宮殿，殿內空空蕩蕩，並無一人。宮殿上面的祥雲中也空無一物，似乎給人一種神秘的感覺。此圖的表現手法似乎與《嘉慶圖》的其他圖有所不同，祇點出了關鍵的象徵物之一宮殿，其他都隱去，留下了充分的想像空間。靈應本的『宮殿金裙』圖則仍然延續着其用圖像直接轉譯文字故事的特點。從圖中的內容來看，既有地上的宮殿、宋仁宗及其臣僚，又有天空祥雲中所現的金甲、一巨足以及指點迷津的青衣童子。從這些象徵物可以看出，描述的是仁宗朝皇祐年中五月五日，『朕舉目忽見北方天門開，現紅光數道，內有金甲裙瑚拖一足，滿空悠悠，向前而過。』（參附圖二六題記）這一應現過程。

靈應本與《嘉慶圖》題記相比，不同爲：第七行『體知』，《嘉慶圖》爲『伏知』；第十行『權受』，《嘉慶圖》爲『權授』，靈應本應是；第十三行『黄衣武士』，《嘉慶圖》爲『一黄衣武士』；第二十一行『化成功』，《嘉慶圖》作『化成宮』，應是；第二十七行『現足碑題』，《嘉慶圖》爲『現碑題』，靈應本應是；第二十八行『發放』，《嘉慶圖》爲『撥放』。因《藏外道書》所載明版《嘉慶圖》有的文字漫漶較爲嚴重，故個別看不清的字則以靈應本和《道藏》本校補。

『二十化光』圖

《武當嘉慶圖》的『二十化光』圖（圖四・一二）與《真武靈應圖冊》的『二十化光』圖（附圖二九）似乎描述的並不是同一個場面，《嘉慶圖》環境的烘托主要靠行雲，圖中並不見宮殿的影子，真武向右側端坐於雲間，兩旁是捧印、執劍二侍者，前放有一個神案，上置香燭等供品，這裏的真武及其侍從似乎是爲節度使張操尋問不建真武廟之因作輔助説明的。神案的右側，站着一位頭戴軟角幞頭、官員模樣的人正在向一位老道士詢問着什麼。從題記可知，官員模樣者當爲張操，老道士模樣者當爲其召來詢問的對象。從整幅圖來看，此圖描繪的是題記前半段的內容。靈應本『二十化光』圖主要描述的是題記後半段的內容，即張操主持建好宮殿之後，真武托身工匠爲塑像點睛的場面。靈應本雖都繪出『二十化光』圖，但一爲故事的前半段，一爲故事的後半段，這也說明兩圖的版本來源不同。另外，《嘉慶圖》中真武的侍者，執劍和捧印兩將搭配，較爲少見，一般來講都應是捧印和執册爲一對，仗劍和執旗一對，或者各組單獨出現，或者兩組共同出現。《嘉慶圖》中的這種搭配，似有兩組各取一個作代表的意味。

靈應本（參附圖二九題記）與《嘉慶圖》題記相較，有多處差異。第三行『出海青州』，《嘉慶圖》爲『出鎮青州』，《嘉慶圖》應是；同行『乃召』，《嘉慶圖》爲『名召』，靈應本應是；第四行『常注人間』，《嘉慶圖》作『管注人間』，與《道藏》本同；同行『貧賤』，《嘉慶圖》作『富貴貧賤』，與《道藏》本同；第七行『次及』，《嘉慶圖》爲『次乃』，應是；同行『粧塑』，《嘉慶圖》爲『裝塑』，靈應本與《道藏》本同，應是；第九行『聖像』，《嘉慶圖》缺漏了『像』字；同行『月餘』之後《嘉慶圖》多了一個『像』字；同行『張操見衆官』，《嘉慶本》爲『張操并衆官』，似更爲順暢；第十行『聖像』，《嘉慶圖》爲『像』；第十一行『匠者一人』，《嘉慶圖》作『匠者二人』，與《道藏》本同，應是；第十二行『金光一道』，《嘉慶圖》爲『金光二道』，應是；同行『隨化光不見』，《嘉慶圖》作『隨化不見』，與《道藏》本同；第十三行『圓備二張』，《嘉慶圖》作『圓備二殿』，與《道藏》本同，應是；第十四行『謝上真』，《嘉慶圖》作『報謝上真』，與《道藏》本同；第十六行『及賜』，《嘉慶圖》爲『受賜』；同行『爲額』，《嘉慶圖》作『爲頭』。

『雪晴濟路』圖

《武當嘉慶圖》的『雪晴濟路』圖（圖四·一三）與《真武靈應圖册》的『雪晴濟路』圖（附圖三六）相比，雖故事內容相

圖四·一三　《武當嘉慶圖》『雪晴濟路』

似，但表現的並不是同一個場面。《嘉慶圖》中描繪的是雄州防禦使戴夔在帶兵行進之中受到了大雪阻隔的情景。圖中領旗的士卒放緩了腳步，馬上的將軍也躑躅不前，而大部隊正在往這裏行進之中，將軍似乎望着遠方，焦急萬分。圖中雖不能直接感受到皚皚白雪，但遠處單調的群峰和飄搖的軍旗上，已表現出當時嚴酷的自然環境。靈應本『雪晴濟路』圖描述的是雄州防禦使戴夔接受了隨軍指使方琮的建議，舉行儀式，向真武虔心祈禱的場面。祈禱的場地是在軍營旁邊的空曠之地，祈禱正在進行之中，祈禱儀式的效果已開始顯現，遠處已露出了半個太陽的影子，祥雲也開始出現，更貼切地反映了該故事雪晴濟路的主題。

靈應本（參附圖三六題記）與《嘉慶圖》題記相比，差異爲：第二行『往安南』，《嘉慶圖》爲『往南』，少了『安』字，《道藏》本與靈應本同，靈應本應是；第四行『欲救』，《嘉慶圖》爲『欲求』；第五行『令』，《嘉慶圖》爲『今』，與《道藏》本同。

第三節　靈應本與《嘉慶圖》的整體考察

上一節從《真武靈應圖册》與明版《武當嘉慶圖》內容相似的四十幅圖、四十一條題記中，選擇有代表性的十篇進行了微觀的研究。本節將從宏觀的角度探討兩圖比較研究的幾個問題。

一、《真武靈應圖册》與明版《武當嘉慶圖》排序的宗教意義

明版《武當嘉慶圖》與《真武靈應圖册》榜題相同的四十幅圖中，有二十三幅與《真武靈應圖册》圖畫內容較爲接近，在畫面所表現的故事情節上、在構成畫面的主要象徵物上有許多相似之處，如前引的黄榜榮輝、瓊臺受册等。有十七幅圖兩者的差異較大，主要集中在《玄天上帝啓聖録》部分，它們是：淨樂仙國、紫霄圓道、三天詔命、白日上昇、真慶仙都、復位坎宫、紫霄禹迹、五龍唐興、武當發願、宫殿金裙、聖像先鋒、靈閣真瑞、二十化光、蜀王歸順、瓢傾三萬、雪晴濟路、神留巨木。這些圖或爲圖畫所表現的故事場面不一樣，或同一場景缺少、多出了某些圖像、或同一場景使用了不同的表現手法，即使是上面提到的二十三幅差異較小的圖畫，也或多或少地存在着差異，明顯表現出兩圖册并非來源於同一版本。從繪畫的整體風格來看，《武當嘉慶圖》似乎比較注重故事環境氛圍的塑造，而《真武靈應圖册》則更注重對一些重點圖像、重點場景的塑造，類似於特寫描繪。如前引『白日上昇』等圖。

圖四・一四　《武當嘉慶圖》『玉清演法』

圖四・一五　《武當嘉慶圖》『天真顯應』十六圖

就題記而言，由第二節的十幅題記的比較可知，《武當嘉慶圖》、《真武靈應圖册》和《正統道藏》中的相關内容互有出入，很難看出哪本依據哪本而來。總體來講，三種材料中的《大明玄天上帝瑞應圖録》部分差異相對較小一些，如神留巨木的題記，三篇幾乎完全相同。而《玄天上帝啓聖録》部分的題記差異有多有少，相對於圖畫的差異來説，文字的差異還是較小的。這説明三種材料都來源於宋代的《真武啓聖記》、《玄帝實録》、元代的小部分玄武事跡以及明代的《大明玄天上帝瑞應圖録》故事等，由於文字材料相對容易保存，因而差異並不會像圖像那麼大。明版《武當嘉慶圖》與《真武靈應圖册》題記最大的不同是，在明版《武當嘉慶圖》所選元代《武當嘉慶圖》的六十篇題記中，有十四篇後附有明代重刊時所加的讚詩十四首，其中十三首是爲明版《武當嘉慶圖》作序的雪航道人趙弼所書、一首爲碧泉道人所書。其中與《真武靈應圖册》榜題相同的爲十首，全部分佈在真武本生故事中。每一首詩都是對題記所述玄帝故事的讚美，對理解正文故事有一定的參考價值。如『淨樂仙國』篇後所附的碧泉道人讚詩：『玉虚金闕在何方，世邈時遷不可詳。梵度奎婁終是謬，均陽翼軫正相當。樂都明有先王兆，大嶽高騰聖帝光。亭覆紫雲真淨樂，何須海外覓仙邦？』[二]明確地表明了將玄帝降生地本土化的立場。

[二]《藏外道書》第三十二册，一〇二九頁，成都，巴蜀書社，一九九四年。

就整套圖册所隱含的象徵或宗教意義而言，前文筆者已對《真武靈應圖册》的排序意義作了分析，《武當嘉慶圖》的《玄天上帝啓聖録》部分與《真武靈應圖册》相應部分的排序意義基本相同，也是沿着由『俗→聖，由聖→人神感應』這樣的思路編排。《武當嘉慶圖》的《大明玄天上帝瑞應圖録》部分與《正統道藏》所收《大明玄天上帝瑞應圖録》基本相同，其排序也是沿着前文提及的『宣告榜文→齋祓醮儀→祥瑞事跡→玄帝現身』這一順序展開。唯一不同的是在『水湧洪鐘』與十一幅『天真顯應』圖之間，多出了一篇『玄帝聖號』圖文。林聖智先生認爲此幅『玄帝聖號』圖，『當是引用了版畫以外的《天帝圖》之類的科儀畫像。在承繼版畫圖像的同時，卻又加入科儀系統的玄帝像，并且無礙地被合爲一體。』[一] 筆者所關注的是將『玄帝聖號』圖加入到這裏，除了整合玄帝圖像的目的之外，是否還有其他宗教意義。從該圖本身的圖像來看確實與科儀畫類似，題記也是屬於玄帝崇拜儀軌的範疇，與其他題記有别。如題記的第一段即被明末書商余象斗所編的《北方真武祖師玄天上帝出身志傳》列爲玄帝儀軌類的文字『玄帝聖號勸文』[二]。因此，筆者認爲『玄帝聖號』圖文在《大明玄天上帝瑞應圖録》中的作用當爲架設地上與天上瑞應故事溝通的橋樑，《大明玄天上帝瑞應圖録》的前六篇黄榜榮輝、黑雲感應、騫林應祥、榔梅呈瑞、神留巨木、水湧洪鐘瑞應事跡都發生在地面上，而後十一篇應現圖文則以武當山爲定點，全部發生在武當山的上空，這種從地面到天空的空間變化應該有一個儀式來過度，明版《武當嘉慶圖》這樣編排的目的正在於此。

二 《武當嘉慶圖》所見真武圖像的變化

《武當嘉慶圖》中的玄帝形象變化比《真武靈應圖册》更爲豐富，除《真武靈應圖册》中所見的六類之外，在《武當嘉慶圖》中還可見到玄帝頭戴蓮花冠的道裝形象，如『玉清演法』圖（圖四·一四）；頭戴冕旒的天帝圖形象，如『瓊臺受册』圖（圖四·九）等。《武當嘉慶圖》玄帝圖像的一個最大特點是對玄帝披髮形象的塑造，《武當嘉慶圖》中的玄帝大都披髮長及後腰，并向外飄出，有臨風飄逸之感，如『天真顯應』十六圖（圖四·一五）、『天

[一] 林聖智：《明代道教圖像學研究：以〈玄帝瑞應圖〉爲例》，國立臺灣大學《美術史研究集刊》第六期，一六六頁。
[二] 余象斗：《北方真武祖師玄天上帝出身志傳》，《古本小説集成》，二三九至二四二頁，上海，上海古籍出版社出版。

圖四·一六 《武當嘉慶圖》『天真顯應』十七圖

真顯應』十七圖（圖四·一六）等。這種風格與《真武靈應圖册》和《正統道藏》所收《大明玄天上帝瑞應圖録》有明顯的不同，似乎比較突顯真武的武神特徵。從《嘉慶圖》武神形象的塑造來看，也似乎比上述兩種材料更强調武神的性格，如『降魔洞陰』圖（圖四·一七）、『洞天雲蓋』圖（圖四·一八）中的真武形象，披髮飄逸、衣帶飄舉、動感十足，武神特性强烈。其中『洞天雲蓋』圖中的真武造型，還是真武武神的典型造型之一。據林聖智先生研究，明版《武當嘉慶圖》當是由福建地區的版畫作坊所完成，編者徐永道和作序者趙弼均與正一派道士頗有關聯[一]。出於南方傳統的《武當嘉慶圖》爲什麽會較突出真武武神特性呢？筆者認爲有可能是元版《武當嘉慶圖》的主編者張守清是融合包括全真派在内的各派爲一體的高道，因此元版《武當嘉慶圖》也許曾受到全真派真武圖像風格的影響，被明版繼承了下來，故而比較强調武神特性。

三 《武當嘉慶圖》與《真武靈應圖册》的功能比較

《武當嘉慶圖》的刊刻目的在明版《武當嘉慶圖》雪航道人趙弼所作的序言中有明確的記載：『若夫高巖深谷之間，神真變現之跡，禎祥嘉瑞之應，是皆道化之妙用，神真之垂象也。苟非藉圖文以著明之，遠方之人安知靈異如是哉。永道重刊，是記其存心之善有三焉：彰聖朝功德於千萬斯年，祝國祚與山嶽同其悠久，一也。演真科於文明之日，播玄元清淨之風，二也。俾四海之人觀斯圖者，咸興向善之心，皈大道慈悲之化，三也。』[二]文中第一條祝願明皇室國祚與武當山同其悠久，是奉承明皇室的讚美之詞。第二條是廣播玄帝靈應事跡、宣揚道教的需要。第三條則想通過圖畫這種直觀明了的藝術表現形式達到傳道、教化的目的。由此可見，該書的主要目的是通過翻印、重刊玄帝靈應故事來勸善教化、擴大宣傳、多做功德的。由此推想，《真武靈應圖册》的選編繪製目的當與明版《武當嘉慶圖》所言相似，最主要的也是宣教傳

[一] 林聖智：《明代道教圖像學研究：以〈玄帝瑞應圖〉爲例》，國立臺灣大學《美術史研究集刊》第六期，一六四頁。

[二] 《藏外道書》第三十二册，一〇二一頁，成都，巴蜀書社，一九九四年。

道、勸善教化、積累功德。當然因《真武靈應圖册》是精美的彩繪工筆畫，在科技不發達的古代社會，不可能像《武當嘉慶圖》那樣大量印行出版，因而其爲後世留存真武瑞應故事圖像的功能相對較爲突出。另外從其精細的繪圖和工整秀麗的題記來看，可謂鴻篇巨製，費工甚大，應是道士帶着做功德的目的完成的精品，具有秘本或收藏本的性質。

四 《武當嘉慶圖》與《真武靈應圖册》繪畫傳統比較

前面已初步將《真武靈應圖册》與《道藏》所收元代《玄天上帝啓聖録》、明代《大明玄天上帝瑞應圖録》，《真武靈應圖册》與明代《武當嘉慶圖》相關内容作了比較研究，雖然這幾部玄帝瑞應故事著作時代、版本不同，繪畫傳統也有一定的差異，但總體來看都與玄帝本生、靈應故事有關，同時也與武當山關係密切。當與元明以來武當山道士整合玄帝瑞應事跡的傳統分不開。林聖智先生對正統《道藏》，明版《武當嘉慶圖》的版畫傳統研究後認爲，『明初正一派天師可能即徵調江西、福建一帶的版畫作坊至京師鎸刻正統《道藏》。』[二]明版《武當嘉慶圖》刊刻地在明代延平府南平（今福建南平市），也屬於南方版畫傳統。從《真武靈應圖册》、正統《道藏》所收《大明玄天上帝瑞應圖録》、明版《武當嘉慶圖》三本著作的圖像風格來看，也比較相似，尤其是前兩者更爲相似，與粗獷豪放、鬚髮飄逸、飄帶飛舞、綫條流暢、一氣呵成

圖四・一八 《武當嘉慶圖》『洞天雲蓋』

圖四・一七 《武當嘉慶圖》『降魔洞陰』

[二] 林聖智：《明代道教圖像學研究：以〈玄帝瑞應圖〉爲例》，國立臺灣大學《美術史研究集刊》第六期，一五二頁。

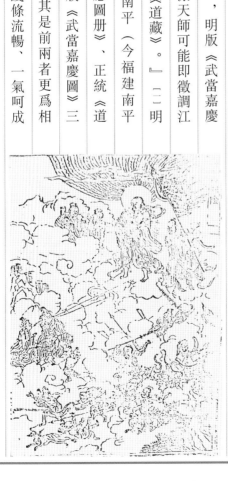

圖四・一九　永樂宮三清殿壁畫

的永樂宮壁畫（圖四・一九、圖四・二〇）風格有明顯的不同。因此《真武靈應圖册》也應屬於南方繪畫傳統。

另外，從《真武靈應圖册》的繪畫內容來看，明顯帶有武當山景物的特徵。《真武靈應圖册》中崇山峻嶺上傲立的松杉，群峰間繚繞的雲霧，巖石間潺潺的流水，都是武當山實景的宗教藝術描繪，在建築形制方面，圖中所繪也與武當山現存建築有許多相似之處，靈應本中所繪的建築主要分金碧輝煌的殿宇和白墻黛瓦的民居建築兩大類，武當山的建築也主要分爲上述兩大類；而且在屋脊兩側龍形脗獸的造型上、屋頂瓦面的形制上，一些重要宮殿，如金殿、紫霄宮等的描繪上都與武當山現存的古建築十分近似；尤其是靈應本在欄杆柱頂上廣泛使用蓮花柱頭裝飾，與作爲武當山現存明清古建築顯著標誌的明清神道上欄杆柱頭的蓮花裝飾一脈相承。

綜上所述，筆者認爲《真武靈應圖册》是武當山道士在明代繼《大明玄天上帝瑞應圖録》之後的又一次整合歷代玄帝瑞應事跡的行動，《真武靈應圖册》當出自武當山道士之手。以後才在明清以來武當山的歷次戰亂中流出山外，轉入一些大收藏家的手中，這也是《真武靈應圖册》能够幸存下來的原因所在。

圖四・二〇　永樂宮三清殿雷公像

【第五章　靈應本與河北省蔚縣真武壁畫的比較研究】

河北省蔚縣水東堡村真武廟和北方城村北極宮真武壁畫是一批新發現的北方地區真武系列壁畫，對深入瞭解北方真武圖像的變遷與特色有重要意義。本章將蔚縣真武壁畫與《真武靈應圖册》進行比較，重點探討武當傳統與民間傳統的界定問題。

第一節　河北省蔚縣真武廟、北極宮的歷史人類學考察

二〇〇三年八月，筆者有幸作爲『首界歷史人類學高級研修班』的學員在北京師範大學學習研討，並隨研修班到河北省蔚縣作爲期一周的歷史人類學考察。這次考察除了對蔚縣這座『八百古堡、八百戲臺』的古城印象深刻外，最大的收穫是在蔚縣的古堡中發現了大量的明清真武廟以及部分真武瑞應故事壁畫[一]。當地大量精美的佛道壁畫靜靜地附着在古堡舊廟的四壁甚至斷瓦殘垣之上，許多壁畫有着極高的藝術水平。一些明代壁畫在新華網上都有報道，如新華網浙江頻道二〇〇四年二月七日報道在河北省蔚縣上蘇莊村發現了『紅孩兒五十三參拜佛』明代彩繪壁畫[二]，色彩鮮艷，保存非常完好，可惜仍尚未引起社會各界的重視。

據清乾隆二年（一七三七年）李衛所撰的《蔚縣志》序記載：『蔚爲古冀州地，於明設州，屬大同。設衛所，屬宣化，國朝因之。康熙三十二年改爲縣，屬宣化府，隸直隸保定府之布政使司。星分箕尾，地介雲谷，萬山環拱。東屏五臺，北枕桑乾，中帶壺流，連倒馬、紫荊之關，縣藩其外。地雖彈丸，亦鎖鑰重地，朝廷之形勝邑也。』[三]蔚縣作爲山西、塞外與河北等地的商貿通道，很早就成爲晉冀一帶的商貿樞紐之一，縣内的飛狐峪等著名商貿通道就是有力的歷史見證。此外，由於蔚縣地處塞外與京津、河北腹地的中間地帶，屬『鎖鑰重地』，歷來是中原軍隊與北方游牧民族頻繁交戰的地區之一，因此北方戰神真武大帝信仰在這裏十分興盛。蔚縣衆多明清古堡的基本佈局

[一] 河北、山西一帶過去有大量的真武廟存在，可參賀登崧的《真武神志：察哈爾鄉土傳統的流變》一文。見《歷史人類學學刊》第四卷，第二期，一二七至一七〇頁。
[二] 河北蔚縣網，二〇〇五年二月八日新聞。
[三] 《蔚縣志》，臺北，成文出版社，一九六八年。

圖五・一　蔚縣古堡北部高地上常見的古廟

圖五・二　水東堡真武廟

就是城墻的北門不開，而北門位置多選在地勢較高，視野開闊的地點，上建真武大帝廟。從信仰上講，是希望得到宋明以來地位逐步上昇的北方戰神真武大帝的護佑；從實用功能上來說，這些建在古堡城北的真武廟，都設有鐘鼓樓和崗哨，一旦發現遠處有兵馬襲擊，就撞響鐘鼓，提醒堡內民衆危險將至，趕快將東、西、南三城門關閉，做好防禦措施。雖然近代以來，古堡真武廟已失去了往日的輝煌，多數成了古堡北部高地上孤零零的座座殘廟（圖五・一），但飽經風霜的歷史殘痕，述說着一座座古堡數百年的滄桑巨變。衹可惜這些古堡的真武廟已大多數遭到了毀壞，現存的部分真武廟也處於風雨飄摇之中，亟待社會各界共同加强保護。

古堡真武廟一般爲單間殿宇，面積多爲十多平方米，大一點的前有一個院子，用圍墻圍住，兩側建有鐘鼓樓，院門口有較長的石梯通到堡內地面上。真武廟室內佈局爲，中間塑有或繪有北帝及其侍從神將的形象，威武高大，武神特徵明顯。左右兩側的墻壁上則繪滿了真武大帝降生、修道及靈應故事，故事內容各廟有多有少，以五十幅左右爲多。這些繪畫技藝精湛，可惜大多遭到了破壞，不可辨認。但有些壁畫是用灰水覆蓋的，輕輕抹去灰水，就可見到精美的畫面。筆者有幸見到了兩個古堡真武廟的部分幸存壁畫，即蔚縣水東堡村真武廟和北方城村北極宮真武壁畫。

二〇〇三年八月二十二日，筆者在蔚縣南留莊鎮水東堡村調查，水東堡村的村落佈局與蔚縣大多數古堡一樣，也是以一條南北通道爲主軸，通道的北部高地上，就是水東堡真武廟（圖五・二）。據廟內的碑刻記載，真武廟建於清乾隆五十八年（一七九三年）。該廟分兩重院落，第一重比古堡的地面稍高，門樓造型古樸，爲乾隆時期原物，兩邊的磚墻近年修過；第二重院落建在高臺之上，用三十多級磚梯與第一重相連，遠看像一個城堡，沿磚梯而上，有登臨天門之感。水東堡村真武廟的殿內正中爲真武大帝和左右六位神將的壁畫，真武大帝面色圓潤，雖因圖像模糊，服裝看

圖五·四　蔚縣北極宮

得不是很清楚，但從其腿部的姿勢和飛舞的飄帶來看，武神特徵明顯。兩邊的六位神將，模糊不可辨認，但形象威猛，與真武的風格一致。左右兩邊則繪滿了真武靈應故事壁畫。這些壁畫左右對稱，均爲四行七列，左右各二十八幅真武故事壁畫，合起來共五十六幅。可惜的是這些壁畫大多被灰水雜物遮蓋，已很難看清圖像。從僅存的數幅稍清楚一點的圖像來看，此套壁畫風格古樸，用筆自然，有較高的藝術水平，當爲建廟時所繪。與周圍古堡的真武廟比較可知，這一帶的明代真武廟內也曾有類似壁畫，可見這些真武圖像的來源也許會更早。

二〇〇三年八月二十三日，筆者在蔚縣湧泉莊鄉北方城村調查。北方城村的古堡正門仍保存完好（圖五·三），是蔚縣常見的古堡正門之一，拱門上的『北方城』三字當爲新中國成立後所加。北方城古堡的基本佈局與其他古堡相似，也是堡北高地上建真武廟，該廟名爲北極宮（圖五·四），規模較大，保存也相對較好。該真武廟亦分兩重院落，一低一高，用磚梯連接，第二重院落內的鐘鼓樓保存完好，古鐘尚存。圍墻都砌成十字花格，便於隱藏和遠眺。殿頂正中直插雲霄的三股叉應是北極宮功能的最好象徵，就是借真武武力來保衛堡民的平安。據北極宮內現存的一塊石碑記載，該廟曾於民國四年（一九一五年）重修，碑上留有許多女性的名字。北極宮始建於何時不得而知，從現存建築來看，與前述水東堡村真武廟的風格十分相似，應爲同時代的產物。趙世瑜先生認爲，蔚縣一帶在清乾隆以前戰亂較多，乾隆以後才平定了下來。[一] 因此蔚縣一帶的真武廟可能明代就存在了，在戰亂中許多遭到了破壞，乾隆以後隨着當地社會的安定，又逐步重修起來。北極宮廟內的佈局與水東堡真武廟類似，大殿正中爲真武大帝的塑像，真武大帝金甲仗劍，前有龜蛇，武神特徵明顯。左右分別有捧印、執册塑像，分別爲周公、桃花女的形象。這些塑像明顯爲近年來所塑，至於原來真武大帝像是壁畫還是塑像則不得而知。最令人驚喜的是殿內左右兩側的清代真武靈應故事壁畫，至今仍完好地保

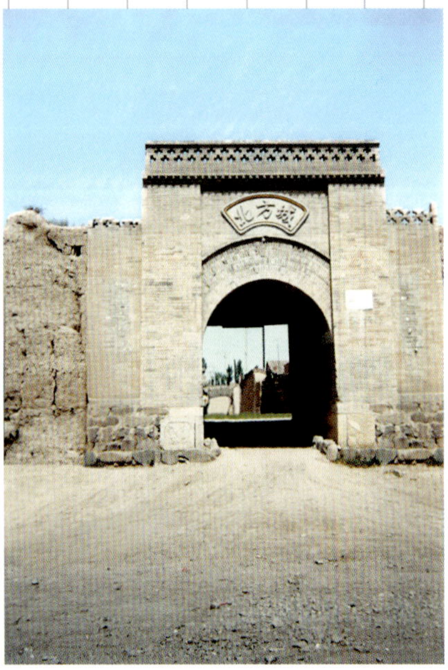

圖五·三　北方城村的古堡正門

[一] 根據筆者有關趙世瑜先生的學術討論發言筆記摘録。

存了下來。爲了解華北一帶真武靈應故事圖像的流傳提供了極其寶貴的素材。這些壁畫也是左右對稱，均爲四行六列，左右各二十四幅，共四十八幅。據廟碑文字推斷，此套壁畫很可能是民國四年（一九一五年）重修時所繪，雖仍不乏精彩之處，但無論從綫條的流暢，還是從人物的刻畫、色彩的使用方面，藝術水平與水東堡真武廟壁畫已有了一定的差距。清代的壁畫雖已難與元明壁畫水平相比，但一個地域的繪畫傳統當仍有遺跡可尋。

第二節　武當傳統與民間傳統的界定

前面已將《真武靈應圖册》與屬於版畫系統的《正統道藏》相關圖像、明版《武當嘉慶圖》作了初步的比較研究，我們把上述這些元明以來源自武當山的、內容相對較爲近似的真武系列圖像稱爲武當傳統。下面將主要以河北省蔚縣水東堡村真武廟和北方城村北極宮真武壁畫，再結合武當山現存的部分真武壁畫來與《真武靈應圖册》所屬的武當傳統作簡要的比較，以使我們對《真武靈應圖册》所代表的真武圖像傳統及其宗教意義有更深刻的認識。

圖五・五　水東堡村真武廟正面真武神像

圖五・六　水東堡村真武廟『復位坎宫』圖

河北省蔚縣水東堡村真武廟壁畫因破壞嚴重，圖像所存不多，較爲清楚的祇有廟正面真武神像（圖五・五）、『復位坎宫』圖（圖五・六）兩張。其榜題文字留下來的較多，爲四行七列，記録如下：

左壁（主神像的左側）：

第一行從左到右依次爲：檔（棚）樹折梅、鐵杵成針、金河淨身、租（祖）師馴脱、脱凡成聖、正氣降魔、路逢龜蛇；

第二行從左到右依次爲：天地（帝）賜劍、童真内練（煉）、二虎把門、仙人進供、靈官護佑、猿鹿獻果、二聖談經；

第三行從左到右依次爲：欽賜袍帶、元始傳道、回圍朝尊、太子演武、出□行圍、辭親學道、諫阻群臣；

第四行從左到右依次爲：□□焚祝、……國王見喜、太平□□。

右壁（主神像的右側）：

第一行從左到右依次爲：真武拜日、雪山開坐、……；

第二行從左到右依次爲：鄭箭滅龜、天罡帶劍、蜀王歸順、聖劍垂粉、……；

第三行從左到右依次爲：水湧江鐘、分判人鬼、北極降妖、朝見元始、□□來詔、聖真化腹、□□求□；

第四行從左到右依次爲：井滿自溢、……、□□金殿。

蔚縣北方城村北極宫真武壁畫保存非常完整，共四十八幅，衹有一幅壁畫的榜題文字漫漶不清。左右壁畫均爲四行六列，各二十四幅，現將榜題文字摘録如下：

左壁（主神像的左側）：

第一行從左到右依次爲：烏鴉礶玉頂、沐浴淨身體、梅鹿獻芝草、二虎把古洞、猿猴指仙路、夜晚觀星月；

第二行從左到右依次爲：太子離朝綱、文武來餞行、樵夫來引路、太子遇獵人、天官賜神劍、指劍成玉河；

第三行從左到右依次爲：北門逢僧人、西門逢死者、南門遇病人、東門遇老翁、太子演武廳、太子入學堂；

第四行從左到右依次爲：白象來投胎、夜夢騰日月、降生玉真人、五龍吐神水、姨母養育子、皇帝來礶頂。

右壁（主神像的右側）：

第一行從左到右依次爲：周桃來歸降、收鄧忠辛環、温良馬善服、武當接玉旨、修善真武殿、威嚴北極宫；

第二行從左到右依次爲：大戰龜蛇將、收下七星旗、天神賜玉印、捧聖上天堂、斬殺諷魔女、□□□□；

第三行從左到右依次爲：威武氣來侵、井滿能自溢、舍身養鷹雄、鐵杵磨綉針、心肝淨沐浴、太白賜金甲；

第四行從左到右依次爲：財帛若浮雲、色不纏身體、酒不迷真性、三更伴虎眠、神龜獻天書、猿猴獻仙桃。

從水東堡村真武廟壁畫所繪内容來看，仍受到了武當傳統較大的影響，但在榜題文字上已有了一定的不同，就連最著名的『悟杵成針』、『折梅寄榔』、『水湧洪鐘』等也改名爲『鐵杆成針』、『檔（榔）樹折梅』、『水湧江鐘』等了，這些名字的改動，實際上是真武靈應故事進一步民間化的結果。水東堡村真武廟左壁壁畫是描繪真武本生故事，右壁則主要以真武靈應故事爲多。這些故事在武當傳統的基礎上，已糅進了許多民間有關真武大帝的傳説。

北方城村北極宮真武壁畫保存相當完整，故事也分左右兩壁，有特色的是左右兩壁都是講述真武降生、修真成神的故事，以『白象來投胎』開始，至『威嚴北極宮』止，由左壁到右壁内容相連。仔細研究左右兩壁圖畫排列的順序會發現，左右兩邊的圖像排列都是曲折上昇的結構：左壁從『白象來投胎』起到『烏鴉礶玉頂』止，共二十四幅，其圖畫排列順序爲『∽』形；右壁從『猿猴獻仙桃』起至『威嚴北極宮』止，共二十四幅，其圖畫排列順序爲『∽』形。這種曲折上升的排列結構，形象直觀地反映了真武由俗界經過艱辛曲折，不斷上昇，走向神聖的過程，前述水東堡村真武廟壁畫的排列順序因壁畫殘缺，難以判斷，但粗略來看很可能與北極宮壁畫類似。比利時著名語言學家、傳教士賀登崧（Willem A.Grootaers）在六十年前曾調查過察哈爾宣化、萬全一帶的大量真武壁畫，認爲這些壁畫組圖没有固定的排列順序[一]。從蔚縣壁畫的情況來看，筆者認爲此類壁畫儘管排列有變化，但都是有順可循的，並隱含着一定的宗教意義。此問題筆者將有專文論述。北極宮壁畫的榜題文字由通常的四個變爲了五個，故事内容已與武當傳統有很大的差距，雖然仍以真武在武當修煉的故事爲基礎，但明顯地加入了佛祖生平故事的内容，如白象來投胎、北門逢僧人、西門逢死者、南門遇病人、東門遇老翁、太子演武廳、捨身養鷹雄等等。

祇要把宋代以來道經所載的有關真武大帝生平故事，與佛祖本生故事稍作對比，就不難發現人格化真武大帝的塑造明顯是以佛祖本生故事爲藍本改造加工而成的。起初就連真武大帝的出身地淨樂國，也是倣照佛祖故事的淨梵國，認爲是在『西域月支國之西，星分奎婁之下』[二]的海外之國，直至元代《武當福地總真集》等書中，纔力圖將玄帝的出身地本土化，認爲淨樂國就是武當山所在的均州[三]。北極宮真武壁畫也不例外，佛祖本生故事影響尤其明顯。北極宮真武壁畫還吸收了較多的典故或民間故事傳説，如『神龜獻天書』、『鐵杵磨綉針』、『井滿能自溢』等。該壁畫還較全面地將玄帝受賜劍、印，如『天官賜神劍』、『天神賜玉印』等和收伏侍從部

[一] 賀登崧：《真武神志：察哈爾鄉土傳統的流變》，《歷史人類學學刊》第四卷，第二期，一四九頁。
[二] 陳伀：《太上説玄天大聖真武本傳神咒妙經集疏》，《道藏》第十七册，一一二頁。
[三] 中國武當文化叢書編纂委員會編：《武當山歷代志書集註》（一），三六頁，武漢，湖北科學技術出版社，二〇〇三年。

將，如『收下七星旗』、『大戰龜蛇將』、『周桃來歸降』、『收鄧忠辛環』、『温良馬善服』等用圖像反映了出來，在所見真武系列故事材料中較爲少見。從該壁畫『烏鴉礶玉頂』中，又不難看出受武當山真武故事影響的痕跡。去過武當山的人都知道，烏鴉因相傳護衛太子有功，在武當山被奉爲神鴉，有『外地的人，都不愛烏鴉愛喜鵲；武當山的人，都不愛喜鵲愛烏鴉』[一]之説。『礶頂』一詞應爲佛教用語，用在此處，亦説明受佛典的影響。從該壁畫『西門逢死者』圖（圖五·七）中，看到太子坐着四輪馬車，似乎也是佛教文化的影響。

從上述對河北省蔚縣水東堡村真武廟和北方城村北極宫真武壁畫内容的初步分析，不難發現蔚縣的這些真武壁畫實際上代表了與《真武靈應圖册》所屬的武當傳統有明顯差異的另外一個傳統，我們把這種傳統命名爲民間傳統。民間傳統之稱，是與武當傳統相比較而言的。武當傳統也可以稱爲正統傳統[二]，因爲武當傳統中的《玄天上帝啓聖録》、《大明玄天上帝瑞應圖録》等都收入明皇室敕修的《道藏》之中，編撰者爲元代武當山著名道士張守清爲代表的教團組織或個人，其故事來源以北宋的《真武啓聖記》、南宋的《玄帝實録》、部分元代的真武故事及明初大修武當山的瑞應故事爲主，與宋元明皇室的關係頗爲密切，如張守清曾被元皇室賜爲

圖五·七 北極宮壁畫『西門逢死者』

[一] 中國武當文化叢書編纂委員會編：《武當傳説故事》（上），六六頁，武漢，武漢出版社，二〇〇〇年。
[二] 這裏的正統是指與元明皇室的關係密切，屬於官方或半官方的編纂性質。

『體玄妙應太和真人』〔二〕，頗受寵信。《大明玄天上帝瑞應圖録》則直接由明皇室敕編。

民間傳統的真武系列圖像或故事，除上面提到的河北省蔚縣壁畫外，這裏再舉兩個例子來加以説明：

第一 《北遊記》

明末著名書商余象斗於明萬曆三十年（一六〇二年）所編的《北方真武祖師玄天上帝出身志傳》，又稱《全像北遊記玄帝出身傳》，俗稱《北遊記》。該書作爲《四遊記》的一種，有着廣泛的影響。《北遊記》講述了真武身世、修道降妖、收服部將諸事，故事來源於真武經典、佛典和民間傳説，内容十分豐富。書中所介紹真武收服的三十六員大將，多採自民間信仰的神靈，而且時間差異很大，可視爲是一次全面的整合玄帝武神系統的努力。該書前六則内容與佛祖本生故事相似，有些還直接採用佛經故事，如『雪山太子割肉飼鷹』、『投崖飼虎』等。《北遊記》内還有『祖師參見如來』、『如來命關羽拜上帝爲師』、『文殊普賢領法旨接太子』、『太子得道入西天』等明顯屬佛教内容的圖畫榜題文字。這些看似混亂的故事，其實正是中國民間信仰的特點所在，可見《北遊記》典型的民間傳統特性。

第二 **武當山磨針井正殿真武壁畫**

磨針井，又名純陽宮，建於清康熙年間（一六六二至一七七二年），清咸豐二年（一八五二年）重建。磨針井正殿東西兩壁上所見的這些清代真武壁畫，據磨針井正殿内的説明牌所載，其内容依次爲：發誓修真、辭別父母、元君指路、越海東渡、訪問武當、神賜利劍、劈山成河、水隔群臣、元君點悟、鐵杵磨針、折梅寄榔、虔心修煉、梅鹿啣花、獮猴獻桃、黑虎巡山、烏鴉引路、面壁修行、祖師圓光、三清演法、互契元真、降妖伏魔、破碎鬼王、梳妝試心、六賊現形、南巖飛昇、五龍捧聖、玉京見功、仙臺受詔、名列金闕、巡視三界。因壁畫本身没有榜題，這些榜題的表述是否正確仍有待繼續研究。此套真武壁畫雖以真武在武當山修道的故事爲重點展開，但也加入了部分如劈山成河、梅鹿啣花、獮猴獻桃等屬於民間傳統的内容。總體來看與前述武當傳統有明顯的區别，所依據的經典也與武當傳統有别，更接近於民間傳統的類型，故雖地處武當山，亦應劃入民間傳統的範圍。

綜上所述，筆者認爲武當傳統與民間傳統至少有以下幾點區别：一、編纂者不同。武當傳統作品或爲皇室敕編或

〔二〕任自垣：《大嶽太和山誌》卷一二，《元碑》，見楊立志點校《明代武當山誌二種》，湖北人民出版社，一九九九年。

爲與皇室關係密切的教團組織所編，而民間傳統作品則多爲民間人士所編或民間畫工所繪。二、所依據的經典有別。武當傳統所依據的經典大致沿着北宋的《真武啓聖記》、南宋的《玄帝實録》、元代的《玄天上帝啓聖録》、明代的《大明玄天上帝瑞應圖録》這一條脈絡展開，民間傳統雖也採用這些故事，但同時也運用唐末宋初《太上説玄天大聖真武本傳神咒妙經》、《元始天尊説北方真武妙經》等道經故事，同時夾雜着佛教本生故事、中國古代民間故事、掌故等，故事來源更爲廣泛。三、地域分佈不同。武當傳統作品多出自武當山一帶，與開封、北京等宋明皇室都城所在地也有關聯。民間傳統作品則廣泛分佈於全國各地，大到名山古刹、小到村野小廟均可見到。四、圖像風格不同。與武當傳統相比，民間傳統具有佛教影響更爲明顯，圖像更通俗易懂，榜題文字表述更接近民衆等特點。

《真武靈應圖册》雖與《正統道藏》所收的《玄天上帝啓聖録》、《大明玄天上帝瑞應圖録》、明版《武當嘉慶圖》等有一定的差異，但若將《真武靈應圖册》與蔚縣壁畫等民間傳統相比，就很易看出，《真武靈應圖册》明顯屬於武當傳統，與蔚縣壁畫的差異更大。祇有通過這種視野廣闊的比較，纔更有利於看清問題的實質所在。這也更進一步印證了《真武靈應圖册》出自武當道士之手的觀點。

圖五・八　北極宮壁畫『夜夢騰日月』

第三節　靈應本與蔚縣壁畫的南北差異

上一節着重從內容方面，將《真武靈應圖册》所屬的武當傳統與蔚縣壁畫所屬的民間傳統進行了初步的比較研究，本節將以圖像保存完好的河北省蔚縣北方城村北極宮真武壁畫爲代表，在左右兩壁共選取六幅與《真武靈應圖册》內容相似的圖像進行微觀的比較，並簡要分析兩者在圖像風格、圖像功能、畫史傳統方面的差異。

圖五・九　北極宮壁畫『降生玉真人』

圖五・十　北極宮壁畫『五龍吐神水』

一、《真武靈應圖册》與蔚縣北極宮真武壁畫的微觀比較研究

《真武靈應圖册》與蔚縣北方城村北極宮真武壁畫的内容前文已作了介紹，這裏僅選取蔚縣北極宮真武壁畫左壁：夜夢騰日月、降生玉真人、太子入學堂、天官賜神劍；右壁：鐵杆磨綉針、威嚴北極宮，共六幅與《真武靈應圖册》相對應的：淨樂仙國金闕化身、王宮誕聖、經書默會、天帝錫劍、悟杵成針、復位坎宮六幅作一比較。

『夜夢騰日月』圖

北極宮壁畫的『夜夢騰日月』圖（圖五・八）與《真武靈應圖册》的『淨樂仙國金闕化身』圖（附圖一）相比構圖基本相似，善勝皇后的睡姿、殿外射入的光綫、侍從的昏睡姿態等特徵都頗爲近似，所不同的是北極宮壁畫中將日、月圖案形象地繪入光綫之中，使『夜夢騰日月』表現得更爲直接明了。當然由於兩者的文字版本有别，一爲『符太陽之精』，一爲『騰日月』，圖像内容自然就出現了差異。兩圖另一個明顯的不同是，靈應本描繪的后宮黄幃金瓦，皇家氣派十足；而北極宮壁畫中的宮殿卻類似於民宅，由此可見兩個傳統的區别。

『降生玉真人』圖

北極宮壁畫的『降生玉真人』圖（圖五・九）與《真武靈應圖册》的『王宮誕聖』圖（附圖二）相比差異很大，靈應本的『王宮誕聖』圖實際上相當於北極宮壁畫的『降生玉真人』和『五龍吐神水』（圖五・十）兩圖的結合。『降生玉真人』圖完全參照佛典繪製，圖中善勝皇后在無憂樹下，從皇后的衣袖（左肋）産出太子，與山西崇善寺明代聖母摩耶在無憂樹下從衣袖（右肋）産下太子圖壁畫（圖五・一一）如出一轍。當然，左右肋的區分體現了道教本土化的特色。而靈應本的『王宮誕聖』圖則爲明代繪畫中中國聖人降誕的通常造型，如明代《孔子聖跡圖》中的孔子降生，也是此類造型。『王宮誕聖』圖中太子降誕之後在浴盆裏赤身沐浴的情景，在北極宮壁畫裏則表現在『五龍吐神水』圖中。此圖五龍從空中吐下神水沐浴太子，五龍栩栩如生，水花自然飄灑，有較高的藝術水平。太子赤身站在浴盆裏，從體型來看，應爲中國北方小孩的體型，可見地域文化對圖像的影響。從此圖的分析不難看到，在民間傳統中，佛教對道教的巨大影響。

圖五・一一　山西崇善寺明代聖母摩耶誕太子圖壁畫

『太子入學堂』圖

北極宮壁畫的『太子入學堂』圖（圖五・一二）與《真武靈應圖册》的『經書默會』圖（附圖三）相比，描繪的都是太子讀書的場面。靈應本的太子年紀較小，與題記的『年及七歲』相應，場面頗爲簡單；北極宮壁畫則較詳細地描繪了太子在學堂的位置，老師以及陪讀學生的位置、學堂裝飾等，將清代北方學堂的佈局生動地描繪了出來，對清代北方建築陳設的研究、民俗研究都有積極的意義。

『天官賜神劍』圖

北極宮壁畫的『天官賜神劍』圖（圖五・一三）與《真武靈應圖册》的『天帝錫劍』圖（附圖五）相比，在

圖五・一二　北極宮壁畫『太子入學堂』

圖五・一三　北極宮壁畫『天官賜神劍』

圖五・一四　北極宮壁畫『鐵杵磨綉針』

天帝賜劍的主題上相同，但在賜劍的形式上有明顯的差別，靈應本中的天帝形象高大，高大的天帝與小小的玄帝之間形成了强烈的反差，襯托出天帝的尊嚴。天帝後面的二將也威嚴莊重，天帝親手將寶劍賜與玄帝。北極宮壁畫中的天官則不是親手賜劍，由童男來代替完成，天帝後面的侍從也變成了童男童女，場面氣氛也没有那麼莊重嚴肅，體現了民間化的特色。榜題的『天帝』改爲『天官』也是這種民間化、通俗化的反映。

『鐵杵磨綉針』圖

北極宮壁畫的『鐵杵磨綉針』圖（圖五・一四）與《真武靈應圖册》的『悟杵成針』圖（附圖七）相比，老媼和玄帝這兩個主要人物和山川環境較爲相似，最大的不同是北極宮壁畫將化爲老媼來感化玄帝的聖師京元君的形象畫了出來，直接表現了老媼的來歷身份。另外在鐵杵的形狀上，靈應本的鐵杵似剛磨不久，而北極宮壁畫已磨得較細。在人物的衣着和方位上，也有差別，北極宮壁畫的人物方位類似於《武當嘉慶圖》的『悟杵成針』圖（圖五·一五）。武當山磨針井也有一幅清代『鐵杆磨針』壁畫（圖五·一六），是目前所見此故事表現内容最豐富的一幅，該圖與其他圖最大的不同是在磨杵石旁邊畫出一口水井，即磨針井，並繪出了木桶、水瓢等物。將《真武靈應圖册》、《武當嘉慶圖》、武當山磨針井壁畫和北極宮壁畫關於『鐵杵磨成針』故事的四幅圖放到一起比較可知，早期的版本應該是没有磨針井的，後來隨着以元代劉道明等爲代表的歷代武當道士將玄帝修真故事與武當山山水勝跡一一對應的塑造，出現了磨針井，纔在武當山清代磨針井壁畫中反映了出來。

圖五·一六　武當山磨針井壁畫『鐵杆磨針』

圖五·一五　《武當嘉慶圖》『悟杵成針』

『威嚴北極宮』圖

北極宮壁畫的『威嚴北極宮』圖（圖五·一七）與《真武靈應圖册》的『復位坎宮』圖（附圖一六）相比，均爲玄帝端坐中央，侍從神將分列兩旁的佈局，所不同的是北極宮壁畫除了繪出仗劍、執旗，執册、捧印四位侍從之外，還繪出了玄帝的四大元帥，陣容更爲鼎盛。另外，靈應本『復位坎宮』圖中

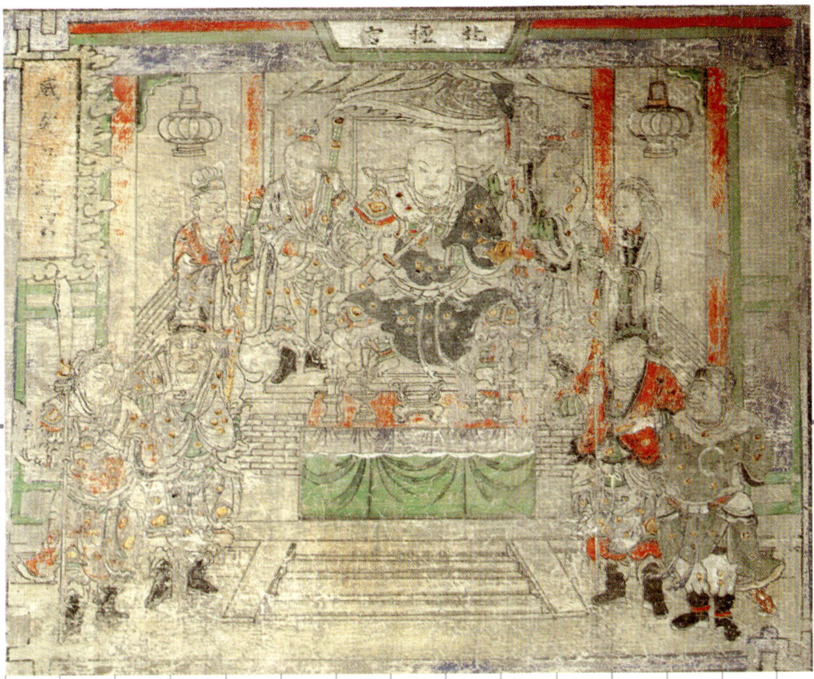

圖五·一七　北極宮壁畫『威嚴北極宮』

圖五·一八　北極宮壁畫『斬殺飄魔女』

的玄帝形象爲古聖賢模樣的文神真武圖像，而且執册、捧印二將靠近玄帝，强調的是真武的文神特性；北極宮壁畫的『威嚴北極宮』圖中的玄帝鎧甲仗劍，爲武神真武形象，而且仗劍、執旗二將靠近玄帝，强調的是真武的武神特性。此兩圖所代表的這種差異，實際上是兩套圖像整體的差異之一，這將在後面談到。

二、《真武靈應圖册》與蔚縣真武壁畫風格比較

《真武靈應圖册》中的玄帝形象前文已有論述，總體來看，比較强調真武的文神特性，即使是一些降妖助戰的場面，真武都面容白淨，執劍在手，見不到真武揮劍刺殺的場面。北極宮壁畫中所見的玄帝形象，則明顯强調真武的武神特徵。如蔚縣水東堡村真武廟正面的真武神像（圖五·五）、『復位坎宮』圖（圖五·六）中的真武大帝像都面色圓潤，手握寶劍，腿部微曲，飄帶飛舞，一副隨時準備投入戰鬥的架勢。北極宮壁畫中的真武形象也與水東堡村真武廟類似，前文已討論了北極宮壁畫『威嚴北極宮』一圖的玄帝武神形象，再如『斬殺飄魔女』（圖五·一八）、『大戰龜蛇將』（圖五·一九）等圖中的玄帝形象，玄帝奔走追殺，刺砍並用，飄帶狂舞，殺得天昏地暗，這種場面在《真武靈應圖册》中是沒有見到的。北極宮壁畫中人物的衣袍，尤其是玄帝的皂袍上大量使用瀝粉貼金技法，

圖五·一九　北極宫壁畫『大戰龜蛇將』

圖五·二〇　北極宫壁畫『指劍成玉河』

圖五·二一　北極宫壁畫『樵夫來引路』

形成了十分顯眼的不規則金點，顯得十分粗獷豪放，與《真武靈應圖册》中玄帝皂袍上精細的描金花紋形成了鮮明的對比，體現了南北繪畫風格的差異。蔚縣北極宫壁畫還有一個顯著的特點，就是真武的形象以第十八圖『指劍成玉河』（圖五·二〇）爲界分爲兩大類，前十七圖真武爲頭戴花冠，身着绿色鑲金彩袍的皇太子形象，如『樵夫來引路』圖（圖五·二一），這種圖像應該是受到佛祖本生故事圖像的影響。後三十一圖則變爲玄帝身着皂袍的慣常形象，這種玄帝圖像整體變化，在目前所見到的其他玄帝系列圖像中並不曾見。筆者認爲這種玄帝形

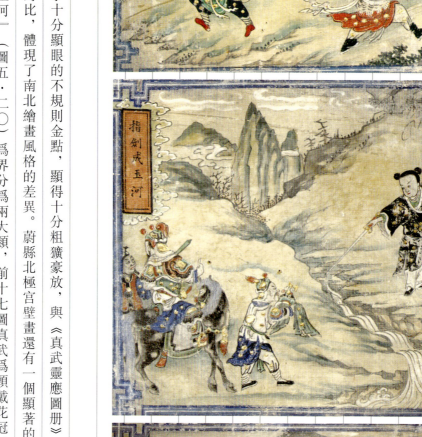

象的區分，代表着特定的宗教意義。從北極宮壁畫第十八圖『指劍成玉河』可以看出，玄武用寶劍劃出一條劍河，把自己和前來奉國王之命追太子回朝的文武官員擋在了劍河之外，標誌着太子從此潛心志道，擺脱凡塵的决心，因而服裝也改爲玄帝在武當修道的皂袍。這其實是通過服飾的變化來象徵『脱凡入聖』的玄帝角色的變化。北極宮壁畫中的真武圖像並未出現像《真武靈應圖册》、《武當嘉慶圖》中所見的天帝圖一類的玄帝形象，這也説明了北極宮壁畫民間性的特點。

從蔚縣壁畫强調真武武神特性、飄帶飛舞、動感十足的特徵來看，蔚縣壁畫的玄帝形象也繼承了唐代吳道子風格的宋代武宗元《朝元仙仗圖》傳統，與元代永樂宮三清殿西壁『佑聖真武』和河北省石家莊毗盧寺後殿明代玄天上帝壁畫一脈相承，祇是繪畫水平已難與元明壁畫相比。蔚縣真武壁畫雖反映的是真武在武當山修道成仙的故事，但畫面也留下了不少北方地域文化的烙印，如壁畫中所見的建築和室内陳設都帶有北方的特徵，畫面中也常常見到在《真武靈應圖册》中難以見到的而在北方較爲多見的柳樹。據筆者在蔚縣上華嚴寺調查時，採訪當時正在寺内貼金彩繪神像的元畫匠，他來自與蔚縣相臨的山西省廣靈縣斗泉鄉，據他説山西的畫匠常來蔚縣作壁畫或塑像，已很有歷史了。從這則調查資料中，也可以看到山西作爲金、元兩代北方重要的佛道經典生産區，對周圍一帶圖像風格的影響。

綜合以上分析，可以看出河北省蔚縣真武壁畫風格與《真武靈應圖册》有很大的不同，河北省蔚縣真武壁畫屬於北方畫史傳統，而《真武靈應圖册》則屬於南方畫史傳統。在畫史傳統的背後，還隱含着全真、正一等道教教派文化的差異。

儀式研究是人類學研究的熱點之一。《真武靈應圖册》所涉及的儀式内容雖比較分散零碎，儀式圖像所反映的也衹是一些零星的片段，但仍有一定的規律可循。對儀式圖像的研究也應成爲圖像研究的關注點之一。

第一節　靈應本圖文中所涉儀式分析

《真武靈應圖册》圖像和文字中涉及儀式的内容，主要集中在屬於《玄天上帝啓聖録》部分描繪真武成神受封之後的各種靈應故事中。涉及儀式的圖像有：進到儀式、靈閣真瑞、雪晴濟路、神將教法、附語祈晴、消禳火德、施經救災、籤詞應驗、仲和辭吏、華氏殺魚、朱氏舍利、叙功賜銜奉御制讚十二幅。繪製這些圖像的主要目的是爲形象直觀地説明靈應故事，并不是以反映儀式的内容爲主旨，但其中所包含的儀式内容仍然對研究者從圖像上來直觀地了解宋元明以來，特别是明代的道教儀式有一定的參考價值。這十二幅圖像從它們所反映的内容來看大致分爲如下幾類：第一爲祈禳類，包括附語祈晴、消禳火德、雪晴濟路；第二類爲求籤類，包括靈閣真瑞、神將教法、籤詞應驗、仲和辭吏；第三類爲施經類，包括施經救災、華氏殺魚；第四類爲其他類，包括進到儀式、朱氏舍利、叙功賜銜奉御制讚。下面將結合道教儀式知識及《道藏》、《藏外道書》等道書中所載的相關威儀類道經對上述四類圖像作一些初步的分析。

一、祈禳類

『附語祈晴』圖（附圖四二）

該圖描繪的是一個祈求天晴的道場場面，該道場的中心是一張比較講究的祭祀几案，案邊有黄色帷幕。案上擺放着香、花、燈、水、果各類供品，最前是壘得高高的三大盤食品，疑爲果類；食品兩側各置一小口長頸的瓷玉壺春瓶，口内各存幾支雲朵狀的花，應爲靈芝；緊挨瓷瓶的是兩件高臺蠟燭，一左一右放置，燭火已經點燃，是爲燈；案中部位置，是一件三足的圓鼎形香爐，是爲香；爐側有一件圓形器物，應爲裝水的容器，是爲水。几案兩邊各侍兩名道士。五位道士皆頭戴蓮花冠，身披道袍，雙手捧一笏板。主持高功道士身後，正在揖拜的頭戴展脚幞頭、身着官袍的人應爲果州知郡黄宬。畫面上部的團雲中，有披髮跣足、手持寶劍的真武神像和諸隨從，也即此道場禱祈的主神。

此圖的重要價值在於將當時祈晴道場的一個場面比較清晰地展現了出來。該圖題記描述云：『陳希却告黄宸，須得親制祝辞，迎請陳希家真武寶座至州衙，選道士七人，啓立清浄道場，禁屠宰，減刑，逐日放士庶燒香，瞻禱祈晴道場。已對三日，陳希對知通官衆，附傳聖語。蒙真武降言，果州爲天曹注定六十日雨，減除禾顆十分不收，今更有二十餘日連雨未息。今既要求晴，奉天皇勑旨，消減元注日分。』可知此道場要由果州知郡黄宸親自制定祝辭，選道士七人啓立道場，並歡迎信衆燒香祈禱，道場進行了三日才得到玄帝的回應，這些已基本點出了此類道場的一些特點。從《藏外道書》第十六册所收明宣德年間周思德編著的《上清靈寶濟度大成金書》中所載的『祈晴齋三朝科範』可知，明代的祈晴齋分早朝行道儀、午朝行道儀、和晚朝行道儀，各朝行道儀又有不同，如早朝行道儀就有衛靈、發爐、稱職、啓聖、重稱法位各儀節。因而『附語祈晴』圖反映的是祈晴道場中的一個儀節的片段，應爲『啓聖』的場面。

『消禳火德』圖（附圖四三）

該圖包括兩個部分：上部是斗子牙人李惟信接待遊方道士齋食的情景，内中的遊方道士被繪成青年真武的樣子，以示其爲真武帝下降人間的化身。下部描繪的是高功道士作道場消禳火災的場面，這個道場畫面最突出的部分是用作祭臺的几案，該案案體用黄紅色絹布包遮起來，案面擺放着很多祭品和道具。第一排是五個大果盤，盤中堆滿果實，呈寶塔狀，其中第一、三、五盤的果實很像是桃子，在五個果堆的頂部皆插着一枝盛開的鮮花，道書講到齋醮祭時，常常『花果』合稱，意爲鮮花時果，可能即是這種祭品或放置形式。第二排是五個小碗，有可能爲茶具或酒具，以供祭享。第三排有燭臺、香爐、柳枝、水盂等物品。案右側站一道童，其左手握着一笏板狀物，右手拿一粗圓的棒狀體，案右角有底座的罐形物正在其棒下，可能是一件道儀所用的磬。祭案前佇立一位身披法衣的高功道士，雙手捧一笏板，在唸唱祝辭，身後有四位官員正在揖拜。全圖反映的應是一次道場法事場面。

此圖的重要價值也在於將當時消禳火災道場的一個場面比較清晰地展現了出來。據該圖題記云：『咸平二年（九九九年）司天臺奏，定九月初三日火星合躔婁宿，正照齊國鄆州分野，大生火災。行下本州，預宜禳謝。緣鄆州係京東西路屯兵津要，從四月間告示宮觀禳火道場，設醮祈禱。』可見此圖是反映道教宮觀禳火道場的一個場面。消禳火災儀式在《正統道藏》三一册《道門科範大全集》所收仲勵編修的『誓火禳災儀』中有較詳細的記載，該儀式分升壇、啓壇、清旦、臨午、晚朝、設醮行道等程式，各程式之下又有許多儀節，整套儀式十分完備規範〔一〕。周思德編著的《上清靈寶濟度大成金書》中也有『消災三朝儀』『禳火真符』『禳災滅火章』等與禳火有關的儀式或儀式所用的章、符。『消禳火德』圖所反映的場面應爲題記中所説的『祈禱』的場面。

『雪晴濟路』圖（附圖三六）

描繪了雄州防禦使戴夔正在邕州境内的行軍路上朝拜真武，祈求雪晴的場面。圖中遠處的群山白雪皚皚，近處的軍營附近的樹木上也是雪壓枝頭。一個將軍模樣的人物正帶着士卒跪在地上祈求真武顯聖。從圖中的遠方可以看出，他們的祈禱似乎已收到了成效：太陽已露出了半邊臉，天空中祥雲繚繞，前路光明。此圖的儀式畫面較爲簡單，祭臺擺在軍營的外邊，除掛有一幅真武幀像外，衹擺了一對蠟燭、一個香爐，香爐右側有一件圓形器物，應爲裝淨水的容器。從圖中可見，蠟燭已經點燃，香煙開始繚繞，儀式正在進行之中。該圖題記載：『有隨軍指使方琮告曰：隆冬道路積雪六尺，船運阻絶，欲救人馬性命，除是告祝真武福神，冀獲晴霽。方琮令帶得畫像在此，戴夔便備辦供養，面對真武幀像發露誠禱，纔燒奏紙不移時間，即獲晴霽，雲收日照，道路通濟。』祈雪晴的儀式應與祈雨晴的儀式一樣，都屬於祈晴儀式，應與周思德《上清靈寶濟度大成金書》中所載的『祈晴齋三朝科範』類似，當然是極其簡化的了。

《真武靈應圖册》中的以上三篇祈禳類圖畫，雖然故事發生的時間、地點、人物、環境等都不同，但它們有一個共同的特點，就是都將祭案放在開闊乾淨的地方，祭案的朝向、拜祭的方向完全一致，都朝着圖畫的左上方，從『附語祈晴』圖中真武在天空中的方向推斷，此方向應爲真武出現的方向，再結合古代向北方禮拜真武的習俗，可知此方向就是北方。在拜祭的主角方面，三幅圖也分别代表了三類情況：『消禳火德』圖中是由高功道士主祭，『附語祈晴』圖中則由高功道士和主要官員一起主祭，『雪晴濟路』圖中則不見了道士，衹由官員或民衆自己主祭。這反映了道場儀式的適應性和靈活性，它可以滿足各種實際的需要。從三圖的祭案繁簡可以看到，前兩幅是

〔一〕《道藏》第三十一册，八二七至八四一頁，上海書店、文物出版社、天津古籍出版社，一九九四年。

在道教宮觀或專門場所裏舉行的比較正式的儀式，而『雪晴濟路』圖所反映的則是民間自己舉行祈禳儀式的場面，形式簡單，也符合行軍打仗的實際情境。

二 求籤類

『靈閣真瑞』圖（附圖二八）

主要描繪了陝州天慶觀真武靈閣的繁盛景況。圖中所見的二層樓閣即爲真武靈閣，上層塑有真武和侍從聖像，下層大殿内有一個大祭案，案上擺着香燭、蟠桃等供品，案前有兩人正在拜祭，其中平民模樣的人雙手捧着籤筒，正在虔誠地摇動着，已經有一支靈籤即將跳出。右邊的解籤者爲一道士，手中拿着籤詞册，爲人解籤，與現代的求籤情景没什麽差别。閣前有兩位官員模樣的人帶着供品正欲進殿拜祭，表現香客絡繹不絶的情景。遠處有一個道童手提水壺，似乎暗示着此閣供養一千五百餘人的龐大規模。圖中將求籤儀式最主要的兩個程序，即求籤和解籤反映了出來。據該圖題記云：『本府天慶觀有道士千衆，厨供約近一千五百餘人，每日收聚真武聖閣靈籤開殿香錢相兼支用。』可見當時靈籤的流行程度，此記載還可看出宋初道士的自養情况。

『神將教法』圖（附圖三九）

此圖的左上角有一座小殿，一個官員模樣的人正雙手握籤筒，在神案前求籤，神情專注，殿外一個侍從在牽馬等待。從該圖題記可知，求籤者是黔州兵馬鈐轄張孝寧，爲自己奉朝廷之命出征南戎的前景一事，正在護國觀真武殿裏求籤問吉。求籤之所以廣受歡迎，其能預測前程的功能至爲關鍵。題記云：『孝寧軍隊約行一百餘里，遇夜，路次護國觀，有一小殿香燈微明，見牌是真武之殿。孝寧焚香求一籤，大吉。暗對真武發願：此去若得一陣滅除蠻寇，當以本身官資兑换恩賜，報斯靈貺。』本圖的求籤畫面與其他求籤圖相比更爲簡略，連解籤的人物和場景都未見，這正如『雪晴濟路』圖所反映的儀式一樣，是行軍途中，行色匆匆。

『籤詞應驗』圖（附圖六五）

描繪的是户部侍郎陳疇被急詔赴闕前在乾明觀真武觀抽籤的情景。圖中跪在真武神案前雙手握籤筒的將軍模樣的人爲陳疇，旁邊拱手的人應爲遠近聞名的解籤名手越州大禹廟祝祠令官楊昉，他正準備爲陳疇解籤。與上圖相比，該圖又出現了求籤和解籤兩個場面。據題記載：『時户部侍郎陳疇守越州，忽蒙急詔赴闕。陳疇疑懼未决吉凶，乃喚陰陽人占問，從人取覆，有楊昉事奉真武，詳解籤詞，最可准託。尋往乾明觀真武觀抽得黃真君第四籤，楊昉消詳云：此籤主一百二十日內惡死，切不可向東北鬼門上受權勢，及爲旌騎統領行軍。』陳疇不聽籤詞勸告，後籤詞果然應驗。此篇是直接宣揚真武大帝籤詞靈驗的故事，歷朝流傳，對擴大真武靈籤的影響力有重要作用。

『仲和辭吏』圖（附圖六八）

描繪了京西許州吏人楊仲和受神人點化，設籤占卜的場面。圖中的屋宇應爲楊仲和的家，真武及侍從聖幀立於當廳，前有祭案，擺着香燭等供祭品。案前正面有兩人手捧籤筒，跪地求籤，虔誠備至。案左另有一人手拿靈籤，正在遞給面前的解籤人，此解籤人當爲題記中提到的楊仲和。從圖中可見，殿外還有人陸續前來求籤問吉。

『仲和辭吏』圖是上述四幅求籤圖中唯一繪出真武及其侍從的一幅。圖中真武端坐正中，執旗、捧劍、執册、捧印四侍神俱全，其餘三圖則採用暗示的藝術表現手法，不見真武，給人們留下了想像的空間。『仲和辭吏』圖中出現了兩個籤筒同時搖動的場面，表明求籤廣受人們的歡迎。該圖題記載：『貧道有一册文字借汝傳之，此術可以資身，囑付畢，道人忽不見。仲和開視，乃西山十二真君籤，仲和遂置竹籤一百二十，竹筒盛真武像前，不及旬日，民俗翕然來占，靈驗如神，如求一籤，必當三五十金，或留一百文相酧，至於州官，俱来求問。』這與圖像中同時出現兩個籤筒的表現方式相脗合。

《真武靈應圖册》中所見的這四幅求籤類圖，大都將求籤和解籤兩個程式表現了出來，而且極力宣揚真武廟求籤占卜的靈驗。從《真武靈應圖册》中所反映的求籤方式來看，與當代廟宇中的求籤方式也基本相同，可見這種儀式的强大生命力。其實求籤占卜是中國古代影響廣泛的占卜方式，俗諺有『跨進廟門兩件事，燒香求籤問心事』。《清稗類鈔》中對求籤有十分貼切的描述：『神廟有削竹爲籤者，編列號數，貯以筒。祈禱時，投筒簸之，則籤落，驗其號數，以紙印成之詩語決休咎，謂之籤詩，並有解釋，又或印有藥方。』[一] 求籤占卜儀式早在唐代就出現了，趙翼《陔餘叢考》中有『然則神前設籤起於唐世也』[二] 的記載。宋代釋文瑩《玉壺清話》中記

[一] 徐珂編：《清稗類鈔·方伎類》第十册『求籤』，四六六四頁，北京，中華書局，一九八六年。

[二] 趙翼：《陔餘叢考》卷三三，《神前設籤》，商務印書館，一九五七年。

載了五代宋初人盧多遜求籤應驗之事[一]。《東坡志林》中也記載了蘇東坡在被貶海南後，在北極真聖廟求籤的故事[二]。據林國平先生的統計，明《正統道藏》和《萬曆續道藏》收入的籤譜有：《四聖真君靈籤》四十九首，《洪恩靈濟真君靈籤》五十三首，《靈濟真君注生堂靈籤》六十四首，《玄真靈應寶籤》三百六十五首，《扶天廣聖如意靈籤》一百二十首，《護國嘉濟江東王靈籤》一百首，《大慈好生九天衛房聖母元君感應寶籤》九十九首，《玄天上帝感應靈籤》四十九首，《洪恩靈濟宮真君靈籤》六十四首，《注生堂感應靈籤》六十四首。因《靈濟真君注生堂靈籤》與《注生堂感應靈籤》完全相同，《洪恩靈濟真君靈籤》與《洪恩靈濟宮真君靈籤》也基本相同，祇是後者多了十一首靈籤，所以兩書實際收入的籤譜祇有八種[三]。這八種籤譜中《四聖真君靈籤》和《玄天上帝感應靈籤》與玄帝靈籤有關，由《四聖真君靈籤》、《玄天上帝感應靈籤》到清代的《北方真武上帝靈籤》的發展反映玄帝靈籤逐漸通俗化和簡易化的歷史進程[四]。正因爲這種貼近民衆的通俗化和簡易化，使玄帝靈籤產生了相當大的影響力，《真武靈應圖册》中出現了四幅靈籤的圖像，也一定程度上反映了這種影響力。

三 施經類

『施經救災』圖（附圖五二）

該圖描繪了南京應天府上清鴻福宮住持道士任亢之主持施經儀式以救軍民瘟疫的場面。圖中立於蒼松之下，頭戴蓮花冠，身着紅道袍的高功道士即爲任亢之，他站在華蓋之下，似乎在默唸着什麼。幾個道童正在把一本本《太上説真武妙經》送到受瘟疫侵擾的軍民手中。軍民的成員複雜，官員士庶，男女老幼皆備。受到經書的官員、民衆都雙手捧着經書，似乎在聆聽着講經或在等待着什麼儀式的舉行。據題記載：『至和中冬月，軍民瘟疫，於鴻福宮興建道場，未獲感應，人皆惶惑。忽夜真武託夢與住持道士任亢之云：吾觀南京冬疫，宜令印造《太上説真武妙經》，法門施與患人供養受持。任亢之既受聖夢，即以散之，患者並安。』在鴻福宮興建驅疫道場不靈的

[一] 釋文瑩：《玉壺清話》卷三，北京，中華書局，一九八四年。
[二] 蘇東坡：《東坡志林》卷八，北京，中華書局，一九八一年。
[三] 林國平：《靈籤與玄天上帝靈籤》，《道韻》第三輯，一九九八年，二五一頁。
[四] 同［三］，二六三頁。

情况下，經真武點化，施經立即收到了效果。此處所施的經爲《太上説真武妙經》，即《太上説玄天大聖真武本傳神咒妙經》，此故事也説明該經在北宋至和年間已相當流行了。

『華氏殺魚』圖（附圖七二）

圖中的施經場面中，興化人程嗣昌正在將刊印的一千本《戒殺圖》施給密州板橋郊西鎮人，勸誡殺生。題記云，程嗣昌『囬歸城中，夜静露天於星斗之下，發心蔬食，命工刊板印施《戒殺圖》一千本，適值十月上七真武下降，乘此聖力，普願人心囬改。』這説明印經前要經過『夜静露天於星斗之下，發心蔬食』的儀式，同時施經的日子也要選在真武下降日的十月初七。從題記『有興化程嗣昌印施誡殺圖，是爲最上善行』一句可知，施經是『最上善行』。經書在宗教中有神聖的法力，據《上清黄庭内景經·上清章第一》載：『玉書可精研，詠之萬過昇三天。千災以消百病痊。不憚虎狼之凶殘，亦以卻老年永延。』務成子注：『真經尊重持誦蒙恩，災病自除，虎狼不犯，衰年轉少，壽命延長。』[一]因此，宗教通常都把施經宣教作爲信衆積累功德的修行方式之一，可以增强修行者的道行或功業。

《真武靈應圖册》中的這兩幅施經類儀式圖，一爲救災、一爲戒殺，滿足了不同情況的需要。兩圖的圖像表現方式有固定的模式，如都繪有一摞經書和一張放經書的紅桌，都有施經的主持人和服務的小道童。接受施經的人都雙手捧經，虔誠恭敬。兩圖最大的不同是，『施經救災』圖中的施經儀式由高功道士主持，是道觀中所用的施經儀式；而『華氏殺魚』圖中儀式的主持者爲興化人程嗣昌，屬一般民衆，所施經的對象也是密州板橋郊西鎮人，因此屬於民間的施經儀式。從圖中可見，道觀中舉行的施經儀式顯然比民間複雜正規。有關施經類的故事在《真武靈應圖册》的題記中還有出現，如『朱氏金甎』篇中就有『半將刊板印《真武出相戒殺圖》俵施』的記載，又如『聚廳禁妖』篇中云：『又慮後來狂患再作，乃鏤板印真武靈應聖號牌子一萬餘道，俵散與人供養，遇每月下降日期，真武妙經，積有歲月，竟絶其災，從此去邪歸正。』由上述記載可知，施經儀式在宋元時期是相當流行的。

[一] 轉引自鍾肇鵬：《道教小辭典》，二二五頁，上海，上海辭書出版社，二〇〇一年。

四　其他類

『進到儀式』圖（附圖二四）

主要描繪了在真武下降日進獻給真武供品的儀式。圖中宮殿的正面墻上繪有真武及侍從聖像，一位頭戴軟角幞頭、身着藍袍的官員一手托盂，一手似乎在點灑着什麼，虔誠恭敬。旁邊侍立的一個道童雙手捧着拜祭儀式所用的物品。殿前的石階下有數位戴軟角或展角幞頭的官員模樣的人正在作拜祭狀。

此圖描繪的是『進到儀式』中灑淨的場面。該文的題記是《真武靈應圖册》中一篇專門介紹祭奉真武儀式的文字，也是所見文獻中最早較詳細地介紹此類儀式的文字，現摘録如下：

> 今據住持泰山玉清昭應宫青城洞上清法師張子高進到式文，真武真君每年定於六庚申、甲子、三元、五臘及逐月一日下降。常行欲求，保叙事意供養者，並於是日天拂明時取井花水一盂，用楊柳枝一枝浸之，明燈或淨蠟燭一檠，棗湯淨茶各一盞，箋、沉、乳、檀任便一炷。不得用印濕和等香，慮有麝觸。時果素食供養，內果子，夏不用李子，乃是真君去冠除履之忌物；冬避石榴，因未成道時斬天下作禍帝王，爲魔法先向羅浮山不見父母之物。茅香一穗，供養至入定時，戌亥間再焚香一炷，全金錢一陌，謂之五百貫，黑雲馬一匹，不用彩畫，爲恐犯牛膠。隨意願疏一通，外用圓封，庶人不得称臣；內用羅彩散花，仍備金錢一葉謂之五貫，符馬一匹。先次露天燒獻。今日直符神史憑傳上件數目並錢馬等，謹詣天門，直趍真武遊奕聖前通放。燒化紙錢，不得用油紙燼點火，如此則不屬天曹地府、陰陽百司收領。

此處將真武下降日期、貢祭物品、儀式的時辰、儀式的順序、儀式的禁忌等都作了簡要説明，是不可多得的宋代介紹祭奉真武儀式的文字。另據題記中『仍賜在朝崇信真武宗室、文武臣僚等受持依承供養』一語可知，此儀式是宋仁宗時官方的供養真武儀式。在宋代增補的唐末五代道經《太上説玄天大聖真武本傳神咒妙經》和在宋元符二年（一〇九九年）宋溥書並立石的《元始天尊説北方真武經》中都零星提到了一些供養玄帝的儀式〔一〕，這些儀式多爲後代所沿用。明宣德年間任自垣所編的《敕建大嶽太和山志》卷三中列出了武當山玄帝供養儀式，

〔一〕莊宏誼：《宋代玄天上帝信仰——帝王的崇奉與祭典儀式》，二一三頁。

包括玄帝每月下降、供養、忌食、諱各項。明末書商余象斗所編的《北方真武祖師玄天上帝出身志傳》書末也附有明代民間供養玄帝的儀式，包括設供、忌食、聖養之要、御諱、聖降之辰、玄帝聖號勸文各項，從上兩書的內容來看與宋代流傳的玄帝供養儀式一脈相承。另據《明史》記載，明代官方祭奉南京及北京諸神廟皆用少牢祭神，祇有玄武神和直覺禪師用素羞[一]。這種素羞祭奉真武神的儀軌也源自宋代的玄帝供養儀式。

『朱氏舍利』圖（附圖七二）

圖中描繪超度法事的內容很少，僅見一個高功道士正在雙手執笏，作超度法事，後面的侍者手托楊枝淨水。《真武靈應圖册》中這些圖像充分運用了象徵的表現手法，從圖中很難全面了解當時的超度儀式，但從圖中所見的楊枝淨水來看，在現代的道教攝召儀式中仍可見到。如閔智亭《道教儀範》『攝召科儀』中就有高功唸《柳枝雨韻》灑食云：『柳枝雨，遍灑法筵中，慈雲擁在霄漢宮。幽魂咽喉悉潤通，九頭獅子下九重，青華境，真人來鑒煉度功。』[二]

『叙功賜銜奉御制讚』圖（附圖七八）

圖中所繪的儀式是將宋仁宗爲玄帝撰寫的讚文和加賜封號放入內廷寶應閣時所舉行的，圖中儀式列隊中有一位頭戴展角幞頭、官員模樣的人物雙手捧着經書類的物品，當爲宋仁宗的讚文和封賜文字，前後隊列中有的握花枝、有的托果品、有的端淨水或香茶，還有一位捧着織物類的東西，疑爲道教齋醮儀式中所用的鎮彩法具。這類儀式本來應爲宋皇室的禮儀範疇，但從圖中所見，顯然是道教儀式，可見道教對宋明皇室的影響。

《真武靈應圖册》中的這三幅『其他類』儀式圖，第一幅爲供養玄帝儀式圖，第二幅是超度法事儀式圖，第三幅是『賜銜制讚』儀式圖。這些儀式種類衆多，用途廣泛，既可適用於皇室貴胄，又可適用於普羅大衆，反映了道教儀式極强的適應性。

除了上述涉及儀式的圖像外，《真武靈應圖册》中還有部分圖像祇有題記涉及儀式內容，如谷嵒脩果、歸天

[一]《明史》卷五〇，一三〇四頁，北京，中華書局，一九七四年。
[二]閔智亭：《道教儀範》，一七八頁，北京，宗教文化出版社，二〇〇四年。

降日、供聖重時、朱氏金甎、陳妻附魂、王氏懷鬼、天錫青棗等。

『谷嵒脩果』篇的題記有：『從此方知三月三日是真武降生之辰，爲民消災降福』，『世人有知今日之因，若清浄戒心，醮獻詞章，懇求恩福最爲大矣。』此篇以故事的形式着重强調了玄帝的誕辰三月初三這一重要日子。

『歸天降日』篇的題記有：『仲方曰：復歸北闕。若要知吾下降日分：正月七日、二月八日、三月九日、四月四日、五月五日、六月七日、七月七日、八月十三日、九月九日、十月二十一日、十一月七日、十二月二十七日，是吾下降日也。』此篇將真武大帝一年中的下降日詳細地列了出來，與宋元符二年（一〇九九年）宋溥書並立石的《元始天尊説北方真武經》文末列出的真武神下降日相比，除少了三月三真武誕辰外，其餘完全相同，可見真武下降日在宋初已基本確定。明末書商余象斗編輯的《北方真武祖師玄天上帝出身志傳》一書書末所附的玄帝『聖降之辰』與上述兩書所載的玄帝下降之日完全相同，衹是内容更爲詳細，將下降日的具體時辰都寫了出來，可見宋明真武信仰儀式一脈相承的關係。

『供聖重時』篇的題記有：『從此每遇月與日重時，但如法供養。喻言急以浄帛畫真武聖禎一幅於本家供養，戒心受持，時遇五月五日天毒節辰，喻言思惟焦之微曾言，遇月與日重時供養者，此心無遲，夜至戌時，置香燭案於門首，露天朝北禮一百拜，燒獻紙幣。』此篇主要講述了遇月與日重時，如三月三、五月五、九月九等供養真武的重要性及其儀式，三月三、九月九在民間又被稱爲『重三』、『重九』，都早已發展成爲重要的節日，可見道教對『重時』日子的利用與重視。

『朱氏金甎』篇的題記有：『命工彩畫真武一軸，論道士錢應方轉經安奉，并受持下降法式。應方曰：供養福神第一須是虔誠發心，不可等閑，每月下降日燒獻金錢、雲馬，或有餘力，請道誦經；第二，不得於酒後歸家高聲觸瀆；第三，大忌啗食犬鱉鰻鱓蒜韭等物；第四，憐貧恤老，孝育骨肉，事涉公私，心莫欺陷；第五，語言文字忌諱，切在回避，始終至誠，勿令慢易一心，五事保合吉祥。疑惑之間，求之必應，門招龍神，衛護家協，福禄滋昌。如或懈慢，折人壽禄，作事不利，子嗣不昌，官事重擾。謹之謹之。』此篇談到了供養真武的一些戒律禁忌，與其他宋代道經中所見的祭奉真武的儀式基本相同，可見宋代供養真武的一些戒律禁忌已基本發展成熟了。

『陳妻附魂』篇的題記有：『中立夜就館驛焚香，掛隨身真武供養，先具誠懇奏知。次日天明，中立遂親手擎幀步趁入府堂，將真武幀像就陳景仁房室前，淨設供養，令陳儼合家虔誠捻香祈禱，然後中立手携香爐入房看覷，問景仁年幾生月，受病時日，因依録奏狀一通，當日於真武前用符吏紙馬燒奏。』此篇描述的是宋代民間請真武神驅鬼治病的儀式，文中儀式雖較爲簡單，但從驅鬼治病儀式的全過程來看，也要經過先一日『齋心』，淨設供養真武幀像，依録奏狀等儀式，與道士做法事頗爲類似。其中手携香爐就可能是道士做法事所常用的法器手爐。

『王氏懷鬼』篇的題記有：『於今夜二更一點，就汝卧床前地點輪燈七七四十九碗，替代一身，用名香、淨水、紙馬供養，至四更盡，就彼呼女子小字、年月日時，連替代金紙燒與前生冤魂，其胎不過月日，自然消散。』此篇也是道士爲民間驅鬼治病的儀式，文中提到了點輪燈七七四十九碗的燈儀。燈作爲『破暗燭幽，下開泉夜』[一]的重要法器，很早就出現了禮燈的科儀，早在劉宋時期的著名道士陸修静已編輯了《燃燈禮祝威儀》。明代正續《道藏》共收有各種燈儀十九種，其中就有專門的《玄帝燈儀》。

『天錫青棗』篇的題記有：『今後莫忘真武聖堂香火，凡遇每月下降，至誠供養，如遇三月初三、五月初五、七月初七、九月初九，此四日每備供養三分，精虔祭獻。』此篇描述的是一個求子的故事，但文中也提到了供養真武時日，尤其是四個『重時』的日子。相傳真武的誕辰爲三月初三，飛昇日爲九月初九，因此『重時』的日子格外受到真武儀式的重視，《真武靈應圖册》中多次提到此類内容也説明了這一點。

第二節　象徵圖像與象徵人類學

法國著名社會學家塗爾干（Emile Durkheim）把儀式看做是人類宗教現象的重要組成部分，認爲宗教就是由信仰和儀式兩個範疇組成的。他説，對於宗教信仰者來説，整個世界被劃分爲兩大領域，一個領域包括所有神聖的（Sacred）事物，另一個領域包括所有凡俗的（Profane）事物。作爲宗教構成因素的儀式，屬於神聖事物，如果儀式不具有一定程度的神聖性，它就不可能存在[二]。宗教儀式作爲『神聖的事物』歷來都受到社會人

[一]《太上黄籙齋儀》卷五六，《道藏》第九册，三六七頁。

[二]［法］塗爾干著、林宗錦等譯：《宗教生活的初級形式》，北京，中央民族大學出版社，一九九九年。

類學家的重視，一些人類學學者認爲『儀式作爲具有象徵性和表演性的民間傳統行爲方式，體現了人類群體思維和行動的本質。它們作爲一個社會或族群最基本的生存模式而存在於人們的日常生活與社會政治生活之中。因此，我們可以從儀式入手去探討社會與文化及其變遷，同時也可將其作爲探討國家與社會關係過程的切入點。』[一]

《真武靈應圖册》中的儀式畫作爲儀式圖像，涉及了符號、象徵等知識範疇，與象徵人類學關係密切。『象徵』(symbol)一般是指非語言的符號(signs)表達活動，在人文思想史上，象徵是一個極重要的詞，它往往指具有表達精神對象功能的具體形象物，因而成爲哲學、美學、文學、歷史、社會學、心理學、人類學的主題之一。這個含混而應用廣泛的詞可指在任何文字的或非文字的文本中表示間接的、隱蔽的、深層的、關係性的所指者或意義的文化標記。『象徵』有兩個特點，其一，它是具有形象的實物；其二，它有代表作用，即它本身代表或表示另一事物。後一特點使其具有一般符號的功能[二]。現代符號學奠基人之一皮爾士(Charles S.Peirce)，把人類的文化符號歸納爲『類像』(icon)、『標誌』(index)和『象徵』(symbol)三種類型。其中，『類像』符號的特徵是『相似性』(likeness)，即以像類物；『標誌』符號的特徵是『關聯性』(causal connection)，即與被標誌事物在時間、空間或意義方面有某種因果聯繫；『象徵』符號的特徵是『規約性』(stipulated convention)，即與被象徵事物之間没有本質的相似或關聯，而是依靠事先規定或約定的關係來以『某物代表某事』(stands to somebody for something)。儘管這三類符號的特徵不同，但它們祇是在能指與所指的關係方面程度不同，在實際運用中它們之間並不相互排斥，有時甚至難於嚴格區別[三]。《真武靈應圖册》中的儀式圖像無疑也是『一個符號的聚合體』[四]有些屬於上述文化符號中的『類像』，如靈應本儀式中的真武大帝像，是經歷代各種傳媒的塑造，並早已固化在人們的腦海之中了，自然就和人們心目中的神具有『類似性』了；有些屬

[一] 耿敬：《民間儀式與國家懸置》，《社會》，二〇〇三年第三期。
[二] 李幼蒸：《理論符號學導論》，一九〇至一九四頁，北京，中國社會科學出版社，一九九三年。
[三] Charles S. Peirce, *Collected Papers*. C. Harsthorne, P. Weiss and A. W. Burks, eds. Cambridge: Macmillan Press, 1931, p60.
[四] Turner, Victor, *The Drums of Affliction: A Study of Religious Processes among the Ndembu of Zambia*. Oxford: Clarendon for the International African Institute, 1968, p2.

於文化符號中的『標誌』，如靈應本儀式中道士的蓮花冠，官員的展角幞頭等；有些則屬於文化符號中的『象徵』，如靈應本中跪拜的姿勢象徵對天神的虔敬，裊裊上昇的香烟，象徵儀式主持者與天神的溝通等。

《真武靈應圖册》中的儀式圖像、甚而其他圖像，從繪畫藝術的角度來看，有兩個顯著的特點：其一，有明顯的程式化傾向。這種程式的形成應該是經過歷代畫家的長期實踐或一些著名畫家長期實踐的成功經驗，推廣流傳形成的。當然，在一套繪畫作品中，任何作者都可能形成自己獨特的繪畫程式。《真武靈應圖册》中如畫到儀式供桌的時候，必然有一隻香爐和一對燈燭出現；畫到分娩、降誕場景時，必然見到側躺在床上，撫枕而卧的一個婦女形象；畫到求籤場景的時候，求籤的主角必然跪地前傾、雙手握着籤筒，虔誠祈禱。這些程式最初是没有的，但繼承前人，或畫多了之後慢慢就會固定下來，碰到相似場景的時候就會使用。其二，簡化圖像，注重整體意境。《真武靈應圖册》中的圖像風格是典型的道教畫風格，充分體現了『道法自然』、『天人合一』等思想，十分强調畫面整體的意境與和諧美觀，如八十二幅圖都以山水樹木爲背景展開，甚至王宫院子裏的地板都用小草來裝飾，充分體現了自然和諧的道教思想。爲了達到理想的整體意境，常常採用簡化圖像的藝術表現手法，把最具特徵的景物畫出來，其餘的都簡化掉，始終使畫面處於和諧優美的狀態。

《真武靈應圖册》儀式圖像的這種程式化和簡化的表現手法之所以能够取得成功，正是利用了符號、象徵等人類文化的特性。從象徵人類學的角度而言，這些儀式圖像不僅充滿了豐富的宗教象徵意義，而且具有重要的社會功能，這正如維克多·特納（Turner）所説：『如果我們分析一個儀式的組成物，我們發現了符號；如果我們探詢它的背景，我們發現了社會矛盾的舞臺，或社會的戲劇。』〔一〕

〔一〕 Turner, Victor, *Drama, Fields and Metaphors: Symbolic Action in Human Society*, Ithaca, New York: Cornell University Press, 1974, p102.

【第七章 民俗文化長卷——靈應本蘊含民俗事象詮釋】

《真武靈應圖册》是八十二幅道教書畫作品，從題記來看，雖所繪圖畫主要包括了宋元明三代的真武靈應故事，但其作爲明代的作品，畢竟是當時社會的產物，是當時社會實況的形象直觀的轉録，對了解明代的建築、服飾、民俗與社會生活等知識提供了形象直觀的研究素材，下文將分别舉例予以初步介紹。

第一節 客體化的人生——建築陳設

建築被譽爲客體化的人生，《真武靈應圖册》中描繪了大量的道教宫觀、宫廷内院、官府衙門、民居私宅、亭臺樓閣等，是人們研究明代建築風格的重要參考資料。其中的部分建築還與武當山建築有關，對研究明代武當山相關建築狀況有一定的參考作用。《真武靈應圖册》中這些建築中的陳設佈置也包含了不少有價值的學術信息。

明代建築與清代建築一樣，屬中國古代建築史上最後一個輝煌的階段，取得了不少新的進步。城市建設方面除南京、北京等重要城市外，一些新興的手工業和商業城市的建設也取得了長足的進步。明代的宫苑、陵寢建築的規模都比較宏大，如北京故宫、明代的十三陵、武當山宫觀等。祠祀建築也有了很大的發展，出現了許多大型的壇廟、牌坊、碑亭等，如北京的天壇、地壇等。在城市和鄉村中也增加了許多書院、會館、宗祠、戲院建築等。明代爲了防止北方蒙古族武裝的侵擾，大修長城關隘，如著名的明萬里長城；在沿海地區爲了防禦倭寇，也建造了大量的海防城堡。明代中葉出現了一本總結江、浙一帶地方建築和家具的著作《營造正式》，明末又出現了一部專門總結造園經驗的著作《園冶》，可見明代無論在建築實踐上，還是建築理論方面都取得了重要的成就。

在中國傳統社會中，把建築看做是梳理世界秩序的手段，特别是梳理社會秩序的手段[一]。明朝也不例外，從建國之初，就制定了比較嚴格的建築等級制度。這也在本節所要討論的《真武靈應圖册》建築中反映了出來。下面將結合《明史》中所載的由親王到庶民宅舍制度以及其他有關明代的建築知識對《真武靈應圖册》中描繪的

[一] 王魯民：《中國古代建築思想史綱》，八八頁，武漢，湖北教育出版社，二〇〇二年。

圖七·一　武當山紫霄宮大殿

各類建築舉例討論如下：

一、道教宮觀

《真武靈應圖册》中的道教宮觀建築多以反映武當山道教宮觀爲主，對研究明代武當山道教宮觀建築有重要價值，這裏選介如下：

五龍宮

『五龍唐興』圖（附圖一九）中的五龍宮，據《武當山志》載，唐貞觀年間由均州守姚簡建，初名『五龍祠』，在宋、金、元時期三次遭兵火毁壞，明洪武五年（一三七二年）復修，明永樂十年（一四一二年）進行了大規模修建，共有宮殿二百一十五間，賜額『興聖五龍宮』。到嘉靖年間達到八百五十間，一九三〇年又毁於火，現僅存四十二間[一]。從圖中反映出的五龍宮部分建築來看，應爲明代建築風格，尤其是院子的門樓，與武當山現存的明代各天門形制較爲相近。

紫霄宮

『紫霄禹迹』圖（附圖一八）中的紫霄宮，據《武當山志》載，創建於宋宣和中（一一一九年至一一二五年），元代名爲『紫霄元聖宮』，明永樂十年建紫霄大殿、山門、祖師殿、聖父母殿等一百六十間，賜名『太玄紫霄宮』。到嘉靖三十一年（一五五二年）擴大到八百零六間，現存古建築雖僅爲一百八十二間[二]，但主體建築保存較好，仍爲武當山現存最完好的宮殿之一。『紫霄禹迹』圖中所繪者當爲紫霄大殿和山門的象徵圖像，紫霄大殿爲重檐歇山頂建築，與武當山現存明代的紫霄宮大殿（圖七·一）相似。

天柱峰金殿

『三聖現形』圖（附圖八二）中的大頂天柱峰金殿，據《武當山志》載，建於明永樂十四年（一四一六

[一]　武當山志編纂委員會編：《武當山志》，一三九頁，北京，新華出版社，一九九四年。
[二]　同[一]，一三一頁。

年），是銅鑄仿木結構宮殿式建築，建於峰頂約一百六十平方米的石築平臺之上，全部構件在北京鑄成後，水運至武當山組裝而成，爲重檐廡殿式屋頂。金殿雖歷經五百年風雨，仍保存完好。『三聖現形』圖的金殿與武當山金殿（圖七·二）類似。圖中殿周圍的圍墻可能是武當山紫金城墻的象徵。紫金城墻建於明永樂十七年（一四一九年），環繞天柱峰頂金殿而建，『遠看如光圈圍繞金殿』[一]。雖有四個天門，但祇有南門可實際通行，因而圖中也祇見到南門。

天一真慶宮

《真武靈應圖冊》『真慶仙都』圖（附圖一三）、『紫霄圓道』圖（附圖九）中所繪的天一真慶宮，據《武當山志》載，最早爲元代所建，元代曾先後受賜爲『天乙真慶萬壽宮』、『大天乙真慶萬壽宮』，鼎盛一時。元末毀於兵火，明永樂十年（一四一二年）曾大規模修建，賜額『大聖南岩宮』。一九二六年又失火燒毀大殿及周圍道房[二]。上述兩圖中所見的玄帝大殿，應爲依明初的式樣所繪，均爲重檐歇山頂式宮殿建築。現在武當山正準備重建南岩宮（天一真慶宮）玄帝大殿，這些圖像資料無疑都可作爲重建的參考資料。

二　宮廷內院

《真武靈應圖冊》中所出現的王宮建築，全部爲王宮內院的情景，各王宮內院圖案之間雖外觀基本相似，但仔細分辨，仍反映出了各自的文化情境。

『宮殿金裙』圖（附圖二六）、『折應計都』圖（附圖四四）中的王宮內院，雖描繪的都爲宋代皇帝的故事，但從宮廷的建築形制來看，應爲

[一]　武當山志編纂委員會編：《武當山志》，一二八頁，北京，新華出版社，一九九四年。

[二]　同[一]，一二九頁。

圖七·二　武當山金殿（採自《武當道教史略》彩色插頁）

明代建築風格。正殿屋頂都爲黄色琉璃瓦，雕樑畫棟，門窗以紅色爲主色，配以各式花窗，殿前都有精美的欄杆，御道上雕以團龍圖案。

『淨樂仙國金闕化身』圖（附圖一）、『王宫誕聖』圖（附圖二）中的后宫與王宫内院的形式相似，如果没有躺在床上的皇后的提示，很難從圖中將二者區分開來。但仔細比較兩類圖像的環境，就會發現它們最大的不同是后宫的環境比王宫内院更爲静謐、安詳，通過皇后、侍女的襯托，自然地顯現出庭院深深的感覺。而王宫的環境多離不開皇帝和朝奏的大臣，有的甚至與戰争的場面連在一起，建築的安静感當然少了許多。

從《真武靈應圖册》所見的上述宫廷内院建築來看，與北京故宫的建築風格較爲接近。劉敦楨主編的《中國古代建築史》中認爲：

在形成明清故宫整個建築群統一的藝術風格中，使用形式類似而比較簡單的個體建築和大面積相同的色彩是一個重要因素。單體建築都按照高度規格化的官式建築做法進行建造，因而體型比較簡單，屋頂形式衹有幾種，構件種類也不多，衹是依靠有節奏的空間組合和體量的差别創造了有規律的輪廓綫。而大片黄色琉璃屋頂和紅墻紅柱以及規格化的彩畫等給全部建築披上了金碧輝煌的色彩，獲得了豐富而統一的藝術效果。此外，還利用大量的小品建築如華表、石獅、銅龜、銅鶴、日晷、嘉量、御路、欄杆、影壁等，構成局部的藝術氣氛〔一〕。

《真武靈應圖册》中所見的宫廷建築正是具有上述引文中提到的兩個特點，即：使用形式類似而比較簡單的個體建築和大面積相同的色彩。同時使用欄杆、御路等小品建築來點綴。

三 官府衙門

《真武靈應圖册》『朱氏金甎』圖（附圖三一）、『翻鈔四千』圖（附圖六四）等描繪的官府建築雖然仍可見雕樑畫棟的裝飾圖案，但與皇宫建築相比有明顯的不同，不見皇宫建築門前御道常見的精美石雕團龍圖案、裝飾華麗的欄杆。尤爲明顯的是瓦面不見皇宫建築上的黄色琉璃瓦，而使用普通民居常見的灰色筒瓦，整個建築的

〔一〕劉敦楨主編：《中國古代建築史》，三〇一頁，北京，中國建築工業出版社，二〇〇二年。

色調也以灰白爲主，區別於宮廷建築以黃紅爲主的色調。這種色調的區別與封建等級制度的影響有直接關係，例如明清兩代的黃色琉璃瓦就規定祇能用於帝王宮殿、陵寢和最尊貴的祠廟[一]，其他建築是不能亂用的。

上述兩圖中對官府衙門佈置的描繪採用《真武靈應圖册》作者擅長的高度簡化的藝術表現手法。兩圖都不見通常衙門大堂中央懸掛的『明鏡高懸』、『正大光明』等牌匾，也不見大堂中央屏風上所繪的山水朝陽圖等圖案，而以一般山水畫代之。兩側也不見三班衙役隊仗排列的威武景象。『朱氏金甎』圖中的知州端坐堂中，桌上僅放着筆墨紙硯文房四寶，左右兩位侍者雙手捧册。『翻鈔四千』圖中的衙門似較爲考究一些，公堂的佈局與『朱氏金甎』圖基本相似，祇是侍者的數目有所增加而已。兩圖的案上都不見衙門大堂案上常用的驚堂木、火籤筒、官印等，因此，這兩張圖很有可能是描繪審理一般民事案件的衙門二堂的場景，從兩圖所講述的案件來看，也確屬一般民事案件。明代官府斷案的圖像資料十分少見，反映衙門二堂的情景就更爲少見，因而這些圖像資料對研究明代法律史、民俗史等都有重要的參考價值。

四　官民住宅

《真武靈應圖册》中的官民住宅主要分爲兩類：第一類是官員宅第，如『妖惑柴逸』圖（附圖四七）、『吳氏緣合』圖（附圖·五六）等，這類私宅的建築比圖中所反映的衙門建築更爲簡化，顏色仍以灰白色調爲主，但許多建築上的鴟朐仍然與宮殿衙門建築類似，部分官員宅第檐下可見彩色裝飾，表明這些官吏私宅與真正的平民住宅有明確的等級區分。《明史》中對親王府制、郡王府制、百官宅第建築的等級制度有明確的記載，如明洪武二十六年（一三九三年）定制，公侯屋脊用花樣瓦獸，梁棟、斗拱、檐角彩色繪飾，門用金漆、獸面錫環；一品、二品，屋脊用瓦獸，梁棟、斗拱、檐角青碧繪飾，門用緑油，獸面錫環；三品至五品，屋脊用瓦獸，梁棟、斗拱、檐角青碧繪飾，門用黑油，錫環；六品至九品，梁棟飾以土黄，門用黑門，鐵環；品官房舍，門窗户牖不得用丹漆[二]。《真武靈應圖册》中的建築，雖是非常簡化的圖像，但非常重視建築等級的區分，充分體現了明代的建築等級思想。

[一] 羅哲文：《中國古代建築》，一五三頁，上海，上海古籍出版社，一九九〇年。
[二] 《明史》卷六八，《輿服志四》，北京，中華書局，一九七四年。

第二類是小商販、小雜貨鋪主的住宅，如『唐憲寶像』圖（附圖三〇）、『假燭燒塵』圖（附圖七七）等，在封建社會中小商販、小雜貨鋪主等的社會地位低下，因而《真武靈應圖册》中所反映的他們的住宅也是整個圖册描繪的建築中檔次最低的。這些建築完全以灰白色調爲主，檐下完全不見彩色的裝飾，這與明代住宅等級制度『庶民廬舍，洪武二十六年定制，不過三間五架，不許用斗拱，飾彩色』[一]的記載相脗合。從這些民居的建築風格來看，無論是瓦面的形制，還是整體的顏色、風格都與武當山一帶的民居建築風格相似。《真武靈應圖册》既出自武當道士之手，圖册建築内容受到武當山一帶建築風格的影響，自然在情理之中。

五　亭臺樓閣

《真武靈應圖册》中也有部分亭臺樓閣的圖像，圖中所見的亭從頂部來看有方有圓，但都是爲體現畫面的空間層次而繪，並未繪出整個亭子，故具體的形象不得而知。圖中類似照壁形狀的黄榜亭，在前文中已有述及。圖册中所見的臺，見於『瓊臺受册』圖（附圖一七），圖中的臺分爲三層，每層都圍以精美的欄杆。梁思成在《圖像中國建築史》中説：『用於宗教目的的臺稱作壇』[二]，例如北京專爲皇帝祭天的天壇。道教壇場的設置也源於中國古代宗教祭祀的壇場，《公羊傳·莊公十三年》稱：『莊公昇壇』，何休注稱：『土基三尺，土階三等，曰壇』[三]。《上清靈寶濟度大成金書》卷二五的『仙儀法制門』稱：『古者，齋壇兩層，蓋法天象地之義，露天築成。自後，杜廣成先生儀範，建壇三級，乃發天地人三才之理。』[四]『瓊臺受册』圖中的瓊臺當爲受道教壇場的影響而繪，也許即爲宋明道教壇場的形制之一。

《真武靈應圖册》中所見的城墻和城樓較多，如『天罡帶箭』圖（附圖三三）、『蜀王歸順』圖（附圖三四）等。城墻作爲古代重要的防禦工事在戰爭中發揮了重要的作用，圖册中的城墻和城樓都較爲高大威武，城樓爲重檐歇山頂建築，斗拱色彩鮮艷，美觀大方，門窗都以紅色調爲主。與宫廷建築不同的是城樓的屋頂不用黄色

[一]《明史》卷六八，《輿服志四》，北京，中華書局，一九七四年。
[二] 梁思成：《圖像中國建築史》，四八七頁，天津，百花文藝出版社，二〇〇一年。
[三] 轉引自陳耀庭：《道教禮儀》，一八二頁，北京，宗教文化出版社，二〇〇三年。
[四] 胡道靜等編：《藏外道書》第十七册，七五頁，成都，巴蜀書社，一九九四年。

琉璃瓦。『天罡帶箭』圖的脊飾爲帶角的龍的形象，應爲宋代的建築特色。《真武靈應圖册》所繪多爲宋代故事，因而有些建築上就有意識地反映了一些宋代建築的特色。但從總體來看，仍以明代建築爲主。圖中城墻垛口的形狀與明代的長城風格不同，與故宫城墻的風格類似。圖册中所見的閣較少，而且衹繪出了閣正面的一部分，如『敘功賜銜奉御制讚』圖（附圖七八）中的寶應閣、『靈閣真瑞』圖（附圖二八）中的真武聖閣。圖中的這些閣一般都建在一個石砌平臺之上，閣分爲上下兩層，根據閣功能的不同，建築色調和裝飾都有明顯區别，如『靈閣真瑞』圖中的真武聖閣就運用了象徵青天的藍色瓦面，有與王宫建築相似的御道石雕和欄杆等，色調也以紅色爲主色。『敘功賜銜奉御制讚』圖中的寶應閣雖也應爲皇家敕建，但瓦面卻變爲普通的灰色。從這些閣的建築特徵來看，當與明代宫廷建築風格類似，閣的形制也與明代《三才圖會》中所繪之閣類似。

六　室内外陳設

明代家具具有體型穩重、比例適度、綫條利落、端莊活潑的特點，明代家具尤其以簡潔素雅著稱[一]。《真武靈應圖册》的建築中反映了不少室内外家具陳設的内容，這些家具陳設大多帶有明代家具陳設的特徵，這裏僅以桌、椅、香几、石砌花基這幾種常見的室内外陳設物爲例，來作簡要介紹。

桌子

《真武靈應圖册》『雪晴濟路』圖、『消禳火德』圖中所見的桌子（圖七・三），長的兩個側面分别用一條横杆來固定桌腿，而寬的兩個側面則分别用兩條横杆來固定桌腿。用兩條横杆來固定桌腿，當爲宋明桌子的一個特徵，在宋畫《村童鬧學圖》（圖七・四）、明代《列女傳》插圖（圖七・五）等中都可見到

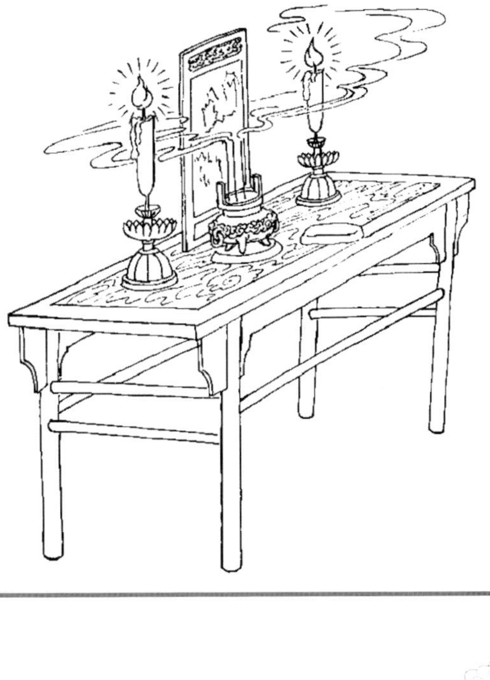

圖七・三　靈應本中的桌子

[一]　劉敦楨主編：《中國古代建築史》，三四七至三四八頁，北京，中國建築工業出版社，二〇〇二年。

圖七·五　明代《列女傳》插圖

圖七·四　宋畫《村童鬧學圖》

圖七·六　宋《清明上河圖》局部

這種帶兩個横杆的桌子。在宋畫《清明上河圖》（圖七·六）中也可見到與此類桌子非常相似的桌子形制。

椅子

《真武靈應圖册》『經書默會』圖（附圖三二）、『陳妻附魂』圖（附圖五〇）、『消禳火德』圖（附圖四三）中所見的椅子，與《中國歷代家具圖録大全》中的明代同類椅子（圖七·七）十分相似，其中『經書默會』圖與『消禳火德』圖中椅子的椅背類似於明代的官帽椅形制，在明代較爲流行。

香几

《真武靈應圖册》『現海救危』、『陸傳招誣』等圖中都可見到一種圓形三足香几（圖七·八），這種香几與《中國歷代家具圖録大全》中的明代同類香几（圖七·九）十分近似。從圖中可見，這些香几有的作爲香案的補充，有的作爲户外上香使用，起着簡易香案的作用。

圖七·一〇　金代曲陽八會寺的合蓮卷草重層柱礎圖案（採自《中國古代建築史》，二五五頁）

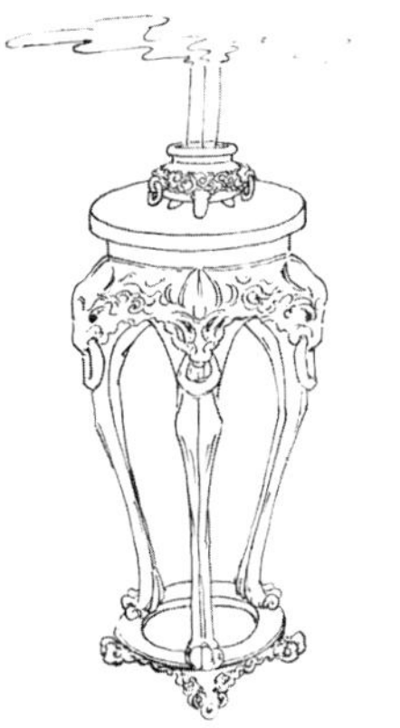

圖七·八　靈應本中的香几

石砌花基

《真武靈應圖册》中表現樹木山石的石砌花基有一種固定的形制，就是如『靈功咒水』圖（附圖五三）、『焦氏一嗣』圖（附圖六一）中所見的覆蓮式或稱合蓮式花基。這種花基形制與唐宋時期的柱礎圖案十分相似，如金代曲陽八會寺的合蓮卷草重層柱礎圖案（圖七·一〇）。由此可見，《真武靈應圖册》雖爲明代所繪，但因其描述的多爲宋代故事，融入了不少前代的藝術元素。

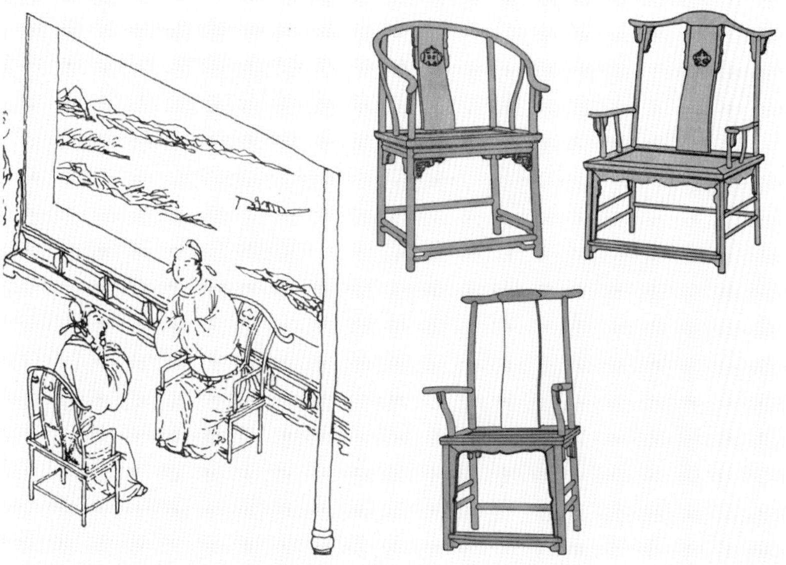

圖七·七　明代椅子（採自《中國歷代家具圖録大全》）

圖七·九　明代香几（採自《中國歷代家具圖録大全》）

圖七·一一 靈應本中的皇帝服飾

圖七·一二 臺北故宮博物院藏《明太祖坐像》

第二節 文化的顯性表徵——服飾

《真武靈應圖册》八十二幅圖畫中描繪的人物形象多達數百人，有男女老幼、天神、皇帝、官員、士紳、將軍、士卒、侍者、平民、役夫、道士、儒士、僧人等等，這些人物形貌各異，服飾各具特點，是研究明代人物形象和服飾的重要參考資料。

明太祖朱元璋於一三六八年建立明朝後，進行了加强中央集權的一系列改革，其中就包括調整冠服制度，禁胡服、胡姓、胡語等措施。明代的皇帝服飾有冕服、通天冠服、皮弁服、武弁服、常服等，各種服飾都有其特定的功能。例如冕服衹能在祭天地、宗廟、社稷、先農、册拜及正旦、冬至、聖節等服之。明代文武官員的服飾有朝服、祭服、公服、常服等，亦各有特定用途。例如朝服在大祀、正旦、冬至、聖節及頒詔、開讀、進表等場合服之，朝服都用梁冠，一品到九品，以冠上梁數爲等差[一]。明代官服還有一個顯著的特色就是在官服上縫綴以區分官員等級的補子。補子以動物爲標誌，文官繡禽，武官繡獸，袍色花紋也各有規定。明代典型的官員服飾是『盤領右衽、袖寬三尺之袍上綴補子，再與烏紗帽、皂革靴相配套。』[二]

明代的民服主要爲袍、裙、短衣、罩甲、巾、帽、履、鞋等。明代舉人、貢、監生員，一般都穿藍袍，四周鑲有黑邊，稱爲『直身』或『直掇』，士人還戴儒巾、四方平定巾等。明代的『士庶服飾』，亦有定制。初，庶人婚嫁，許服九品冠服。洪武三年（一三七〇年），改四帶巾爲四方平定巾，穿雜色盤領衣，不許用黃。二十二年令農夫戴斗笠、蒲笠，出入市井不禁。』[三]

明代婦女的服飾，主要有衫、襖、霞帔、背子、比甲、裙子等，貴婦所穿服飾分禮服和常服兩種，禮服以鳳冠、霞帔、大袖衫及背子等組成。常服以長襖、長裙組成，並無很嚴格的規定。普通婦女的禮服，最初衹能穿紫色粗布，不許用金繡。袍衫衹能用紫、綠、桃紅等淺淡顏色，不許用大紅、鴉青及黃色。洪武十四年（一三八一

[一]《明史》卷六七，《輿服三》。

[二]華梅：《中國服裝史》，六八頁，天津，天津人民美術出版社，一九九一年。

[三]上海市戲曲學校中國服裝史研究組編：《中國歷代服飾》，二三二頁，上海，學林出版社，一九九一年。

圖七・一三　靈應本中的官員服飾

年）准農民之家穿紬、紗、絹、布，而商賈之家祇許穿絹布，體現了明初重農輕商的政策[一]。

綜上所述，明代的官服當以補子和烏紗帽爲較顯著的特徵，婦女服飾則以比甲、背子、長裙等爲特色。廣泛使用喜慶吉祥圖案也是明代服飾的一個特點。在大致了解明代服飾的基礎上，筆者將結合《真武靈應圖册》中所繪的服飾內容，舉例做一些簡要的分析。

天神服飾

《真武靈應圖册》中真武的形象有少年、青年、成年數種，少年真武如『元君授道』圖（附圖四），少年真武頭扎三個小髮髻，用紅繩扎好，身着團花小紅袍，這種扎一兩個或三個小髮髻的小童形象，在宋代以來的中國繪畫中較爲常見。青年真武如『悟杵成針』圖（附圖七），圖中的真武頭梳兩個髮髻，身着松蘿之衣。據《武當福地總真集》載：『松蘿，玄帝之仙衣，福庭之靈裔。』[二]相傳玄帝修煉之時常穿松蘿編織的衣服。成年真武形象如『瓊臺受册』圖（附圖一七），圖中真武着凡世帝王所用的通天冠服。明代皇帝的通天冠服，洪武元年（一三六八年）定，效廟、省牲、皇太子諸王冠婚、醮戒，則服通天冠、絳紗袍，[三]是僅次於皇帝冕服的一種重要禮服。

皇帝服飾

《真武靈應圖册》中的皇帝服飾，從『宮殿金裙』、『折應計都』等圖中端坐正中的皇帝形象（圖七・一一）可以看到，皇帝頭上戴着與臺北故宮博物院藏《明太祖坐像》（圖七・一二）中的明太祖所戴相似的烏紗折上巾，身着盤領窄袖黃袍，前後及兩肩各織一金盤龍，玉帶皮靴。這些圖中所出現的皇帝服飾就是《明史・輿服志》中所載的明代帝王常服。

官員服飾

《真武靈應圖册》中的官員服飾，如『神留巨木』圖（圖七・一三）中騎着白馬，頭戴烏紗帽，右手握着指

[一]　上海市戲曲學校中國服裝史研究組編：《中國歷代服飾》，二二九頁，上海，學林出版社，一九九一年。
[二]　中國武當文化叢書編纂委員會編：《武當山歷代志書集注》（一），三三頁，湖北科學技術出版社，二〇〇三年。
[三]　《明史》卷六七，《輿服二》。

圖七·一四　靈應本中的將軍服飾

圖七·一六　靈應本中的士卒服飾

圖七·一七　靈應本中的道士服飾

揮鞭的官員。此篇屬《大明玄天上帝瑞應圖録》中的故事，描述的有可能就是明初大修武當山督運木材的主管工部侍郎郭進。前文已經提及，補子和烏紗帽都是明代官員服飾的顯著特徵之一，圖中的官員頭戴烏紗帽，身着團領衫，補子圖案隱約可見。再聯繫到靈應本中其他圖中官員身上的補子，筆者認爲這是十分重要的服飾斷代依據之一。

圖七·一五　北京定陵明代石刻將軍像

將軍服飾

靈應本中的將軍服飾，從『雪晴濟路』、『籤詞應驗』、『瓢傾三萬』等圖中的將軍形象（圖七·一四）可以見到，將軍的頭盔上都有紅頂纓，因紅纓不易保存，在現存明代頭盔實物中已很難見到。將軍的盔甲形象與北京定陵明代石刻將軍像（圖七·一五）較爲類似。將軍首有鐵盔，甲有身甲、遮臂、下裙、衛足幾個部分組成，配套完備，而且比宋元盔甲堅固而精緻。《真武靈應圖册》中可見到站立、跪拜、騎馬作戰等各種姿勢的將軍圖像，而且顏色鮮艷、畫面清楚，是研究明代軍服不可多得的參考資料。

士卒服飾

靈應本『雪晴濟路』、『毒蜂靄雲』等圖中的士卒形象（圖七·一六），士卒戴有紅頂纓的頭盔，盔後都裝有護項，身上着有身甲，但不見遮臂、下裙、衛足等，小腿上都綁着帶子。可見士卒的軍服行動更爲靈活，但在防護上比將軍盔甲簡單了很多。

道士服飾

《真武靈應圖册》作爲道教書畫作品，描繪道士的圖像很多。大致分爲兩類：一類是高功道士，如『施經救災』圖、『附雨祈晴』圖中的道士（圖七·一七），頭戴蓮花冠，身披法衣，拱手或雙手執圭，居於儀式的主持地位。另一類就是一般道士，如『翻鈔四千』圖（附圖六四）、『王氏懷鬼』圖（附圖五一）中的道士，頭戴道冠、

圖七・一八　靈應本中的僧人服飾

圖七・一九　靈應本中的平民服飾

圖七・二〇　靈應本中的役夫服飾

身着道袍，道士的服飾在歷代雖常有變化，但其基本式樣變化很小。《明史》中對道士服飾有明確的記載，洪武十四年（一三八一年）定制，『道士，常服青法服，朝衣皆赤，道官亦如之。惟道録司官法服、朝服，緑紋飾金。凡在京道官，紅道衣，金襴，木簡。在外道官，紅道衣，木簡，不用金襴。道士，青道服，木簡。』[一]靈應本中的道士服飾，基本上還是遵守着這些規定，如多爲青衣，但也不是十分嚴格，顔色稍爲豐富。

僧人服飾

《真武靈應圖册》中有數幅僧人圖像，如『榔梅呈瑞』、『刼院就擒』、『鄭箭滅龜』等圖，圖中僧人（圖七・一八）光頭，身披方袍，雙掌合十。僧人的服飾與道士的服飾一樣，歷代的變化並不是很大。宋代以來，儒釋道三教合流趨勢加劇，在《真武靈應圖册》中也有明顯的反映，如上舉『刼院就擒』圖中就反映了禪院僧人供奉真武得到救助的故事。《明史》記載：『洪武十四年定制，禪僧，茶褐常服，青縧玉色袈裟。講僧，玉色常服，緑縧淺色袈裟。教僧，皂常服，黑縧淺紅袈裟。僧官如之。惟僧録司官袈裟，緑紋及環皆飾以金。』[二]靈應本中所見的僧人都爲方袍常服形象，並不見着袈裟者。從服裝顔色來看，也有一定的變化，但多以禪僧的茶褐類常服爲主。

平民、役夫服飾

如『焦湖報惡』、『仲和辭史』等圖中的平民形象（圖七・一九），圖中的平民都頭挽各色巾飾，身着各色袍服，腰繫絲織或布織帶，帶子垂於身前。袍服有長有短，短者則露出白色褲子。與宋《清明上河圖》、明《三才圖會》等圖像中的平民服飾較爲相似。役夫服飾，《真武靈應圖册》中的役夫服飾也較爲多見，如『神留巨木』、『蜀王歸順』等圖中的役夫形象（圖七・二〇），頭巾與平民相似，衹是袍服較短，有些小腿上扎有帶子，便於行動靈活。

侍童服飾

靈應本中的侍童服飾，見『經書默會』圖（附圖二）、『寶運重辛』圖（附圖三一）、『施經救災』圖（附

[一]《明史》卷六七，《輿服二》。

[二] 同[一]。

圖七·二一　明代《皇朝積勝圖》中的侍童服飾

圖五二）等中的侍童形象，侍童的衣袍鞋褲與前述平民的打扮類似，也與明代《皇朝積勝圖》中的侍童服飾（圖七·二一）相近，其最大的特點是頭上梳兩個髮髻、頭髮披散，道童的特徵明顯，因而《真武靈應圖册》中的這類侍童應爲道童形象。

圖七·二二　明代《宮蠶圖》中的婦女

婦女服飾

《真武靈應圖册》中婦女的服飾大致分爲兩類：第一類是皇后及其侍女的服飾，如：『淨樂仙國金闕化身』圖（附圖一）、『王宮誕聖』圖（附圖二）等，圖中的皇后雖躺在床上的錦被中，但頭似乎梳爲兩髻，頭上飾有金花珠寶等，雍容華貴。隨身侍女們也衣着華麗，着襦裙、圍裳、披帛，披帛飄逸。第二類是民間婦女的服飾，如『朱氏金甑』圖（附圖三一）、『供聖重時』圖（附圖二三）、『朱氏舍利』圖（附圖七二）等中的婦女形象，這些婦女有的頭梳三髻、有的簡單束髮、有的梳高髻，頭飾都較爲簡單，衣服均爲上衫下裙，衫短裙長，與明代《宮蠶圖》中的婦女服飾（圖七·二二）相似。據《太康縣志》載：『弘治間婦女衣衫僅掩裙腰，正德間衣衫漸大，髻漸高。』[一]似乎說明此種服飾流行於明中期，但四川省博物館藏南宋紹興十二年（一一四二年）婦女陶俑的衣衫（圖七·二三）已與此類似。

第三節　文化的傳承——民俗與社會生活

《真武靈應圖册》中包含了不少民俗與社會生活的內容，這些雖非作者作畫所着意表現的內容，但這種無意識的流露，更易於了解當時真實的民俗與社會生活狀況，也是研究明代民俗與社會生活形象直觀的參考資料。《真武靈應圖册》中所見的某一民俗與社會生活場面，雖爲十分精簡、濃縮的畫面，甚至是象徵或符號，但無論如何精簡，最顯著、最關鍵的特徵通常是會保留下來的，這是《真武靈應圖册》的繪畫特點之一，也是中國繪畫的特點之一。

圖七·二三　四川省博物館藏南宋婦女陶俑的衣衫

［一］轉引自周錫保：《中國古代服飾史》，四二八頁，北京，中國戲劇出版社，二〇〇二年。

圖七・二四　四川渠縣漢代石闕上的獨輪車

本節採用民俗學的分類法，分別選取屬於物質民俗的獨輪手推車、帆船、小橋、店鋪；禮儀民俗的銅鐘、樂班、枷具；信仰民俗的雷公電母與六丁六甲；娛樂民俗的鳥籠，分別加以簡要的對比研究。雖各類所選的例子有多有少，但從這些例子中，已完全可以感覺到，《真武靈應圖册》這一明代的民俗文化長卷，確實隱含着非常豐富的文化信息。

獨輪手推車

靈應本『蜀王歸順』圖（附圖三四）、『柯誠識奸』圖（附圖四〇）中的獨輪手推車，車輪和輻輳都用硬木製成，所運送的東西用繩索捆在車輪兩側的木架子上。獨輪車早在東漢就出現了，四川渠縣漢代石闕（圖七・二四）和東漢武梁祠畫像石中均有獨輪車出現，北宋《清明上河圖》中的獨輪車（圖七・六）與『蜀王歸順』圖、『柯誠識奸』圖中所見的獨輪車已十分相似了。獨輪車在中國古代分佈地域很廣，四川的『雞公車』、江南的『羊角車』、陝西的『狗脊梁推車』都是著名的獨輪車，新中國建立後中國某些地方的農村仍較爲常用，可見這種獨輪手推車悠久的歷史。

帆船

靈應本『鎮河興福』圖中的帆船（圖七・二五），從題記中可知應爲渡船，題記中稱爲『舟』。該船船頭平緩不上翹，船身圍以拱形竹篷，筆直的桅杆高高竪起，張起一張似用竹篾扎成的帆，因祇繪出了船的前半部，無法準確判斷其後半部的佈局，從圖中所見形制來看，此船不同於明代衆多的兩端上翹的海船，倒與南宋《江山小景圖》（圖七・二六）中所描繪的江船較爲相似，應該也是一種內河的渡船。從該船使用竹篾製帆

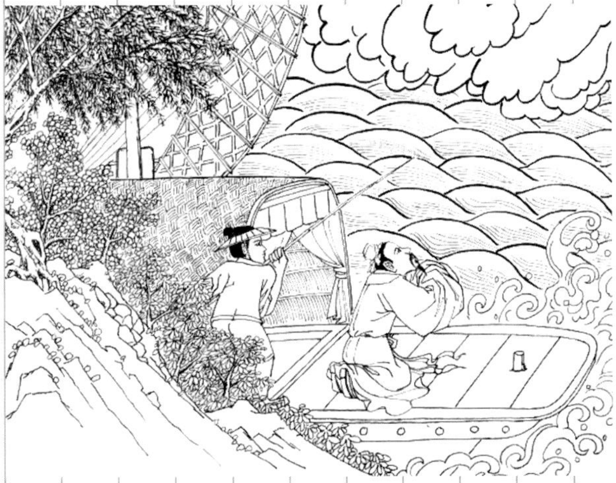

圖七・二五　靈應本中的帆船

圖七・二六　南宋《江山小景圖》中的船

圖七・二八　明《新刊大全魁本全相參增奇妙注釋西廂記》中的『趕考之橋』

的情況來看，應爲家境並不富裕的船民所有的小渡船。『相術指迷』圖（附圖六六）中的帆船基本形制與『鎮河興福』圖類似，祇是爲官家船隻，船形較大，船艙的佈置也較爲講究，高高的桅杆上還掛了一面旗幟。從題記可知，此船稱爲『舡』，也應屬於内河航行的船隻。

小橋

靈應本『華氏殺魚』圖（附圖七一）、『天帝錫劍』圖（附圖五）中所繪的小橋，雖一座較爲講究，一座較爲簡易，但兩橋的建築結構是十分相似的，都是先在水中立一排排的木柱，然后用橫木將這些木柱連接固定起來，做好支架之后，再鋪上橋面而成。這種木橋形式簡單，造型獨特，與宋《清明上河圖》中的木橋（圖七・二七）、明《新刊大全魁本全相參增奇妙注釋西廂記》中所繪的『趕考之橋』（圖七・二八）均較爲相似，應爲宋明常見的木橋。

圖七・二七　宋《清明上河圖》中的木橋

店鋪

靈應本『唐憲寶像』圖（附圖三〇）中所繪的小當鋪，是利用住宅門樓的一部分建成，臨街的一面裝有窗户，櫃臺開向門口，櫃臺有一些方格形的裝飾圖案，當鋪内可見到衣服、布匹等當物。此小當鋪並未掛出招牌，櫃臺也未臨街，符合題記中所説的『隨緣遣日』的開當目的。唯一具有當鋪特點的特徵是當鋪的櫃臺外部較高，這種外高内矮的設計，符合中國古代當鋪故意將櫃臺昇高，以給人一種居高臨下感覺的設計思路。在中國古代，當鋪被稱爲『高櫃臺』，櫃臺通常高出人頭，『唐憲寶像』圖中櫃臺雖没那麼高，但通過内外人物的對比，表現出了内外櫃臺高度的差別。『假燭燒塵』圖（附圖七七）中描繪的是真武廟前的一個小雜貨鋪的景象，圖中可見鋪内擺放着蠟燭、紙錢、紙元寶等祀神物品。店内的櫃臺也以方格花紋裝飾，櫃臺已明顯變低，與當鋪的高高在上有了區別。鋪前還掛了兩塊招牌，從整個雜貨鋪的佈局來看，與當今的雜貨鋪佈局已基本一致了。『施經救災』圖（附圖五二）則描繪了一個屋瓦鱗次、商鋪林立的街市背後的鳥瞰圖。圖中的店鋪十分密集，店鋪前還可見到懸

圖七・二九　靈應本中的銅鐘

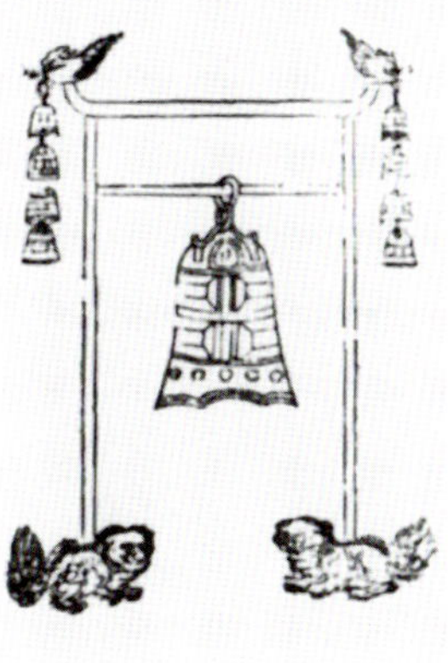

圖七・三〇　明代《三才圖會》中所載的鐘

掛着一紅一黃兩個幌子，雖然没法看清沿街的名店老號，但從這些密集的店鋪和門前等待施經的男女老幼所營造的氣氛來看，這裏一定是明代南京一個店鋪林立、商幌高懸的繁華之地。

銅鐘

靈應本『附語祈晴』圖中建築前的鐘架上掛着一口大銅鐘（圖七・二九），從題記可知，此處應爲州衙所在地，但作爲道場的一部分，此鐘應爲道教儀式所用的道鐘。鐘是道教宫觀和齋醮儀式中最常用的法器之一。《洞玄靈寶三洞奉道科戒營私》『法具品』載：『凡鐘者，四衆所會，六時急務。此器若闕，則法集乖軌。經曰：長齋會玄都，鳴玉扣瓊鐘。又法鼓會群仙，靈唱靡不同是也。凡有五種造：一者金鐘，二者銀鐘，三者五金合鑄成鐘，四者銅鐘，五者鐵鐘，或九角、八角，或四角、兩角，復有無角。或大則萬石，小則一斗，各在時耳。既造成已，皆須鎸勒銘記國號年歲，郡縣觀名，所爲之意，使萬代有歸，六時不替矣。』[一]道教儀式鳴鐘的目的據《要修科儀戒律鈔》卷八引《太真科》稱：『非唯警戒人衆，亦乃感動群靈。神人相聞，同時集會，弘道濟物，盛德交歸。』[二]從『附語祈晴』圖中所見大銅鐘的形制來看，與明代《三才圖會》中所載的鐘（圖七・三〇）、武當山明代大銅鐘（圖七・三一）基本形制相似，具有明鐘的風格。

樂班

靈應本『鄒宿契靈』圖（附圖五八）中所見的仙樂樂班組合，共有四位女天神組成，一人吹笛（或簫）、一人吹笙、一人擊鈸、一人打手鼓。從所使用的樂器來看，都屬於武當山道教音樂所用的樂器。這樣的樂班組合很可能是明代武當山一帶常見的送葬樂班。此圖描繪的天神用銅棺將鄒宿迎去的場面，前有靈幡，後有仙樂，四人抬棺，也可能是明代武當山一帶送葬隊伍的真實反映。有關金棺的傳説在佛祖本生故事中

圖七・三一　武當山明代大銅鐘
（採自《武當山志》彩色插頁）

[一]《道藏要籍選刊》第八册，六五二頁，上海古籍出版社，一九八九年。
[二]同[一]，四二九頁。

圖七・三三　湖北武當山元和觀内現存明代銅鑄鎏金六甲像（採自《武當山志》彩色插頁）

時有所見，因而靈應本中所涉的這些銅棺故事，很顯然受到了佛教故事的影響。

枷具

靈應本『聖井辨異』圖中小童所戴的是枷具（圖七・三二）。枷，原本是一種打穀脱粒的農具，東漢許慎《説文解字》云：『擊禾連枷也』，後來才演變爲刑具。《古今事物考・枷》載：『今枷制，長五尺五寸，頭闊一尺五寸，以幹木爲之。死罪重二十五斤，徒流重二十斤，杖罪重一十五斤，蓋舊有長短而無斤重，則徒流死罪之等重，自宋太宗始，今從之。』[一]《大明律・刑具圖》載：『枷，以幹木爲之，死罪重二十五斤，徒流重二十斤，杖罪重十五斤，長短輕重，刻志其上。』[二]『聖井辨異』圖中所見的枷，並不見通常木枷具所見的枷鎖、枷鎖鏈等枷具的附屬構件，衹有一塊套在脖子上的板狀物。從題記中可知，這種刑具叫石盤枷，顧名思義用石盤鑽孔製成，石盤的重量很大，顯然，這種刑具是十分殘酷的。

雷公電母與六丁六甲

『降魔洞陰』圖（附圖一五）中玄帝率領衆天兵神將與六天魔王激戰，圖中左上角有雷公電母，右下角有六丁六甲，都是中國民間有廣泛影響的神將。雷公、電母神都起源於古人對打雷、閃電等自然現象的崇拜，早期的雷神也與動物崇拜有關，如《山海經・海内東經》載：『雷澤中有雷神，龍身而人頭，鼓其腹，在吳西。』[三]以後經過歷代的塑造，到明清時期纔逐步統一起來，其統一的形象如清代黃斐默《集説詮真》中所描述的：『今俗所塑之雷神，狀若力士，裸胸袒腹，背插兩翅，額具三目，臉赤如猴，下額長而鋭，足如鷹鸇，而爪更厲，左手執楔，右手執槌，作欲擊狀。自頂至傍，環懸連鼓五個，左足盤躡一鼓，稱曰雷公張天君。』[四]

[一] 王三聘輯：《古今事物考・枷》，上海，上海書店出版社，一九八七年。
[二] 懷效鋒點校：《大明律・刑具圖》，北京，法律出版社，一九九九年。
[三] 郭璞：《山海經》，北京，中華書局，一九八五年。
[四] 黃斐默撰、黃伯禄輯：《集説詮真》，臺北，臺灣學生書局，一九八九年。

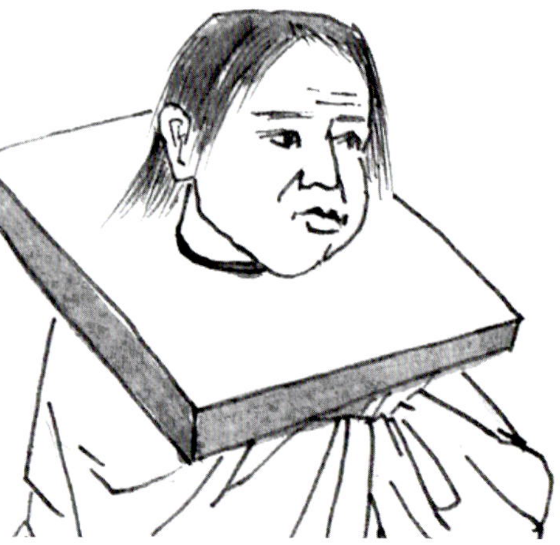

圖七・三二　靈應本中的枷具

圖七·三四　明代《三才圖會》中所載的六丁六甲像（部分）

『降魔洞陰』圖中的雷公與上述描述基本相似，兩者最大的不同是，靈應本中的雷公没有兩翅。電母是從雷神分化而來，早期的雷神兼施閃電，後來出現了『電父』神，《三國志·管輅傳》裴松之注引《輅别傳》云：『使召雷公電父、風伯雨師』[一]，隨着配對神觀念的流行，『電父』逐步過渡成了雷神的配對神電母。就文獻所見，至遲在唐代已有電母之稱，唐代崔致遠《桂苑筆耕集》卷一六《補安南録異圖記》曰：『使電母雷公，鼙外域朝天之路』[二]，宋代蘇軾《次韻章傳道喜雨》中亦有『麾駕雷公訶電母』[三]的詩句。《元史·輿服志》載，元代軍中有『電母旗』，電母形象爲『畫神人爲女人形，纁衣朱裳白褲，兩手運光。』[四]清代黄斐默《集説詮真》載：『今俗又塑電神像，其容如女，貌端雅，兩手各執鏡，號曰電母秀天君。』[五]靈應本中的電母爲頭戴金飾的美婦人形象，兩手各執一鏡，既有元代『纁衣朱裳』、『兩手運光』的形象，又有清代『貌端雅，兩手各執鏡』的形象，這表明電母形象在明代已發展得相當成熟了。

六丁六甲，是一個群神的集合體，共包括十二位神。六丁即丁卯、丁巳、丁未、丁酉、丁亥、丁丑；六甲爲甲子、甲戌、甲申、甲午、甲辰、甲寅。宋初成書的《元始天尊説北方真武妙經》中就把六丁六甲描述爲真武神手下的大將，與真武神一起降魔驅妖。《無上九霄雷霆玉經》説：『六丁玉女，六甲將軍。』[六]《續文獻通考》也載『丁卯等六丁，陰神玉女也。甲子等六甲，陽神玉男也。』[七]可見六丁六甲也受到了配對神觀念的影響，成爲六男六女的形象。靈應本中的六丁六甲形象，六丁爲戎裝揮劍、頭戴珠寶金飾的美婦人形象；六甲則爲渾身金甲、頭戴飾金道冠的猛將形象。靈應本的六甲形象與湖北武當山元和觀内現存明代銅鑄鎏金六甲像（圖七·三三）較爲相似，但與明代《三才圖會》中所載的六丁六甲像（圖七·三四）差異較大，《三才圖會》中的六丁六

[一]《三國志·魏志·管輅傳》，北京，中華書局，一九八二年。
[二] 崔致遠：《桂苑筆耕集》卷一六，北京，中華書局，一九八五年。
[三] 轉引自馬書田：《華夏諸神》，二五五頁，北京，燕山出版社，一九九九年。
[四] 宋濂等撰：《元史·輿服志》，北京，中華書局，一九八三年。
[五] 同[四]。
[六]《無上九霄玉清大梵紫微玄都雷霆玉經》，《道藏》第一册，七四九頁。
[七] 王圻：《續文獻通考》，上海，上海古籍出版社，一九八八年。

甲形象，頭形都爲十二生肖動物形象，丁甲並無男女之分。從隨圖所附六丁的名字來看，也不像女子的名字，與宋代以來甲男丁女的文獻記載不符。

鳥籠

『良嗣感祥』圖中所見的鳥籠（圖七・三五）爲紅色，呈正方形，應爲用竹木製成，從畫面中依稀可見籠中裝着三隻雀鳥，從圖中鳥籠的形制來看，與當代社會的鳥籠並無多大區別。養鳥作爲一種娛樂消遣歷史十分悠久，清代北京的王公貴族養鳥成風，形成了捕鳥、遛鳥、壓鳥等一系列的養鳥風俗，並有專門爲王公貴族養鳥的『鳥把式』產生，養鳥之風盛極一時。清代貴族的鳥籠（圖七・三六）與明代也大同小異，可見，無論歷代養鳥的風俗有多大的變化，鳥籠始終以實用性爲主旨，雖歷代鳥籠形狀千差萬別，基本形制卻大同小異。

圖七・三五　靈應本中的鳥籠

圖七・三六　清代貴族的鳥籠

【第八章　結　論】

本結論主要論述兩部分内容：第一是對全文各章作一個簡要的回顧，重點指出各章的新觀點、新方法、新材料和新發現；第二是討論本文總的結論、發現和思考。

第一章導論從選題的目的與意義、學術研究回顧、研究方法、主要研究材料四個方面對本文作了一個簡要的説明。選題的意義方面主要强調了該研究是人類學圖像研究、道教圖像研究的新探索；學術回顧方面分爲真武信仰研究和人類學藝術研究兩部分來進行，以適應本研究學科交叉的特點；研究方法部分主要探討了藝術史中的圖像學、文獻學和人類學相結合的綜合研究方法；研究材料部分則對本研究涉及的主要材料進行了簡要的梳理，重點介紹了所用的新材料。

第二章首先對真武神從最早的星宿神，戰國秦漢時期的四象崇拜，魏晉南北朝時期太上老君的侍衛神，唐代的北極紫微大帝的神將，北宋的『真武靈應真君』，元代的『元聖仁威玄天上帝』，直到明代成爲明朝的護國神的整個發展過程進行以文獻爲主的描述，主要目的是對曾在中國民間影響廣泛的真武信仰進行簡要的回顧和文獻梳理，爲下文着手真武圖像研究提供參照背景。歷代真武圖像的綜合考察一節，在廣泛收集歷代真武圖像的基礎上，進行了認真的圖像歸納和比較，總結出歷代真武圖像的特點，並着重探索了歷代真武圖像的變化軌跡，第一次較全面地整理出了從玄武到真武大帝的圖像學系譜，即：秦漢玄武↓魏晉南北朝玄武↓隋唐玄武↓武神真武↓古聖賢模樣的文武神真武↓古聖賢模樣的文神真武↓天帝圖真武（圖二·五二）。同時初步探索了圖像與文獻研究的互動關係，認爲圖文互證是深化圖像研究的有效途徑。本章借鑒佛教蓮華化生的研究成果（圖二·五五、二·五六），結合歷代真武的圖像變化（圖二·五七），提出了真武的圖像變化也許受到佛教蓮華化生思想影響的新觀點。將宋元明真武圖像變化歸納爲『一綫多元』的格局，並以田野調查所發現的稀見武當山現存北宋真武銅像爲例證提出：在北宋初年真武已完成了人格化的觀點，以回應學界流行的南宋時真武才完成人格化的觀點。

第三章是本文展開研究的基礎，首先對《真武靈應圖册》内容進行分類，分爲真武本生故事、靈應故事、武當祥瑞故事。本生故事又分爲降生、辭親修道、成神受封三類；靈應故事則依其内容又分爲十類，即：回顧、儀式、應現感應、助戰除奸、祈禳救災、驅鬼除妖、修仙求子、降夢托言、指點迷津、靈異受報、賜銜制讚。這些真武故事都是宋元明以來，尤其是宋初大規模整合真武瑞應故事的産物，對研究真武神的塑造規律有重要的價值。本章限於篇幅，衹選出各類有代表性的圖文進行圖像描述與解釋，並與《道藏》所收的《玄天上帝啓聖録》、《大明玄天上帝瑞應圖録》相關内容進行比較研究，從中可以看出靈應本對補充《道藏》在真武系列圖像方面的内容缺失有重要意義。

本章通過對靈應本故事發生時間和地域分佈的分析後認爲，從真武神的塑造過程可以看出，靈應故事的塑造是民間信仰神塑造極其重要的一個手段，再聯繫到各地廟宇流傳的各種靈應故事可知，這種塑造過程在民間信仰、甚而整個宗教信仰中帶有一定的普遍性。就民間信仰而言，『靈』確實是極爲重要的信仰條件之一。歷代真武靈應故事的不斷創造和發展，正是適應這種社會各階層對神『靈』的需要，而真武信仰這種『靈』的積累，又成爲助其走向神聖、走向全國的重要因素。真武信仰作爲一種民間信仰，始終是文化創造的産物，歷代真武靈應故事正是這種文化創造過程極好的印記。

本章還通過對靈應本整體排序的分析，指出整套《真武靈應圖册》由俗↓聖，由聖↓人神感應的排序安排，暗含着道士最理想的修道追求這一宗教意義。靈應本中共有六類玄帝形象，即：嬰兒玄帝、少年玄帝、青年玄帝、武神玄帝、文神玄帝、天帝圖玄帝，這些玄帝圖像的變化，雖都體現了宋元明以來玄武地位不斷提昇的趨勢，但在《真武靈應圖册》中這些圖像似乎更主要的是滿足圖像内容和場景的需要，更重視真武神性功能的發揮。

第四章把《真武靈應圖册》與《藏外道書》中所存的真武系列版畫《武當嘉慶圖》進行比較研究，通過『跨圖像的比較』以反觀靈應本的價值。本章首先回顧了中國瑞應圖發展的傳統，對明版《武當嘉慶圖》的來歷作了初步的分析，認爲明版《武當嘉慶圖》將元代武當山天一真慶宫提點張守清及其弟子所編的元版《武當嘉慶圖》保留了下來，也是十分珍貴的真武系列圖像資料。之後從共八十八幅的明版《武當嘉慶圖》圖文中選出十幅與靈應本相應圖文作微觀的比較研究，比較研究後發現，兩圖册并非來源於同一版本。從繪畫的整體風格來看，《武當嘉慶圖》似乎比較注重故事環境氛圍的塑造，而《真武靈應圖册》則更注重對一些重點圖像、重點場景的塑造，類似於特寫描繪。同時發現《武當嘉慶圖》也存在着由俗↓聖的象徵意義，認爲『玄帝聖號』圖文在《武當嘉慶圖》所載《大明玄天上帝瑞應圖録》中的作用當爲架設地上與天上瑞應故事溝通的橋樑，即由俗↓聖的分水嶺。本章通過與《武當嘉慶圖》的比較後認爲，《真武靈應圖册》的繪製目的當與明版《武當嘉慶圖》所言相似，最主要的也是宣教傳道、勸善教化、積累功德。但靈應本又有自己的特點，具有秘本或收藏本的性質。經過比較兩圖册的繪畫傳統，筆者認爲兩者都屬於南方繪畫傳統。本章還結合武當山田野調查資料，認爲從《真武靈應圖册》的繪畫内容來看，明顯帶有武當山景物的特徵，當出自武當山道士之手，以後才在明清以來武當山的歷次戰亂中流出山外，轉入一些大收藏家的手中，這也是《真武靈應圖册》能够幸存下來的原因所在。

第五章將《真武靈應圖册》與屬於不同地域、不同媒材的河北省蔚縣真武壁畫進行比較分析，對首次發現的這些珍貴的真武題材壁畫及其所處文化情境進行簡要的回顧。本章通過各種不同媒材真武系列圖像的比較，首次提出了武當傳統與民間傳統的概念，認爲《真武靈應圖册》、《道藏》所收的《玄天上帝啓聖録》、《大明玄天上帝瑞應圖録》和明版《武當嘉慶圖》這些元明以來源自武當山的、内容相對較爲近似的真武系列圖像稱爲武當傳統，也可以稱爲正統傳統；與此相對的蔚縣真武壁畫、明末余象斗所編的《北方真武祖師玄天上帝出身志傳》圖像、武當山磨針井正殿東西兩壁上現存的清代真武壁畫等則被稱爲民間傳統，並認爲與武當傳統相比，民間傳統具有故事來源更爲廣泛、佛教影響更爲明顯、圖像内容更通俗易懂，榜題文字表述更接近民衆等特點。通過對河北省蔚縣真武系列壁畫的仔細研究，筆者發現蔚縣北極宫壁畫仍然延續着前述各套真武系列圖像由俗↓聖的圖像排序傳統，北極宫壁畫是通過真武服飾的變化來象徵『脱凡入聖』的玄帝角色的變化。蔚縣壁畫中的真武圖像並未出現像《真武靈應圖册》、《武當嘉慶圖》中所見的天帝圖一類的玄帝形象，這也説明了北極宫壁畫民間性的特點。從畫史傳統的角度而言，河北省蔚縣真武壁畫應屬於北方畫史傳統，而《真武靈應圖册》則屬於南方畫史傳統，在畫史傳統的背後，還隱含着全真、正一等道教教派文化的差異。

第六章又把關注的重點移回到《真武靈應圖册》本身，對人類學較爲關注的靈應本所反映的儀式問題進行初步的探討。將《真武靈應圖册》中所涉的儀式圖像分爲四類，即祈禳類、求籤類、施經類、其他類，然後結合道教儀式知識及《道藏》、《藏外道書》等道書中所載的相關威儀類道經對上述四類圖像作一些初步的分析。《真武靈應圖册》中的儀式作爲儀式圖像，涉及了符號、象徵等知識範疇，與象徵人類學關係密切。《真武靈應圖册》

中的儀式圖像無疑也是『一個符號的聚合體』，有些屬於上述文化符號中的『類像』，如靈應本儀式中的真武大帝像；有些屬於文化符號中的『標誌』，如靈應本儀式中道士的蓮化冠，官員的展角幞頭等；有些則屬於文化符號中的『象徵』，如靈應本中跪拜的姿勢象徵對天神的虔敬等。

《真武靈應圖册》中的儀式圖像，從繪畫藝術的角度來看，有兩個顯著的特點：其一，繼承了中國宗教繪畫藝術的傳統，有明顯的程式化傾向。其二，簡化圖像，注重整體意境。《真武靈應圖册》中的圖像風格是典型的道教畫風格，充分體現了『道法自然』、『天人合一』等思想，十分强調畫面整體的意境與和諧美觀。爲了達到理想的整體意境，常常採用簡化圖像的藝術表現手法，把最具特徵的景物畫出來，其餘的都簡化掉，始終使畫面處於主次分明、和諧優美的狀態。《真武靈應圖册》儀式圖像這種程式化和有目的的簡化的表現手法之所以能够取得成功，正是利用了符號、象徵等人類文化的特性，雖簡化了圖像，但並不影響圖像宗教意義的充分表達。

第七章就《真武靈應圖册》這幅民俗文化長卷本身所藴含的部分民俗事項進行舉例詮釋。靈應本畢竟是當時社會的産物，是當時社會實況的形象直觀的轉録，對了解明代的建築、服飾、民俗與社會生活等知識提供了形象直觀的研究素材。靈應本描繪了大量的建築形制，是人們研究明代建築風格的重要參考資料。其中的部分建築還與武當山建築有關，對研究明代武當山相關建築狀況有一定的參考作用。靈應本八十二幅圖畫中描繪的人物形象多達數百人，這些人物形貌各異，服飾各具特點，是研究明代人物形象和服飾的重要參考資料。靈應本還包含了不少民俗與社會生活的内容，這些内容雖非作者作畫所着意表現的内容，但這種無意識的流露，更易於了解當時真實的民俗與社會生活狀況，也是研究明代民俗與社會生活形象直觀的參考資料。《真武靈應圖册》中所見的某一民俗與社會生活場面，雖爲十分精簡、濃縮的畫面，甚至是象徵或符號，但無論如何精簡，最顯著、最關鍵的特徵通常是會保留下來的，這是《真武靈應圖册》的繪畫特點之一。

經過以上各章的研究，筆者對真武從動物神到人格神、從民間神到官方神、從武神到文神、從地域神到全國神的圖像塑造過程已有了一定的了解，這種圖像變遷的最主要原因從官方來講就是宋元明以來，歷朝皇室對真武的信仰，如宋皇室把真武視爲守護邊疆的護衛神，元皇室則把真武視爲開國的肇基神，明朝的永樂皇帝又視真武爲入繼大同的護佑神，其後的明代諸帝，都把真武作爲明皇室的護國家神。從民間來講，由於唐末宋初以來各類

真武本生故事和真武靈應故事的塑造，真武從最初的星宿神逐步發展成爲戰神，水神，防火神，生殖、求子神，司命神，厭勝神，除病驅災神，福神，屠宰業、相術行的行業神，民間秘密組織的敬奉神等，真武如此衆多的神性功能，也爲其走向神聖、走向全國鋪平了道路。從真武神的形成過程可以看出，靈應故事的塑造是民間信仰神塑造極其重要的一個手段，這種塑造過程在民間信仰、甚而整個宗教信仰中帶有一定的普遍性。民間信仰始終是文化創造的産物，歷代流傳的靈應故事正是這種文化創造過程極好的印記。

本文通過對歷代真武系列圖像的『跨圖像比較』後發現：所有這些真武修真系列圖像的排序都隱含着『走向神聖（由俗到聖）』，人神感應』的宗教象徵意義，俗和聖之間的分界點，有的以儀式來區分，如《真武靈應圖册》、正統《道藏》本《大明玄天上帝瑞應圖録》；有的通過服飾的變化來區分，如河北省蔚縣北極宫真武系列壁畫；有的以引入科儀畫像來區分，如《武當嘉慶圖》本《大明玄天上帝瑞應圖録》。它們的圖像排序都隱含着『道士經過艱苦修煉，最後得道成仙，感應社會』這一道士最理想的修道追求。真武大帝的成長歷程正好爲這種追求樹立了一個極好的榜樣。

真武神從民間神、地域神經過曲折的文化創造過程，靈應故事越來越多，所任神職逐步豐富，地域影響越來越廣，逐步走向官方神、全國性的道教大神，這也是一種走向神聖的過程。甚至蔚縣北極宫壁畫中真武故事曲折上昇的排列結構也是這種『走向神聖』宗教結構的反映。從中國社會的更大背景來看，道士這種『走向神聖』的理想追求模式，不會脱離中國的文化情境，其實際上也折射出中國人固有的理想追求模式，即『艱苦奮鬥，報效社會』。

本文採用藝術史中的圖像學、文獻學和人類學相結合的綜合研究方法，這種方法是在已有的人類學方法不太適用於此類圖像研究的條件下的一種嘗試。筆者認爲通過這樣的嘗試和今後的不斷探索，能够找到一種人類學圖像研究的新方法，即圖像人類學方法。圖像人類學方法就是運用人類學整體論的觀點，在文獻材料的基礎上，通過田野調查和跨文化（圖像）比較等方法，對圖像材料進行多角度、多維度的研究。這是圖像學研究方法的新探索，也是人類學研究圖像的新探索。

圖像學需要利用人類學的方法來深化研究。圖像學方法的創始人瓦爾堡（Aby Warburg）就主張將藝術作品的創造放在一個更寬廣的文化歷史背景上來理解〔一〕。圖像學的重要代表人物潘諾夫斯基和貢布里希也都主張藝術品的深層含義不可能衹通過對圖像的辨識揭示出來，而是要從人文科學的廣泛層面上來理解藝術品。〔二〕這些觀點與人類學所倡導的整體論，即把人類全部文化現象視爲統一整體的觀點和研究方法，有不謀而合之處。這爲利用人類學方法來研究圖像創造了有利條件。

人類學在研究人類社會和文化的過程中也常常面臨着研究圖像材料的問題。儘管在人類學藝術研究的發展過程中，功能主義和結構主義方法從對藝術品本身的關注到將藝術理解爲一種動態的行爲過程，其中包括了與之相關的觀念、生產行爲和受衆的回饋等維度〔三〕。這種將藝術理解爲行爲過程的理論拓寬了人類學藝術研究的領域，也是值得圖像學借鑒的研究方法。但是，就人類學研究圖像而言，仍然需要不斷探索新的研究方法。而這種探索就應該從圖像學與人類學的互補或契合處着手。

〔一〕常寧生編譯：《藝術史的圖像學方法及其運用》，《世界美術》二〇〇四年第一期，七〇頁。

〔二〕易英：《圖像學的模式》，《美術研究》二〇〇三年第四期；潘諾夫斯基：《視覺藝術的含義》；范景中編選：《藝術與人文科學——貢布里希文選》，杭州，浙江攝影出版社，一九八九年。

〔三〕孫春花：《藝術人類學簡史》，北京，中央民族大學碩士學位論文，二〇〇四年，五〇頁。

【附録：《真武靈應圖册》圖及題記】

凡例

一、本附録收入了《真武靈應圖册》的全部八十二幅圖畫和八十三篇題記。

二、《真武靈應圖册》的全部圖畫及題記尺寸均爲29×29釐米。

三、以下所録《真武靈應圖册》圖畫題記仍按原文，未做任何文字改動，以保持題記原貌。

四、文中標點爲本書作者所加。

五、各篇題記後的校記，僅以《真武靈應圖册》與《道藏》相比較作出。

六、附録中的圖畫編號，如『一』、『二』，在正文中以『附圖一』、『附圖二』的形式表示。

一

【淨樂仙國金闕化身】

淨樂仙國
原夫淨樂國乃奎婁之下海外之國上應
龍變梵度天也
金闕化身
按三寶大有余書云一炁分形靈虛生五刦之宗三清出號神景化九光之始
太初溟涬玄極溟濛中有虛皇分置五刦曰龍漢曰赤明曰上皇曰延康曰開
皇當斯時也天光未分清濁未判則知三炁為天地之尊九炁為萬真之本是
故
元始象先天尊開明三景造立天根五文開廓普植神靈太極一判天地始明東分
青九南受丹三西城白七北歸玄五中生黃一號為五老即玄黃植象之根也
五老各布始炁化成四靈以定四隅周環六合兩儀運乎其中推成萬物以此
考源明
玄帝果先天始炁五靈玄老太陰天一之化按
混洞赤文所載
玄帝乃
元始化身太極別體上三皇時下降為太始真人中三皇時下降為太初真人下三
皇時下降為太素真人黃帝時下降符太陽之精托胎
淨樂國王善勝皇后孕秀一十四月則
太上八十二化也

二 【王宮誕聖】

王宮誕聖
是時正當
上天開皇初刦下世
元年歲建甲辰三月戊辰初三日甲寅庚午時
玄帝產母左脅當生之時瑞雲覆國天花散漫異香芬然身寶光焰充滿王國地
土皆變金玉瑞應之祥莫能備載

三

【經書默會】

經書默會

玄帝生而神靈舉錯隱顯聽以知遠明能察微年及七歲經書一覽仰觀俯視
靡所不通潛心念道志契太虛願事
上帝普福兆民

四

【元君授道】

元君授道

玄帝念道專一遂感
玉清聖祖紫元君傳授
無極上道
元君告
玄帝曰子可越海東遊歷於翌軫之下有山自乾兊起迹盤旋五萬里水出震宮自
有太極便生是山上應顯定極風太安皇崖二天有七十二峯三十六巖也子
可入是山擇衆峯之中冲高紫霄者居之當契太和昇舉之後五百歲當
上天龍漢二刦中披髮跣足躡坎离之真精歸根復位上為
三境輔臣下作十方大聖方得顯名億刦與
天地日月齊并是其果滿也告畢
元君昇雲而去

五

【天帝錫劍】

天帝錫劒

玄帝乃如
師言越海東遊又感
豐乾太天帝授以寶劒
天帝告曰此劒名曰北方黑駞裘角斷魔雄劒長七尺二寸應七十二候撫三輔應
三台重二十四斤應二十四炁闊四寸八分應四時八節子可佩此居山修煉
降伏邪道收斬妖魔告畢
天帝昇雲而去
帝受訖歷翼軫之下果見是山山藏水沒皆符
師言於是入山渡澗擇地隱居內修
其山在均州之南三舍先名太和一名仙室一名太嶽
玄帝昇真之後謂曰非
玄武不足以當之故更名曰武當嵩高之儲副五嶽之流輩也周回八百里七十二
峯三十六巖二十四洞五臺五井三潭三泉四石三天門三洞天一福地風穴
雷洞藥圃丹爐霄館龍宮慶雲彩霧幽蘭清惠菖乳天花石露金銀之星樹有
松蘿之秀騫林葉尤能愈疾靈壽杖可以扶衰神獸呈祥仙禽奏樂
御寶
宸翰護
教鎮山黑虎廵廊烏鴉報曉艾名千歲廣施博濟之功松號萬年彰美報
恩之德茂林修竹人傑地靈得道神仙不可勝計
園山
聖跡莫能備陳歛萬古之烟霞歸一元之造化也

六

【澗阻群臣】

澗阻群臣

父王思慕太子不能棄捨令大臣領兵五百衆根尋太子回朝探逐所往渡澗入山
遇澗水忽漲不能前進者八次渡遇水泛第九次方得渡至紫霄岩而見太子
啓傳
王命自是部衆足忽僵仆不能舉相謂曰
太子願力所至如是回國且遥乃同聲告曰願從
太子學道語畢跬足如故於是俱山中隱
帝昇真之後皆證仙道今武當有
五百靈官者是也澗名九度祖其意焉

七

【悟杵成針】

悟杵成針

玄帝修鍊未契玄元一日欲出山行至一澗忽見一老媪操鐵杵磨石上
帝揖媪曰磨杵何為媪曰為針耳
帝曰不亦難乎媪曰功至自成
帝悟其言即返岩而精修至道老媪者乃
聖師京元君感而化焉澗曰磨針因斯而名

雲麓仙人題磨針澗

詩曰

淬礪功多粗者精　聖師邀請上天京　我心匪石堅於石
小器成而大道成

八

【折梅寄梛】

折梅寄榔

玄帝自悟磨針之語復還所隱於途折梅枝寄於榔樹上仰
天誓曰子若道成花開果結後如其言今樹上存名曰榔梅者乃榔木梅實桃核杏
形味酸而甜能愈諸疾然亦罕得之以驗豐歉豐年結實荒歲則無下有仙翁
司之敬禮可得
玉谿真人題云
詩曰

高真學道隱山時　親折梅枝寄榔枝　行滿功成應冲舉
花開子結試先知　仙翁護境百邪遠　聖果標名萬古垂
服餌延齡除痼疾　志誠拜授福相隨

九

【紫霄圓道】

紫霄圓道

玄帝在山往来觀覽見七十二峯之中有一峯上聳紫霄下有一岩當陽虛寂於是

師之採誠目山曰太和山峯曰紫霄峯岩曰紫霄岩據此居焉即成道之所今天一真

慶宮是也

玄帝聖訓云

吾山不及諸山富諸山不及吾山清吾山冬寒而不寒夏熱而不熱三世為人方到吾山五世為人方住吾地七世為人方葬吾境吾山寂寂草萋萋只聞鍾鼓不聞雞汝若有緣住此地吾令六甲斬三尸七十二峯接天青二十四澗水長鳴三十六岩多隱士葬在吾山骨也清

又云

南有降魔北金鎖　膽必驚兮登必阻　劫終劫始剪妖精

留得佳名垂萬古

呂純陽真人詩云

混沌初分有此岩　此岩高聳太和山　面朝大頂峯千丈

北湧甘泉水一灣　石縷狀成飛鳳勢　岩籠綰就碧螺鬟

靈源仙澗三方繞　古檜蒼松四面環　兩滴瓔珠敲石棧

風吹玉笛響松關　角雞報曉東方見　晚鶴歸来北斗灣

谷口仙禽常喚語　山巔神獸任躋攀　箇中自是乾坤大

就裏元来日月閑　自古玄真修道處　至今蹤跡在人間

不知多少神仙侶　為愛名山去復還有碑存焉

一〇【三天詔命】

三天詔命

是時
玄帝稽手祇奉迎拜
玉真曰予奉
三清玉帝詔命以予功滿道備昇舉
金闕子之
聖父聖母已昇九霄矣
帝俯伏恭諾
玉真乃宣詔曰
詔乃天真皇人譔
上詔學仙聖童淨樂國子
惟卿玄元之化天一之尊不言而教莫知其神渺渺劫刃綿綿若存虛心實腹
和光同塵鑿開造化撲散胚腪六百萬歲八十二身曲全枉直窪盈弊新生陰
育陽起死成人其功不恃其德乃真今宜再顯高輔
三清上罰逆象下滅妖氛掌握圖籙攝制魔蹤
帝真靈會驅神駕龍甲庚之將贊衛爾勳周環六合普福兆民道泰天地萬真所推
可特拜
太玄元帥領元和遷校府公事
賜九德偃月金晨玉冠瓊華玉簪碧瑶寶圭素綃飛雲會霞之帔紫綃龍袞丹霞羽
襹絳綵之佑七寶銖衣元光朱履飛紅雲舄佩太玄元帥玉冊乾元寶印南北
一斗三台龍劒飛雲玉輅丹輿綠輦羽蓋瓊輪九色之十絕靈旛前嘯九鳳後
吹八鸞天丁玉女億乘萬騎上赴
九清詔至奉行

一一【白日上昇】

白日上昇

玄帝拜受
天詔易服訖
五真曰子乃九天五老天君准
上帝命與子啓途至午時
帝乘丹輿綠輦羽蓋瓊輪馭九色玄龍揚十絶靈旛前後鸞歌鳳唱嘯歌喈喈飛鳴應
節朗耀雲衢玉女散花金童揚烟浮空上昇

二二【玉陛朝参】

玉陛朝叅

玄帝飛昇至
金闕朝叅
玉陛
上帝告曰卿往北方統攝玄武之位以斷天下邪魔時
帝白
上帝曰臣宿緣慶幸得覲
天顔功行卑微奚堪重任
上帝告曰卿道叅天地萬真所推幸勿所辭
帝奉
玉旨謝恩而退乃居
太一真慶宮如
詔命

一三【真慶仙都】

真慶仙都
玄帝所居之宮則曰
天一真慶宮在
紫微北上太素秀樂禁上天太虛無上常融天二天之間宮殿巍峩皆自然妙炁所
結琳瑯玉樹靈風自鳴皆合宮商之韻紅光紫雲帝覆其上此處則玉虛無色
界也

一四【玉清演法】

玉清演法

按元洞玉曆記云至五帝世當
上天龍漢二結下世洪水方息人民始耕殷紂主世淫心失道橋海
上天生民方足衣食心無正道日造罪愆惡毒自横至六天魔王引諸鬼衆傷害衆
生毒炁盤結上衝太空是時
元始天尊與諸天上帝說法於
玉清聖境八景天宮天門震闢下見悪炁弥塞
天光於是妙行真人叩誠求請願救群黎
天尊告曰汝之請不亦善乎非勇果材安能制斷惟北方位天輿之區其方有神名
號
真武玄天之性以正摧邪降伏妖魔歸於正道妙行真人上白
天尊曰緣何得此威神下降凡世收除魔鬼救度群生免遭横死日有所益伏願
大慈允臣所請於是
天尊命
玉皇上帝降詔
紫微陽以周武伐紂平治社稷以
玄帝收魔間分人鬼

一五【降魔洞陰】

降魔洞陰

上賜
玄帝披髮跣足金甲玄袍皂纛玄旗
帝敬奉
教勅部領六丁六甲五雷神兵巨虬獅子毒龍猛獸下降九界與六天魔王戰於洞
陰之野是時魔王以坎离二炁化蒼龜巨蛇變現方成
帝以神威攝於足下
記云潼川府中江縣古名玄武縣有一山名武曲山乃昔
玄帝追魔至此山攝水火二真於足下因此而名至今居民呼之山有觀乃宋大觀
間徽宗御賜真靈觀額以表
玄帝降伏天関地軸之福地也觀前江中之石山中草木俱有龜蛇之形人病煑水
飲之即愈今益州之龜城梓州之蛇城尚記當時之遺跡也

一六【復位坎宮】

復位坎宮

上帝命
玄帝曰卿可當披髮跣足攝踏龜蛇見皂纛玄旗躬
甲位鎮坎宮天稱元帥世號福神每月下降操持
普福生靈億劫不怠輝光日新而帝欽奉
詔已而嘆曰昔吾為人時入太和山鍊道蒙
本師紫元君所誡云
昇舉之後五百歲當披髮跣足躡坎离真精歸根復位上為輔臣下作人聖方得顯
名億劫與天地日月齊并今日果符師語復位坎宮豈不快哉自斯
玄帝千變萬化為主教宗師分身降世濟物度人無邊無量洞天福地無不顯靈應
事跡簡冊難窮或宗李而為姓或斷郭為姓或從裴而為姓累代欽崇至于今
日普福衆生感
帝恩者高厚如天地之廣豈筆舌究其津極者哉而
帝位居金闕之貴統統樞機陶鑄品群佐天罡大聖真君調理四時運推陰陽造化
萬物莫極崇高矣況
帝以道德開化天地湛然默有成功之理無一時不念衆生無刻不憐下土每知劫
數必先以開濟之誠上奏
金闕丐減分數至於蠻夷猾夏易教改名亦行教化可謂
大慈大悲普救無上法王也

一七【瓊臺受冊】

瓊臺受冊

是時

玄帝與

上元天官中元地官下元水官

天蓬元帥天猷元帥翊聖真君以上元日並受

號於七寶瓊臺之上

昊天至尊親行與儀與凡世帝主拜大將開國承家之儀頗同

上賜

帝瓊旌寶節九龍玉輦其冠則通天十二旒其服玄衮上施日月山龍物像皆與世

間天子者同圭以玄玉履以紅舄于今群真朝禮

昊天至尊則

四聖為都班之首

一八

【紫霄禹迹】

紫霄禹迹

按九丘經緯天地曆云禹平水土之後分治九州拜立五嶽定封四瀆範圍坤厚名山大川悉以神靈主之乃考翼軫之下有山名曰太和七十二峯凌聳九霄氣呑太華應七十二候上古所傳云是

玄武得道飛昇之地觀是山也雄驤當陽九宮皆備非玄武當之孰可享邪遂更太和之名曰武當山建宮曰紫霄宮專爲崇奉

玄帝香火之所自後神仙卜捿者衆矣

一九【五龍唐興】

五龍唐興
是時枯槁復甦歡回爲慾人皆享升平之樂免溝壑之患姚簡具茲靈異奏聞
太宗降旨就武當山建五龍觀以表其聖跡自此姚簡心慕至道志樂清虛奉奉不
急遂起掛冠之想乃挈家隱居武當恪事
玄帝香火繼蒙授記命充本山之神血食均陽今名爲威烈王是也臣每叅玉曆得
覽玄源久謂
玄帝事跡出於大古圖記湮蕪世傳訛舛未究宗因念慾編撰實録降付名山緣以
時未際會少阻殷勤
玄帝自宋啓運以來下世福佐社稷今將四甲子矣行化國內分野別建紫虛靈壇
普度群品而臣又得叅侍靈軒日覲
宸陛特因暇日考績三洞下書校成實録不敢以鄙語雕誣繪素大德盖擴諸實也
謹湏示中上庶幾萬世之下以永其傳則仰知
玄天上帝本乎空洞之先大道之祖豈可與其餘神聖同倫面語哉亦足以發明武
當之源豈不暢美者乎時在
上天延康七刧
無上大羅天開化十三年下世宋中上元甲子太歲甲辰淳熙十一年正月辛卯朔
十五日乙巳太真西王左上卿上清天機都丞旨神應元惠真君飛霞靈光真
人中黃先生臣董素皇謹譔

二〇【武當發願】

武當發願

南陽武當山

真武初學業遇豐乾大天帝君賜劒名曰北方黑駞裘角斷魔雄劒長七尺二寸應
七十二候撫三輔應三台降伏不祥之事重二十四斤應二十四氣斬邪歸正
不侵邪見之道横闊四寸八分應四時八節常在人間定除災禍因得從吏天
罡河魁於酆仙山降伏天下水火二精青龜赤蛇一切妖魔與爲患於世者盡
皆潜伏

真武往問
老君曰蒙囑付於武當山若能降伏世間一切妖魔了當即與授記成其正真之道
臣今降水火妖精歸於足下但係種種群魔皆已潜伏告師授記
老君曰汝來授記還脩得甚果
老君以一手指天一手指地乃天地尚存人間妖魔何得潜伏候取得閻羅王同來
方可授記閻羅王若來見吾即是無地獄人也無善無惡無天無地得同汝一
處授記乃爲無上正真道果汝且更修其果爲衆生斷除邪道增益功行真武
從此復降武當山寄凡修行一十二年忽一日受
玉皇金籙差充北極右勝院都判人間善惡公事提點生死罪籙乃授消災降福神
將每月定一日下降及庚申甲子日亦如之有發願文云衆生善惡與我齊身
我登證果亦同其因

二二【谷品修果】

谷嵒脩果
隋朝有南康軍廬山太清天慶觀光德元年三月三日江西路安撫使張佑之
入山遊翫有洞名曰谷嵒張佑之領從人入洞方行二十餘步覺身心迷惑遂
出洞門據左右報有軍虞候何詮入洞不見蹤由約二時以來何詮從洞中出
其遂因依詮入洞行二十餘步聞洞中有人勘筭文字遂隨語声處尋路行半
里見一宮殿虛聳上有三位燕會下有判官符使數百人將簿書點筭人間善
惡之事詮子細觀望見有龜蛇在於戲躍知是
北方真武見主席是正者冠服對坐其女真乃鳳冠霞履
真武位在其側詮潛入從官隊仗求問所因符吏曰洞是谷嵒天名瑤王今日是真
武降生之辰每年至此日蒙北極給假於丑時辭北方至寅時届東方面禮父
本師太上老君就羅浮天宮請侍父母於卯時從申酉方下界遊奕察其善惡與父
母脩人天天道之果此日若察録得造惡之人罪重如須彌山者皆獲
真武消承父母布施慈悲之賜咸蒙鮮釋世人有知今日之因若清淨戒心醮献詞
章懇求恩福最為大矣詮欲子細視之不覺如夢寤驚覺立身在谷嵒洞門石
臺下張佑之備録聞奏從此方知三月三日是
真武降生之辰為民消災降福奉
聖旨下南康軍委官往廬山天慶觀建立
真武并父母降真寶殿及給公據揀放何詮

二三一

【歸天降日】

歸天降日

唐則天朝有門下侍郎裴濤劄子奏聞臣濤昨蒙充西郊縣令恐夜夢見
太上老君曰下降入於卧所告云唐朝將有邪禍妖臣闘亂國政不能剪除是謂大
忌有北方神將名曰
真武合注下界脩第四次天行因果合當在濤寄胎降世其妻乃生男仲方近國家
收戳西蕃趙宏二千邪冠生擒回國并驗本朝奸佞賀全龍五百妖童與民間
斬滅邪禍救護不少令爲臣男仲方曾受神應將軍於是傳播天下漏泄天機
一日臣與妻語論次其男於座前放開兩手有朱硃肉跡篆字臣將辯認其左
手心真字右手心武字繼捻雙拳更不放開乃取香湯沐浴更換淨衣告辭父
母而去如要相見秖於每月一次下降時普爲天下脩善之人消解罪惡臣告
仲方今既捨父母歸天未審後來每月下降在於甚日令從何往仲方曰復歸
北闕若要知吾下降日分 正月七日 二月八日 三月九日
四月四日 五月五日 六月七日 七月七日 八月十三日
九月九日 十月二十一日 十一月七日 十二月二十七日
是吾下降日也 去從地去來從天來言訖握手於膝坐於卧床而去臣合聞奏
狀候進止奉
聖旨特賜道教威儀法事差使押香前去裴濤家祝献奠使方到不見仲方肉身但
見空中祥雲垂下仙仗昇一同棺盛貯音樂嘹喨散花滿空引声向武當山路
冉然而去自唐則天時授得逐月下降日分方始奉行供養贈爲武當山傳道
真武靈應真君

二三

【供聖重時】

供聖重時
閬州進士陳喻言少年三解不第偶會益州青城山鐵柱觀道士焦之微言陳
君空懷文學皆是業緣不曾於陰曹注受豈不聞今世例多崇信
真武若依此奉修必獲福貴喻言曰今若發心供養莫已遲否焦之微云若虔志精
恪不論年深日近從此每遇月與日重時但如法供養喻言急以淨帛畫
真武聖禎一幅於本家供養戒心受持時遇五月五日天毒節辰喻言思惟焦之微
曾言遇月與日重時供養者此心無遲夜至戌時置香燭案於門首露天朝北
禮一百拜燒獻紙幣次朝喻言與妻劉氏言夜來我得一夢甚異夢見身着紫
袍腰緊金帶手握天下人姓名簿籍恐今次科場必不失矣喻言因而促裝西
上一涉十年不知消息妻劉氏經州陳狀沿牒到京尋討尚未行遣忽有走吏
齋到皮筒一角上称家書附遲閬州盤神巷供養真武陳判官宅走吏纔出衙
門便不見試差人将皮筒往盤神巷尋陳判官宅分付其盤神巷紙有陳喻言
秀才自入京應舉十年不歸馬得有陳判官名目是時知閬州錢延年詳劉氏
狀称夫主陳喻言秀才上京取解不歸遂喚到劉氏取問因由召集衆官并換
劉氏親屬男女等焚香將皮筒開折披讀委是陳喻言墨跡述自離家入京盖
辱不第如神鬼迷惑誤入西京柏梁山天壽洞遇青衣童子二人齋到
玉皇金籙引喻言去見北極帝君差充真武佑聖院副注生善惡壽命長
短判官賜紫衣金帶交割天下世人姓名案卷蒙真武授記云汝尚有凡胎
功行未满又差為北極七星下權掌校諸天宮分神仙差遣一次却歸佑勝
院喻言因此忘歸無音信回鄉因随茲主遊奕下降見閬州有怨氣充天
蒙真武詳驗却是喻言妻兒銜怨為不知存亡之故諭言乃哀訴蒙
真武垂慈許令親録心意家書一角差直日遊神化凡賫赴閬州通官投放責令妻
守志仍舊業産存濟男女切須崇敬本家真武香火不可欺心昧聖吾雖有
報國之志緣累舉不第今係天曹主執常懷保護國朝安民利物亦當陰有所
助恐汝等思念故遣此親墨為報本州奏聞朝廷續有回降下閬州看詳陳
喻言雖入間顯禄無分却於天界官職有緣而懷報國安民之志切知已受
真武部屬又緣真武朕素所崇敬天下受恩宜賜法醮一會七晝夜就王津園
備設報謝真武仍下閬州支錢三百貫給付陳判官妻兒充作功德報恩
使用并就近便宮觀置右勝判官陳府君祠堂

二四【進到儀式】

進到儀式
伏惟上界
真武真君於今治世助國安民欲報恩德已於
内庭建立寶應閤及括青到前後感應事跡共計一百四件合隨勳贈入閤次第
關送史館編修刪定傳録依逐處申奏料目照應合要閤下逐月下降節朔供
養儀式今據住持泰山玉清昭應宮青城洞上清法師張子高進到式文
真武真君每年定於六庚申甲子三元五臘及逐月一日下降常行欲求保叙事意
供養者並於是日天拂明時取井花水一盂用楊柳枝一枝浸之明燈或淨蠟
燭一槃棗湯淨茶各一盞箋沉乳檀任便一炷不得用印濕和等香慮有褻觸
時果素食供養内果子夏不用李子乃是
真君去冠除履之忌物冬避石榴因未成道時斬天下作禍帝王爲魔法失向羅浮
山不見父母之物茅香一穗供養至人定時戌亥間再焚香一炷全金錢一陌
謂之五百貫黑雲馬一匹不用彩畫爲恐犯牛膠隨意願疏一通外用圓封庶
入不得稱臣内用羅彩散花仍備金錢一葉謂之五貫符馬一匹先次露天燒
獻令日直符神史憑傳上件數目并錢馬等謹詣天門直趨
真武遊奕聖前通放燒化紙錢不得用油紙燼點大如此則不屬天曹地府陰陽百
司收領化爲鑞錢係東嶽有司名枉積收繫疊成鑞錢山見有司録記照證宜
依此式施行中書點對進呈宜入寶應閤准此仍賜在朝崇信
真武宗室文武臣僚等受持依承供養

二五【洞天雲盖】

洞天雲蓋

龍圖閣直學士呂大防因奉使西蕃経林中川忽遭風雷驟雨狂瀾怒濤漲川
晴黑大防恐此處有兩國祀典神壇靈迹屬乃稱正北方有山曰青羅洞天係
大宋地分其山常有光明時復亦有風霧雨雹兩界民户去此伐薪隔山聞得
神人語言登陟四望髣髴瑞雲蓋罩隱約見一人披髮金甲皂袍身長三十餘
丈坐於大盤石前有龜蛇後立皂旗前列旌幢華蓋知是
真武下降今日奉使過此又是上元日想衝遇
真武下降致被雲雨遮隔大防尋候風雨停息備香前往青羅山遥對
真武到處焚香禱祈願入國無虞早承回路仍求杯照獲吉前去既見蕃王李成鄰
爲安和樊江上產三千疆封當初蕃中将胡素寨界至割換不寧已嘗通和後知
西蕃遣使復要取奪縁樊江土產三千地界本朝已曾将聚居鄉民爲植利之
處慮蕃中先有奉使過界以此係呂大防奉命入國其蕃王李成鄰與宋通和
已依夾官吏不相違次因張延祖與諸蕃官送呂大防約行十五星五色散花
滿空飄墜曾用物向上感之俱成甘露及取嘗之如酥酪而香良久化紅光漸
散呂大防再至青羅山禮謝
真武其處山花凋殘枝條上非時盡開遍於林野曽令採摘入手還謝大防回朝面
奏前項往回於青羅山遇
真武陰相
特旨下左右街道録選道士遣使同至青羅山致謝投放金龍玉簡乃立爲
真武降真靈迹之處

二六【宫殿金裙】

宫殿金裙
至和二年五月五日建御願專誠法醮道場禁斷屠宰寬宥刑獄四十九日
聖駕越內寢戒避服餙日夕醮會至八月初三日前殿滿空頓起風霧群僚侍駕親
視現一渾金甲裙遍滿大殿漸收雲彩又露一足望西北角而去至初八日鮮
散道場自
真武現足降靈聖意欽崇欲將家堂玄真殿立身真武刪移出內別剏報恩寶殿禮
部點對神威高廣兼係先皇特賜家堂之位天下宫觀難爲當受體知亳州有
太清靈都觀是太上老君降誕之處老君則真武承道之師此地他不便三司
具奏奉
聖旨選日臣僚陪御香送玄真殿立身真武出內及委官護送太清靈都觀權受供
養仍下本州相度別造殿宇後亳州申奏靈都觀於十月一日殿前檜栢衮槁
枝條皆結葉穗並如春苗見令採摘封合進上奉
聖旨送入景靈宫三殿供養旬日間聖體似覺違攝是夜夢見黃衣武士云是靈都
觀符吏蒙真武差來報帝曆數之兆因何殊無延展之心已嘗有槁木發穗之
報次日臣僚寵籍等共奏此事正當聖躬違和宜加攝理永延天祿亦在禳祈
之誠行下諸路州軍發遣道師赴京有東嶽吳正言持法殊無真驗再宣南嶽
王伯初奏録北極紫微大帝保扶聖位尋同三司禮部進呈奉
聖旨依仁宗朝皇祐年中五月五日奉駕赴景靈宫行禮忽駕起回大內令臣僚
配享禮畢朝賀蒙皇帝諭回駕之因既臨景靈宫朕舉目忽見北方天門開現
紅光數道內有金甲裙璫拖一足滿空悠悠向前而過知是北方真武又有一
青衣童子引手指朕駕回方歸禁掖聞化成功降慶即荆國長公主是也令
於內庭別立真武祠堂爲保扶香火之所後三日夜中庭又見元指回駕童子
再來告言伏因皇帝駕出景靈宫化成宫已生公主其公主生時主於父宫臨
背子息之位上天令避其時乃是真武特加保護不受一切驚危令蒙
真君令報
陛下其女降世秖一紀合歸天宫後果十三歲而卒當時仁廟爲護此預事施內藏
財寶立現足碑題新建景靈宫迎真閣一座彩塑真武全身充國家嘉典贈爲
真武下降垂福濟善通明恩澤以每年發放看香燈童行一名

二七【聖像先鋒】

聖像先鋒
天禧年内西鄙奉使何隨入國進奉象馬金氈為昨来與本朝兩軍未決尅伏
間忽有術士誤入營寨貨賣傷筋折骨風藥四向軍寨買藥皆遍三日喫藥者
三萬餘衆盡皆手足軟弱倒卧不起又探得帥將岑元宵行營正乏粮草亦有
道士貨藥人馬服之三日不飢蕃中播云
宋朝多感
北極真武真君保護今本蕃又詳
真武本傳既屬
太清金闕真人化身為
北極天將行恩普及天下
宋朝得獲恩福本蕃却受殃禍為蕃中不曾傳得
真武聖像并供養法式謹遣法使臣奏請望賜
真武聖像一行侍從并供養格式降付本蕃依稟供養自後通和誓無侵掠門下看
詳
國家社稷天神難議盡行傳賜等今翰林依家神殿式彩畫立身真武一軸内不
得畫龜蛇并録應干下降供具法式回答来使其蕃王李氏不明内少龜蛇此
二物最為
真武之先鋒將謂已獲全實宣詔供養一依
宋朝躰式崇敬不事征伐每三年一次遣使進奉皆
真聖應化之恩也

二八【靈閣真瑞】

靈閣真瑞
端明殿學士知陝州充本路兵馬都鈐轄錢延年奉㳂本府天慶觀有道士千
衆厨供約近一千五百餘人每日收聚
真武聖閣靈籤開殿香錢相兼支用其閣是開寶年中
太祖皇帝爲蓋潼關詔令使陶珏因獲是觀靈壇天文下河東未勝承天花遶黃河
堤岸夜迎二十萬馬步軍兵入府從此知
真武救駕遂建報恩護聖之閣近來香火寂寥厨庫荒凉無人興營諸殿并
真武靈閣取問住持道士劉印真㩀㳂昨自
太宗皇帝大駕因取河東回國爲
太祖恩賜遺誥御書加贈
真武於下降日特添祭其齋醮令於軍資庫賜給施錢一百二十貫後至
真宗皇帝時爲西蕃不寧沿邊支備急用從此將添賜停倚是致道衆起离雲遊日
然無人到殿抽籤所以堂厨不給忽數日前有龜蛇出出現於
真武閣下盤旋臺坐之間時出時入識者云此乃真瑞擬慮
國家有文字到觀延年爲聞
太祖皇帝留心重道未及三紀頓成廢棄欲不避降真奏請興續未曾表奏忽有
御札到府委長吏勘會天慶觀見今實迹爲昭應宮近有慶誕偶覩金冠紫服
真人告言曰臣陝州天慶觀勾當主者爲見本觀道衆飄之全之供給緣
陛下殊不以
先朝置立爲念幸與早復存濟乃辭而去可体訪詣實回申延年已先知其事由
具狀保明聞奏奉
聖旨先依
太祖朝元賜遂件恩給仍召集本額道衆歸觀焚脩并建醮三晝夜普荅真靈及
真武福神慈悲教主廣大恩威

二九

【二士化光】

二士化光

京東路青州鎮海軍祖来雖有宮觀未有
北極真武殿因節度使張操出海青州乃召内道職諭曰
北極常注人間壽夭貧賤
真武是北極神將逐月下降察人善惡以定罪福凡有祈求無不倚賴而民間不為
建殿何也張操發心自為勸緣欲就天慶觀建此二殿首得其疏題注捨錢五
百貫次及官員士庶樂然捨施興工塑造不日而成柰青州爲無粧塑之人張
操一日焚香對天禱祝願得名手圓備功德不旬日間有二人来攬塑二殿
聖像稱是吳人月餘皆已具備張操見衆官等前来瞻仰除
聖像部從皆已圓備祗有
真武未開光明匠者一人欲各開一目分左右方用筆填出睛瞳祗見威容凛烈喜
色異常於兩目開迸出金光一道二士遂於光中隨化光不見以顯
真武垂慈親降塵凡圓備二張功德張操率官屬士庶就
北極真武二殿建醮設齋謝上真降臨之恩從此香火興盛後来青州遍行眼疾張
操令道職湯鑒先當殿呪水散施洗滌俱瘥張操備述保奏蒙遣使降香建醮
及賜嘉應殿爲額今立碑記

三〇【唐憲寶像】

唐憲寶像
宣州市户唐忠唐愈唐憲唐愿兄弟同居忠愿充州衙幹當愈攻行醫憲守閑
在家自祖父在日相續供養
真武一堂父亡兄弟皆踈慢惟唐憲心向香火將妻粧奩典賣添備下降香火紙馬
等用豈期兄弟嫉妬祢憲端坐無功全房喫用衆兄弟衣食更以神道為由破
用錢物入己憲云既欲分張任便揀選所用之物唐憲祇願於衆求此祖上侍
奉
真武一堂受持供養其忠愈愿無心供養樂然允從忠愈愿私營錢物各自富庶惟
憲祇留住屋其餘產業盡賣與人開一小雜當鋪隨緣遣日偶值雨雪有一貧
漢背縛布袋手擎銅鑄坐身
真武一尊脚踏龜蛇極是工巧要當錢一貫憲請以錢三貫就贖亦便相允其時憑
僧用祥作見人謝臻充保劉坦寫約交錢去後貧人却轉告憲留下二貫七百
文少時来取憲將功德頓在家堂供養遇下降日再用香水洗淨漸覺變況重
手擡不起用淨帛揩拭出於明處細視見其皃相微有爍爍圓光晃耀認来却
是真金像手約重五十餘兩元賣人又不来取錢不期兄弟三人意生欺妬同
狀經州論憲於未分已前藏隱大家金鑄
真武五十餘兩分後方始將出供養州府遂勾唐憲賣所隱金像出頭據唐憲供吐
元買到貧漢功德及勾到保見人并索元賣文字分明顯是唐忠等妄狀各行
科決忠等因此家業輪落日逐来憲家行凂作鬧憲與妻隔夜拜辞金像明早
潛將投納州庫後因監司劄刷上供錢帛因見官庫內有金像
真武一身徵發祥光顯屬異寶遂申奏
朝廷後降 指揮仰宣州起發入京進奉奉
聖旨取入內庭充鎮國寶像仰於本州夏稅頭子錢內支五百貫文付唐憲充還金
直唐憲因茲大富子孫昌盛其唐忠等三人各家飯食不給皆先死亡子孫零
替盡是憲置宅存養宣州太極觀係唐憲一力捨錢建造

三一

【朱氏金甎】

朱氏金瓶

隰州陸諒嗜酒好殺恣食鰻鱓其妻朱氏力戒不改自將粧奩潛託父母家命
工彩畫
真武一軸論道士錢應方轉經安奉并受持下降法式應方曰供養福神第一須是
虔誠發心不可等閑每月下降日燒獻金錢雲馬或有餘力請道誦經第二不
得於酒後歸家高聲觸瀆第三大忌啗食犬鱉鰻鱓蒜韭等物第四憐貧恤老
孝育骨肉事涉公私心莫欺陷第五語言文字忌諱切在回避始終至誠勿令
慢易一心五事保合吉祥疑惑之間求之必應門挌龍神衛護家協福祿滋昌
如或懈慢折人壽祿作事不利子嗣不昌官事重擾謹之謹之朱氏敬心受持
陸諒不以為意雖不買鰻鱓歸家却在外烹啗口帶葷穢朱氏雖遭魔障供養
愈恪經十五年陸諒染患纏綿一歲生業漸破視其臥床席上惟見一兩堆活
物狀如小蛇蟮鐃又發腦癰裂開臭爛湧出膿血皆長三寸伏如鰻鱓鮮活肉
段處聚出入相次命終男女未婚嫁朱氏在家堅心欽崇真武香火略無忌
倦雖生計蕭條僅存日給忽於本家客堂上露一片花甎朱氏將謂街砌甎石
不以為事是夜有光朱氏遂取看其石太重與男同扛歸來揩拭青苔乃是黃
金極有紫磨光彩朱氏驚訝不敢收蔵遂用綿帛包裹來投知州祕監蔣廷堅
云自夫亡孫孀貧窘不知此金從何而來庭堅亦知因供養真武天賜其金
當時秤有一十四斤朱氏堅意不肯將歸到官司引因遺捨寶蔵條貫欵均分
一半入官尋勾到金銀匠方用砧鎚打鑿忽見無限小赤蛇并碧龜團繞砧墩
又一蛇稍大蟠在金片上良久不見及挈其金看時猶有一蛇如絲線隱隱在
金面內州司詳此應驗理合給還朱氏為本人情願不留一任官司收納知州
蔣廷堅通判田逵同狀保明并匣封上件金片進奏赴闕因看詳隰州陸諒
無明宰殺業報疾苦警示於人其事誠心好善
真武應化特賜黃金其金顯是天賜不雜支用遂送八作坊盡將打造
真武一堂聖像遣使賫送武當山上清玉仙觀授金字御書看管每年恩澤度牒一
道充焚修香火其朱氏特給度牒二道下隰州支錢絹二百貫匹為酬朱氏所
得錢物半將刊板印
真武出相戒殺圖儀施工報國恩及薦亡夫陸諒其男女婚嫁仍舊開張綵綿鋪
復舊興盛朱氏年八十九偶一日沐浴易新衣口誦
真武尊號無疾而終

三一【寶運重辛】

寶運重幸
淮東揚州進士傅鴻一生戒行供養
真武三十餘年所作所為常行方便人人稱譽賢士大夫俱以歌詩文墨贈鴻門前
轎馬如市傅鴻思之如此應物甚妨道業乃弃家雲遊至陝西終南山上清太
平宮求一庵寮出家知宮張守真見鴻形皃清古遂留於本觀為侍真上士别
治一室延之在觀三年侍奉
上真香火虔敬恭恪忽夜道衆停息寢睡張守真前往叩鴻本寮聞鴻睡中似與人
語忽有火光一道從鴻寮内迸出守真異之明早會鴻試問夜來火光情由鴻
曰今當限至不住申延遂至沐浴易衣昇道堂聽受
真武真君託身降言令為吾傳報
宋朝天子云
三月桃花景色天　萬般真瑞一時妍　金枝寶運重新令　仲節當迎赤脚仙
真語云祇言此二十八字吾去矣傅鴻一如睡醒莫測其意次日傅鴻自逝去不
知縱由張守真既得
真君降言不敢沉隱遂往陝西經畧安撫司面稟使相張希古憑委具表奏聞時
皇帝御覽驚喜交集後古於庚戌年辛巳月辛丑日明德宮降慶太子即
天主赤脚大仙下界已應
真武降言預報勝因奉
聖旨下鳳翔府搜尋傅鴻不知去後續奉
聖旨就上清太平宮重建
真武寶閣及立傅鴻祠堂贈號勝因真人并給賜銀絹各一百疋兩酬賜本人家屬

三三【天罡帶箭】

天罡帶箭

明道中貝州王則反逆據樞密院選委保信軍節度使尚書兵部侍郎文彥博
前去招捉令丞相帥回奏王則叛寇盡以誅滅非臣功力臣自到梅州見南城
門路東有一華表柱題圓通觀額內是
真武殿遂赴殿備香願垂聖助尋到貝州近城二十里先令將佐問罪其王則對敵
時第四將淩聳出軍迎敵赴王則復入貝州閉門不出試待打城捜擒緣是
本朝州土不欲壞更且守候計二十日忽見貝州城上迅發暴風亂飛砂砲如
弓弩發箭時見寇軍從空中墜下城脚微死微活不覺城門大開大軍統入除
留居民外遇有器甲兵仗者盡行誅戮王則就擒馬前尸首易處遂委官權行
知監臣獲勝回復往圓通觀謁謝
真武備醮報賽細觀
真武左畔立塑一從官負披械胄名曰天罡神將左臂上帶箭一隻入深三寸有王
則軍號繞除其箭隨有膿血流出尋和香泥修葺箭瘡并收元箭一隻見到候
進上送三司禮部看詳差使賫御香前去祭奠及賜修盖殿宇候畢別降
御街醮謝其貝州承恩保護重恩特改為恩州

三四【蜀王歸順】

蜀王歸順

磁州崇明觀

真武顯聖逼及真定等二十餘年皆護聖賜斛斗共一十五萬餘石出糶救飢除磁

州収到價錢支付崇明觀修造訖餘諸州價錢亦及萬數别無支費奏取

旨施行續降指揮下河北轉運司起發上件粟麥價錢就京城粝

四聖觀賜額為

四聖紫極觀特設普天大醮并降赦恩上達

四聖通九降鑒

朝廷因用兵取蜀未决忽夜有狂風一陣過於殿廷時

太祖皇帝於燈燭之下見一黄衣武士告謂是

北極四聖殿下直日符吏言西川若非

四聖降靈卒未有意歸順今已献上帝欵圖経符使相侯元質等訖相將回京進呈

不淯

聖慮臣奉

真武差報陛下

天蓬天猷黒煞既見蜀王歸順已回雲叙惟有

真武恐西事别有悔意令在雲空守候

陛下急差官兵前去迎接立便委諸司庫兵交割蜀地彊界言訖符吏不見次日早

朝果有急報蜀王歸順由是

太祖継於

四聖觀設醮報謝

三五 【瓢傾三萬】

瓢傾三萬
徐州陳昭倚仕明州通判時因遊天童山見鍋
真武一身用碌緑裝慎立山路塵穢處一龜四足皆折過者不顧昭倚備錢募匠接
續聖相添修龜足蓋造殿屋一間昭倚得替在西門潮塘見道人從水面來叩
船求相見昭倚失於出遲却回身而去云特来報謝成立我身之恩昭倚追思
是
真武降靈為修天童山石像報應耳乃畫
真武一軸供養官至太常少卿守徐州偶患脚尋醫寄居滕縣忽蒙
朝廷祭訪疾愈瘥充秦鳳路運副昭倚知西鄙以計運為重憂帶
真武隨身供養時經略総管岑元宥因之粮給欲責運司忽有道流在軍營賣食藥
軍人恐是西蕃細作面見帥首却称是陳昭倚親随人姓裴傳得此方曾救天
下無限餓人為見招計正此嗔責本官又恐粮草應付失時故来貨散靈丹定
不誤事岑元宥試分數服與傷中臨死人吃皆云胷腹飽滿其流取一瓢子付
元宥告云我亦有此藥一囊欲往西陣李大王處貨賣岑元宥驚異將此藥瓢
子傾倈其藥約三萬有餘倈足人馬兼瓢子底有襯紙一片題字云是太常少
卿陳昭倚家神裴真人救願之法士馬服此三日不食省免粮草次又西番李
大王來問称今好人来賣接骨風藥數萬人服之皆如癱瘓倒臥不敢約戰惜
願回蕃元宥安坐獲勝并寫紙照應曾於唐則天時生裴侍郎家留此姓氏今
岑元宥幾通聞奏蒙三司參詳除將校依次給賞其陳昭倚陞禮部侍郎所有
岑元宥収到藥瓢子紙上文墨收寄天章閣宣詔天下天慶觀普設醮籙七晝
夜及係
真武觀宇許支官錢修葺

三六【雪晴濟路】

雪晴濟路

雄州防禦使殿前諸軍檢校副虞候戴夔奉差步兵十萬往安南方到邕州值
大雪停住半月粮草不給凍死不少有隨軍指使方琮告曰隆冬道路積雪六
尺船運阻絕欲救人馬性命除是告祝
真武福神冀獲晴霽方琮今帶得畫像在此戴夔便備辦供養面對
真武幀像發露誠禱纔燒奏紙不移時間即獲晴霽雲收日照道路通濟即屆安南
仍獲全勝奉
聖旨宜就新建
真武寶應閣啓建法醮七晝夜荅謝

三七

【神獸驅雹】

神獸驅電
天祐元年二月一日興元府觀察留後錢公偓奏稱蒙樞密院選差充鄜延路
安撫招討使退除西蕃趙天祐兵革遂依稟交割兵馬四面餘衆却抵西域三
十萬衆校其勢力顯有優劣實抱憂懼不免告急於
朝廷亦慮事有遷迴之故時有隨軍虞候袁政素習
北斗玄剛法奉侍一北極遊奕
真武將軍誠心習行二十餘年願於元帥帳前鋪設供養錢公偓即自虔誠撰奏詞
錄具述西域因依欲伏陰助是夜袁政將背掛
真武供養至三更行法燒化并醮獻
北極四聖元辰諸司訖次日趙天祐以十萬兵索令調戰方遣指使孫億出馬與西
將交槍繼發兵大戰至二更以來兩向有萬道火光迸爍軍陣逼逐干戈西蕃
人馬各各槍旗斷折弓弩落弦金鼓錯亂走如奔鹿諸軍乘勢趕進似覺天明
乃見隨軍第六將錢從吉挾到蕃帥趙天祐首級諸兵將皆言夜來陣上見無
數魚腮鳥嘴醜惡異相披頭跣足或驅風電或趕蛇獸是以接勢剪伐蕃軍卧
尸數萬惟有一道火光驅逐一馬騎落路而走錢從吉認是趙天祐乃得首級
且以四萬人馬往敵二十萬衆若非虞候袁政獻陳道法任以至誠蒙
真武降臨兵陣現火光萬道露神獸萬形大敗蕃衆仍獲渠魁如此顯應三司禮部
定到虞候袁政出給公據放令逐便又奉
聖旨賜酬奬錢五百貫就在京上清靈
宫建道場一月仍設普天醮其錢公偓轉一官除宣徽院使

三八 【毒蜂靄雲】

毒蜂靄雲
西京崇福宮有北極紫微閣唐則天時建傚倣天宮有二勝四將之院有前後
帝代御書每年係故老重臣監提并使命管掌非同常處近爲右角一簷傾坍
漸傷聖像尋報判府侍郎富弼偕諸官来驗見一椽斜墜損
真武右肩不敢擅修合具申取
旨却有内侍崇靜奉
勅賫香告献崇福宮諸殿委提轄及州府等計驗
北極紫微閣
真武福神身相有無動損近爲
皇帝於寢室見神人紫綬金帶端笏綬稱臣是西京崇福宮
北極紫微閣傳奏土地令爲本殿
真武靈應真君因與
皇帝助戰西蕃趙元昊化黑蜂遍滿軍前特助元帥龐籍獲勝爲施神功護國右臂
傷中不可盡言臣若不奏聞
陛下無緣得知言訖辭去時安西士馬雖未回朝知府富弼其前項付崇靜回奏奉
聖旨差殿使及八作坊工匠并賜金字牌一面限一年重新脩蓋兵部尚書門下平
章事龐籍劄子稱西奉委差安西征討趙元昊方大軍臨三鳳川與趙元昊親
戰經三時辰忽有黑黄土蜂起如雲靄遍及郊原競趁西兵見蕃衆傷中倒卧
萬數遂掠數人驗視並非器刃所傷或祇面目三五點黯損擾云痛切心髓盖
是
宋朝有無礙智力神道顯聖化爲毒蜂甚於矢石先是趙元昊被螫頭如中大斧負
痛敗歸造甘伏文字過界時元帥龐籍接受元昊實封奏表降納地圖親賫回
朝面賀進呈奉
聖旨送中書看詳取會到崇福宮土地来現預報勝因除都統龐籍别行勲贈外就
四聖觀修建道場保國護民聖醮三晝夜荅真武征西助國之恩

三九【神将教法】

神将教法
乾典一年正月據忠州團練使充黔州兵馬鈐轄張孝寧狀奏近爲南戎谿洞
蠻子龍氏群集萬衆盡習標槍實難准敵蒙樞密院差充此任於安撫司抽軍
五千及指使三人孝寧因見故父宣徽文立供養
真武一堂在家九事求籤乃行件件靈感孝寧傚父供養專誠不違昨爲
朝廷放試武學預曾夜夢受真武殿下河魁神将親教槍法弓馬事藝頓然神悟
至殿前呈試於二百人中唯孝寧第一當授三班殿侍出身是
真武保護至此孝寧軍隊約行一百餘里遇夜路次護國觀有一小殿香燈微明見
牌是真武之殿孝寧焚香求一籤大吉暗對
真武發願此去若得一陣滅除蠻寇當以本身官資充換恩賜報斯靈既越明孝寧
領兵前行以五千雄卽步軍臨蠻界乃逢龍氏萬餘人孝寧併輸三陣至夜立
寨於秦風山漢伏波將軍馬援廟尚聞蠻兵追逐方二更時相望百步間忽風
雨四起兵馬㘚殺是時孝寧頓兵伏波廟不動聞㘚聲漸遠至曉領兵再往迎
敵見前路傷中蠻子尸首相枕直向蠻界九陽谿去探知蠻子龍氏有赤脚寇
一萬二千今無二千回各傷中鬼箭龍氏亦折右臂見歸深洞人人皆言大朝
有神聖鬼兵護助擧聲吽云自此降伏更不敢作亂後來取問得龍氏定伏情
狀申奏
朝廷看詳宜賜修蓋護國觀
真武諸殿以三年給度牒披戴焚修每年賜一百貫充常住用其張孝寧除授瀛洲
防禦使

四〇【柯誠識奸】

柯誠識奸

在京有神猛指揮柯誠因患雙目不任教閱臧閤請受曾至渭河候夜投水不期臨危得遇神人就水際叫住施藥就水調洗便得光明全復從此雙目辨識外奸邪詐不正之道後因得夢方知是
真武化身來救得患次被西蕃李克渊曾發細作趙可大爲賫畫棗推廣角車子入慶州遂日看認城池圍脚歸房用白礬水抄畫地圖被柯誠眼認破捉到慶州一向抵諱及搜出所畫地圖又作白紙柯誠用水蘸出勘問招伏取斬柯誠酬轉十將替滿歸京又值錢去盈權判南省抽差柯誠充京城捉事因魏王宅被人改形裝作行火使者入礁會上撈出硫黃火術驚嚇宗室親官強盜去渾銀酒器六百兩并御賜金香毬約一百兩見奉勅限堆垛賞錢及左班殿直誥牒一道招人首捉柯誠既蒙旨令緝捕歸家焚香禱告
真武福神願收捕前項奸盜方祈告了當出門如得人引路直行到蔡河灣西真寂院前有數人賭博柯誠前看内一人身畔有棱道銀子露出於胷懷柯誠拑定搜出數件銀器照證解赴南省鞫勘元是鄧州配軍周全已依法行遣外申奏
朝廷蒙
聖旨其柯誠除授右班殿直及支賞錢仍降指揮於玉津園修建報恩大醮并於
四聖觀遣官降香釋奠禮儀獻謝

四一【刼院就擒】

刼院就擒
登州辛山白雲資慶禪院有維那僧曉初不惟奉佛而留心道教常於寮舍静
處洪養
真武專誠勤恪其院臨近海島有邵武軍周應等百餘人於海道強刼殺人放火所屬
州縣堆垜賞錢召人收捕日久徒黨轉多難以除尅一日周應等欲入本院刼奪
其夜曉初夢見院門土地来報將有驚刼被
真武指揮令放黑風吹逆舟船来之未及可速報官不得遲也曉初趂夜發人告報
巡檢即時兵甲到院四散埋伏果於次日周應等欲數百人執槍杖入院抵云
借此一宿主事出迎周應等共到法堂點茶院門已將閑閑曉初哀告許下錢
物至曉臨行當得献納周應曰何須候曉急令般出應驀然驚懼云何故眼前
亂花頭如火燒四肢不舉續後西辛山巡檢袁皐一行人馬擁出擒捉並不走
透一人觧押入登州禁奏已各行遣外所有賞錢七分合給僧曉初三分支與
巡檢兵級檢曉初狀稱所獲海寇非院門功勞因
真武降靈使令衆寇手足不遂各就擒縛願
朝廷報荅
真武州司備奏尋降
旨其辛山白雲資慶雖是釋教禪院特賜
真武殿一所并賜
御書太上真武經一卷永充奉安香火仍賜曉初紫衣并真武應太師充焚修本
殿掌管
御經仍給七分賞錢添造寶殿

四二【附語祈晴】

附語祈晴
果州有失目人陳希於少廣山夜遇一
真武傳訣逐日專奉後覺出言如附神語為人求保事叙皆合來意四遠響馳人所
施惠多不戀已用為功果咸平年中夏接秋序久雨傷禾州縣祈禳皆無感應
衆状舉陳希供養
真武祈求有靈知郡黄袞遂令陳希赴廳陳希却告黄袞須得親製祝辝迎請陳希
家
真武寶座至州衙選道士七人啓立清淨道場禁屠宰減刑逐日放士庶燒香瞻禱祈
晴道場已對三日陳希對知通官衆附傳聖語蒙
真武降言果州為天曹注定六十日雨減除禾顆十分不收今更有二十餘日連雨
未息今既要求晴奉
天皇勑旨消減元注日分至明日巳時雨脚漸從正北而收午時天色晴明禾株茂
盛必獲成熟其陳希精神復回適來降靈所說之事皆不知之明早大雨如傾
巳時便晴於正北方雲靄頓收本州復留
真武展三日道場備香花道具迎送
真武歸陳希家又於本堂啓建道場荅謝至冬間果州五縣並無檢放苗數後轉運
司体問因依奏聞
朝廷續降
回命下果州宜令置立照依應記録於州衙大廳永遠為驗陳希除本州支與酒
麵絲帛外特賜靜應居士為號

四三【消禳火德】

消禳火德

咸平二年司天臺奏定九月初三日火星合躔婁宿正照齊國鄆州分野大生火灾行下本州預宜禳謝緣鄆州係京東西路屯兵津要從四月間告示宮觀禳火道場設醮祈禱時市南李惟信充斗子牙人每夜三更潛於橋道要會之處燒香設拜一夜偶直都監任從遠出巡作犯夜收鮮鄆州據稱在外爲不肖犯夜自正月初七日夜因知一事遂燒夜香乃問何事惟信曰昨發心將一年鮮得牙錢醮獻天曹荅謝衣食來處作散席齋會忽有雲遊道士衣冠不整風韻飄逸手挈圖畫一軸入來求齋是絹畫真武像惟信欲求供養其道士便允紙取價錢兩貫乃就齋食至中半忽一聲風鳴不見其人但於坐卓上收得活龜一枚如桃核大惟信明知遭遇 聖真顯化降授香火兼得小龜靈異因寶惜供養今年正月初七夜方備下降紙禮燒獻 真武又見數年前賣畫軸遺下小龜道士入門惟信便拜欲問姓氏不說秖稱貧道能攻曆數筭得上界火星至九月初三日正照齋地鄆州主火灾燒至萬家如得一家姓萬不拘屋宇大小全門什物財寶不得移動分文先與抄録見數至九月初三日天明用一火命男子頭分髮髻身着緋衫手攜火把從正南方遶其屋三匝以火燒之至後更無火灾候畢即衆備上件屋宇種種等物酬還姓萬之人方可消禳貧道出門化白光不見惟信雖得聖降報說不敢申訴惟夜後從市中要處禮祝火星願免其灾令有隨身香火爐照証州府據牙人供狀看詳與近降

朝旨一同遂差公吏緝問姓萬人家將家產什物抄扎見數責下衆戶候火過填備文狀在案放李惟信歸家焚香保護既時日至裝一着緋衣童子將市西府橋萬明一家焚燒被南風吹駕燄起勢猛火分二邊人心驚 不覺青天驟雨一陣火勢因息不經一時燒過萬家李惟信家

真武座下不見小龜是時趂風雨化去鄆州承此靈驗已行遣次又准中書劄子爲司天臺照見九月初三日火德已臨鄆州主於寅時燒除萬家取問曾不侵動官物庫仗等時兵部侍郎參知政事吳敏古判鄆州闢拆保奏續降指揮看詳李惟信過

真武救灾以顯宿德宜賜法酒百瓶絹百匹米十石麪十石錢百貫仰於本州公使庫支請并有萬明先肯全家代燒尅時消禳亦給酒米例物急令填造屋宇財物隨還不得遲滯其有國家州郡承此

真武及南方火德尊星慈悲顯濟謹就在京玉津園建道場七晝夜設醮一千二百分位荅謝

四四【折應計都】

折應計都

至和三年八月初一日夜有黃氣出南方三夜而沒據司天臺朝奉郎夏詢等
扎子伏覩黃氣現於正南屬吳國分野其氣一名天門黃道二名土央三名計
都現於磨蝎宮天門黃道主次年國有內憂應在陰宮一人以上央爲墳墓之
象計都是九天禍宿非時汎宮出現主一方軍民至冬後疾患人死四分猶得
此星於磨蝎宮躔犯亢宿又是觧灾福德之曜伏望朝廷早賜譴禳時臣僚參
詳事屬未來合預防之謹就玉津園建內道場一月應名山大川並遣降
御香
板放龍簡建道場法醮各七晝夜仍頒行德音減除罪囚又於大內凞聖殿別
致黃籙道場四十九晝夜每日
聖駕躬幸禱祝計都星君及東方亢宿并家堂
真武福神保來休證道場日限將畢忽日正午時驟起風陣汎湧黃沙籠罩目前空
中一金甲神人現於庭際稱臣是監西天門葛將軍與北方
真武同管陽間奏注善惡近見南方天門黃道開現乃是計都星君當遊九天七百
二十年一大周宮到北遇本運爲中方土央相衝作黃氣三日躔亢宿磨蝎方
退主陽間內憂從屬豬陰人國長而起不半年間荊湖江浙福建廣南淮漢路
人死四分墳墓遍道可應其氣灾雖未到奈
帝德感驗建醮投龍等事猶未全禳惟 德音一行減放囚獄承此種種功勳感動
諸天蒙 真武憑此朝奏 北極北極朝奏
玉皇特蒙勑命 天王親往校察計都星君已爲官家禳解定下二十九歲命屬豬
陰人一名新年正月初旬當死宜往正南方二十七里外衝黃道日立墳墓當
爲內憂救南國諸州四分軍民死亡爲
陛下折應計都之限至時切不得發哀爲此人命限已滿元注壽數今受
真武囑付特來代報官家知悉劫返天門至次年正月初三日貴妃張氏棄世貴妃
年二十九歲正月十九日亥時生命宮屬豬猴黃道利日於正南二十七里立
墳墓自後更無灾憂緣此應驗並顆
真武降靈保助 下感其恩宥及西天門葛將軍等神降報宜付有司賜在京諸宮
觀各令建設羅天大醮三晝夜報答
聖恩

四五【鄭箭滅龜】

鄭箭滅龜

北京大名府天聖二年八月十四日黄河埽口壩垮頓破埽水打壞軍民卒難
救垮時提轄官通判華惇臣等前去相驗埽壩基址岩穴下有一黑殻大龜兩
目俱紅若或浮起其浪湍急壩索衛斷遂具申留守司後因宰相衛公韓琦守
鎮北京随行有指使鄭圭巡轄因到埽口其龜復出為患鄭圭往看委是水怪
情知容易除滅圭備朝服弓箭焚香禱告天曹一箭果中其龜仰落岩下波浪
不起兵夫脩垮完備至天聖三年正月三日鄭圭風涎候起卒死於廨宇經兩
日還魂往見留守衛公云圭被鬼使二人前來云閻羅王急喚鄭圭不合射殺
黄河埽口五百年龜精今負冤來訴急要證對及檢文簿鄭圭壽禄未盡又令
二鬼押去過一山下見立一皂旗隊仗紛紛圭問此是何處鬼卒日是下界風
吓囉山常有天真到此校量三界事務圭遥望隊仗間見石上坐者乃是陽間
供養
真武圭趍進唱喏　真武降言汝陽間人安得到此鬼使具述事因
真武云帝閻羅行事躁急不詳真偽其龜是西蕃夢雲城苑州土地昔被先朝師父
陳忠元破苑州城隍驅牒其神蒙天符遣往酆都為黄河第四埽砂水土地属
此蕃卓州因在彼別別無供賽遂化為妖龜随水而上至
大宋界北京黄河第七埽翻打填垮損壞軍民計一萬來口天道不容合為鄭圭一
箭射死況地府未憑天文制勑施行令符吏懷吾足前小龜同鄭圭及二鬼卒
迈見帝閻羅若鬼妖亂有抵對即令符吏放出小龜仍告於地府其鄭圭壽禄
未終兼圭主人宰相衛公韓琦乃是紫府真人見判北京他日寳登慮為不便
言訖圭拜辭即随符吏鬼使至陰府果見鐵籠罩其大龜左肋帶一箭呻吟銜
冤二鬼使具言
真武敎旨是時閻王既聞即下殿仰空頂戴遂急令檢到制勑指實虚牽情罪合加
所犯随於江海為推潮運砂四足無名水獸無形餓鬼其妖龜猶作人言要與
鄭圭執對符吏於懷中取出小龜放金色光一道貫於妖龜之前妖龜被光芒
爍射為一塊更不轉動被聖龜挟散於虚空中化為微塵鄭圭因此還魂韓衛
公為避紫府真人之號以致兵馬鈐轄王琮通判華惇臣等同状保奏續降
朝旨下北京於黄河埽口置立護國
真武殿建醮立碑仍與鄭圭升轉一資及賜衛公韓琦寳登堂額仍許随行所至名
館

四六【聚廳禁妖】

聚廳禁妖
太平興國四年武安軍節度使尚書左僕射石光嗣移鎮洪州因聞本地性好
邪法妖術雖曾禁約終不能絕切知侠道山祖聖觀有持法戒潔之士請到羅
浮同法師凌居邈來問因知洪衡潭咢鄂一帶供養者盡是南神分差官負搜
到習左道邪術馬用成等一百十六人當廳聚官取問據馬用成執覆本非齊
學左道因為江南荊湖地水接連蠻貊常彼七十二候傷魂神殺行執疫令人
作事淹滯不利惟信左道法術施刀刃油火金剛法事驅鎮稍愈石光嗣令遂
人賫出行術刀捧油鐺火熾等物並行毀納青狀疎放至當年七月洪州果有
傷魂為禍居民皆患狂熱食瓦屑磁石之類或緣懸屋梁或上掛林木或赴水
入溝口稱讖言光嗣召法師凌居邈普施符水救治患人盡皆較損又慮後來
狂患再作乃鏤板印
真武靈應聖號牌子一萬餘道俵散與人供養遇每月下降日期
真武妙經積有歲月竟絕其災從此去邪歸正石光嗣申奏洪州自南唐以前雖有
宮觀而
真武殿宇香火至今未有三司禮部詳定合下洪州於天慶觀舊來
真武殿去處專委守臣如法蓋造仍賜
御書殿牌以護國感應為額石光嗣後往侠道山謁法師凌居邈受持
真武法式遂求致政歸道州治幽居簡壓崇奉
真武香火壽至九十九歲無疾而終

四七【妖惑柴邈】

妖惑紫邈

眉州防禦使紫遜有弟紫邈年三十一歲為右侍禁婚娶潞王宅觀察女夫婦
不睦別置寢房其紫邈忽得患尫羸醫卜皆云邪氣入心纔見妻入房供應湯
藥便生憎怨偶一夜兄遜潛往看覷問邈房內似有婦人笑語之聲遂令家人
守候天明入邈房閒悵看俱無行影情知弟邈顯彼妖孽迷惑再三詢問然後
云二年前到聖水殿為見西廊有梁昭王堂殿壁上畫執笛神女一人容格眉
態曾用手模其面手笑謂同人曰待求尋恁地一人為偏室此亦作戲何期此
夜來謂邈曰你與我手眼來去為定因茲契合一處至今每夜二更初來五更
初去見有此人襴帶上香囊一箇表照將出驗認委是異物親屬收之繼來聖
水觀梁昭王堂尋見其壁委目執笛彩女容邈絕色襴抹一角彩畫消落尋將
上件香囊蓁依縫脉相合紫遜具其情由從登聞鼓院經由中書得達聖總奉
聖旨送開封府施行蒙府司行牒下聖水觀令燒與本觀土地驅遣其崇為患如故
再行請到都道籙錢君平用法造符籙文牒並金錢雲馬同龍圖閣學士知開
封府包極親至聖水觀禱告
真武將符牒望北燒之當夜紫邈房中不聞有人語笑聲經半月其聖水觀每二更
時人聞西角如牢獄行杖拷因有婦人聲叫徹響于外忽夜於紫遜門首大哭
而被紫邈言被爾誤我一身因
真武受詞搜捉我去勘問送京城都土地經半月凌拷吃盡無限痛楚今蒙
真武慈悲免我鐵杖之罪押往陰山為無辜女鬼三百劫限滿却還陽間神中受生
今來報爾知委紫邈從此平復府尹包極具述面奉
聖旨宣紫邈引見擬奏臣願受差遣積蓄捧料普設羅天大醮上酧
真宰除依奏外賜玉津園內脩建醮普設大齋答謝
真武護國救民之恩

四八【魅纏安仁】

魅纏安仁

後州觀察使孫漸有男安仁年十七賜三班借職授鳳州隆門鎮監税兼巡檢到任半年形神昏耗語言顛錯公務乖疎致被州府差官替罷尋醫歸家其患不退父漸夜間安仁房内婦人言笑不已方知是妖怪魅或明早敦逼詢問不免説出安仁被鳳州龍門鎮候家山土地湘花女相纏每至三更時即來直候日出時化為塵影潛藏父漸聞此而奏

御前奉宣差翰林書禁全科師巫行持法事凡經半月不能驅除再入奏進還其科遂至宰執公卿奏議孫漸家廷不曾供養鎮宅神祇却有他州山邪為禍當發心往道觀中求懇

真武救護孫漸依稟

聖旨親自寫疏詣四聖觀許願虔懇仍借

真武聖幀歸家供養將滿七日一夜更初祇問安仁房内雙聲痛哭至晚安人如大醉方蘇言語全不顛錯安仁稱自赴龍門任巡轄馬鋪夜宿候家山驛是夜三更不覺卧床燈火再明帳前見一美女冠衣異俗斂袂低聲云奴非鬼怪不須驚怕與安仁是宿縁合注定於此相候奴是湘浦龍君之女因為思凡蒙東獄降謫為管山土地人皆呼為湘花神女有半仙之分從此相慕豈恐相折今來為君父母請到

真武降宅有無限天丁力士日遊神道隨從沿宅搜檢奴若遭檢録必授鐵杖驅斷永罰為下鬼不能得處塵寰從此棄别歸候家山行洒淚就髻取下碌玉小梳一隻令安仁藏於髮髻候奴再會欲此照證尋令取勘委非凡物乃賫玉梳呈奏賜入内庫神器局收掌又奏願奏曰四聖觀設羅大醮并設大齋報恩宰熱等謂孫漸日當時未信令乃果應委知供養

真武之家靈應不可思議

四九【陸傳招誣】

陸傳招証
朝奉郎尚書司勲員外郎差充廣東提刑裴宗元因經韶州花蘭山得患如店
疾夜無停睡言語失次將理醫藥莫測其疾有一官員云向聞提刑到花蘭山
來竊知此處並是屈死寃魂滯魄結聚於此山鐵風洞五道判官拘管在彼不
少却有城下事神人獨孤立能持法調治不免喚至其獨孤立纔入提刑司第
二重門便云見一着緑衫官人抱屈啣寃守索提刑性命衆官道是甚神道見
此情由獨孤立又云竊念立本是儒生昨遇 真武真君憫立寒賤心慕道緣
不虧孝義化為賫藥道人為立用藥點眼兼得文字一紙却是驅禁之術從此
用藥救人無不靈驗獨孤立前設香案以時花淨水妙香供養
真武結下壇戒用黃羅一丈二尺以生殊書篆上清符錄望此呪勅焚香隨紙燒化
劄下劍器上掛王方符吏六丁直壇法帶四十九事地輪四十九梡燈檢校司
判官筆硯等呪誦楊枝淨水啓請 真武降靈吒遣真符賫持表信昇天通報
持法既了囑付提刑宅眷如遇
真武降臨不得驚恐至第三日忽遇
聖降從裏面撮出妮子來
真武案前附語云是隸州司法陸傳因為裴宗元是本州通判緣與先父少鄉有隙
却將傳報讎計會祗應弟子裴誣於國忌日行樂有濫攝傳下獄非理鞫勘
令招承違逆罪犯凌逼負屈身死傳為本壽未滿合牒花蘭山鐵風洞收管無由
寃訴何期裴宗元來遊此山遇傳寃魂遂纏繞至令秪緣裴宗元祿壽方盛未
獲便害其命令值
真武福神降宅拔追邪疾憫傳枉亡更不遣去鐵風洞就此用法水洗滌寃魂仰丞
真武授記令陸傳面東朝禮本師金闕
玄元帝師
太上老君畢再託蔭於富貴之家為男兒身亦服官職仍遣符吏賫持符命前去花
蘭山鐵風洞計會所屬勾鑿枉死鬼名自後更無化對所附妮子即覺裴宗元
當即平復將家中金銀錢物就廣州天慶觀脩懺罪謝恩醮七晝夜并齋宮觀
道士及謝獨孤立保助申奏
朝廷續降
聖旨獨孤立可賜本州助教裴宗元從此脩奉香火終身不替

五〇【陳妻附魂】

陳妻附寃
淳化二年六月二十一日東頭供奉官閤門祇候秦中立受差往秦鳳路提點
軍器秦中立一生傳奉
真武不違寅夕香火中立既授差遣將絹彩畫
真武幀軸隨身到京兆府叅見判府陳儼言有子景仁見年二十四歲曾婚張氏方
一年張氏染瘵疾死景仁傳染其患時似顛狂或喜或悲自歌自語有時聞得
與其妻往来房内鬼哭神言敲打驚響遍求醫禁略無效驗中立曰令且歸驛
當爲齋心明晨来看中立夜就舘驛焚香掛隨身
真武供養先具誠懇奏知次日天明中立遂親手擎幀步趍入府堂將
真武幀像就陳景仁房室前淨設供養令陳儼合家虔誠捻香祈禱然後中立手携
香爐入房看覰問景仁年幾生月受病時日因依錄奏狀一通當日於
真武前用符吏紙馬燒奏至第四日中立在舘舍内夜至四更聞人叩門云念奴是
京城故侍郎張昇孫女因嫁陳景仁爲妻未滿一年染却勞氣沉頓着牀被醫
人將作血隔調理誤投湯藥枉壞性命因此孤寃不收遊飏塵中日夜銜究忽
因景仁前三月間出城遊獵得與附託寃魄在身免在荒野遭界分土地驅逐
令閤使帶
真武入宅對定景仁房供養奴被聖威逼逐無處潛藏蒙
真武慈德差使丁神搜奴寃魄面見尊神憫奴寃枉賜以揚枝淨水洗滌身寃仍得
授記解釋究債更不歷轉陰司令得託生鼐来羅宗傳太尉家依前爲女身特
来報謝而去中立遂一記錄往見陳儼其陳景仁遂已痊復如故陳儼表奏事
因甘退三資本職并男景仁覃恩誥勑保明舉轉秦中立出官除授東上閤門
使雄州防禦使及男景仁本授太廟室長并不追降陳儼施財五千貫蓋造上
清紫極宫
真武立身功德殿奏請
勑額續奉
聖旨特賜通靈普慈之殿爲額

五一 【王氏懷鬼】

王氏懷鬼

舒州金部員外郎王堯年有女年三十一歲肚懷馬胎二年求醫皆莫能治不
惟父母憂慮其女常自疑或欲往後園自縊空中聞人叫云不得亂棄性命是
汝五百年宿債何不去告宅神女子回顧又無一人遂歸家說與母所謂宅神
者本家祇有
真武別無聖像乃請靈仙觀法師陳居巽就家堂結持壇戒遣發符使特詣天曹懇
求聖降顧為王氏消除宿業免其胎腹合家虔誠守候法師報應時十月二十
一日午時忽有碗口大小紅光罩遍散屋外盤旋壇前遂降附王氏而言前生
曾與藥婆貨毒藥與人打取胎孕內有貴命寄胎遭其所毒又復沉墜卒無出
期此罪當永劫罰為恒沙毒蛇汝緣有此一世人身又遇員殺究家在於腹中
飲食血肉脹塞心胷欲害其命因後園取死之際遇吾隊仗今有香火感吾下
降吾當為汝永除此究更無執對於今夜二更一點就汝卧床前地點輪燈七
七四十九碗替代一身用名香淨水紙馬供養至四更盡就彼呼女子小字年
月日時連替代金紙燒與前生究冤其胎不過月日自然消散居巽禮謝紅光
散乃知
真武回馭堯年燒奏了畢立下疏契候女子胎患消散願將此宅并後園捨為
真武降聖行宫其女果應月日平安於州有人傳播王金部女子遇
真武救濟其身必貴堯年見授襄州通判遷改新宅纔辦承舒州太守謝方平為次
男景祥議親遂納禮成結堯年面將宅并園與蓋殿宇計會舒州及監司等處
保奏
朝廷頒賜名額准中書劄子取問王堯年所捨園宅為宮一力難圓又奉
聖旨國為添造
三清寶殿并
北極七元殿仍賜降真慈救觀為額

五二【施經救災】

施經救災

南京應天府有上清鴻福宮係
太祖興隆建極報天啓聖功德第一處薫大中祥符中
真武東封曾宿是宮過
北方真武降現云為官家護駕蒙
真宗特賜
真武立身金相寶閣及賜
御書金字牌至和中冬月軍民瘟疫於鴻福宮興建道場未獲感應人皆惶惑忽夜
真武託夢與住持道士任亢之云吾觀南京冬疫宜令印造
太上說真武妙經法門施與患人供養受持任亢之既受
聖夢即以散之患者並安適值
朝廷有征南事抽差兵馬人數無闕其留守司參政諫議大夫沈立具奏
朝廷准中書劄降看詳鴻福宮於
前朝國顯聖建
真武寶閣以今此冬疫託夢令施經救軍民大災及得應副南事今再賜本閣三年
恩澤一道與道士任亢之充管香火道童披戴及香南京提點或宮殿損漏即
行修整

五三【靈功咒水】

靈功呪水

淮陽軍司法陳拱臣未仕時收得一龜其龜殻板青翠上披金色緑毛眼紅尾
長如小盞大養之五七年至拱臣登第其龜忽長盆器大好食棗子以竹籮盛
之偶夜月明家人戲取其龜却變縮身殻約如碗足與一尺班小蛇蟠繞爲戲
時拱臣思惟龜蛇二物所謂天關地軸
真武
福神之下至次日看其龜如故長大却不見蛇數夜如此拱臣命工銷畫
真武
聖像設大缸净水盛貯此龜供養後赴信陽監修築土墻部轄人夫二千值冬
月雨雪役夫大半染患倒卧一日拱臣不覺因思似夢而見本家大龜告云數
年承收養敬信今爲
聖上
来喚即當昇天却知司法在此員憂人夫病患故来報謝請司法備净水一甌
以楊枝對北面天念呪呪云天罡天魁立驅雷霧施我陰功狂災速去一氣念
三遍用此水洒其患者必獲安健他日當承恩龜乃辭去拱臣依此呪呪水洒
其患者不移時間皆得漢酥醒其大龜於拱臣得夢日化爲一陣黑風不見其
信陽監城墻修築既畢軍夫不失性命其功皆承
真武
龜蛇應合降靈轉運使費壞具録聞奏續降回旨許於信陽監刊石碑及置
真武
殿修奉香火陳拱臣特除授衛尉寺丞愽承奉郎

五四【鎮河興福】

鎮河興福

内殿崇班入内人侍省任悦奉
勅充秦鳳路軍騎安撫官過潞州渡黄河於半津遇風霧昏暗隨侍吏云此是黄
河第一崖門要固嗓口北岸是潞州天慶觀分到香火一殿名
護國真武院凡經過先抱獻紙馬任悦禱祝靈空過河别具數日還賽神意纔畢
雲彩風色豁然平定任悦與一行人俱見一神人現於虛空認其形相乃在京
四聖觀塑畫
福神真武也任悦就舟便拜起受
真武降言如俗交語乃云此一殿係唐太宗因功臣魏徵撰其底柱銘建立至今為
其處乃是院口第一險惡疆界從此分吾在此為
國家保鎮山河今殿宇隳損蓋有年矣時復下降按伏龍蜃無存泊處吾若不来
水壞必壞為國之害不細切宜記録不得漏泄容除奏達
聖聰外别與談議立生瘖瘂之報言訖不見任悦回朝而奏緣由
聖意猶未信任悦不合再舉陳於
上前當殿語聲不出繼遭瘖瘂之報因而諦信除賜任悦就注在京監宮宜令有
司立便檢會大唐實録照應選差殿使前去同潞州守臣重建
真武殿宇
御賜鎮安興福為額永作香火祀典

五五

【現海救危】

現海救危

信州龍虎山福聖太極觀是漢天師傳代法籙靈壇第四洞天昨因遺火焚燒

經七年逐旋添造惟

北極一殿廣大未有壇施忽一日泉州客人到觀設齋計料

北極殿材植等數欲一力全造本觀問及設齋造殿之意據稱前宰相陳侍中知廣

州泛海歸泉州時高琬隨行其船将近鄉界忽逆風漂蕩侍中乃焚香禱告虛

空顧求救護風濤頓息前望懸空一擊頭道者告言侍中到此驚危甚矣持為

使轉其風不至漂溺今送侍中一行骨肉早回泉州侍中焚香拜謝敢問甚處

聖賢持現救護誓當銘心篆骨香火仰報荅曰信州龍火山太極觀火焚

北極殿宇已及七年未得成就吾係

天師委来尋有緣者今日幸救侍中更不憑跡目侍中便可發心遂於雲中不見逡

巡之間人船已抵泉州界舉家思惟擊頭聖相必是

真武真君顯現救護求造其殿即遣高琬前来驗實高琬復回呈計料等事前後三

年起發材植造殿塑裝了畢前宰相陳之純遂具劄奏聞望賜恩額以救進顯

聖為名奉

聖旨除依所請仍賜度牒十道銀五百兩添助修造並給助本觀常住并侍中慶懺

寶殿普設大醮大齋仰報

真武垂現救護之恩

五六 【吴氏缘合】

呉氏緣合

汀州武平縣令杜珪因失目歸家就醫凡六年珪娶建州呉育侍中長女其妻

自二十七歲産難中得道士周明晏符録救護平安從此發心供養

真武及持齋戒看閱道經見夫雙目全失遂每夜人靜時置備名香淨水露天朝啓

北方禮七七拜願

真武垂慈救珪眼患可及二年時值三月三日夜至三更睡中見一黃衣道士謂曰

心堅不如身淨意重不如緣合七日內有人來醫杜珪眼候平復如故却來雲

蒼相見與我師還却眼債言訖不見後滿七日呉氏於門前見一道人扇上寫

雲蒼道人攻醫眼患呉氏召之遂看夫眼用二針於眼兩角并留二藥一藥日進三

眼水調眼盡見功道人更不受錢出門不知所之遂依此眼盡其藥一夜杜珪

夢見雙目被一小龜沿上面來用口䑛其眼珪用手拂之驚覺雙目俱明乃思

醫藥并小龜顯承

真武降靈垂救眼患後聞妻父呉育判太原府因携妻至彼一日出西城郊外因至

天柱觀其山名雲蒼步入其山見一殿裝塑神像被人刮除眼目審問知是

真武聖像呉氏驚悟前者雲蒼相見還我師眼債之說遂一言與父育乃自備錢裝

修将杜珪前因患眼罷官後遇

真武應化醫救情由保明申奏保舉注差續降指揮呉育裝修雲蒼山塑像了畢申

聞別議勲贈其杜珪可轉授揚州觀察判官

五七
【進明顯聖】

進明顯聖
中書門下三司禮部定到鳳翔府鍾進明曾因擇善檀香雕鑾
真武寄留天慶觀道士陸元質房供養早晚親去香火不缺得遇
真武教令呪水救人疾病金光煥赫上應天漢致司天臺上言其光現於秦分令鳳
翔府主有古異功德聖像差人取問令是鳳翔府發遣到
真武臺座奉
聖旨送上清延福宮供養外賜鍾進明除授三班借職即於本家邀具禮儀朝謝訖
不三日染患身死既而鄉社所為進明死後聖迹顯發祈晴有驗後翰林學士
刑部侍郎孫誠之奉使西蕃令鳳翔府路逢一道士布袍草屨前迎誠之曰侍
郎命祿不當此權去時須有驚憂迴而必夭誠之曰汝是何人故知預事道士
曰我本鳳翔百姓鍾進明今為鳳翔府三羅山瓊臺洞主監管玉峯龍潭今乃
成半仙列矣適見侍郎頂上有黑氣間有白氣大為不祥必主前路驚憂回國
身夭誠之再問有斯災禍如何消禳進明曰至危難處但念我本師
真武靈應真君尊號終獲感護然雖救得離蕃恐歸國終有災言訖忽然不見誠之
入蕃受蕃王李希靜燕會因舉題日月出東還没西七字短令無對致李希靜
欲令囚之乃於恐懼中默念
真武靈應真君數聲有一官人力諫希靜漸息怒意復令放還誠之辭蕃歸京未入
界先被隨行察事使臣具奏忽有使臣賚勅前来交割孫誠之一行從人及蕃
王回禮表荅等責降為使入蕃辱國特賜藥酒孫誠之听
勅命甘死無詞忽有使臣賚白劄来特賜孫誠之免死降盡前官責授遠惡小郡監
臨差使緣
皇帝因覽鍾進明顯應皆獲
真武慈德委令半仙護國救民不違
真武救護故放孫誠之死罪下鳳翔府建鍾進明祠堂為本人帶三班借職身死顯
聖元遇
真武授記是謂本師弟子其祠合以二殿先後
真武許依鄉原裝塑進明即以白衣儀相表半仙之位仍贈善導安寂仙君及賜二
輔報慈廟為額令本府撰立碑記永示不朽

五八【鄒宿契靈】

鄒宿契靈

慶曆二年三月初五日中書門下據鄭州保奏本州監酒肉殿崇班鄒宿在任
公正惟祇供養
真武侍奉精恪既不曾以諂曲欺誑之事祈求又不曾於諸事背義貪殘恣殺物命
凡州民有水旱災疫先於諸處神祠無應若鄒宿齋戒於本家
真武前祈禱皆獲靈驗人皆謂鄒宿曾悟聖教容契神靈故鄭州陰受其賜忽一日
鄭州於日午間天降風雹煙雲四起於北門裏黑霧盤旋降下無蓋銅棺一具
空中但聞音樂嘹亮自知通以下至於百姓盡皆易衣入棺並不容在內其後
監酒鄒宿穿執而來方入其棺忽聞振響一聲遂降其蓋輕舉而上仙韶鶴唳
瑞氣天香靄而不散其棺冉冉向正北而去次據曰連山延壽院僧智仁等狀
申昨晚山上五色祥雲籠罩聞有樂聲異香芬馥天花如雨墜而復收霧垂甘
露約至更盡方息今早集僧衆上看其山中元有一峯號鵰巢兩畔有石岩相
離十五餘步今却相合於正北召岩接縫間留一小石門方圓四尺望見裏面
有一銅棺山之上下朽木並發芳條一時變為茂林雜花競開鳥獸飛鳴如罩
護狀未委事由州司恭詳已得昨晚天降銅棺迎去鄒宿因依集當職官吏及
道僧前去看驗委實保奏續有回降下鄭州緣鄒宿近出神到內殿朝辭云臣
蒙天符差充
北極壽限曹副判官勾當每年一次當隨
真武下降人間計筭世人善惡校量壽限皆承
真武保合授記臣恩受
皇帝祿賜特来報謝今勘會鄒宿有無子孫承紹恩澤一道遷注供侍骨肉如無即
厚給錢帛養贍外仰就白蓮山建造鄒宿祠堂以神應府君廟為額永為祈請
靈迹之處

五九
【天錫青棗】

天錫青囊
饒州樂平縣有江州團練判官朱牧並無男女牧自父亢臨終時謂云今後莫
忘
真武聖堂香火凡遇每月下降至誠供養如遇三月初三五月初五七月初七九月
初九此四日每備供養三分精虔祭獻牧自先父囑付不曾有遠一次適遇七
月七日聖降之辰是夜燒獻畢約三更以来妻氏夢一黄衣道士以石楪盛青
囊一枚勸喫既喫覺滿口異香道士云此乃天錫仙人之囊自後有胎生下一
男風骨俊秀五歲記誦聰敏七歲天才通悟名應四方可應神童乃應母氏之
夢名曰天錫
朝廷究察得知臣僚亦有保本遷蒙借授大理評事借緋携子天錫上殿說書史
並不設講論傳記如流對
御題答賜天錫特授假承務即及賜買書錢一百貫更歸修讀候至十六歲赴
闕別聽指揮并父朱牧先借官職更不追還并賜朱天錫褒諭文典

六〇【神化紅纓】

神化紅纓

信州弋陽縣開絲綿鋪陸中道妻阿張年四十四不產中道忽告曰竊知時人
多供養
北方真武凡百祈求無不感驗遂贖得川畫
真武歸家供養張氏晚夕哀禱雖祁寒極暑未嘗暫忘如是六年遇一夜中道與妻
同得一夢夢與丫髻仙童爭拋綵毬擲上空中夫妻仰視不覺飛一紅纓入於
張氏口中咽下因此有娠經十三箇月生一女至十三歲非常端正但未曾言
人皆謂之啞女弋陽縣承受信州公文為准中書劄子指揮司天臺奏近有明
星現東南陳國分野正當弋陽縣地里招陰貴神仙托凡異相委知佐根問申
據本縣契勘秖有陸中道家十三歲啞女必是異人尋喚到陸中道供祈因依
申州本州保奏
朝廷時啞女聞此忽然言語索香湯沐浴換衣坐於淨床告父母云念兒本係天化
宮雙女宿下善才掌籍天童天女第一名謂之祿霞瓔女每七周年一次輪降
充
北極佑勝院副判司隨所差巡遊祇備等昨為父母日夜泣告天曹求嗣動感
真武將因緣簿拖檢其母氏宿本不注胎息嘗
真武將父母在世修奉香火之功先為保明上奏三天然後點兒化為紅纓入母之
腹為女一紀餘年解免母氏勤求之意兒降胎時曾受
真武囑付處世不得出聲雖在父母左右未嘗言話今既限滿又見
國家文字根括事泄天機慮兒不便告別而遊中道與妻遂命工用灰漆封帝如塑
像於
真武側遂日香火修持功德設齋答謝
真武恩慈續後
朝廷賜到衣帛官支糧食以表降生神聖祥瑞例物候本人語言仰遂時劄錄申州
再具托化情由回申又准中書劄子徑下弋陽縣仰將陸中道家啞女托化全
身於縣城官地埋墳建亭屋遮蓋別立祠堂塑啞女素衣神仙一身贈寂照孝
女為額委本縣立碑記

六一【焦氏一嗣】

焦氏一嗣
武安君觀察使殿前大尉王植妻壽昌郡君焦氏一生不產爲性樂善慕道專
勤香火忽一日因往後園視花果内有石榴樹一枝朽死自然生煙火於上焦
氏驚忙救之其火乃滅於樹前却現一神人圓光赫赫披頭仗劍脚踏龜蛇認
是
真武真君焦氏便拜今日幸遇
上真伏望慈悲救度
真君問曰汝有緣見吾今心意有何所欲焦氏曰願求嗣息
真君曰汝候三月三日来宣化門外祚真觀與汝一嗣必得後貴焦氏方再拜時巳
不見歸来與王植至三月三日往祚真觀是日啓建
真武生日齋會士女駢集忽有一髽頭奴子方六七歲拽定焦氏王植覓錢物其焦
氏細看異皃殊俗撫問云俱無父母亦無親屬年来多在四向宮觀宿食焦氏
從此携歸養育自然聰敏至八歲王植作親子奏恩蒙
上宣問鄉常云無子今何有親生之男王植不免奏前項所遇
真武賜子因依動
御驚嗟久之又問年月不知所生將當年於祚真觀收得是三月初三日巳時爲憑
奉
聖旨送司天臺定其貴賤據定到王植八歲命合五星并室主有武學邊功十六上
值淵渠水從正北而發祿必有權勢因此蒙
御賜王淵爲名可授右侍禁校尉内殿崇班出身仍許定第三越國長公主爲親候
十六歲别賜納禮成結王淵至十四歲又蒙恩加賜閤門祗候隨父朝見臨殿
試中武舉義策當賜陪禮十六歲納禮冊實成國親授賓州防御使駙馬都尉
奏取
聖旨用俸錢并奩具等於祚真觀建
真武寶閣仍奏請
勅額

六二【小童應夢】

小童應夢

越州會稽山東有陽明洞天自文穆王錢氏建立龍瑞宮年深荒廢內有
真武殿最為朽墮淳化元年二月一日夜文懿皇后王華宮應夢見髼頭小童身披
皂袍來見
皇后云我是越州龍瑞宮道童為本宮貧乏無衣可衣無屋可存身遭暴露惟
皇后可以救之他日必來報恩化為光明不見明旦具述奏聞時遣使賫香往龍瑞
宮察訪內臣閻守道回奏本宮建自唐末經今年深全損一殿
真武部從被雨霖日曝惟倒在地因省悟前夕之夢是
真武顯應來來后宮修整宮殿重興香火之意已奏取
聖旨允許
皇后發心將粧具奩實兌換度牒紫衣及金銀等差內臣同委越年限一年重建殿
宇及聖像裝彩完備訖忽為
皇后染患翻胃四十來日醫理未退忽一日寘然而卧出入息微細相次氣回遂無
區逆之狀自然平復乃曰適見
真武從雲中來謝龍瑞宮並已完葺
皇后命雖未天病亦久矣遂令童子取到一淨瓶一淨盂於瓶內傾出五方甘露玉
液於盂中勸令飲之遂覺醍醐灌心胷鬲清凉厥疾頓除試開眼又如非夢不
見秖覺口中異香四肢輕爽起居如常以顯靈感
國家再致謚言重加勳顯用答神貺

六三【索錢二萬】

索錢二萬
衡州衡山南嶽嵩陽觀係唐賢柳宗元施財建立
真武殿閣一所工巧高僣本路第一自住持吳筠沙後本閣收到逐日看經開殿施
利錢二萬餘貫日漸聚積前任發運副使錢操擘奏申權楷
真武閣收到施利錢二萬貫分往潭禮等州充土供羅本錢操經五年再行發運事
忽有道士投狀稱是南嶽嵩陽觀徒第為
真武閣損漏欲重新脩造告索前来借錢二萬貫操云此是
國家借用何緣要索伏狀復還況嵩陽觀
真武閣本是基址宏壯驀於近日自然斜側亦無徒弟住運司陳狀理索其錢操從
此染患遍身白癩疼痛呷吟遂退官半年忽夜夢見南嶽道士吳筠帶領神人
趕索二萬貫借錢操方省悟將產業出賣盡數支還元錢願求保安身位終起
此心癩病漸除亦不夢人索錢不逾月安愈親往嵩陽觀礼謁
真武未般錢入觀其閣尚由斜側至送入本觀了當一夜風雨大雷一振其閣聳直
如故錢操復官為翰林面奏上項感應事跡奉
聖旨賜南嶽嵩陽觀加贈
真武閣勑額靈驗金字牌等如後積聚錢物官司不得借充

六四 【翻鈔四千】

翻鈔四千
饒州鄱陽縣明化宮道士黃師古因随師朱世元往洪州俠道山從此覺悟潛
走西川雲遊八年至大中祥符五年十月内為明化宮遺火燒蘗盡祇有東廊
一小殿見存乃是
真武殿並無煙焰侵迹忽准本州關報仰收官錢四千貫文抵擬支還明化宮黃宗
古係在京先納寄庫鈔子錢椿造明化宮使用既承指揮勾集明化宮道士朱
世元等取問本宮雖有徒弟黃宗古雲遊八年不知存亡那得須知本宮遺
火因何有錢在官雖便信憑不逾旬日黃宗古親執饒州翻換便錢公憑歸來
并更有金銀祠部約一十餘貫謂師主曰昨棄師雲遊入梓岩山逢一道人邀
宗古到草庵中對話貪道有願在心終未能了听吾囑付吾知饒州鄱陽縣明
化宮至祥符五年十月内為火德星君躔入陳國分野正照饒州一郡縣鎮同
時合遭火灾蒙
真武面奏 北帝及火星曰饒州地善人慈今當大運伏望聖慈哀憐咸降今覲近
郭鄱陽縣有明化宮内
三清大殿後壁畫饒州諸縣境邑地里圖若將明化宮不害道衆焚毀祈當一郡火
災必須應禳得過火星間此不敢拒違因問
真武曰此處還有 真君香火殿宇無荅曰有因而歡念 真武乃
金闕上清老君弟子應屬森羅天主候明化宮降火日當為存留本殿也至時道行
奔走避免竊恐無人興續宮庭可請宗古去汴和一帶化緣直至東京聚蓄錢
物鄉歸脩蓋吾乃鄱陽故人候歸明化却得相見遂遣宗古離庵行數步回視
更不見庵亦無人跡宗古恍然如雲霧間出得梓岩復到泗洲汴口從此將隨
身西山十二真君籤一百二十道手携 真武影幀發心起賣籤卦每一籤四
文道術盛行遂日般費之外常有五七百金所得籤錢遂處買金銀寄附有後
經六年約聚錢及五千餘貫寄留五嶽觀忽一日路逢饒州商販之人來報宗
古称明宮遭火燒盡所以將上件錢物就在京納於官庫出給鈔子憑據候歸
饒州鄱陽縣支會及至歸鄉其果遭火災惟留
真武一殿宗古又自細認本殿立身
子錢及將到祠部之類出賣不逾五年鼎新復建明化宮一所了畢據黃宗古
從始至末具前項緣由經饒州陳請別行記録其時知饒州謝懋等特具保明
申奏
朝廷後承回降改明元宮其道士黃宗古號通祥大師賜紫并舊存
真武殿加賜護國二字

六五【籤詞應驗】

籤詞應驗

雍熙中越州大禹廟祝祠令官楊昉一生供養
真武常為州民燒献香紙保求事無不應時户部侍郎陳疇守越州忽蒙急詔赴闕
陳疇疑懼未決吉凶乃喚陰陽人占問從人取覆有楊昉事奉
真武詳解籤詞最可准託尋往乾明觀真武觀抽得黄真君第四籤楊昉消詳云此
籤主一百二十日內悪死切不可向東北鬼門上受權勢及為旌騎統領行軍
陳疇大怒將楊昉枷禁候一百二十日有纖粟災禍情願將一官奏換楊昉恩
澤若限外無事即仰本州勘招擅興善惑前後取財入已論贓依法編配其後
限過已久越州准勅踈放楊昉授本州助教准前充禹廟祠令其陳疇到闕授
鄆州安撫兼本路兵馬鈐轄收齊州虎頭山何清等逆黨疇受勅未去間思惟
楊昉斷籤雖無全應似乎有驗緣鄆州正是東北鬼門又充本路鈐轄亦是統
攝兵馬旌騎之意因廟辞面奏前項因依遂徑往虎頭山收何清等却於前路
偶然遭何清等逆敵軍隊衝散疇夜黑乘馬奔走被馬纏蹄墜於深濠自知其
身如被舌髮神人連馬提起在岸復尋元路就佐軍馬次日整頓前進遂斬殺
戮何清等逆黨却回京師不赴鄆州差遣從此失心染患尋醫再進劄子舉奏
楊昉元定危難全賴
真武救護以此保奏賜楊昉前項恩澤仍令越州就郭立
真武殿宇陳疇自備俸錢就乾明觀脩齋設醮報謝
真聖

六六

【相術指迷】

相術指迷

宿州致仕駕部即中王袞再蒙詔充國子司業遂於家堂回奏
真武求籤得吉乃進程忽於汴河塘岸遇一道士祇揖稱攻神相王袞邀上舡献茶
乃問高隱何地道士云是華山雲臺観徒弟姓裴王袞以一百二十金欲求一
相裴道士云氣色喜盛湏遷編撰袞曰見受司業亦係國家制撰又問官職位
壽所至道士便起上岸回首云但記在後不可受史閣之職與庚辛方為事若
受之主死於卧雪骸骨不收道士向東而去更不受資王袞不以為事後因西
域不盗時全臺保舉王袞可充奉使其王袞元授駕部守司業今權御史大夫
充天章閣侍制袞甚有喜色忘却道士之言迤邐至鄜蕃君李萬全宴會間出
言相諷累遭班辱将及出界回國慮負辱責却說誘從人潛馬走入羊山連被
雪壓向岸穴中旬日不食忽見裴道士再来言曰吾非凡人乃汝供養
真武也汝若依吾指教莫受御史大夫天章閣之職則是亦可免庚辛則西蕃方所
雪中當餓死正是今日爲之柰何吾且去矣袞悔已不及遂死於羊山骨殖拋
棄從人忘命歸國有司取問進呈契勘王袞本非奉使不功乃屬前定若
真武相術明指迷径自不知避故喪其命其生前權借授御史大夫充天章閣待制
今来更不追還贈同正賜并依品官例支賜招魂禮葬

六七【胡清棄業】

胡清棄業
東京咸平縣胡清賣熟食為業因五月五日𡚱殺鷄鵝偶然刀在手中寸折物
命不死刀反傷手湯湧出鑊胡清自知殺害禽畜非理因此棄業欲走上京別
求營生在路值夜又遭大雨入一古廟避雨止宿約三更以来見一披髮仗劍
金甲神人叫起胡清還知有無數物類究寃隨汝左右今不敢入此門来汝後
尚有三十年天禄切自愛護言訖踏龜蛇向空而昇清遂驚起覺天朗明月回
看廟中並無塑像并畫像止有一碑額銘
鎮國真武之祠及到京師月餘果足罄盡思惟在路廟中
真武喝言向去三十年天禄此意除是充軍於是就驍勇習武藝不過二年遇國家
殿試呈過弓馬鎗捧等件種種絕倫於一千人中衆
御筆點為第一先賜三班殿侍出身又宣臨殿降言問有何異術并何處習武藝如
此精熟胡清具奏遇神人露現喝根今日之事一一應驗從此又加轉三班奉
職久任邊庭轉至作坊使曾任潤州都大巡檢胡清終身侍奉
真聖香火

六八

【仲和辭吏】

仲和辭吏

天聖八年京西許州吏人楊仲和差往蔡州勘鞫枉法断朱惜姐臂伏十三後承勘官通判徐沂理會課續轉官
未該酬奬在許州天慶観設醮保助轉官請道士裴君叟奏青詞君叟手擎青詞拜伏校左約一時方興與徐沂
云謹賫詞文詣
玉皇金闕投進方到三天門下遇見　北極紫微大帝領　右聖院善悪副判　真武靈應真君奏事見君叟来接
徐沂青詞衆　真武賜言曰徐沂勘察州銭舉等蔵匿家財二十餘萬計囑官司枉法勘有分親弟爲外姓被楊
仲和将干證人朱惜姐故入杖罪爲有此負屈所以陰空不令徙許見令定楊仲等罪惡欲呈奏
玉皇令君叟就此投下青詞急回自後徐沂任滿離去楊仲和從此辭棄吏門歸家誓脩善事觧脫罪惡因贖得
真武聖幀三時香火長齋称念　真武尊號逐日接待僧道及孤貧或有人家死亡又将幼子賣與李員外家得銭
六十亦拖與人州郭有居士之稱經二十年皆藉觀知照顧遂居僻巷一心供養
真武忽遇一貧道人相過曰汝本吏人罪惡故何得悔悟棄家守貧奉聖無怠觀汝悔心必感天宥貧道有一冊文字
借汝傳之此術可以資身囑付畢道人忽不見仲和開視乃西山十二真君籤仲和遂置竹籤一百二十竹筒盛
真武像前不及旬日民俗翕然来占靈驗如神如求一籤必當三五十金或留一百文相酧至於州官俱来求問忽有
本州新任司戶李成道尋訪楊和称是所生父七八歲時賣與鄰家李輔之十三上受所養父祖李中立侍郎奏
蔭恩澤十九上鎖試注授本州司戶因知骨肉並死獨有親父楊仲和所以令人尋認皆称近亦亡歿所有衣物
除瘞送支用外盡抄劄入官李成道聞此涕泣遂於寺觀脩建功德薦悼一日李成道黄昏獨坐書院中見一老
人道裝立於空中謂日吾即汝所生父楊仲和矣汝身受貴汝宜忠正吾因悔過皈奉　上真得真聖傳授西山
十二真君籤極濟哀朽今已壽終蒙東嶽照牒稱諭仲和身心正直授麻溪注祿判官又蒙
真武授記俟此差遣了當許爲七元勾當吾止有一事未滿心願吾生前供養
真武幀像并籤供具什物沒官見在軍資庫塵垢之處可取討上件聖像等物歸家至誠供養必助汝善果言訖潛隱
不見後官司估賣其物成道贖得於廳宇日逐供養忽一日朝廷遣內臣袁良獨因皇后久患心氣賫香往武勝
軍仙圖山投献金龍玉簡法醮經中許州同知州羅宗孟同見衙庭西南有紅光草蓋屋宇令人探問称是司户
廳有官員士庶焼香瞻看一畫真武像并籤一筒紅光卓定不散特羅宗孟同袁良獨往看良獨試將投龍聖意
祈籤抽得鍾真君第十大吉籤良獨親錄奏聞緣文母太后已得夢漸安損錄進靈籤與應夢同意行下許州會
後李成道被本提刑余斌用威逼迫求
真武幀像并具事什物縂到斌家畫絹片片零落化爲蝴蝶飛向空中所有竹籤一筒先蒙
朝廷索去今大內實應閣下者是也其成道奉
聖旨許還本姓楊轉授光祿寺主簿仍贈楊仲和爲悟本府軍楊成道終得轉官亦死今許州見存楊府軍父子詞堂
祈求有應

六九【良嗣感祥】

良嗣感祥

荆南府左班殿直孫良嗣一生供養
真武
委有精虔常獲神貺因覩俗塵多殺物命每自思惟皆是輪回何忍為之常出
市肆見人携賣有命之物便須買歸或飛禽用籠罩或魚鼈用水器聚養至天
明人未起取出拋放經十五年良嗣自然達理悟性凡所作為並無奇感人皆
號曰孫先生忽一日無病而本卜塋荆積山南間墳有衆鳥啣泥裝壘土墓地
穴出水池化生魚鼈地生芝蓋下榑時有五色祥雲罩映四向荆南府應以官
度僧道盡集墳所以香花幡蓋鐃鈸法事祖獻時知府諫議大夫章庭老亦崇
道奉真步至墳前有一小竅現出龜蛇盤旋喜躍乃知孫先生終歸
北極真武之佐矣應現靈物移時自然不見州府地境既有異人感諸佳祥理當具奏
朝廷繒准中書劄子令於先生墳所造廟刊碑記其聖應行狀贈孫府君廟為額

七〇【王裒烙鼈】

王袞烙鼈
宿州有比部員外郎王袞受太平州蕪胡知縣賦姓剛執貪嗜滋味常将活龜
用火烙生取其肉却入磁器烹饌有男長脩累次與母親觀告誡食餌不允從
忽值三月三日縣坊興集放生迎引社會往朝元觀獻紙王長脩往看問觀主
道士承子堅曰多見放生社會就四月八日於寺院典集何為三月三日却来
道觀集會承子堅云三月三日乃
真武降生之日普通善識於是日如法供養俱放鯉魚鼈鱓之類此是
真武大避之物緣鯉魚屬北方癸化至夜朝北頂盤七點鼈如神龜鱓類聖蛇放此
二物表無殘害之心各要懺罪消災求恩獲福長脩聞此歸說子母轉告其父
袞一向執迷不從諫觀長脩潛於承道士處轉求
真武畫像及傳下降避諱等式歸家與母親妻子別置一室供養漸至年深王袞轉
駕部郎中充荊州巡轄獨往赴任將至中路於馬前見一道人曰公莫是駕部
郎中王袞前赴荊州此去正是郎中負命之處袞欲再問道人潛身不見袞届
荊州思慕魚鼈供廚緣州不產此物遂至決責從人無明杖楚自後染患漸至
經纏醫理不差忽夜叫言被無數帶殻水族啣冤纏繞索命咽喉喘躁四肢痛
楚坐卧不得死生無門因此痛悔中不覺右手五指上如彼物咬疼不可忍忽
失聲叫
真武真君一聲覺氣塞喉胃遍身極冷漸有喘息良久烝和乃云袞為性剛執自小
好食火烙鼈肉不依妻兒勸戒供養
真武後受此差至中路遇道人言前去是負命之處袞愚頑不悟遂遭此疾痛楚難
忍又覺於迷乱中急連称叫
真君求救忽覺其身在一山上見
真武真君前列數行負火刄鼈類啣冤索命
真武遂指曰汝恣殺物命以充口腹冤家業鬼相隨無由解脫汝彼天地水三官下
降察知罪犯損折二十年壽祿合於刑州身死緣汝有妻兒尅苦齋心事吾香
火晨夕發願懺悔止為汝殺害啗食之故已為申上三官令特與汝解釋所殺
物命一一令託化轉生水府永無執對仍與汝奏錄重注壽祿如故袞蒙
真武授記病苦頓消因錄奏聞
朝廷陳請致仕誓戒葷殺脩奉香火看誦
真武妙經十萬遍并寫道藏經典請入東京太清延福宮

七一【華氏殺魚】

華氏殺魚
興化軍程嗣昌少為商賈性剛氣傲不崇三寶不親鄉友衆皆嫌惡嗣昌惟買
賣不使輕重斗秤不斷他人價直不曾用心秤量人物不慕烹炮少食活物偶
客於容州板橋郊西鎮此地多食鷓鴣鵪鳩喜鵲每日街市煺剥無數因出郊
遊行見人或擎鷹鷂或挾弓彈或張網羅不忍觀之回歸城中夜靜露天於星
斗之下發心蔬食命工刊板印施戒殺圖一千本適值十月上七
真武
下降乘此聖力普願人心回改有杭物攬頭彭景最是好吃酒肉之人亦受一
本歸家讀向妻子華三娘却生嗔怒用手碎壞棄於穢濁之中次日華氏買一
黑魚方用砧刀如彼入把定雙手其魚跳起尾稍刺入眼中如中一刀滴血在
地化為蟲蟻沿上床席哂啗華氏面上鎮市博播抵因不敬識殺圖文立受惡
報忽一日彭景酒醉於市中見嗣昌便出言毀罵稱板橋自來無人識殺亦自
安樂你是興化客人乱施文字壞却我妻一目用手拖拽嗣昌意欲作鬧嗣昌
脫走歸房思悔時監鎮向執與巡檢宣旦聚廳見嗣昌脚懸地面三寸許浮空
行立於廳前附神而語吾是
真武
真君向執等備香設拜遶蒙降言吾見此地居民累劫好食飛禽業障深重有
興化程嗣昌印施識殺圖是為最上善行祗今華三娘不能信受因殺黑魚反
害其目不獨此人受報凡好食生命不悟因業等人難免決咎嗣昌恍惚化去
不見形影方行詳究忽據鎮廂申報客人程嗣昌無病身死監鎮等聞之驚歎
華三娘患眼在牀纏綿半載方得命絕向執與宣旦得替歸京將此因緣鋟板
印施勸識殺生仍終身崇敬
真武香火致上達
聖聰蒙宣向執臨見逐一聞奏奉
聖旨騰送有司照應曾謚
真武靈驗云
三元一神通應十門熇赫光祥咸真滅殯

七二【朱氏舍利】

朱氏舍利

袞州有左班殿直充筠州監税朱良恭到任一年身死家貧無兒秖有一女同
母挈表還家不逾年母亦死其家祖來供養
真武其女朱氏為鄰里求親並不以為意鄰里等人却生誹謗毀其不正之事朱氏
遂於
真武前發誓至死不嫁人須得一患在身及殘疾之人方絶外求年四十忽雙目失
明亦不召醫從此無人求親天聖六年九月九日身死既無親屬官司須當檢
視袞州據司理趙平取覆其朱氏屍首不容檢驗前有烏龜後有赤蛇沿身遮
護時知州何珏通判王克臣親見此異事遂召僧道祈告欲退龜蛇即為殯葬
其龜蛇驀然不見差四鄰買棺槨盛貯尋問侍婢陳菊香據説因被人求親逼
抑不允将事誹謗以致發誓不須事人逐日禱告
真武降靈為兒照察因失雙目不久無疾而生肉體顔色與生無異臨終時秖言将
我屍就壬癸方火化何珏契勘九月九日正是
真武下降之辰朱氏偶然而死有龜蛇衛身称化為壬癸方切令依從焚化纔發火
其朱氏化身於雲端告衆云兒今不入六道轉生於沂州劉籍家不二十年但
記有劉生名播天下見有非毀兒身不正之事仕一火焚之乃可辨認告辭而
去火過骨有五色堅固舍利光明瑩然衆皆求請供養向者乱生誹謗等輩並
口患癰瘡膿血臭穢各詣
真武殿哀告懺罪漸獲安愈袞州人家遍相戒忌非飾口過受持
真武香火太守具奏
朝廷承回降下沂州勘會屯田員外郎劉籍妻於九月九日丑時妥生一男事無虚
冒准中書指揮本州支官錢就天慶觀
真武殿建醮并就元北方化處權立照應准備向去檢認異跡施行

七三【梁公冠簪】

梁公冠簪

磁州有倚郭清泉女冠道宫戒行清脩磁人敬仰與天慶觀相通磁人凡有醮
進法事看誦經卷俱請清泉宮女冠為天慶觀道士妬嫉買囑群小逐日攔截
宮門纔見有人入宮請召脩設遂来攪擾兼起謗言因此漸次無人来請召脩
設有女冠梁寂真年十七歲曽授北嶽法籙持課靈感遂早夜發香對
真武像前哀訴伏願速彰報應尋有刑部員外郎黃勉新知磁州赴任將近城夜宿
平原鎮驛夢見一人紫袍金帶稱吾是清泉宮
北極殿掌籍判官為見磁州知通佐官皆不歷事惟務欺曲且如清泉宮見被天慶
觀道士妬毀阻絕擅信如明公到任須治此枉費黃勉驚覺記録到任兩月餘
偶過清泉宮入謁
北極殿細認着紫判官顔貌似前夢中之人黃勉歸衙遂指揮軍巡等言與清泉宮
事件限半月要見公事將及限滿有村落社衆六十餘人年例来清泉宮建保
田蚕法醮其夜復有浮浪之人結集成群趕逐社人彼軍巡捉到莊花三等十
四人押下訊問及勾到天慶觀道士陳有章二十六人勘招州司量與科斷惟
首陳有章並莊花三並與編配奏裁黃勉又夢前日判官告說為天慶觀亦是
奏安
北極四聖香火若將有章決配有玷吾教不須申奏
朝廷黃勉遂令結按疎放陳有章其莊花三編管別州不久梁寂真染患瘡瘵臭
穢身死葬於東門外官地經半年因通判蘇應之出城相度窒務聞臭穢襲人
其地皆稱清泉宮葬梁寂真在蘇應之立追清泉公主首姚寂真等移往僻處
藏殯使令開土但棺蓋浮懸一道不見屍首祗有冠簪一條及赤蛇碧龜在内
所是臭穢變為異香應之焚香拜謝遂取龜蛇貴見黃勉因詳梁公在崇修
真武香火故得屍解之道獲顯龜蛇異事宜送清泉宮
真武殿供養三次送入殿三次相纏出門县外張口有傷人之意黃勉即焚香禱祝
莫是别要添置香火待奏
朝廷別立殿宇其龜蛇即回旋入殿一陣風起龜蛇不見本州開析保奏續降指
揮令守臣支上供錢如法建造
真武殿并立梁寂真祠堂贈通應妙化仙師自後本宮興降教法太振

七四【聖井辨異】

聖井辨異

懷州開胭脂鋪謝景元景脩兄弟兄好遊治弟慕崇信本家自祖有家堂
真武凡事祈求無不感應景元耽酒呼博家計漸壞乃思慕脩常言家堂
真武靈驗因懇告云今欲與人賭錢保當贏他人財物須得吉珓累次信用贏得一
二百貫後復懇求吉兆而去輒輸一百餘千發心歸来將
真武堂盡皆折棄景脩再自脩完後景元賭博日輸種種不利轉生怨恨一日景脩
上京販賣其兄毀折聖堂其本像用刀碎劈棄向井中景元三日後忽患遍身
瘡癩膿血疔瀝死活不能景脩在京夢一小童披髮跣足渾身俱黃戴石盤枷
大哭告云手足皆傷疼痛不任近看却是数塊損碎黑木頭遂驚覺起来自省
家堂
真武必遭毀傷遂歸懷州見家堂委遭毀壞兄病悪瘡在床顧匠者脩蓋及下井取
真武木片輳成全身不期此井汲上水漿色如琥珀別有一般香異傳聞州府時知
州史館馬荀聞此奇異是日率州官来景脩家令人汲水辨認果見香異非常
及具述景元受報見患悪瘡馬荀令汲一盞井水與景脩吃纔飲水罷雲霧四
合見景脩空中立身彩雲遮擁仙鶴前引揖謝馬荀及辞衆云今朝見金闕白
日上昇馬脩備奏准
御扎令懷州別造官屋充換謝景脩連井屋基破以省錢脩蓋謝景脩真人上昇觀
一所及蓋殿宇奉安聖井不許汲水或遇民間疾患許汲救治持賜聖水觀額
每歲撥息澤披戴焚脩道童二人仍賜庄田房廊錢充常住所有兄嫂一房盡
歸景元存養自後家業熾盛一子及第後代異事也

七五

【焦湖報惡】

焦湖報惡

淮西巢州居民不論貧富競好啗鱉不顧腥厭觸犯天曹日月昏暈星宿無光乃有九天採訪使者撿察上奏遂感
玉皇勑命　北極紫微大帝及　天地水三官嶽神取問巢人罪業已積得何所報　北極奏云此地歷劫貪殺四足水
族寃魂相執既合償還須連地址除滅俱令解脫　玉皇告　北極曰衆生惡積信不可容合傾城蕩為大州方得清
淨於是　北帝宣告真武曰汝為三界遊奕察人善惡奏注福罪豈不知巢州積劫以來好殺黿鱉此乃厭觸上犯
玉帝勝遊罪惡不該赦宥令此一州溺為水瀦汝宜謹之急速奉行　真武奏　北帝曰巢民雖有重業未必俱是殺害水
族之人若槩行傾陷終負寃枉容臣會問等弟而行　真武遂令從官天罡神將化為大鱉浮遊巢溪漲塞市橋時州
官遣吏為轄就水宰肉分俵郡官其次巢州皆得肉啗於是天罡回報　真武巢州城土委合化為大水雖變為大魚死
浮要處全不擇腥羶悉皆分食　真武嘆曰此地衆生罪業彌深不可救度　真武自化雲遊道士降下巢州求化淨水
前後經遊七日民間遍行悉皆腥厭梡器無一淨處行至小巷獨有一家見一老嫗使前來水嫗以梡盛水嫗與吃乃問婆
婆何姓作甚生業婆曰姓焦本吳人寄居此二十餘年賣粉食為活家有一男一媳婦共三口道士問曰汝家水梡因甚不腥
婆曰自到巢州為見人皃地惡家家好殺水族不知罪福老婆戒殺食素其水并梡皆得清淨道士告曰吾非凡人乃天神也
念汝有善業故來化汝不久巢州有洪水汝急携子走避未委汝身要何果報吾有三事汝當選取一愿一欲子孫為官
食祿二欲便獲富有榮華三欲永受香火欽崇任取一意婆曰何敢過求富貴若得久遠一炷香火不絕秖此是愿　真君
曰汝今每日早晚上州衙門側看石碑下一石龜若見龜眼俱赤急携子并婦出南門去逢見聖女山即住　真武言訖化白光不
見焦婆從此逐日上州衙門看石龜眼將及月餘人謂焦婆風狂被人戲轄用朱色抹其龜眼皆紅焦婆看見石龜眼赤領男
婦走出南門十里有山名聖女焦婆上山回顧巢州邊巡洪水四合浩渺無際忽於雲中見一神人披髮跣足着昏黑袍相與
求水道士無異吽云焦婆其水屬汝所管秖此香烟不絕囑付隱隱而去焦婆令其子緝草為舍自忘寢食晉朝聞水
陷巢州差官訪問四遠莫知所因遙望聖女山獨有一家官吏上山來見焦婆詢問因由奏報先賜供給焦婆口食仰鄰郡
逐時送給不久焦婆男婦相繼身死朝廷立廟封為靈顯聖母及命其水從聖母本姓謂之焦湖四通舡舫至今祈禱無
不靈驗今屬淮西路無為軍巢縣四接廬壽舒和等州通運參詳報應善惡甚明巢州周回二百餘里為洪水所陷改
巢源為焦湖中存聖女山特封焦婆號靈顯聖母後為風浪四起漂溺舟船官民秖以恩願祈請聖母而已其風濤兇
猛轉惡有行醫老母在西進城進狀稱是焦湖植利之家為見焦湖風浪傷溺人舡官司惟禱於聖母殊不知聖母本
塵俗人秖因戒殺蔬食遇　真武敕水清淨發聖為巢水土地蒙　國家改名焦湖封號靈顯承此天地之恩尚未能
報何為却興風浪為害蓋是舊日巢民報償水族寃魂相執卒無解脫所以造作毒風惡浪競傷人船遞相報對如
要消伏除是　真武可以救此言訖忽然不見晉朝看詳投狀老母乃是焦湖土地靈顯聖母化身報說當急速依應
行遣尋差使命并道士同往靈顯廟啓建道場獻御香奏懇　真武祈請風浪不生往來寧靜道場經一月焦湖風
浪頻息使命欲回忽於雲霧中現一符吏曰臣是中界直符受　真武將軍差報官家焦湖波濤是巢州殺害黿鼈
酬償寃報不能解脫致興妖禍今　朝廷禱祈平安已蒙　真武面奏　北極因朝三清得　玉皇勑旨并降吉祥甘露
已將焦湖惡報寃鬼與水族等解結洗滌並送東嶽泰山府及地府冥司條名收錄量度輕重報盡受生住
湖今得平息直符遂退時晉朝再遣使降香建醮於聖女山報謝天地仍就山建真武殿勑賜為額并加贈靈顯順聖之號

七六【虛財化礫】

虛財化礫

韶州明陽宮有洞天名青羅福地昔神仙張嶽修真之處遞年於五月五日正
午時有雜色飛禽俱來洞前飛舞嘻噪人謂衆禽隨鸞鳳來儀因作散禽齋會
掊率錢物置備紙馬以此名目懺獻
諸天星宿燒過紙贈積聚天曹無名收寄致蒙
紫微北極大帝問殿前
四聖神將時
真武出班奏曰此非天曹合收係韶州明陽宮詭詐規取稱有鸞鳳來儀誑達天曹
又蒙
帝問若明陽宮五月五日奏獻不實因何是日諸禽飛聚
真武復奏曰此日午時係臣下降到被諸禽競來受臣法氣解結披毛宿緣重業所
以舞躍嘻噪而去
帝曰天曹將無名紙馬收受將作何用
真武奏云可行下東嶽椿留支用來年必無人燒獻其明陽宮次年復會四遠人民
盡至洞前聚集過申酉無一翅來忽有一髽頭道人用手指定宮門默默而立
繼令人召到却言今歲飛禽不集社會永為罷去仍告與前項因依却交本宮
向去五月五日午時就洞前焚香求取
真武真君解禳累年虛名率財冐達天曹之罪若不信三年內看有報道人起身入
青羅洞更不見出宮門不信次年又率集其會群飛又不至及三年是日因化
紙狂風吹起紙火從庫堂沿燒約二時間宮庭化為瓦礫之地韶州收錄住持
道士張安象勘招前項故違聖諭致遭天火具奏取裁准中書指揮五月五日
早朝據司天臺奏觀見天行飛火合燒韶州背逆正道宮觀及有内臣凌招慶
附神降言
真武亦報火燒明陽宮為從邪或衆率錢非用積犯天曹化諭不改今奉到事理合
其應驗所是明陽宮更不立額祇建
真武殿并小道院別選羽士十人焚修張安象特免決還俗踈放合行關告諸路道
俗令後禀信天地無令有背正真之道

七七 【假燭燒塵】

假燭燒塵
南安軍開隆觀元是
太上無極淨虛天主祖氏宅基緣南安居民惟崇
真武每至下降盡來燒獻香紙燈燭等觀前有一雜貨鋪觀凡有會設合用物件皆
於此鋪收買惟用蠟燭尤多却將臭織牛脂觸朱破布偽作真淨蠟燭出賣不
惟煙氣薰觸上聖兼祭賽求福反求織瀆被星辰天真及嶽瀆神明奏達
三清玉皇洎
天皇北極令下天曹諸司撿攢忽一日看
真武殿香火行者夢一神人報云觀前賣蠟燭者曾三世為人世世惡業今姓黃名
禹猶賣織脂假燭觸犯天曹罪惡貫盈永失六道合為微塵今係右勝院
真武管察善惡既受天符以報黃禹之罪明日當自知之行者驚起告於道衆言猶
未畢黃禹店前有一老兒商量買燭十條要獻天曹須是真燭可矣黃禹怒云
我二十餘年賣此燭盡獻天曹何故云假令先買一條取火點看不覺驟風起
吹火燄沿燒屋宇老兒亦自不見其黃禹因貪救物致令火遍燒為灰塵經一
時辰獨燒此家不留分文至火滅店內有一大柱不曾濫火正面如斧劈一片
上有天書隱記士人道衆俱來驗試並知是
真武真君聖近官司差人用紙筆抄錄繞了其柱又從裏面火出執盡其意與觀中
行者昨夜之夢相似通露罪惡詳情由速招果順南安軍太守不敢隱蔽尋錄
一宗事情申奏
朝廷蒙看詳批降人之處世善惡由心善事如江海潮激來無形影去無根源惡
有速報如天地產物是處皆應可不謹之宜下南安軍依此立石碑於觀門以
顯
真武垂報無差仍布告中外以戒永世

七八【叙功赐衔奉御制赞】

叙功賜銜　奉御制讃

原寶應閣惟神陰相克示顯靈宜可叙功特賜

真武永充定國無礙慈悲家政殿授上銜

玄初禹運上清三元都部署九天游奕大將軍左天罡北極右貟鎮天真武靈應真

君奉先正化寂照圓明莊嚴寶淨齊天護國安民長生感應福神智得睿文武

定亂聖功慈慧天侯

水之精贈

同德佐理至應大道顯明武濟陰盛翊聖左正侍雲騎護國保寧輔肅玄初太一天

大將軍

火之精贈

同德佑理至惠誠重感慈普陽辯武聖右正侍雲騎護國保靜輔肅守玄太一天大

將軍

封贈如前奉

御制讃入閣謚為策寶

萬物之祖　盛得可委　精貫玄天　靈光有偉

興益之宗　保合大同　香火贍敬　五福攸從

七九【黄榜榮輝】

黃榜榮輝

國朝

敕命隆平侯張信駙馬都尉沐昕統率軍夫二十餘萬敕建武當山宮觀

聖諭詳明具載

黃榜永樂十年秋九月庚子之吉興工首以

黃榜揭于玄天玉虚宮前通衢之上覆以巍亭護以雕檻丹漆絢耀照映山林使

凡官員軍民過於亭下莫不肅敬伏覩

敕諭則知興建宮觀之盛發於

皇上誠心特以昭荅

神明顯佑

國家之恵上薦

太祖高皇帝

孝慈高皇后在天之靈下為天下生靈祈福豈不重且大哉於是州之人民扶老携

幼駭而聚觀盈街塞途傳聞四方雖深山窮谷之民以及僧道亦皆相率爭觀

其長老莫不嗟嘆以為自有生以來所未嘗見是後亭上常有榮光燭天祥雲

旋繞霞彩交輝珍禽仙鶴飛鳴翔集侯與駙馬下逮士庶於是咸相慶曰歷代

興建宮觀無若今日之盛宜其天人協應禎祥若此誠為

聖朝之盛事萬世太平之休徵謹因圖其實并謄寫

敕諭於其上使萬代之下有所敬仰云

八〇

【榔梅呈瑞】

榔梅呈瑞

武當山五龍宫有榔梅相傳云
高真脩道之時折梅枝寄榔樹上仰
天誓曰予若道成花開菓結後如其言前董真人記之詳矣
國朝永樂十年秋
勑命隆平侯張信駙馬都尉沐昕勑建武當山宫觀十一年春榔梅發花色敷紅
白暗香疎影遠近聞見五月菓成珠璣錯落翡翠交輝纍纍滿枝莫計其數凝
霞映日顔色炫燿觀者嗟異皆曰是菓也下有仙翁同之自古及今結實未有
如是之盛是盖由我
皇上至誠感格故雖榔梅仙菓亦皆顯瑞呈祥侯與駙馬採取進之於
朝以彰其靈異仍著其事使覽者知所敬信焉

八一【神留巨木】

神留巨木

國朝
勑命隆平侯張信駙馬都尉沐昕勑建武當宮觀材木採買十萬有奇悉自漢口江岸直抵均陽置堡協運永樂十年十一月初十日工部侍郎郭進同吏部郎中諸葛平等督運木植經過武昌見有大木一根立於黃鶴樓前江水中上露尺許若石柱焉奔流巨浪晝夜衝激不假人爲而屹然不動隨復探視水深五丈五尺而木止長四丈下又虛懸衆皆奇異纜繫於船亦不勞力而隨至岸下豈非神留以需大用遂令護運至山沿江軍民見者莫不咨嗟起敬以爲靈異
侯與駙馬於是具鼓吹迎送玄天玉虛宮復上聞於
朝以爲正殿之梁使萬代有所瞻仰仍圖其事附著于啓聖録云

八一【三聖現形】

永樂十一年五月二十有六日大頂天柱峯圓光中復有
聖像二天神隨立於後下有白雲擁護

永樂十一年八月十七日光中五現
聖像坐於黑雲之上左右有二天神侍立

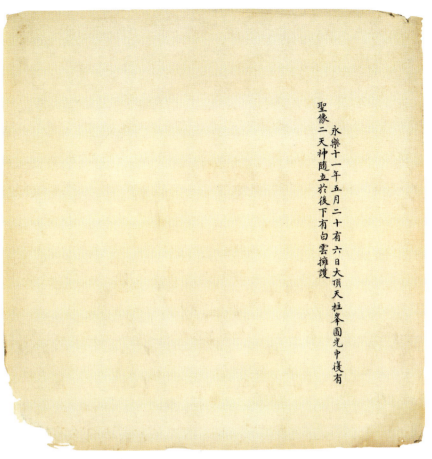

《真武靈應圖册》題記

一【淨樂仙國金闕化身】

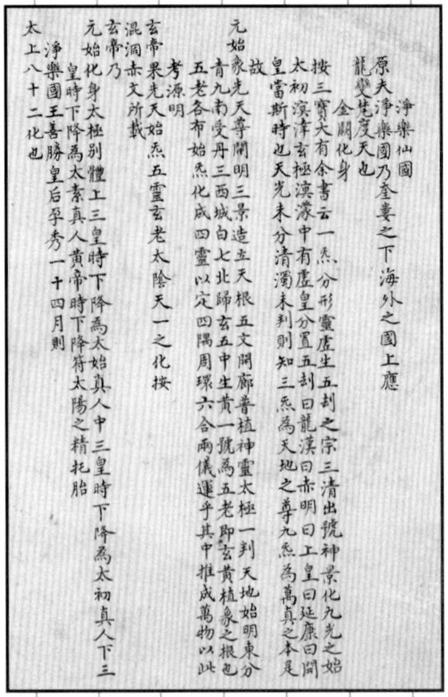
淨樂仙國
原夫淨樂國乃奎婁之下海外之國上應
龍變梵度天也
金闕化身
按三寶大有余書云一炁分形靈虛生五刦之宗三清出號神景化九光之始
太初溟涬玄極溟濛中有虛皇分置五刦曰龍漢曰赤明曰上皇曰延康曰開
皇當斯時也天光未分清濁未判則知三炁爲天地之尊九炁爲萬真之本是
故
元始象先天尊開明三景造立天根五文開廊普植神靈太極一判天地始明東分
青九南受丹三西城白七北歸玄五中生黃一號爲五老即玄黃植象之根也
五老各布始炁化成四靈以定四隅周環六合兩儀運乎其中推成萬物以此
考源明
玄帝果先天始炁五靈玄老太陰天一之化按
混洞赤文所載
玄帝乃
元始化身太極別體上三皇時下降爲太始真人中三皇時下降爲太初真人下三
皇時下降爲太素真人黃帝時下降符太陽之精托胎
淨樂國王善勝皇后孕秀一十四月則
太上八十二化也

淨樂仙國[一]

原夫淨樂國，乃奎婁之下海外之國，上應

龍變梵度天也[二]。

金闕化身

按《三寶大有余書》[三]云：一炁分形，靈虛生五刦之宗。三清出號，神景化九光之始。

太初溟涬，玄極溟濛[四]，中有虛皇，分置五刦。曰龍漢，曰赤明，曰上皇，曰延康，曰開

皇。當斯時也，天光未分，清濁未判，則知三炁爲天地之尊，九炁爲萬真之本。是

故

元始象先天尊[五]，開明三景，造立天根。五文開廊[六]，普植神靈。太極一判，天地始明。東分

青九，南受丹三，西城白七[七]，北歸玄五，中生黃一，號爲五老，即玄黃植象之根也。

五老各布，始炁化成四靈，以定四隅。周環六合，兩儀運乎其中，推成萬物。以此

考源，明

玄帝果先天始炁五靈玄老太陰天一之化。按

校記：

[一]『淨樂仙國』四字，《道藏》本録文無；

[二]『原夫淨樂國乃奎婁之下海外之國，上應龍變梵度天也』，在《道藏》本中少『原夫』二字，并且變成該段録文文尾的雙行小字注文；

[三]『《三寶大有余書》』，《道藏》本作『《三寶大有金書》』；

[四]『玄極溟濛』，《道藏》本爲『玄極冥蒙』；

[五]『象先天尊』，《道藏》本作『象先天』；

[六]『五文開廊』，《道藏》本作『五文開廓』；

[七]『西城白七』，《道藏》本作『西成白七』，應是；

[八]『元始化身』，《道藏》本作『先天始炁』。

《混洞赤文》所載：

玄帝乃

元始化身[八]，太極別體。上三皇時，下降爲太始真人。中三皇時，下降爲太初真人。下三皇時，下降爲太素真人。黃帝時下降，符太陽之精，托胎

淨樂國王善勝皇后，孕秀一十四月，則

太上八十二化也。

二　【王宮誕聖】

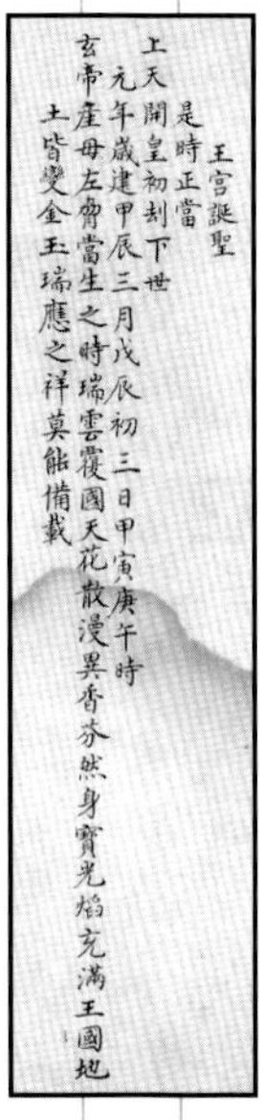
王宮誕聖
是時正當
上天開皇初刦下世
元年歲建甲辰三月戊辰初三日甲寅庚午時
玄帝產母左脅當生之時瑞雲覆國天花散漫異香芬然身寶光焰充滿王國地
土皆變金玉瑞應之祥莫能備載

王宮誕聖

是時，正當

上天開皇初刦，下世

元年歲建甲辰[一]三月戊辰初三日甲寅庚午時，

玄帝產母左脅。當生之時，瑞雲覆國，天花散漫，異香芬然。身寶光焰，充滿王國，地

土皆變金玉。瑞應之祥，莫能備載。

校記：

[一]『下世元年歲建甲辰』，在《道藏》本中作『下世歲建甲辰』。

三 【經書默會】

經書默會
玄帝生而神靈舉錯隱顯聰以知遠明能察微年及七歲經書一覽仰觀俯視
靡所不通潛心念道志契太虛願事
上帝普福兆民

校記：

此段題記與《道藏》本完全相同。

經書默會

玄帝生而神靈，舉錯隱顯，聰以知遠，明能察微。年及七歲，經書一覽，仰觀俯視，

靡所不通。潛心念道，志契太虛，願事

上帝，普福兆民。

四 【元君授道】

元君授道
玄帝念道專一遂感
玉清聖祖紫元君傳授
無極上道
元君告
玄帝曰子可越海東遊歷於翌軫之下有山自乾兌起迹盤旋五萬里水出震宮自
有太極便生是山上應顯定極風太安皇崖二天有七十二峯三十六巖也子
可入是山擇衆峯之中冲高紫霄者居之當契太和昇舉之後五百歲當
上天龍漢二劫中披髮跣足躡坎離之真精歸根複位上為
三境輔臣下作十方大聖方得顯名億劫與
天地日月齊并是其果滿也告畢
元君昇雲而去

校記：

此段題記與《道藏》本除個别异體字外完全相同。

元君授道

玄帝念道專一，遂感

玉清聖祖紫元君傳授

無極上道。

元君告

玄帝曰，子可越海東遊，歷於翌軫之下，有山自乾兑起迹，盤旋五萬里，水出震宫，自

有太極便生是山，上應顯定極風、太安皇崖二天。有七十二峰，三十六巖也。子

可入是山，擇衆峰之中冲高紫霄者居之。當契太和昇舉之後五百歲。當

上天龍漢二刦中，披髮跣足，躡坎离之真精，歸根復位，上爲
三境輔臣，下作十方大聖，方得顯名億刦。與
天地日月齊并，是其果滿也。告畢，
元君昇雲而去。

五 【天帝錫劍】

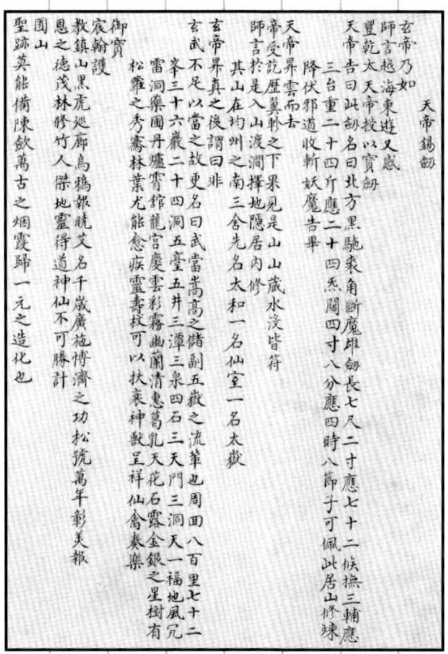
天帝錫劍
玄帝乃如
師言越海東遊又感
豐乾太天帝授以寶劍
天帝告曰此劍名曰北方黑馳裘角斷魔雄劍長七尺二寸應七十二候撫三輔應
三台重二十四斤應二十四炁闊四寸八分應四時八節子可佩此居山修煉
降伏邪道收斬妖魔告畢
天帝昇雲而去
帝受訖歷翼軫之下果見是山山藏水沒皆符
師言於是入山渡澗擇地隱居內修
其山在均州之南三舍先名太和一名仙室一名太嶽
玄帝昇真之後謂曰非
玄武不足以當之故更名曰武當嵩高之儲副五嶽之流華也周回八百里七十二
峯三十六巖二十四澗五臺五井三潭三泉四石三天門三洞天一福地風冗
雷洞藥圃丹爐霄館龍宮慶雲彩霧幽蘭清惠菖乳天花石露金銀之星樹有
松蘿之秀喬林葉尤能愈疾靈壽杖可以扶衰神獸呈祥仙禽奏樂
御寶
宸翰護
教鎮山黑虎廵廊烏鴉報曉文名千歲廣施博濟之功松號萬年彰美報
恩之德茂林修竹人傑地靈得道神仙不可勝計
圜山
聖跡莫能備陳欽萬古之烟霞歸一元之造化也

天帝錫劍

玄帝乃如
師言，越海東遊，又感
豐乾太天帝[一]授以寶劍。
天帝告曰：此劍名曰北方黑馳裘角斷魔雄劍，長七尺二寸，應七十二候，撫三輔，應
三台。重二十四斤，應二十四炁。闊四寸八分，應四時八節。子可佩此，居山修煉，
降伏邪道，收斬妖魔。告畢，
天帝昇雲而去。
帝[二]受訖，歷翼軫之下，果見是山，山藏水没，皆符

校記：

[一]『太天帝』，《道藏》本作『大天帝』；
[二]『帝』，《道藏》本作『玄帝』；
[三]『風冗』，《道藏》本作『風穴』，應是；
[四]『清惠』，《道藏》本作『清蕙』；
[五]『一元』，《道藏》本作『一原』，靈應本應是。

師言。於是入山，渡澗擇地，隱居内修。

其山在均州之南三舍，先名太和，一名仙室，一名太嶽。

玄帝昇真之後，謂曰非

玄武不足以當之，故更名曰武當。嵩高之儲副，五嶽之流輩也。周回八百里，七十二峰，三十六巖，二十四洞，五臺五井，三潭三泉，四石，三天門，三洞天，一福地。風冗[三]雷洞，藥圃丹爐，霄館龍宫。慶雲彩霧，幽蘭清惠[四]，葛乳天花。石露金銀之星，樹有松蘿之秀。蹇林葉尤能愈疾，靈壽杖可以扶衰。神獸呈祥，仙禽奏樂。

御寶

宸翰，護

教鎮山。黑虎巡廊，烏鴉報曉。艾名千歲，廣施博濟之功。松號萬年，彰美報恩之德。茂林修竹，人傑地靈，得道神仙，不可勝計。

囿山

聖跡，莫能備陳。斂萬古之烟霞，歸一元[五]之造化也。

六【澗阻群臣】

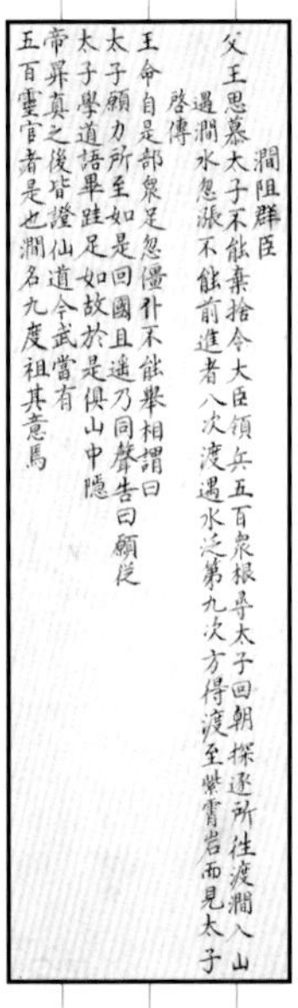

澗阻群臣

父王思慕太子不能棄捨令大臣領兵五百衆根尋太子回朝探逐所往渡澗入山遇澗水忽漲不能前進者八次渡遇水泛第九次方得渡至紫霄岩而見太子

啓傳

王命自是部衆足忽僵仆不能舉相謂曰太子願力所至如是回國且遠乃同聲告曰願從太子學道語畢跬足如故於是俱山中隱帝昇真之後皆證仙道今武當有五百靈官者是也澗名九度祖其意焉

校記：

[一]《道藏》本没有『者』字；

[二]『俱山中隱』，《道藏》本爲『俱隱山中』；

[三]『九度祖』，《道藏》本爲『九渡阻』。《道藏》本應是。

澗阻群臣

父王思慕太子不能棄捨，令大臣領兵五百衆根尋太子回朝，探逐所往。渡澗入山，遇澗水忽漲，不能前進者[一]八次，渡遇水泛第九次方得渡至紫霄岩而見太子，

啓傳

王命。自是部衆足忽僵仆不能舉，相謂曰：

太子願力所至如是，回國且遥，乃同聲告曰：願從

太子學道。語畢，跬足如故，於是俱山中隱〔二〕。

帝昇真之後，皆證仙道。今武當有

五百靈官者是也，澗名九度祖〔三〕其意焉。

七【悟杵成針】

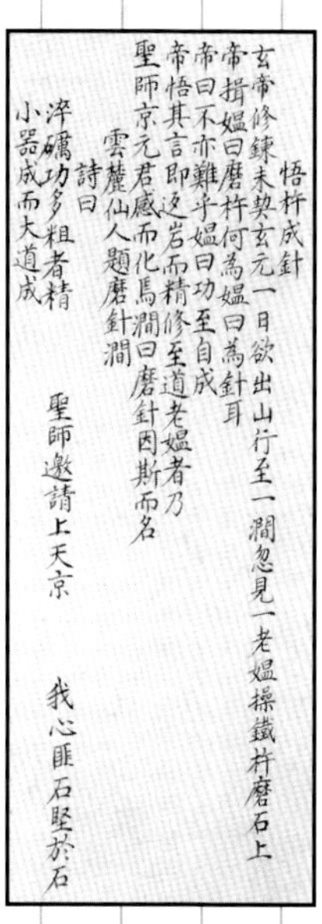

悟杵成針

玄帝修鍊未契玄元一日欲出山行至一澗忽見一老媪操鐵杵磨石上

帝揖媪曰磨杵何為媪曰為針耳

帝曰不亦難乎媪曰功至自成

帝悟其言即返岩而精修至道老媪者乃

聖師京元君感而化焉澗曰磨針因斯而名

雲麓仙人題磨針澗

詩曰

淬礪功多粗者精　聖師邀請上天京　我心匪石堅於石

小器成而大道成

校記：

〔一〕『京元君』，《道藏》本爲『紫元君』；

〔二〕《道藏》本没有『題』字；

〔三〕『粗』字，《道藏》本寫爲『麤』。

悟杵成針

玄帝修鍊，未契玄元，一日欲出山，行至一澗，忽見一老媪操鐵杵磨石上，

帝揖媪曰：磨杵何爲？媪曰：爲針耳。

帝曰：不亦難乎？媪曰：功至自成。

帝悟其言，即返岩而精修至道。老媪者，乃

聖師京元君〔一〕感而化焉。澗曰磨針，因斯而名，

雲麓仙人題〔二〕磨針澗

詩曰：

淬礪功多粗〔三〕者精，　聖師邀請上天京。　我心匪石堅於石，

小器成而大道成。

八【折梅寄榔】

折梅寄榔
玄帝自悟磨針之語復還所隱於途折梅枝寄於榔樹上仰
天誓曰子若道成花開果結後如其言今樹上存名曰榔梅者乃榔木梅實桃核杏
形味酸而甜能愈諸疾然亦罕得之以驗豐歉豐年結實荒歳則無下有仙翁
司之敬禮可得
玉谿真人題云
詩曰
高真學道隱山時　親折梅枝寄榔枝　行滿功成應冲舉
花開子結試先知　仙翁護境百邪遠　聖果標名萬古垂
服餌延齡除痼疾　志誠拜授福相隨

校記：

[一]『子若』，《道藏》本作『予若』，應是；

[二]『樹上』，《道藏》本作『樹尚』；

[三]『題云詩曰』，《道藏》本作『詩曰』；

[四]『試先知』，《道藏》本作『識先知』。

折梅寄榔

玄帝自悟磨針之語，復還所隱。於途折梅枝，寄於榔樹上。仰天誓曰：子若[一]道成，花開果結。後如其言。今樹上[二]存名曰榔梅者，乃榔木梅實，桃核杏形，味酸而甜，能愈諸疾，然亦罕得之。以驗豊歉，豊年結實，荒歳則無。下有仙翁司之，敬禮可得。

玉谿真人題云，

詩曰[三]：

高真學道隱山時，親折梅枝寄榔枝。行滿功成應冲舉，

花開子結試先知[四]。仙翁護境百邪遠，聖果標名萬古垂。

服餌延齡除痼疾，志誠拜授福相隨。

九 【紫霄圓道】

紫霄圓道
玄帝在山往来觀覽見七十二峯之中有一峯上聳紫霄下有一岩當陽虛寂於是
採
師之誠目山曰太和山峯曰紫霄峯岩曰紫霄岩據此居焉即成道之所令天一真
慶宮是也
玄帝聖訓云
吾山不及諸山富諸山不及吾山清吾山冬寒而不寒夏熱而不熱三世為人
方到吾山五世為人方住吾地七世為人方葬吾境吾山寂寂草萋萋只聞鍾
鼓不聞雞汝若有緣住此地吾令六甲斬三尸七十二峯接天青二十四澗水
長鳴三十六岩多隱士葬在吾山骨也清
又云
南有降魔北金鎖　膽必驚兮登必阻
留得佳名垂萬古　劫終劫始剪妖精
呂純陽真人詩云
混沌初分有此岩　此岩高聳太和山　面朝大頂峯千丈
北湧甘泉水一灣　石縷狀成飛鳳勢　岩龕綰就碧螺鬟
靈源仙澗三方繞　古檜蒼松四面環　雨滴瓔珠敲石棧
風吹玉笛響松關　角雞報曉東方見　晚鶴歸來北斗灣
谷口仙禽常喚語　山巔神獸任躋攀　箇中自是乾坤大
就裏元來日月閑　自古玄真修道處　至今蹤跡在人間
不知多少神仙侶　為愛名山去復還　有牌存焉

校記：

［一］『師之誠』，《道藏》本爲『師之誡』，應是；

［二］《道藏》本無『玄帝』二字；

［三］『富』字，《道藏》本爲『冨』；

［四］『北湧』，《道藏》本爲『背湧』，應是；

［五］『有牌存焉』，《道藏》本爲『有碑存焉』，應是。

紫霄圓道

玄帝在山，往來觀覽，見七十二峰之中有一峰，上聳紫霄，下有一岩，當陽虛寂。於是

採

師之誠［一］，目山曰太和山，峰曰紫霄峰，岩曰紫霄岩，據此居焉，即成道之所，今天一真

慶宮是也。

玄帝［二］聖訓云：

吾山不及諸山富［三］，諸山不及吾山清。吾山冬寒而不寒，夏熱而不熱。三世爲人方到吾山，五世爲人方住吾地，七世爲人方葬吾境。吾山寂寂草萋萋，只聞鍾鼓不聞雞。汝若有緣住此地，吾令六甲斬三尸。七十二峰接天青，二十四澗水長鳴。三十六岩多隱士，葬在吾山骨也清。

又云：

南有降魔北金鎖，　膽必驚兮登必阻。
留得佳名垂萬古。　劫終劫始剪妖精，

呂純陽真人詩云：

混沌初分有此岩，　此岩高聳太和山。　面朝大頂峰千丈，

北湧[四]甘泉水一灣。石縷狀成飛鳳勢，岩籠縮就碧螺鬟。

靈源仙澗三方繞，古檜蒼松四面環。雨滴瓊珠敲石棧，

風吹玉笛響松関。角雞報曉東方見，晚鶴歸来北斗灣。

谷口仙禽常喚語，山巔神獸任躋攀。箇中自是乾坤大，

就裏元来日月閑。自古玄真修道處，至今蹤跡在人間。

不知多少神仙侶，爲愛名山去復還。有牌存焉[五]

一〇 【三天詔命】

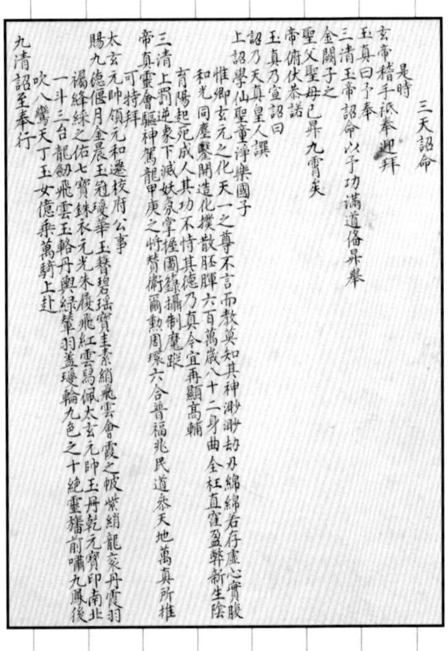
三天詔命
是時
玄帝稽手祇奉迎拜
玉真曰予奉
三清玉帝詔命以予功滿道倫昇舉
金闕子之
聖父聖母已昇九霄矣
帝俯伏恭諾
玉真乃宣詔曰
詔乃天真皇人譔
上詔學仙聖童淨樂國子
惟卿玄元之化天一之尊不言而教莫知其神渺渺劫刄綿綿若存虛心實腹
和光同塵鑿開造化撲散胚腪六百萬歲八十二身曲全枉直窪盈弊新生陰
育陽起死成人其功不恃其德乃真今宜再顯高輔
三清上罰逆衆下滅妖氛掌握圖籙攝制魔蹤
帝真靈會驅神駕龍甲庚之將贊衛爾勳周環六合普福兆民道泰天地萬真所推
可特拜
太玄元帥領元和遷校府公事
賜九德偃月金晨玉冠瓊華玉簪碧瑤寶圭素綃飛雲會霞之帔紫綃龍衮丹霞羽
褐絳綵之佑七寶銖衣元光朱履飛紅雲舄佩太玄元帥玉冊乾元寶印南北
一斗三台龍劒飛雲玉輅丹輿綠輦羽蓋瓊輪九色之十絶靈旛前嘯九鳳後
吹八鸞天丁玉女億乘萬騎上赴
九清詔至奉行

三天詔命

是時，

玄帝稽手祇奉迎拜，

玉真曰[一]：予奉

三清玉帝詔命，以予[二]功滿道倫，昇舉

金闕，子之

校記：

[一]『玉真曰』，《道藏》本爲『五真曰』；

[二]『以予』，《道藏》本爲『以子』，應是；

[三]『玉真』，《道藏》本爲『五真』；

[四]『詔乃天真皇人譔，上詔』一句，《道藏》本無；

[五]『撲』，《道藏》本爲『樸』，靈應本應是；

[六]『會』，《道藏》本爲『金』，應是；

[七]『絳綵之佑』，《道藏》本爲『絳綵之裙』，應是；

[八]『一斗』，《道藏》本爲『二斗』，應是；

[九]『九色之』，《道藏》本爲『九色之節』，應是；

[一〇]《道藏》本最後附有小字『天真皇人撰』。

聖父聖母已昇九霄矣。

帝俯伏恭諾。

玉真[三]乃宣詔曰：

詔乃天真皇人譔，

上詔[四]學仙聖童、浄樂國子，

惟卿玄元之化，天一之尊，不言而教。莫知其神渺渺，劫刅綿綿若存。虚心實腹，和光同塵，鑿開造化，撲[五]散胚腪，六百萬歲，八十二身，曲全枉直，窪盈弊新，生陰育陽，起死成人，其功不恃，其德乃真，今宜再顯，高輔

三清，上罰逆象，下滅妖氛，掌握圖籙，攝制魔蹤。

帝真靈會，驅神駕龍，甲庚之將，贊衛爾勳，周環六合，普福兆民，道參天地，萬真所推。

可特拜

太玄元帥，領元和遷校府公事。

賜九德偃月金晨玉冠，瓊華玉簪，碧瑶寶圭，素綃飛雲，會[六]霞之帔，紫綃龍衮，丹霞羽褐，絳綵之佑[七]，七寶銖衣，元光朱履，飛紅雲舄。佩太玄元帥玉册、乾元寶印，南北一斗[八]，三臺龍劍，飛雲玉輅。丹輿緑輦，羽盖瓊輪，九色之[九]，十絶靈旛，前嘯九鳳，後吹八鸞，天丁玉女，億乘萬騎，上赴

九清。詔至奉行[一〇]。

一一【白日上昇】

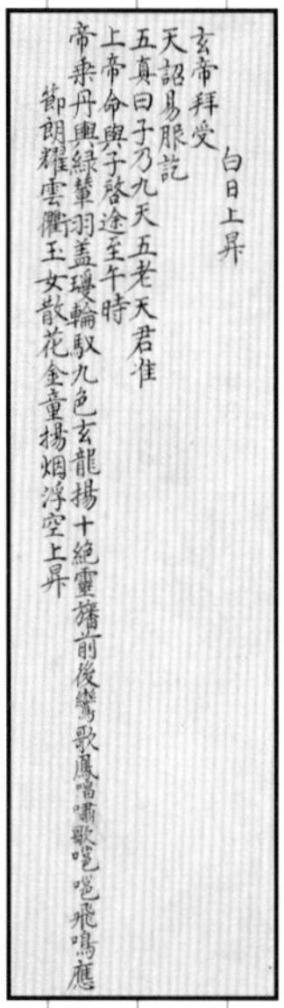
白日上昇
玄帝拜受
天詔易服訖
五真曰子乃九天五老天君准
上帝命與子啓途至午時
帝乘丹輿緑輦羽蓋瓊輪馭九色玄龍揚十絶靈旛前後鸞歌鳳唱嘯歌嗢嗢飛鳴應
節朗耀雲衢玉女散花金童揚烟浮空上昇

校記：

［一］『子乃』，《道藏》本作『予乃』，靈應本應是。

白日上昇

玄帝拜受

天詔，易服訖，

五真曰：子乃［一］九天五老天君，准

上帝命，與子啓途。至午時，

帝乘丹輿緑輦，羽盖瓊輪。馭九色玄龍，揚十絶靈旛。前後鸞歌鳳唱，嘯歌嗢嗢。飛鳴應

節，朗耀雲衢。玉女散花，金童揚烟，浮空上昇。

一二【玉陛朝參】

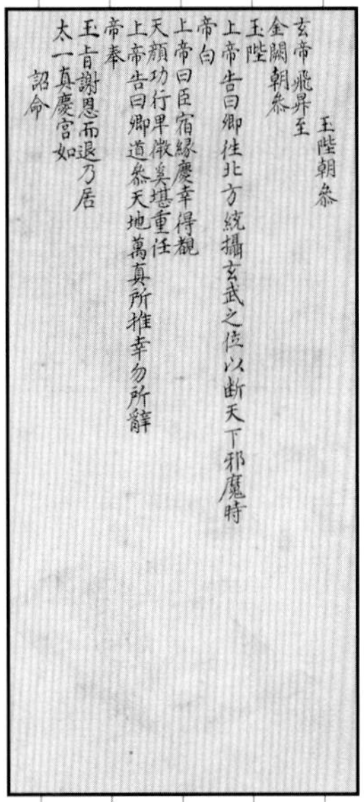
玉陛朝參
玄帝飛昇至
金闕朝參
玉陛
上帝告曰卿往北方統攝玄武之位以斷天下邪魔時
帝白
上帝曰臣宿緣慶幸得覲
天顔功行畢徹奚堪重任
上帝告曰卿道參天地萬真所推幸勿所辭
帝奉
玉旨謝恩而退乃居
太一真慶宮如
詔命

校記：

［一］『卿往北方』，《道藏》本爲『卿往鎮北方』；

［二］『幸勿所辭』，《道藏》本爲『幸勿謙辭』；

［三］『太一真慶宮』，《道藏》本爲『天一真慶宮』。聯繫上下文可知，《道藏》本的『天一真慶宮』應是。

玉陛朝參

玄帝飛昇至

金闕，朝參

玉陛。

上帝告曰：卿往北方[一]，統攝玄武之位，以断天下邪魔。時

帝白

上帝曰：臣宿緣慶幸，得覩

天顔。功行卑微，奚堪重任。

上帝告曰：卿道參天地，萬真所推，幸勿所辭[二]。

帝奉

玉旨，謝恩而退。乃居

太一真慶宮[三]，如

詔命。

一三 【真慶仙都】

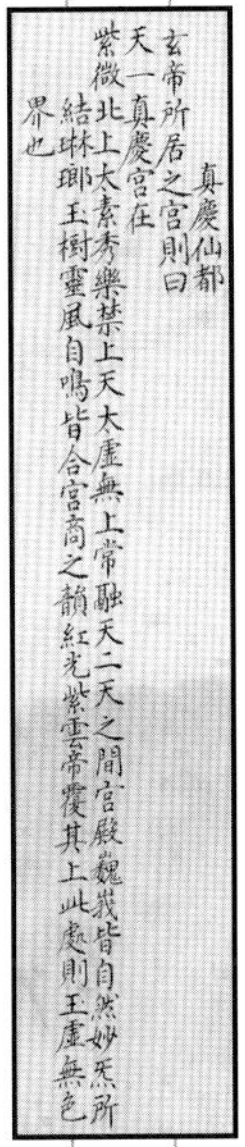

玄帝所居之宮則曰 真慶仙都

天一真慶宮在

紫微北上太素秀樂禁上天太虛無上常融天二天之間宮殿巍峩皆自然妙炁所

結琳瑯玉樹靈風自鳴皆合宮商之韻紅光紫雲帝覆其上此處則玉虛無色

界也

真慶仙都

玄帝所居之宮，則曰

天一真慶宮。在

紫微北上太素秀樂禁上天、太虛無上常融天二天之間，宮殿巍峩，皆自然妙炁所

結，琳瑯玉樹，靈風自鳴，皆合宮商之韻。紅光紫雲，帝覆其上[一]，此處則玉虛無色

界也。

校記：

[一]『帝覆其上』，《道藏》本爲『常覆其上』，應是。

一四 【玉清演法】

玉清演法
按元洞玉曆記云至五帝世當
上天龍漢二結下世洪水方息人民始耕殷紂主世淫心失道橋海
上天生民方足衣食心無正道日造罪愆惡毒自横至六天魔王引諸鬼衆傷害衆
生毒炁盤結上衝太空是時
元始天尊與諸天上帝説法於
玉清聖境八景天宫天門震闢下見惡炁弥塞
天光於是妙行真人叩誠求請願救群黎
天尊告曰汝之請不亦善乎非勇果材安能制斷惟北方位天奥之區其方有神名
號
真武玄天之性以正摧邪降伏妖魔歸於正道妙行真人上白
天尊曰緣何得此威神下降凡世收除魔鬼救度群生免遭横死日有所益伏願
大慈允臣所請於是
天尊命
玉皇上帝降詔
紫微陽以周武伐紂平治社稷以
玄帝收魔間分人鬼

校記：

［一］『龍漢二結』，《道藏》本作『龍漢二劫』，應是；

［二］『橋侮上天』，《道藏》本作『矯侮上天』，應是；

［三］『至六天魔王』，《道藏》本作『致六天魔王』，應是；

［四］『汝之請』，《道藏》本作『汝之懇請』；

［五］『以玄帝』，《道藏》本作『陰以玄帝』，應是。

玉清演法

按《元洞玉曆記》云：至五帝世，當

上天龍漢二結［一］。下世洪水方息，人民始耕。殷紂主世，淫心失道，橋侮

上天［二］。生民方足衣食，心無正道。日造罪愆，惡毒自横。至六天魔王［三］引諸鬼衆，傷害衆

生。毒炁盤結，上衝太空。是時，

元始天尊與諸天上帝説法於

玉清聖境八景天宫。天門震闢，下見惡炁，弥塞

天光。於是，妙行真人叩誠求請，願救群黎。

天尊告曰：汝之請［四］，不亦善乎。非勇果材，安能制斷。惟北方位天奥之區，其方有神，名

號

真武。玄天之性，以正摧邪。降伏妖魔，歸於正道。妙行真人，上白

天尊曰：緣何得此威神，下降凡世，收除魔鬼，救度群生，免遭横死，日有所益。伏願

大慈，允臣所請。於是，

天尊命

玉皇上帝降詔

紫微。陽以周武伐紂，平治社稷。以
玄帝[五]收魔，間分人鬼。

一五　【降魔洞陰】

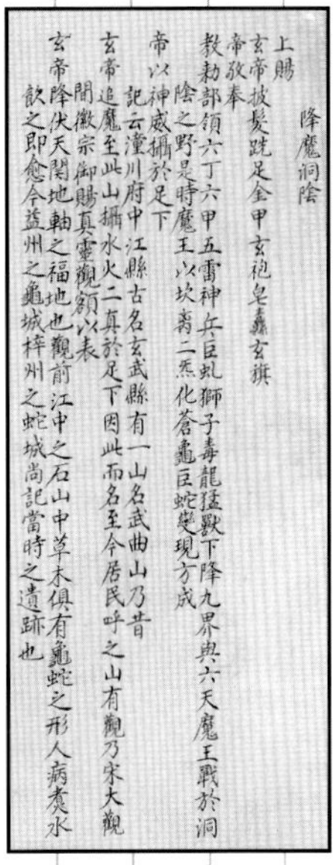
降魔洞陰
上賜
玄帝披髮跣足金甲玄袍皂纛玄旗
帝敬奉
教勅部領六丁六甲五雷神兵巨虬獅子毒龍猛獸下降九界與六天魔王戰於洞
陰之野是時魔王以坎离二炁化蒼龜巨蛇變現方成
帝以神威攝於足下
記云潼川府中江縣古名玄武縣有一山名武曲山乃昔
玄帝追魔至此山攝水火二真於足下因此而名至今居民呼之山有觀乃宋大觀
間徽宗御賜真靈觀額以表
玄帝降伏天関地軸之福地也觀前江中之石山中草木俱有龜蛇之形人病煑水
飲之即愈今益州之龜城梓州之蛇城尚記當時之遺跡也

降魔洞陰

上賜
玄帝披髮跣足，金甲玄袍，皂纛玄旗。
帝敬奉
教勅，領六丁六甲、五雷神兵、巨虬獅子[一]、毒龍猛獸，下降九界[二]，與六天魔王戰於洞
陰之野，是時，魔王以坎离二炁化蒼龜巨蛇，變現方成，
帝以神威攝於足下。
記云：潼川府中江縣古名玄武縣，有一山名武曲山，乃昔
玄帝追魔至此山，攝水火二真於足下，因此而名，至今居民呼之。山有觀，乃宋大觀
間徽宗御賜『真靈觀』額，以表
玄帝降伏天関地軸之福地也。觀前江中之石，山中草木[三]俱有龜蛇之形，人病煑水
飲之即愈。今益州之龜城，梓州之蛇城，尚記當時之遺跡也。

校記：
[一]『獅子』，《道藏》本爲『師子』；
[二]『下降九界』，《道藏》本作『下降凡界』，應是；
[三]『山中草木』，《道藏》本作『山中之草木』。

一六 【復位坎宮】

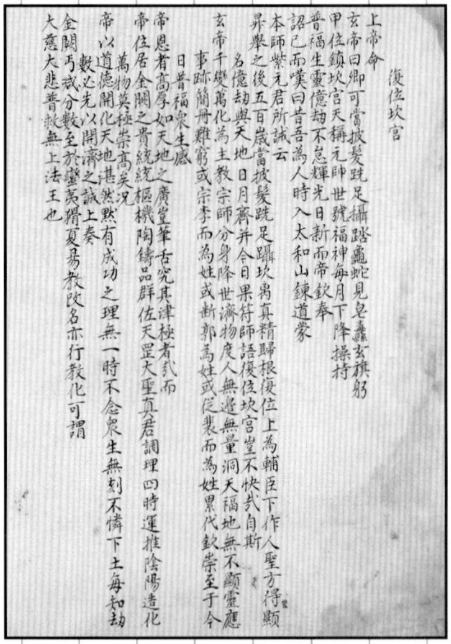

復位坎宮
上帝命
玄帝曰卿可當披髮跣足攝踏龜蛇見皂纛玄旗躬
甲位鎮坎宮天稱元帥世號福神每月下降操持
普福生靈億劫不怠輝光日新而帝欽奉
詔已而嘆曰昔吾為人時入太和山鍊道蒙
本師紫元君所誡云
昇舉之後五百歲當披髮跣足躡坎离真精歸根復位上為輔臣下作人聖方得顯
名億劫與天地日月齊并今日果符師語復位坎宮豈不快哉自斯
玄帝千變萬化為主教宗師分身降世濟物度人無邊無量洞天福地無不顯靈應
事跡簡册難窮或宗李而為姓或斷郭為姓或從裴而為姓累代欽崇至于今
日普福衆生感
帝恩者高厚如天地之廣豈筆舌究其津極者哉而
帝位居金闕之貴統統樞機陶鑄品群佐天罡大聖真君調理四時運推陰陽造化
萬物莫極崇高矣況
帝以道德開化天地湛然默有成功之理無一時不念衆生無刻不憐下土每知劫
數必先以開濟之誠上奏
金闕丐祈分數至於蠻夷猾夏易教改名亦行教化可謂
大慈大悲普救無上法王也

復位坎宮

上帝命

玄帝曰：卿可當披髮跣足，攝[一]踏龜蛇，見皂[二]纛玄旗。躬甲，位鎮坎宮[三]，天稱元帥，世號福神。每月下降操持[四]，普福生靈，億劫不怠，輝光日新。而帝欽奉詔。已而嘆曰：昔吾爲人時，入太和山鍊道，蒙本師紫元君所誡云：

昇舉之後，五百歲當披髮跣足，躡坎离真精，歸根復位，上爲輔臣，下作人聖[五]，方得顯名億劫，與天地日月齊并。今日果符師語，復位坎宮，豈不快哉！自斯玄帝千變萬化爲主教宗師，分身降世，濟物度人，無邊無量。洞天福地，無不顯靈應[六]事跡，簡册難窮。或宗李而爲姓，或断郭[七]爲姓，或從裴而爲姓，累代欽崇至于今日，普福衆生感帝恩者，高厚如天地之廣，豈筆舌究其津極者哉！而帝位居金闕之貴，統統[八]樞機，陶鑄品群[九]，佐天罡大聖真君，調理四時，運推陰陽，造化

校記：

[一]『攝』，《道藏》本爲『躡』，應是；

[二]『見皂』，《道藏》本爲『建皁』；

[三]『躬甲，位鎮坎宮』，《道藏》本爲『躬披鎧甲，位鎮坎宮』，應是；

[四]『每月下降操持』，《道藏》本爲『每月下降操扶社稷』；

[五]『下作人聖』，《道藏》本作『下作大聖』；

[六]『靈應』，《道藏》本爲『靈感應』，應是；

[七]『或断郭』，《道藏》本爲『或繼郭』，應是；

[八]『統統』，《道藏》本爲『總統』，應是；

[九]『陶鑄品群』，《道藏》本爲『陶鑄群品』；

[一〇]『無刻』，《道藏》本爲『無一刻』，應是。

萬物，莫極崇高矣！況
帝以道德開化天地，湛然默有成功之理。無一時不念衆生，無刻〔一〇〕不憐下土，每知刼
數，必先以開濟之誠上奏
金闕，丐減分數。至於蠻夷猾夏易教改名，亦行教化，可謂
大慈大悲普救無上法王也。

一七 【瓊臺受册】

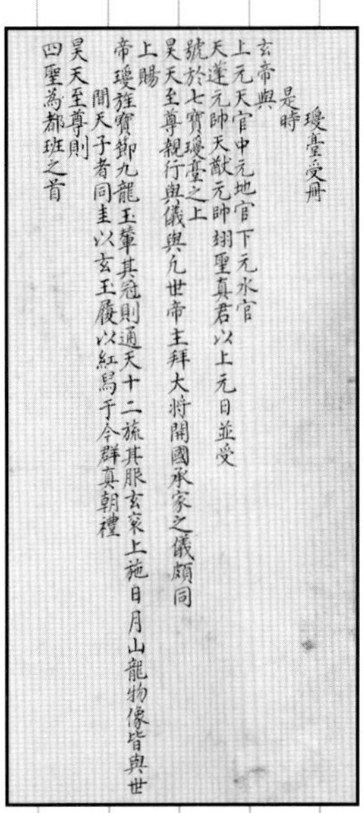
瓊臺受册
是時
玄帝與
上元天官中元地官下元水官
天蓬元帥天猷元帥翊聖真君以上元日並受
號於七寶瓊臺之上
昊天至尊親行與儀與凡世帝主拜大將開國承家之儀頗同
上賜
帝瓊旌寶節九龍玉輦其冠則通天十二旒其服玄衮上施日月山龍物像皆與世
間天子者同圭以玄玉履以紅舄于今群真朝禮
昊天至尊則
四聖爲都班之首

瓊臺受册

是時，
玄帝與
上元天官、中元地官、下元水官、
天蓬元帥、天猷元帥、翊聖真君，以上元日並受
號〔一〕於七寶瓊臺之上。
昊天至尊親行與儀〔二〕，與凡世帝王拜大將開國承家之儀頗同。
上賜
帝瓊旌寶節、九龍玉輦，其冠則通天十二旒，其服玄衮，上施日月山龍物像〔三〕，皆與世
間天子者同。圭以玄玉，履以紅舄。于今群真朝禮

校記：
〔一〕『并受號』，《道藏》本作『并受帝號』；
〔二〕『親行與儀』，《道藏》本作『親行典儀』；
〔三〕『物像』，《道藏》本作『物象』。

昊天至尊，則

四聖爲都班之首。

一八【紫霄禹迹】

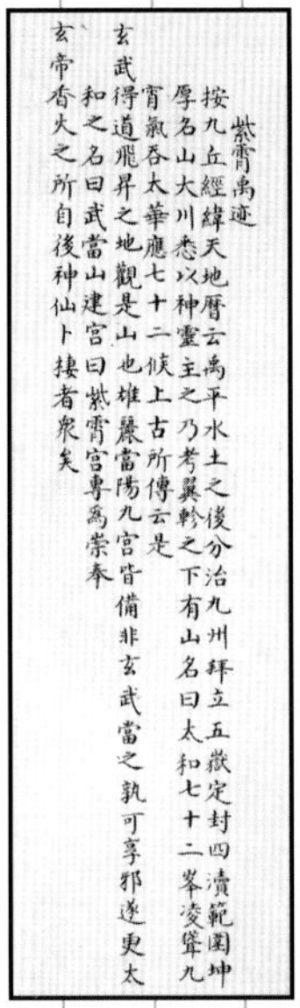
紫霄禹迹
按九丘經緯天地曆云禹平水土之後分治九州拜立五嶽定封四瀆範圍坤
厚名山大川悉以神靈主之乃考翼軫之下有山名曰太和七十二峯凌聳九
宵氣吞太華應七十二候上古所傳云是
玄武得道飛昇之地觀是山也雄麗當陽九宫皆備非玄武當之孰可享邪遂更太
和之名曰武當山建宫曰紫霄宫專爲崇奉
玄帝香火之所自後神仙卜棲者衆矣

校記：

〔一〕『宵』，《道藏》本作『霄』，應是。

紫霄禹迹

按《九丘經緯天地曆》云，禹平水土之後，分治九州，拜立五嶽，定封四瀆，範圍坤厚，名山大川悉以神靈主之。乃考翼軫之下有山，名曰太和，七十二峰凌聳九宵〔一〕，氣吞太華，應七十二侯。上古所傳，云是

玄武得道飛昇之地。觀是山也，雄麗當陽，九宫皆備，非玄武當之，孰可享邪？遂更太

和之名，曰武當山，建宫曰紫霄宫，專爲崇奉

玄帝香火之所。自後神仙卜棲者衆矣。

一九 【五龍唐興】

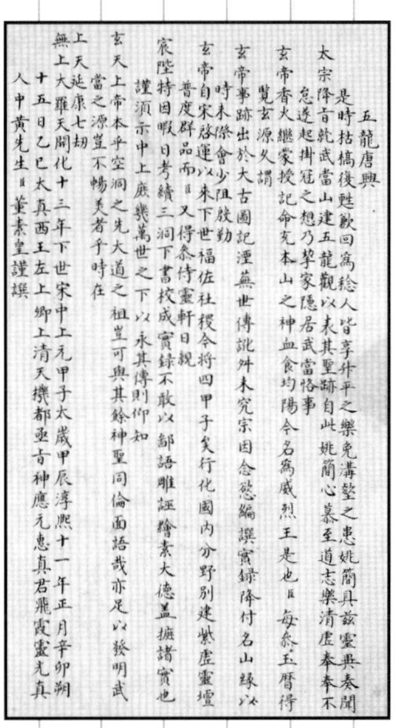
五龍唐興
是時枯槁復甦歎回爲稔人皆享升平之樂免溝壑之患姚簡具兹靈異奏聞
太宗降旨就武當山建五龍觀以表其聖跡自此姚簡心慕至道志樂清虛奉奉不
怠遂起掛冠之想乃挈家隱居武當恪事
玄帝香火繼蒙授記命充本山之神血食均陽今名爲威烈王是也臣每參玉曆得
覽玄源久謂
玄帝事跡出於大古圖記湮蕪世傳訛舛未究宗因念慾編譔實録降付名山緣以
時未際會少阻殷勤
玄帝自宋啓運以來下世福佐社稷今將四甲子矣行化國内分野别建紫虛靈壇
普度群品而臣又得參侍靈軒日親
宸陛特因暇日考續三洞下書校成實録不敢以鄙語雕誣繪素大德盖摭諸實也
謹須示中上庶幾萬世之下以永其傳則仰知
玄天上帝本乎空洞之先大道之祖豈可與其餘神聖同倫面語哉亦足以發明武
當之源豈不暢美者乎時在
上天延康七劫
無上大羅天開化十三年下世宋中上元甲子太歲甲辰淳熙十一年正月辛卯朔
十五日乙巳太真西王左上卿上清天機都丞旨神應元惠真君飛霞靈光真
人中黄先生董素皇謹譔

校記：

[一]『具兹』，《道藏》本作『其兹』，靈應本應是；

[二]『奉奉』，《道藏》本作『拳拳』，應是；

[三]『大古圖記』，《道藏》本作『太古圖記』；

[四]『三洞下書』，《道藏》本作『三洞玉書』；

[五]『同倫面語』，《道藏》本爲『同倫而語』，應是；

[六]『宋中上元』，《道藏》本爲『宋上元』；

[七]『上清天機都丞旨』，《道藏》本爲『上清天機都承旨』。

五龍唐興

是時，枯槁復甦，歎回爲稔，人皆享升平之樂，免溝壑之患。姚簡具兹[一]靈異奏聞，
太宗降旨，就武當山建五龍觀以表其聖跡。自此，姚簡心慕至道，志樂清虛，奉奉[二]不
怠，遂起掛冠之想。乃挈家隱居武當，恪事
玄帝香火，繼蒙授記，命充本山之神，血食均陽，今名爲威烈王是也。臣每參玉曆，得
覽玄源，久謂
玄帝事跡出於《大古圖記》[三]，湮蕪世傳，訛舛未究，宗因念慾編譔《實録》，降付名山，緣以
時未際會，少阻殷勤。
玄帝自宋啓運以來，下世福佐社稷，今將四甲子矣。行化國内分野，别建紫虛靈壇，
普度群品，而臣又得參侍靈軒，日親
宸陛，特因暇日考續三洞下書[四]，校成《實録》，不敢以鄙語雕誣繪素大德，盖摭諸實也。
謹須示中上，庶幾萬世之下，以永其傳。則仰知
玄天上帝本乎空洞之先，大道之祖，豈可與其餘神聖同倫面語[五]哉！亦足以發明武
當之源，豈不暢美者乎？時在
上天延康七劫
無上大羅天，開化十三年下世，宋中上元[六]甲子太歲甲辰，淳熙十一年正月辛卯朔

十五日。乙巳太真西王左上卿，上清天機都亟旨[七]神應元惠真君，飛霞靈光真人中黄先生，臣董素皇謹譔。

二〇【武當發願】

校記：

[一]『北極右勝院』，《道藏》本作『北極佑勝院』，應是。

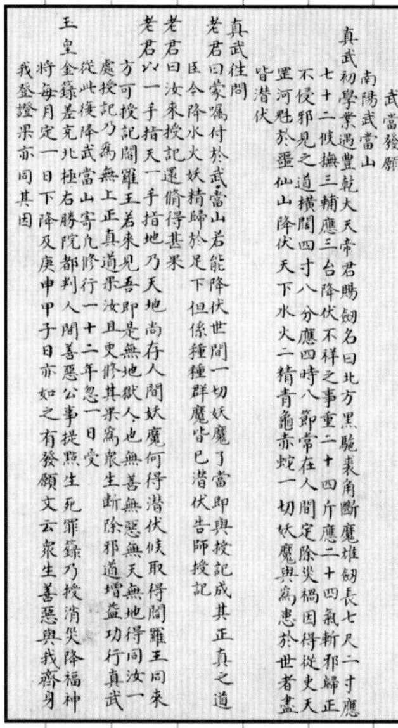
武當發願
南陽武當山
真武初學業遇豊乾大天帝君賜劒名曰北方黑駞裘角斷魔雄劒長七尺二寸應
七十二候撫三輔應三台降伏不祥之事重二十四斤應二十四氣斬邪歸正
不侵邪見之道横闊四寸八分應四時八節常在人間定除災禍因得從吏天
罡河魁於噩仙山降伏天下水火二精青龜赤蛇一切妖魔與爲患於世者盡
皆潜伏
真武往問
老君曰蒙囑付於武當山若能降伏世間一切妖魔了當即與授記成其正真之道
臣今降水火妖精歸於足下但係種種群魔皆已潜伏告師授記
老君曰汝來授記還脩得甚果
老君以一手指天一手指地乃天地尚存人間妖魔何得潜伏候取得閻羅王同來
方可授記閻羅王若來見吾即是無地獄人也無善無惡無天無地得同汝一
處授記乃爲無上正真道果汝且更修其果爲衆生斷除邪道增益功行真武
從此便降武當山寄凡修行一十二年忽一日受
玉皇金籙差充北極右勝院都判人間善惡公事提點生死罪籙乃授消災降福神
將每月定一日下降及庚申甲子日亦如之有發願文云衆生善惡與我齋身
我登證果亦同其因

武當發願

南陽武當山

真武，初學業遇豊乾大天帝君，賜劍名曰北方黑駞裘角斷魔雄劍。長七尺二寸，應七十二侯，撫三輔，應三台，降伏不祥之事。重二十四斤，應二十四氣，斬邪歸正，不侵邪見之道。横闊四寸八分，應四時八節。常在人間，定除災禍。因得從吏天罡河魁，於噩仙山降伏天下水火二精、青龜赤蛇，一切妖魔與爲患於世者，盡皆潛伏。

真君往問

老君曰：蒙囑付於武當山，若能降伏世間一切妖魔了當，即與授記，成其正真之道。

臣今降水火妖精，歸於足下，但係種種群魔，皆已潛伏，告師授記。

老君曰：汝來授記，還脩得甚果。

老君以一手指天，一手指地：乃天地尚存，人間妖魔何得潛伏。候取得閻羅王同來，方可授記。閻羅王若來見吾，即是無地獄人也。無善無惡，無天無地，得同汝一處授記，乃爲無上正真道果。汝且更修其果，爲衆生斷除邪道，增益功行。真武從此復降武當山，寄凡修行一十二年。忽一日，受

玉皇金籙，差充北極右勝院[二]都判人間善惡公事，提點生死罪籙。乃授消災降福神將，每月定一日下降，及庚申、甲子日亦如之。有發願文云：衆生善惡，與我齊身。我登證果，亦同其因。

二一 【谷喦脩果】

谷喦脩果
隋朝有南康軍盧山太清天慶觀光德元年三月三日江西路安撫使張佑之
入山遊翫有洞名曰谷喦張佑之領從人入洞方行二十餘步覺身心迷惑遂
出洞門據左右報有軍虞候何詮入洞不見蹤由約二時以來何詮從洞中出
其遂因依詮入洞行二十餘步聞洞中有人勘筭文字遂隨語声處尋路行半
里見一宫殿虛聳上有三位燕會下有判官符使數百人將簿書點筭人間善
惡之事詮子細觀望見有龜蛇在於戲躍知是
北方真武見主席是正者冠服對坐其女真乃鳳冠霞履
真武位在其側詮潛入從官隊伏求問所因符吏曰洞是谷喦天名瑶王今日是真
武降生之辰每年至此日蒙北極給假於丑時辭北方至寅時届東方面禮父
本師太上老君就羅浮天宫請侍父母於卯時從申酉方下界遊奕察其善惡與父
母脩人天天道之果此日若察録得造惡之人罪重如須彌山者皆獲
真武消承父母布施慈悲之賜咸蒙解釋世人有知今日之因若清净戒心醮献詞
章懇求恩福最為大矣詮欲子細視之不覺如夢寤驚覺立身在谷喦洞門石
臺下張佑之備録聞奏從此方知三月三日是
真武降生之辰為民消災降福奉
聖旨下南康軍委官往盧山天慶觀建立
真武并父母降真寶殿及給公據揀放何詮

校記：

[一]『宫殿虛聳』，《道藏》本爲『官殿虛聳』；

[二]『判官符使』，《道藏》本爲『判官符吏』；

[三]『龜蛇在於戲躍』，《道藏》本爲『龜蛇在前戲躍』，應是；

[四]『天名瑶王』，《道藏》本爲『天名瑶玉』。

谷喦脩果

隋朝有南康軍廬山太清天慶觀，光德元年三月三日，江西路安撫使張佑之入山遊翫，有洞名曰谷喦，張佑之領從人入洞，方行二十餘步，覺身心迷惑，遂出洞門。據左右報，有軍虞候何詮入洞不見蹤由，約二時以來，何詮從洞中出其遂，因依詮入洞行二十餘步，聞洞中有人勘筭文字，遂隨語聲處尋路，行半里見一宮殿虛聳[一]，上有三位燕會，下有判官符使[二]數百人，將簿書點筭人間善惡之事。詮子細觀望，見有龜蛇在於戲躍[三]，知是

北方真武。見主席是正者冠服，對坐其女真乃鳳冠霞履，

真武位在其側，詮潛入從官隊仗，求問所因，符吏曰：洞是谷嵒，天名瑤王[四]，今日是真武降生之辰，每年至此日，蒙北極給假，於丑時辭北方，至寅時届東方，而禮本師太上老君，就羅浮天宫請侍父母，於卯時從申酉方下界遊奕，察其善惡，與父母偕人天天道之果。此日若察録得造惡之人，罪重如須彌山者，皆獲真武洎承父母布施慈悲之賜，咸蒙解釋。世人有知今日之因，若清净戒心，醮獻詞章，懇求恩福最爲大矣。詮欲子細視之，不覺如夢寐驚覺，立身在谷嵒洞門石臺下。張佑之備録聞奏，從此方知三月三日是真武降生之辰，爲民消災降福。奉聖旨下南康軍委官往廬山天慶觀建立真武并父母降真寶殿，及給公據揀放何詮。

二二 【歸天降日】

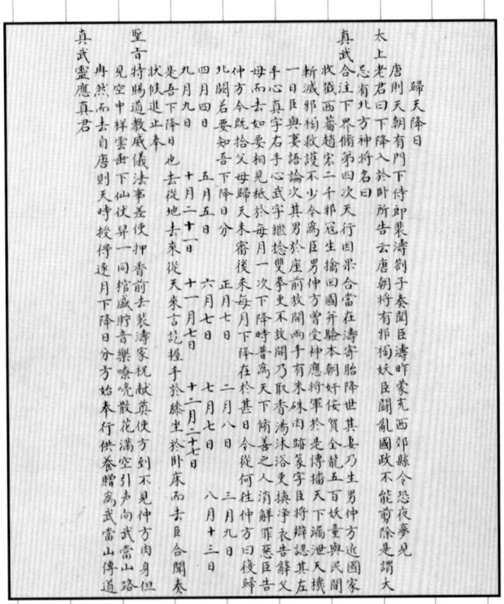
歸天降日
唐則天朝有門下侍郎裴濤劉子奏聞臣濤昨蒙充西部縣令恐夜夢見
太上老君曰下降入於卧所告云唐朝將有邪禍妖臣闘亂國政不能剪除是謂大
忌有北方神將名曰
真武合注下界備第四次天行因果合當在濤寄胎降世其妻乃生男仲方逃國家
收獵西蕃趙宏二千邪寇生擒回國并驗本朝奸佞賀仝龍五百妖黨與民間
斬滅邪禍救護不少令爲臣男仲方曾受神應將軍於是傳播天下漏泄天機
一日臣與妻語論次其男於座前放開兩手有朱硃肉跡篆字臣將辯認其左
手心真字右手心武字繼捻叟拳更不放開乃取香湯沐浴更換淨衣告辭父
母而去如要相見秪於每月一次下降時普爲天下脩善之人消解罪惡臣告
仲方今既拾父母歸天未審後來每月下降在於甚日令從何往仲方曰復歸
北闕若要知吾下降日分 正月七日 二月八日 三月九日
四月四日 五月五日 六月七日 七月七日 八月十三日
九月九日 十月二十一日 十一月七日 十二月二十七日
是吾下降日也去從地去來從天來言訖握手於膝坐於卧床而去臣合聞奏
狀候進止奉
聖旨特賜道教威儀法事差使押香前去裴濤家祝獻奠使方到不見仲方肉身但
見空中祥雲垂下仙仗舁一同棺盛貯音樂嘹喨散花滿空引声向武當山路
冉然而去自唐則天時授傳逐月下降日分方始奉行供養贈爲武當山傳道
真武靈應真君

校記：

[一]『蒙充』，《道藏》本爲『蒙差充』；

[二]『恐夜』，《道藏》本爲『忽夜』，應是；

[三]《道藏》本没有『曰』字；

[四]『禍』字，《道藏》本爲『禍』字；

[五]『大忌』，《道藏》本爲『大患』；

[六]『合當在濤』，《道藏》本爲『合當在濤家』，應是；

[七]『宏』，《道藏》本爲『弘』；

[八]『禍』，《道藏》本爲『禍』；

[九]『今既拾父母歸天』，《道藏》本爲『今既捨父母歸天』；

[一〇]『同棺』，《道藏》本爲『銅棺』，應是；

[一一]『冉然而去』，《道藏》本爲『冉冉而去』，應是。

歸天降日

唐則天朝，有門下侍郎裴濤劄子奏聞，臣濤昨蒙充〔一〕西郊縣令，恐夜〔二〕夢見
太上老君曰〔三〕，下降入於卧所告云：唐朝將有邪禍〔四〕妖臣，鬪亂國政，不能剪除，是謂大
忌〔五〕。有北方神將名曰
真武，合注下界，脩第四次。天行因果，合當在濤〔六〕寄胎降世，其妻乃生男仲方。近國家
收戳西蕃趙宏〔七〕二千邪寇，生擒回國，并驗本朝奸佞賀全龍五百妖童，與民間
斬滅邪禍〔八〕，救護不少。今爲臣男仲方曾受神應將軍，於是傳播天下，漏泄天機。
一日臣與妻語論次，其男於座前放開兩手，有朱砞肉跡篆字。臣將辯認，其左
手心真字，右手心武字，繼捻雙拳，更不放開。乃取香湯沐浴，更換净衣，告辭父
母而去。如要相見，秖於每月一次下降時，普爲天下脩善之人消觧罪惡。臣告
仲方，今既捨父母歸天〔九〕，未審後來每月下降在於甚日，今從何往？仲方曰：復歸
北闕。若要知吾下降日分　正月七日　二月八日　三月九日
四月四日　五月五日　六月七日　七月七日　八月十三日
九月九日　十月二十一日　十一月七日　十二月二十七日
是吾下降日也。去從地去，來從天來，言訖，握手於膝，坐於卧床而去。臣合聞奏
狀候進止，奉
聖旨特賜道教威儀法事，差使押香前去裴濤家祝獻，奠使方到，不見仲方肉身，但
見空中祥雲垂下仙杖，舁一同棺〔一〇〕盛貯，音樂嘹喨，散花滿空，引声向武當山路
冉然而去〔一一〕。自唐則天時授得逐月下降日分，方始奉行供養，贈爲武當山傳道
真武靈應真君。

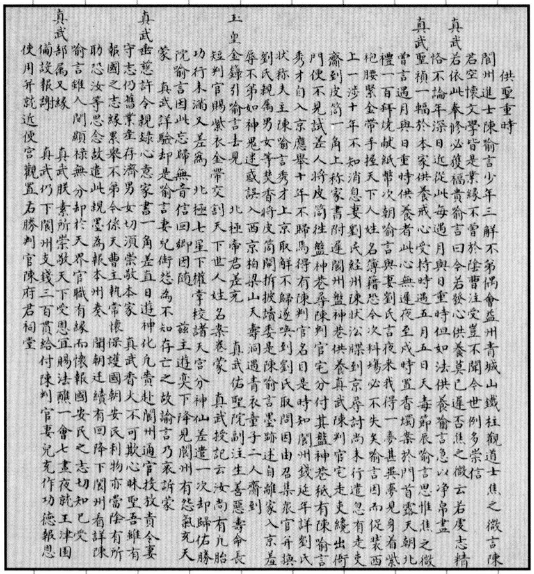
供聖重時
閬州進士陳喻言少年三觧不弟偶會益州青城山鐵柱觀道士焦之微言陳
君空懷文學皆是業緣不曾於陰曹注受豈不聞今世例多崇信
真武若依此奉修必獲福貴喻言曰今若發心供養莫已遲否焦之微云若虔志精
恪不論年深日近從此每遇月與日重時但如法供養喻言急以浄帛畫
真武聖禎一幅於本家供養戒心受持時遇五月五日天毒節辰喻言思惟焦之微
曾言遇月與日重時供養者此心無遲夜至戌時置香燭案於門首露天朝北
禮一百拜燒献紙幣次朝喻言與妻劉氏言夜来我得一夢甚異夢見身着紫
袍腰緊金帶手握天下人姓名簿籍恐今次科場必不失矣喻言因而促裝西
上一涉十年不知消息妻劉氏経州陳狀沿牒到京尋討尚未行遣忽有走吏
齋到皮筒一角上称家書附遅閬州盤神巷供養真武陳判官宅走吏繞出衔
門便不見試差人將皮筒往盤神巷尋陳判官宅分付其盤神巷秖有陳喻言
秀才自入京應舉十年不歸馬得有陳判官名目是時知閬州錢延年詳劉氏
狀称夫主陳喻言秀才上京取解不歸遂喚到劉氏取問因由召集衆官并換
劉氏親屬男女等焚香將皮筒開折披讀委是陳喻言墨跡述自離家入京羞
辱不弟如神鬼迷惑誤入西京柏梁山天壽洞遇青衣童子二人齋到
玉皇金籙引喻言去見北極帝君差充真武佑聖院副注生善惡壽命長
短判官賜紫衣金帶交割天下世人姓名案卷蒙真武授記云汝尚有九胎
功行未滿又差為北極七星下權掌校諸天宫分神仙差遣一次却歸佑勝
院喻言因此忘歸無音信回鄉因隨兹主遊奕下降見閬州有怨氣充天
家真武詳驗却是喻言妻兒街怨為不知存亡之故諭言乃家訴蒙
真武垂慈許令親録心意家書一角差直日遊神化九貴赴閬州通官按放責令妻
守志仍舊業產存濟男女切須崇敬本家真武香火不可欺心昧聖吾雖有
報國之志緣累舉不弟今係天曹主執常懷保護國朝安民利物亦當陰有所
助恐汝等思念故進此親墨為報本州奏聞朝廷續有回降下閬州看詳陳
喻言雖入閬顯祿無分却於天界官職有緣而懷報國安民之志切知已受
真武部屬又緣真武朕素所崇敬天下受恩宜賜法醮一會七晝夜就王津園
備設報謝真武仍下閬州支錢三百貫給付陳判官妻兒充作功德報恩
使用并就近使宫觀置右勝判官陳府君祠堂

校記：

［一］『聖禎一幅』；《道藏》本作『聖真一軸』；

［二］『附遲』，《道藏》本作『附達』，應是；

［三］『并換』，《道藏》本作『并喚』，應是；

［四］『柏梁山』，《道藏》本作『栢梁山』；

［五］『北極七星下權掌校諸』，《道藏》本爲『北元七君下權掌校量諸』；

［六］『奏聞朝廷』，《道藏》本爲『奏朝廷』；

［七］『王津園』，《道藏》本爲『玉津園』，應是。

供聖重時

閬州進士陳喻言少年三觧不弟，偶會益州青城山鐵柱觀道士焦之微，言陳君空懷文學，皆是業緣不曾於陰曹注受，豈不聞今世例多崇信真武，若依此奉修，必獲福貴。喻言曰：今若發心供養，莫已遲否？焦之微云：若虔志精恪，不論年深日近。從此每遇月與日重時，但如法供養。喻言急以浄帛畫真武聖禎一幅［一］於本家供養，戒心受持，時遇五月五日天毒節辰，喻言思惟焦之微曾言，遇月與日重時供養者，此心無遲，夜至戌時，置香燭案於門首，露天朝北禮一百拜，燒献紙幣。次朝，喻言與妻劉氏言，夜来我得一夢甚異，夢見身着紫袍，腰緊金帶，手握天下人姓名簿籍，恐今次科場必不失矣。喻言因而促裝西上，一涉十年不知消息，妻劉氏經州陳狀沿牒到京尋討，尚未行遣，忽有走吏齎到皮筒一角，上称家書附遲［二］閬州盤神巷供養真武陳判官宅，走吏纔出衙門便不見。試差人將皮筒往盤神巷尋陳判官宅，分付其盤神巷秖有陳喻言秀才，自入京應舉，十年不歸，焉得有陳判官名目？是時知閬州錢延年詳劉氏狀，称夫主陳喻言秀才上京取解不歸。遂唤到劉氏取問因由，召集衆官并换[三]劉氏親属男女等，焚香將皮筒開拆披讀，委是陳喻言墨跡，述自離家入京羞辱不弟，如神鬼迷惑，誤入西京柏梁山[四]天壽洞，遇青衣童子二人，賫到玉皇金籙，引喻言去見北極帝君，差充真武佑聖院副注生善惡壽命長短判官，賜紫衣金帶，交割天下世人姓名案卷。蒙真武授記云：汝尚有凡胎，功行未滿，又差爲北極七星下權掌校諸[五]天宫分神仙差遣一次却歸佑勝院。喻言因此忘歸，無音信回鄉。因随玆主遊奕下降，見閬州有怨氣充天，蒙真武詳驗，却是喻言妻兒銜怨爲不知存亡之故。諭言乃哀訴，蒙真武垂慈，許令親録心意家書一角，差直日遊神化凡賫赴閬州通官投放，責令妻守志仍舊業産存濟，男女切須崇敬本家真武香火，不可欺心昧聖。吾雖有報國之志，緣累舉不弟，今係天曹主執，常懷保護國朝、安民利物，亦當陰有所助。恐汝等思念，故遣此親墨爲報。本州奏聞朝廷[六]，續有回降下閬州看詳，陳喻言雖人間顯禄無分，却於天界官職有緣，而懷報國安民之志，切知已受真武部属，又緣真武朕素所崇敬，天下受恩，宜賜法醮一會七晝夜，就王津園[七]備設報謝真武，仍下閬州支錢三百貫給付陳判官妻兒，充作功德報恩使用，并就近便宫觀置右勝判官陳府君祠堂。

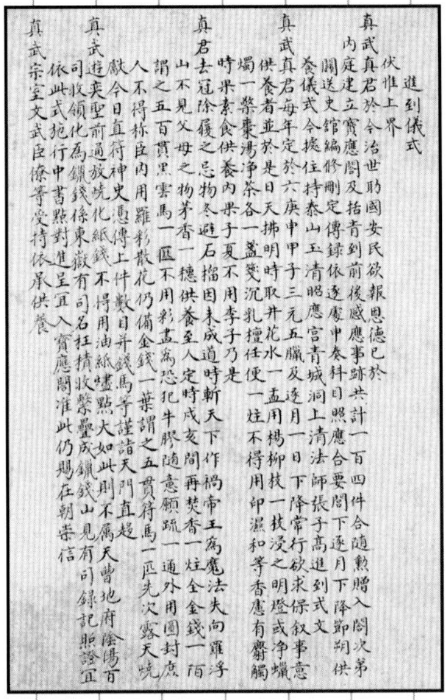

校記：

[一]『括青』，《道藏》本爲『括摘』；

[二]『閤下』，《道藏》本爲『閣下』；

[三]『甲子』，《道藏》本爲『六甲子』；

[四]『拂明』，《道藏》本爲『弗明』，靈應本應是；

[五]『帝王』，《道藏》本爲『鬼王』；

[六]『神史』，《道藏》本爲『神吏』，應是；

[七]『直趍』，《道藏》本爲『直趨』。

進到儀式

伏惟上界

真武真君於今治世助國安民，欲報恩德，已於

内庭建立寶應閤及括青[一]到前後感應事跡共計一百四件，合随勳贈入閤，次弟

闕送史館編修删定傳録，依逐處申奏科目照應，合要閤下[二]逐月下降節朔供

養儀式。今摅住持泰山玉清昭應宫青城洞上清法師張子高進到式文，

真武真君每年定於六庚申、甲子[三]、三元、五臘及逐月一日下降。常行欲求，保叙事意

供養者，並於是日天拂明[四]時取井花水一盂，用楊柳枝一枝浸之，明燈或浄蠟

燭一檠，棗湯、浄茶各一盞，箋、沉、乳、檀任便一炷。不得用印濕和等香，慮有麝觸。

時果素食供養，内果子，夏不用李子，乃是

真君去冠除履之忌物；冬避石榴，因未成道時斬天下作禍帝王[五]，爲魔法失向羅浮

山不見父母之物。茅香一穗，供養至入定時，戌亥間再焚香一炷，全金錢一陌

謂之五百貫，黑雲馬一匹，不用彩畫，爲恐犯牛膠。随意願疏一通，外用圓封，庶

人不得称臣；内用羅彩散花，仍備金錢一葉謂之五貫，符馬一匹，先次露天燒

獻。今日直符神史[六]憑傳上件數目并錢馬等，謹詣天門，直趍[七]

真武遊奕聖前通放。燒化紙錢，不得用油紙燼點火，如此則不屬天曹地府、陰陽百司收領。化爲鑞錢係東嶽有司，名枉積，收繫疊成鑞錢山。見有司録記照證，宜依此式施行，中書點對進呈，宜入寶應閤。准此，仍賜在朝崇信
真武宗室、文武臣僚等受持依承供養。

二五 【洞天雲蓋】

校記：

[一]『属乃稱』，《道藏》本爲『屬户乃稱』，應是；
[二]『皂』，《道藏》本爲『皁』；
[三]『杯照』，《道藏》本爲『壞珓』；正確的應爲『杯珓』；
[四]、[五]『三千』，《道藏》本均爲『二千』；
[六]『奉命』，《道藏》本爲『奉使』；
[七]『已依夾官』，《道藏》本爲『已依來旨』；
[八]『十五星』，《道藏》本爲『十五里』，應是；
[九]『大防』，《道藏》本爲『人防』，靈應本應是。

洞天雲蓋

龍圖閣直學士吕大防因奉使西蕃，經林中川，忽遭風雷驟雨，狂瀾怒濤，滿川暗黑。大防恐此處有兩國祀典，神壇靈迹。属乃稱[一]，正北方有山，曰青羅洞天，係大宋地分，其山常有光明，時復亦有風霧雨雹。兩界民户去此伐薪，隔山聞得神人語言，登陟四望，髣髴瑞雲盖罩，隱約見一人披髮、金甲皂袍，身長三十餘丈，坐於大盤石前，有龜蛇，後立皂[二]旗，前列旌幢華盖，知是
真武下降。今日奉使過此，又是上元日，想衝遇
真武下降，致被雲雨遮隔。大防尋候風雨停息，備香前往青羅山，遥對
真武到處焚香禱祈，願入國無虞，早承回路。仍求杯照[三]獲吉前去。既見蕃王李成鄴，

爲安和樊江上産三千[四]彊封。當初蕃中將胡素寨界至割换不寧，已曾通和，後知西蕃遣使復要取奪緣樊江土産三千[五]地界，本朝已曾將聚居鄉民爲植利之處。慮蕃中先有奉使過界，以此係呂大防奉命[六]入國，其蕃王李成鄴與宋通和，已依夾官[七]，更不相違。次因張延祖與諸蕃官送呂大防，約行十五星[八]，五色散花滿空飄墜，曾用物向上盛之，俱成甘露，及取嘗之，如酥酪而香，良久化紅光漸散。呂大防再至青羅山禮謝

真武，其處山花凋殘枝條上，非時盡開，遍於林野，曾令採摘，入手還謝。大防[九]回朝面

奏前項往回於青羅山遇

真武陰相，

特旨下左右街道録選道士，遣使同至青羅山致謝，投放金龍玉簡，乃立爲

真武降真靈迹之處。

二六 【宮殿金裙】

宮殿金裙
至和二年五月五日建御願專誠法醮道場禁斷屠宰寬宥刑獄四十九日
聖駕越内寏戒避服餝日夕醮會至八月初三日前殿滿空頓起風霧群僚侍駕親
視現一渾金甲裙遍滿大殿漸收雲彩又露一足望西北角而去至初八日解
散道場自
真武現足降靈聖意欽崇欲將家堂玄真殿立身真武刪移出内別剏報恩寶殿體
都顯對神威高廣氣係先皇特賜家堂之位天下宮觀雖爲當受體知亳州有
太清靈都觀是太上老君降誕之處老君則真武承道之師此地他不便三司
具奏本
聖旨選日臣僚陪御香送玄真殿立身真武出内及委官護送太清靈都觀擁受供
養仍下本州相度別造殿宇後亳州中奏靈都觀於十月一日殿前檜栢衰槁
枝條皆結葉穗並如春苗見今採摘封合進上本
聖旨送入景靈宮三殿供養司日間聖體以覺違攝是夜夢見黄衣武士云是靈都
觀符吏蒙真武差來報帝曆數之兆因何殊無延展之心已曾有槁木發穗之
報次日臣僚罷籍等共奏此事正當聖躬違和宜加攝理永延天禄亦在禳祈
之誠行下諸路州軍發遣道師赴京有東嶽吳正言持法殊無真驗再宣南嶽
王伯初奏隸北極紫微大帝保扶聖位壽同三司禮部進呈奏
聖旨依仁宗朝皇祐年中五月五日奉駕赴景靈宮行禮忽駕起回大内令臣僚
配享禮畢朝賀蒙皇帝諭回駕之因既臨景靈宮朕舉目忽見北方天門開現
紅光數道内有金甲裙拖一足滿空悠悠向前而過知是北方真武又有一
青衣童子引手指朕駕回方歸禁掖闡化成功降慶即荊國長公主是也今
於内庭別立真武祠堂爲保扶香火之所後三日夜中庭又見丸指回駕童子
再來告言伏因皇帝駕出景靈宮化成宮已生公主其公主生時主於父宮臨
背子息之位上天令避其時乃是真武特加保護不受一切驚危今蒙
真君令報
陛下其女降世秖一紀合歸天宮後果十三歲而卒當時仁廟爲護此預事施内藏
財寶立現足碑題新建景靈宮迎真閣一座彩塑真武全身充國家嘉典贈爲
真武下降垂福濟善通明恩澤以每年發放香香燈童行一名

校記：

[一]『服餝』，《道藏》本爲『服飾』；

[二]『報恩寶殿』，《道藏》本爲『報恩資殿』，靈應本應是；

[三]『此地他不便』，《道藏》本爲『除此地他處不便』，應是；

[四]『化成功』，《道藏》本作『化成宮』，應是。

宮殿金裙

至和二年五月五日，建御願專誠法醮道場，禁斷屠宰，寬宥刑獄四十九日。聖駕越内寢戒避服餙[一]，日夕醮會至八月初三日，前殿滿空頓起風霧，群僚侍駕親視，現一渾金甲裙遍滿大殿，漸收雲彩又露一足，望西北角而去。至初八日，觧散道場。自

真武現足降靈，聖意欽崇，欲將家堂玄真殿立身真武刪移出内，别剏報恩寶殿[二]。禮部點對，神威高廣，兼係先皇特賜家堂之位，天下宮觀難爲當受。體知亳州有太清靈都觀，是太上老君降誕之處，老君則真武承道之師，此地他不便[三]。三司具奏，奉

聖旨選日，臣僚陪御香送玄真殿立身真武出内，及委官護送太清靈都觀，權受供養，仍下本州相度别造殿宇。後亳州申奏，靈都觀於十月一日殿前檜栢衰槁枝條皆結葉穗，並如春苗，見今採摘封合進上。奉

聖旨送入景靈宮三殿供養，旬日間聖體似覺違攝，是夜夢見黄衣武士云：是靈都觀符吏，蒙真武差來報帝曆數之兆，因何殊無延展之心，已曾有槁木發穗之報。次日臣僚龐籍等共奏，此事正當聖躬違和，宜加攝理，永延天禄，亦在禳祈之誠。行下諸路州軍，發遣道師赴京。有東獄吳正言持法，殊無真驗。再宣南嶽王伯初奏録北極紫微大帝保扶聖位，尋同三司禮部進呈，奉

聖旨依仁宗朝皇祐年中五月五日，奉駕赴景靈宮行禮，忽駕起回大内，令臣僚配享。禮畢朝賀，蒙皇帝諭回駕之因，既臨景靈宮，朕舉目忽見北方天門開，現紅光數道，内有金甲裙璫拖一足，滿空悠悠，向前而過。知是北方真武，又有一青衣童子，引手指朕駕回。方歸禁掖，聞化成功[四]降慶，即荆國長公主是也。今於内庭别立真武祠堂，爲保扶香火之所。後三日夜，中庭又見元指回駕童子，再來告言，伏因皇帝駕出景靈宮，化成宮已生公主，其公主生時，主於父宮臨背子息之位，上天今避其時，乃是真武特加保護，不受一切驚危。今蒙

真君令報
陛下，其女降世秪一紀，合歸天宮，後果十三歲而卒。當時仁廟爲護此預事，施内藏
財寶立現足碑題，新建景靈宫迎真閤一座，彩塑真武全身，充國家嘉典，贈爲
真武下降垂福濟善通明恩澤。以每年發放看香燈童行一名。

二七【聖像先鋒】

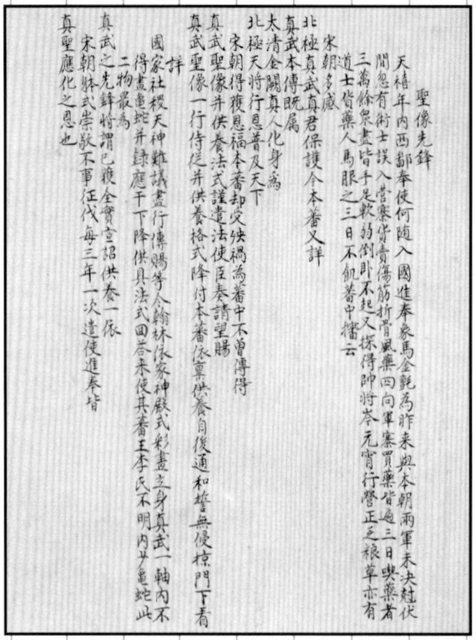
聖像先鋒
天禧年內西鄙奉使何隨入國進奉象馬金氈爲昨来與本朝兩軍未決尅伏
間忽有術士誤入營寨貨賣傷筋折骨風藥四向軍寨買藥皆遍三日喫藥者
三萬餘衆盡皆手足軟弱倒卧不起又探得帥將岑元宵行營正乏粮草亦有
道士貨藥人馬服之三日不飢蓄中播云
宋朝多感
北極真武真君保護今本蓄又詳
真武本傳既屬
太清金闕真人化身爲
北極天將行恩普及天下
宋朝得獲恩福本蓄却受殃禍爲蓄中不曾傳得
真武聖像并供養法式謹遣法使臣奏請望賜
真武聖像一行侍從并供養格式降付本蓄依稟供養自後通和誓無侵掠門下看
詳
國家社稷天神難議盡行傳賜等令翰林依家神殿式彩畫立身真武一軸內不
得畫龜蛇并錄廳干下降供具法式回巻來使其蓄王李氏不明內少龜蛇此
二物最爲
真武之先鋒將謂已獲全實宣詔供養一依
宋朝躰式崇敬不事征伐每三年一次遣使進奉皆
真聖應化之恩也

校記：

［一］『岑元宵』，《道藏》本爲『岑元肯』；
［二］『播』字，《道藏》本爲『播』，應是；
［三］『多感』，《道藏》本作『多感召』；
［四］『聖像』，《道藏》本爲『聖相』；
［五］『等令翰林』，《道藏》本爲『尋令翰院』，應是；
［六］『真武』，《道藏》本爲『真聖』。

聖像先鋒
天禧年内，西鄙奉使何隨入國進奉象、馬、金、氈，爲昨来與本朝兩軍未决尅伏
間，忽有術士誤入營寨，貨賣傷筋折骨風藥，四向軍寨買藥皆遍，三日，喫藥者
三萬餘衆盡皆手足軟弱，倒卧不起。又探得帥將岑元宵［一］行營正乏粮草，亦有
道士貨藥，人馬服之，三日不飢，蓄中播［二］云，
宋朝多感［三］
北極真武真君保護，今本蓄又詳

真武本傳既属
太清金闕真人化身，爲
北極天將，行恩普及天下。
　宋朝得獲恩福，本蕃却受殃禍，爲蕃中不曾傳得
真武聖像[四]并供養法式，謹遣法使臣奏請，望賜
真武聖像一行侍從并供養格式，降付本蕃，依禀供養，自後通和，誓無侵掠。門下看
詳，
國家社稷，天神難議，盡行傳賜等令翰林[五]依家神殿式，彩畫立身真武一軸，内不
得畫龜蛇，并録應干下降供具法式，囬荅來使。其蕃王李氏不明内少龜蛇，此
二物最爲
真武[六]之先鋒將。謂已獲全實，宣詔供養，一依
　宋朝躰式崇敬，不事征伐，每三年一次遣使進奉，皆
真聖應化之恩也。

二八 【靈閣真瑞】

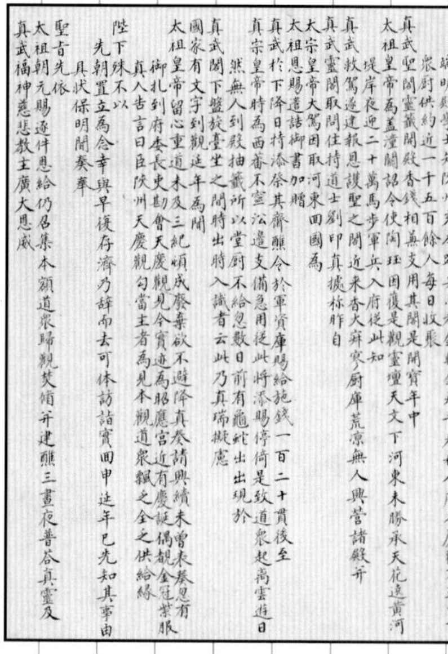

靈閣真瑞
端明殿學士知陝州充本路兵馬都鈐轄錢延年奉祢本府天慶觀有道士千
衆廚供約近一千五百餘人每日收聚
真武聖閣靈籤開殿香錢相兼支用其閣是開寳年中
太祖皇帝爲盖潼關詔令使陶珏因獲是觀靈壇天文下河東未勝承天花遶黄河
堤岸夜迎二十萬馬步軍兵入府從此知
真武救駕遂建報恩護聖之閣近来香火寂寥廚庫荒凉無人興營諸殿并
真武靈閣取問住持道士劉印真據祢昨自
太宗皇帝大駕因取河東囬國爲
太祖恩賜遺誥御書加贈
真武於下降日特添祭其齋醮令於軍資庫賜給施錢一百二十貫後至
真宗皇帝時爲西蕃不寧沿邊支備急用從此將添賜停倚是致道衆起离雲遊日
然無人到殿抽籤所以堂廚不給忽數日前有龜蛇出出現於
真武閣下盤旋臺坐之間時出時入識者云此乃真瑞擬慮
國家有文字到觀延年爲聞
太祖皇帝留心重道未及三紀頃成廢棄欲不避降真奏請興續未曾表奏恩有
御扎到府委長吏勘會天慶觀見令實迹爲膳應宮近有慶誕偶覩金冠紫服
真人告言曰臣陝州天慶觀勾當主者爲見本觀道衆飄之全之供給緣
陛下殊不以
先朝置立爲念幸與早復存濟乃辭而去可体訪詰實囬申延年已先知其事由
具狀保明聞奏奉
聖旨先依
太祖朝元賜遂件恩給仍名集本額道衆歸觀焚脩并建醮三晝夜普荅真靈及
真武福神慈悲救主廣大恩威

校記：

［一］『爲盖』，《道藏》本爲『爲屇』；

［二］『雲遊日然』，《道藏》本爲『雲遊自然』；

［三］《道藏》本衹有一個『出』字，應是；

［四］『降真』，《道藏》本爲『降責』；

［五］『御扎』，《道藏》本爲『御札』。

靈閣真瑞

端明殿學士、知陝州、充本路兵馬都鈐轄錢延年奉祢，本府天慶觀有道士千衆，廚供約近一千五百餘人，每日收聚

真武聖閣靈籤開殿香錢相兼支用。其閣是開寶年中

太祖皇帝爲盖［一］潼關，詔令使陶珏因獲是觀靈壇天文，下河東未勝，承天花遶黄河堤岸，夜迎二十萬馬步軍兵入府，從此知

真武救駕，遂建報恩護聖之閣。近来香火寂寥，廚庫荒凉，無人興營諸殿并

真武靈閣。取問住持道士劉印真，據稱昨自

太宗皇帝大駕因取河東囬國，爲

太祖恩賜遺誥御書，加贈

真武於下降日特添祭其齋醮，令於軍資庫賜給施錢一百二十貫。後至

真宗皇帝時，爲西蕃不寧，沿邊支備急用，從此將添賜停倚，是致道衆起离，雲遊日然［二］，無人到殿抽籤，所以堂厨不給。忽數日，前有龜蛇出出［三］現於

真武閣下，盤旋臺坐之間，時出時入，識者云：此乃真瑞，擬慮

國家有文字到觀。延年爲聞
太祖皇帝留心重道，未及三紀，頓成廢棄，欲不避降真[四]，奏請興續。未曾表奏，忽有
御扎[五]到府，委長吏勘會天慶觀，見今實迹爲昭應宫。近有慶誕，偶覩金冠紫服
真人告言曰：臣陜州天慶觀勾當主者，爲見本觀道衆飄乏，全乏供給，緣
陛下殊不以
先朝置立爲念，幸與早復存濟，乃辭而去。可体訪詣實固申。延年已先知其事由，
具狀保明聞奏，奉
聖旨先依
太祖朝元賜逐件恩給，仍召集本額道衆歸觀焚脩，并建醮三晝夜，普荅真靈及
真武福神，慈悲教主，廣大恩威。

二九　【二十化光】

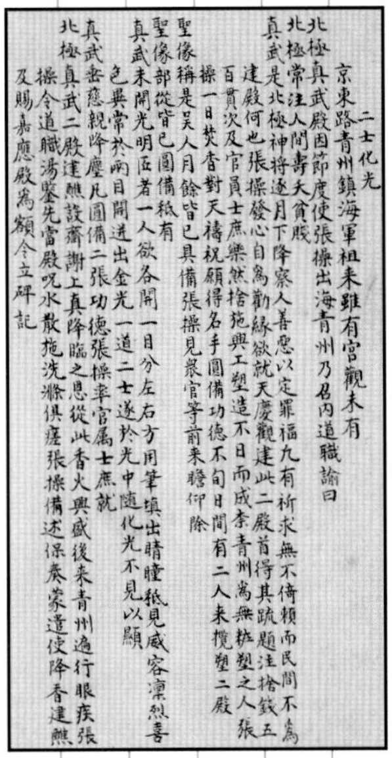

二十化光
京東路青州鎮海軍祖来雖有宫觀未有
北極真武殿因節度使張操出海青州乃召内道職諭曰
北極常注人間壽夭貧賤
真武是北極神將逐月下降察人善惡以定罪福凡有祈求無不倚賴而民間不爲
建殿何也張操發心自爲勸緣欲就天慶觀建此二殿首得其跡題注捨錢五
百貫次及官員士庶樂然捨施興工塑造不日而成奈青州爲無塐塑之人張
操一日焚香對天禱祝願得名手圓備功德不旬日間有二人来攬塑二殿
聖像稱是吴人月餘皆已具備張操見衆官等前来瞻仰除
聖像部從皆已圓備紙有
真武未開光明匠者一人欲各開一目分左右方用筆填出睛瞳祇見威容凜烈喜
色異常於兩目間迸出金光一道二十遂於光中隨化光不見以顯
真武垂慈親降塵凡圓備二張功德張操率官屬士庶就
北極真武二殿建醮設齋謝上真降臨之恩從此香火興盛後来青州適行眼疾張
操令道職湯鑒先當殿呪水散拖洗滌俱瘥張操備述保奏蒙遣使降香建醮
及賜嘉應殿爲額令立碑記

校記：

[一]『常注人間』，《道藏》本作『管注人間』，
[二]『貧賤』，《道藏》本作『富貴貧賤』；
[三]『匠者一人』，《道藏》本作『匠者二人』；
[四]『隨化光不見』，《道藏》本作『隨化不見』；
[五]『圓備二張』，《道藏》本作『圓備二殿』；
[六]『建醮』，《道藏》本爲『廷醮』，靈應本應是；
[七]『謝上真』，《道藏》本作『報謝上真』。

二十化光

京東路青州鎮海軍祖来雖有宫觀，未有
北極真武殿。因節度使張操出海青州，乃召内道職諭曰：
北極常注人間[一]壽夭貧賤[二]，
真武是北極神將，逐月下降，察人善惡，以定罪福；凡有祈求，無不倚賴，而民間不爲

建殿，何也？張操發心，自爲勸緣，欲就天慶觀建此二殿。首得其疏題注，捨錢五百貫。次及官員士庶，樂然捨施。興工塑造，不日而成，柰青州爲無粧塑之人。張操一日焚香，對天禱祝，願得名手，圓備功德。不旬日間，有二人来，攬塑二殿

聖像，稱是吴人。月餘皆已具備，張操見衆官等前来瞻仰。除

聖像部從皆已圓備，秖有

真武未開光明。匠者一人[三]欲各開一目，分左右方用筆填出睛瞳，秖見威容凛烈，喜色異常，於兩目開迸出金光一道，二士遂於光中随化光不見[四]。以顯

真武垂慈，親降塵凡，圓備二張[五]功德。張操率官屬士庶，就

北極真武二殿，建醮[六]設齋，謝上真[七]降臨之恩，從此香火興盛。後来青州遍行眼疾，張操令道職湯鑒先當殿呪水散施，洗滌俱瘥。張操備述保奏，蒙遣使降香建醮，及賜『嘉應殿』爲額，令立碑記。

三〇 【唐憲寶像】

唐憲寶像

宣州市戶唐忠唐愈唐憲唐愿兄弟同居忠憲充州衙幹當愈攻行醫憲守閑在家自祖父在日相續供養

真武一堂父亡兄弟皆踈慢惟唐憲心向香火將妻粧奩典賣添備下降香火紙馬等用豈期兄弟嫉妬朴憲端坐無功全房喫用衆兄弟衣食更以神道爲由破用錢物入己憲云既欲分張任便揀選所用之物唐憲祇願於衆求此祖上侍奉

真武一堂受持供養其忠愈愿無心供養樂然允從忠愈愿私營錢物各自富庶惟憲祇留住屋其餘產業盡賣與人開一小雜當鋪随緣遣日偶值雨雪有一貧漢背縛布袋手挈銅鑄坐身

真武一尊脚踏龜蛇極是工巧要當錢一貫憲請以錢三貫就贖亦便相允其時憑僧用祥作見人謝臻充保劉坦寫約交錢去後貧人却轉告憲留下二貫七百文少時来取憲將功德頓在家堂供養遇下降日再用香水洗淨漸覺變况重手擡不起用淨帛揩拭出於明處細視見其皃相微有爍爍圓光晃耀認来却是真金像手約重五十餘兩元賣人又不来取錢不期兄弟三人意生欺妬同狀經州論憲於未分已前藏隱大家金鑄

真武五十餘兩分後方始將出供養州府遂勾唐憲賫所隱金像出頭據唐憲供吐元買到貧漢功德及勾到保見人并索元賣文字分明顯是唐忠等妄狀各行科決忠等因此家業輪落日逐来憲家行乞作鬧憲與妻隔夜拜辞金像明早潛將投納州庫後因監司剗刷上供錢帛因見官庫内有金像

真武一身徹發祥光顯屬異寶遂申奏

朝廷後降 指揮仰宣州起發入京進奉奉

聖旨取入內庭充鎮國寶像仰於本州夏稅頭子錢內支五百貫文付唐憲充還金直唐憲因茲大富子孫昌盛其唐忠等三人各家飯食不給皆先死亡子孫零替盡是憲置宅存養宣州太極觀係唐憲一力捨錢建造

校記：

［一］『所用之物』，《道藏》本爲『所有之物』；

［二］『背縛』，《道藏》本爲『背縮』；

［三］『銅鑄』，《道藏》本作『銅鉒』，靈應本應是；

［四］『變况重』，《道藏》本爲『色變沉重』，應是；

［五］『輪落』，《道藏》本爲『淪落』，應是；

［六］『憲與妻』，《道藏》本爲『與妻』。

宣州市户唐忠、唐愈、唐憲、唐愿兄弟同居，忠、愿充州衙幹當，愈攻行醫，憲守閑
在家。自祖父在日，相續供養
真武一堂。父亡，兄弟皆踈慢，惟唐憲心向香火，將妻粧奩典賣添備下降香火紙馬
等用。豈期兄弟嫌妬，称憲端坐無功，全房喫用衆兄弟衣食，更以神道爲由，破
用錢物入己。憲云：既欲分張任便，揀選所用之物〔一〕，唐憲祇願於衆求此祖上侍
奉
真武一堂，受持供養。其忠、愈、愿無心供養，樂然允從。忠、愈、愿私營錢物，各自富庶，惟
憲祇留住屋，其餘産業盡賣與人，開一小雜當鋪隨緣遣日。偶值雨雪，有一貧
漢背縛〔二〕布袋，手擎銅鑄〔三〕坐身
真武一尊，脚踏龜蛇，極是工巧，要當錢一貫。憲請以錢三貫就贖，亦便相允，其時憑
僧用祥作見人，謝臻充保，劉坦寫約，交錢去後，貧人却轉告憲，留下二貫七百
文少時来取。憲將功德頓在家堂供養，遇下降日再用香水洗净，漸覺變况重〔四〕，
手擡不起，用净帛揩拭，出於明處細視，見其皃相微有爍爍圓光晃耀，認来却
是真金像，手約重五十餘兩，元賣人又不来取錢。不期兄弟三人意生欺妬，同
狀經州，論憲於未分已前藏隱大家金鑄
真武五十餘兩，分後方始將出供養。州府遂勾唐憲賫所隱金像出頭，據唐憲供吐，
元買到貧漢功德及勾到保見人，并索元賣文字，分明顯是唐忠等妄狀。各行
科決，忠等因此家業輪落〔五〕，日逐來憲家行兇作鬧。憲與妻〔六〕隔夜拜辞金像，明早
潛將投納州庫，後因監司刻刷上供錢帛，因見官庫内有金像
真武一身，微發祥光，顯属異寶，遂申奏
朝廷。後降指揮，仰宣州起發入京進奉，奉
聖旨取入内庭充鎮國寶像。仰於本州夏税頭子錢内支五百貫文付唐憲，充還金
直。唐憲因兹大富，子孫昌盛。其唐忠等三人，各家飯食不給，皆先死亡，子孫零
替，盡是憲置宅存養。宣州太極觀係唐憲一力捨錢建造。

三一 【朱氏金甑】

校記：

[一]『論』，《道藏》本爲『請』，應是；

[二]『陷』，《道藏》本爲『諂』；

[三]『鐃』，《道藏》本爲『繞』，應是；

[四]『伏如』，《道藏》本爲『狀如』，應是；

[五]『忌倦』，《道藏》本爲『怠倦』；

[六]『引因』，《道藏》本爲『引用』，應是；

[七]『疾苦』，《道藏》本爲『疾患』；

[八]『其事』，《道藏》本爲『其妻』，應是；

[九]『二道』，《道藏》本爲『一道』；

[一〇]『二百貫匹』，《道藏》本爲『各二百貫匹』；

[一一]《道藏》本没有『刊』字；

[一二]『復舊興盛』，《道藏》本作『復獲興盛』，應是。

朱氏金甑

隰州陸諒嗜酒好殺，恣食鰻鱓，其妻朱氏力戒不改，自將粧奩潛託父母家，命工彩畫

真武一軸，論[一]道士錢應方轉經安奉，并受持下降法式。應方曰：供養福神第一須是虔誠發心，不可等閑，每月下降日燒献金錢、雲馬，或有餘力，請道誦經；第二，不得於酒後歸家高聲觸瀆；第三，大忌啗食犬鱉鰻鱓蒜韭等物；第四，憐貧恤老，孝育骨肉，事涉公私，心莫欺陷[二]；第五，語言文字忌諱，切在回避，始終至誠，勿令慢易一心。五事保合吉祥。疑惑之間，求之必應，門招龍神，衛護家協，福禄滋昌。如或懈慢，折人壽禄，作事不利，子嗣不昌，官事重擾。謹之謹之。朱氏敬心受持，陸諒不以爲意，雖不買鰻鱓歸家，却在外烹啗，口帶葷穢。朱氏雖遭魔障，供養愈恪。經十五年，陸諒染患，纏綿一歲，生業漸破，視其卧床席上，惟見一兩堆活

物，狀如小蛇蟠鐃〔三〕，又發腦癰，裂開臭爛，湧出膿血，皆長三寸，伏如〔四〕鰻鱓鮮活肉
叚，鬡聚出入，相次命終。男女未婚嫁，朱氏在家堅心欽崇真武香火，略無忌
倦〔五〕，雖生計蕭條，僅存日給。忽於本家客堂上露一片花甎，朱氏將謂街砌甎石，
不以爲事。是夜有光，朱氏遂取看，其石太重，與男同扛歸来，揩拭青苔，乃是黄
金，極有紫磨光彩。朱氏驚訝不敢收藏，遂用綿帛包裹來投知州祕監蔣廷堅
云：自夫亡孤孀貧窘，不知此金從何而来。庭堅亦知，因供養真武，天賜其金。
當時秤有一十四斤，朱氏堅意不肯將歸，到官司，引因〔六〕遺捨寶藏條貫，欲均分
一半入官，尋勾到金銀匠，方用砧鎚打鑿，忽見無限小赤蛇并碧龜圍繞砧墩，
又一蛇稍大蟠在金片上，良久不見，及挈其金看時，猶有一蛇如絲線隱隱在
金面內。州司詳此應驗，理合給還朱氏，爲本人情願不留，一任官司收納。知州
蔣廷堅、通判田逵同狀保明，并匣封上件金片進奏赴闕，因看詳隰州陸諒
無明宰殺，業報疾苦〔七〕，警示於人。其事〔八〕誠心好善，
真武應化，特賜黄金，其金顯是天賜，不雜支用。遂送八作坊盡將打造
真武一堂聖像，遣使賫送武當山上清玉仙觀，授金字御書。看管每年恩澤度牒一
道，充焚修香火。其朱氏特給度牒二道〔九〕，下隰州支錢絹二百貫匹〔一〇〕爲酬，朱氏所
得錢物，半將刊〔一一〕板印
《真武出相戒殺圖》俵施，上報國恩及薦亡夫陸諒，其男女婚嫁。仍舊開張絲綿鋪，
復舊興盛〔一二〕。朱氏年八十九，偶一日沐浴易新衣，口誦
真武尊號，無疾而終。

三二一【寶運重辛】

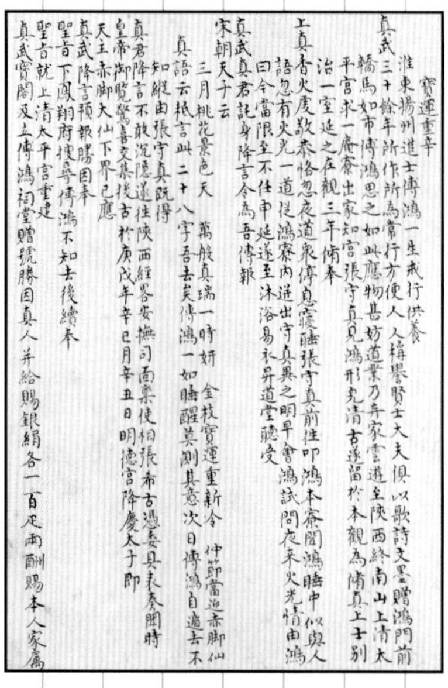

寶運重辛
淮東揚州進士傅鴻一生戒行供養
真武三十餘年所作所為常行方便人人稱譽賢士大夫俱以歌詩文墨贈鴻門前
轎馬如市傅鴻思之如此應物甚妨道業乃弃家雲遊至陝西終南山上清太
平宫求一庵寮出家知宫張守真見鴻形皃清古遂留於本觀為脩真上士别
治一室延之在觀三年脩奉
上真香火虔敬恭恪忽夜道衆停息寢睡張守真前往叩鴻本寮聞鴻睡中似與人
語忽有火光一道從鴻寮内迸出守真異之明早會鴻試問夜来火光情由鴻
曰今當限至不任申延遂至沐浴易衣昇道堂聽受
真武真君託身降言令為吾傳報
宋朝天子云
三月桃花景色天 萬般真瑞一時妍 金枝寶運重新令 仲節當迎赤脚仙
真語云秖言此二十八字吾去矣傅鴻一如睡醒莫測其意次日傅鴻自遁去不
知縱由張守真既得
真君降言不敢沉隱遂往陝西經畧安撫司而禀使相張希古憑委具表奏聞時
皇帝御覽驚喜交集後古於庚戌年辛巳月辛丑日明德宫降慶太子即
天主赤脚大仙下界已應
真武降言預報勝因奉
聖旨下鳳翔府捜尋傅鴻不知去後續奉
聖旨就上清太平宫重建
真武寶閣及立傅鴻祠堂贈號勝因真人并給賜銀絹各一百疋兩酬賜本人家屬

寶運重辛[一]

淮東揚州進士傅鴻，一生戒行供養

真武三十餘年，所作所爲常行方便，人人稱譽，賢士大夫俱以歌詩文墨贈鴻，門前轎馬如市。傅鴻思之，如此應物，甚妨道業。乃弃家雲遊，至陝西終南山上清太平宫求一庵寮出家。知宫張守真見鴻形皃清古，遂留於本觀爲脩真上士，别治一室，延之在觀三年，脩奉

上真香火，虔敬恭恪。忽夜道衆停息寢睡，張守真前往叩鴻本寮，聞鴻睡中似與人語，忽有火光一道從鴻寮内迸出，守真異之。明早會鴻，試問夜来火光情由，鴻曰：今當限至，不任申延。遂至沐浴易衣，昇道堂聽受

真武真君託身降言：令[二]爲吾傳報

宋朝天子云，

三月桃花景色天，萬般真瑞一時妍。金枝寶運重新令，仲節當迎赤脚仙。

真語云：秖言此二十八字，吾去矣。傅鴻一如睡醒，莫測其意。次日，傅鴻自遁去[三]，不知縱由[四]。張守真既得

真君降言，不敢沉隱，遂往陝西經畧安撫司而禀使相張希古，憑委具表奏聞，時

校記：

[一]『寶運重辛』，《道藏》本作『寶運重新』；

[二]『令』，《道藏》本爲『今』；

[三]『自遁去』，《道藏》本爲『潛自遁去』；

[四]『縱由』，《道藏》本爲『蹤由』，應是；

[五]『古於』，《道藏》本爲『果於』，應是；

[六]『天主』之前《道藏》本多了『仁廟是也，嚮玉城』；

[七]『下界』，《道藏》本爲『下降』。

皇帝御覽，驚喜交集。後古於[五]庚戌年辛巳月辛丑日，明德宮降慶太子，即
天主[六]赤脚大仙下界[七]。已應
真武降言預報勝因。奉
聖旨下鳳翔府搜尋傅鴻，不知去。後續奉
聖旨，就上清太平宮重建
真武寶閣及立傅鴻祠堂，贈號『勝因真人』，并給賜銀絹各一百疋兩酬賜本人家屬。

三三 【天罡帶箭】

天罡帶箭
明道中貝州王則反逆據樞密院選委保信軍節度使尚書兵部侍郎文彥博
前去招捉今丞相帥回奏王則叛寇盡以誅滅非臣功力臣自到梅州見南城
門路東有一華表柱題圓通觀額內是
真武殿遂赴殿備香願垂聖助尋到貝州近城二十里先令將佐問罪其王則對敵
時第四將凌聳出軍迎敵赴王則復入貝州閉門不出試待打城搜擒緣是
本朝州土不欲遽壞更且守候計二十日忽見貝州城上迅發暴風亂飛砂砲如
弓弩發箭時見寇軍從空中墜下城脚微死微活不覺城門大開大軍統入除
留居民外遇有器甲兵仗者盡行誅戮王則就擒馬前尸首易處遂委官權行
知監臣複勝回復往圓通觀謁謝
真武備醮報賽細觀
真武左畔立塑一從官負披械冒名曰天罡神將左臂上帶箭一隻入深三寸有王
則軍號繞除其箭隨有膿血流出尋和香泥修葺箭瘡并收元箭一隻見到候
進止送三司禮部看詳差使賚御香前去祭奠及賜修蓋殿宇候畢別降
御衘醮謝其貝州承恩保護重恩特改爲恩州

天罡帶箭

明道中，貝州王則反逆，據樞密院選委保信軍節度使、尚書、兵部侍郎文彥博[一]
前去招捉。今丞相帥回奏，王則叛寇盡以誅滅，非臣功力。臣自到梅州見南城
門路東有一華表柱，題『圓通觀』額，內是
真武殿，遂赴殿備香願垂聖助。尋到貝州，近城二十里先令將佐問罪其王則[二]，對敵
時第四將凌聳出軍迎敵，赴王則[三]復入貝州，閉門不出。試待打城搜擒，緣是
本朝州土，不欲遽壞，更且守候。計二十日，忽見貝州城上迅發暴風，亂飛砂砲[四]，如

校記：

[一]『文彥博』，《道藏》本爲『文彥博』，應是；
[二]『其王則』，《道藏》本爲『其三則』；
[三]『赴王則』，《道藏》本爲『趕王則』；
[四]『炮』，《道藏》本爲『雹』；
[五]『統入』，《道藏》本爲『競入』；
[六]『披』，《道藏》本爲『被』；
[七]『止送』，《道藏》本爲『上送』，應是；
[八]『承恩』，《道藏》本爲『承斯』。

弓弩發箭，時見寇軍從空中墜下城脚，微死微活，不覺城門大開，大軍統入[五]，除
留居民外，遇有器甲兵仗者，盡行誅戮，王則就擒馬前，尸首易處。遂委官權行
知監，臣獲勝回復，往圓通觀謁謝
真武，備醮報賽。細觀
真武左畔立塑一從官員，披[六]械冑，名曰天罡神將，左臂上帶箭一隻，入深三寸，有王
則軍號。纔除其箭，随有膿血流出，尋和香泥修葺箭瘡，并收元箭一隻，見到候
進，止送[七]三司禮部看詳，差使賫御香前去祭奠及賜修盖殿宇，候畢別降
御銜醮謝。其貝州承恩[八]保護重恩，特改爲恩州。

三四　【蜀王歸順】

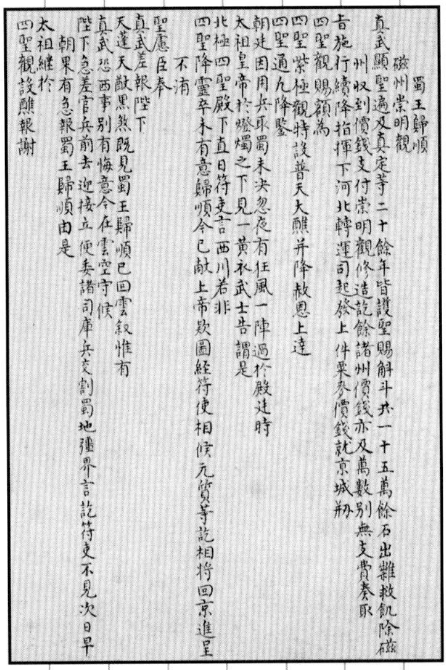
蜀王歸順
磁州崇明觀
真武顯聖遍及真定等二十餘年皆護聖賜斛斗共一十五萬餘石出糶救飢除磁
州收到價錢支付崇明觀修造訖餘諸州價錢亦及萬數別無支費奏取
旨施行續降指揮下河北轉運司起發上件粟麥價錢就京城糴
四聖觀賜額爲
四聖紫極觀特設普天大醮并降赦恩上達
四聖通允降鑒
朝廷因用兵取蜀未決忽夜有狂風一陣過於殿廷時
太祖皇帝於燈燭之下見一黄衣武士告謂是
北極四聖殿下直日符吏言西川若非
四聖降靈卒未有意歸順今已獻上帝欵圖經符使相候元質等訖相將回京進呈
不洧
聖慮臣奏
真武差報陛下
天蓬天猷黑煞既見蜀王歸順已回雲叙惟有
真武恐西事別有悔意今在雲空守候
陛下急差官兵前去迎接立便委諸司庫兵交割蜀地疆界言訖符吏不見次日早
朝果有急報蜀王歸順由是
太祖繼於
四聖觀設醮報謝

蜀王歸順

磁州崇明觀

真武顯聖遍及真定等，二十餘年皆護聖[一]賜斛斗，共一十五萬餘石，出糶救飢。除磁
州收到價錢支付崇明觀修造訖，餘諸州價錢亦及萬數，別無支費。奏取
旨施行，續降指揮下河北轉運司起發上件粟麥[二]價錢，就京城糴

校記：

[一]『護聖』，《道藏》本爲『獲聖』，應是；
[二]『粟麥』，《道藏》本爲『粟麥』；
[三]『符』，《道藏》本爲『付』，靈應本應是；
[四]『不洧聖慮』，《道藏》本爲『不消聖慮』；
[五]『雲叙』，《道藏》本爲『雲馭』，應是。

四聖觀，賜額爲
『四聖紫極觀』，特設普天大醮，并降赦恩上達
四聖，通凡降鑒。
朝廷因用兵取蜀未决，忽夜有狂風一陣過於殿廷，時
太祖皇帝於燈燭之下見一黄衣武士，告謂是
北極四聖殿下直日符吏，言西川若非
四聖降靈，卒未有意歸順，今已獻上帝欵圖經符[三]使相候元質等訖，相將回京進呈，
不淯
聖慮[四]，臣奉
真武差報陛下。
天蓬、天猷、黑煞既見蜀王歸順，已回雲敘[五]。惟有
真武恐西事别有悔意，今在雲空守候，
陛下急差官兵前去迎接，立便委諸司庫兵交割蜀地疆界。言訖，符吏不見。次日早
朝，果有急報，蜀王歸順，由是
太祖継於
四聖觀設醮報謝。

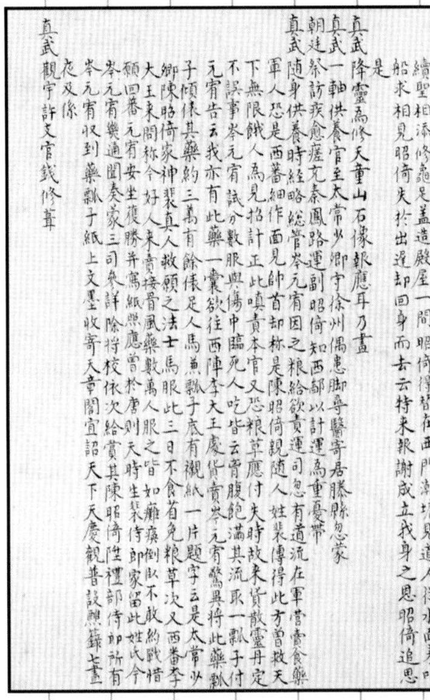
瓢傾三萬
徐州陳昭倚任明州通判時因遊天童山見鐫
真武一身用硃緑装慎立山路塵穢處一龜四足皆折過者不顧昭倚備錢募匠接
續聖相添修龜足盖造殿屋一間昭倚得替在西門潮塘見道人從水面来叩
船求相見昭倚失於出遲却回身而去云特来報謝成立我身之恩昭倚追思
是
真武降靈爲修天童山石像報應耳乃畫
真武一軸供養官至太常少卿守徐州偶患脚尋醫寄居滕縣忽蒙
朝廷祭訪疾愈瘥充秦鳳路運副昭倚知西鄙以計運爲重憂帶
真武随身供養時經略総管岑元宥因之粮給欲責運司忽有道流在軍營賣食藥
軍人恐是西蕃細作面見帥首却称是陳昭倚親随人姓裴傳得此方曾救天
下無限餓人為見招計正此嗔責本官又恐粮草應付失時故来貨散靈丹定
不誤事岑元宥試分數服與傷中臨死人吃皆云肓腹飽滿其流取一瓢子付
元宥告云我亦有此藥一囊欲往西陣李大王虜貨賣岑元宥驚異將此藥瓢
子傾依其藥約三萬有餘依足人馬兼瓢子底有襯紙一片題字云是太常少
卿陳昭倚家神裴真人救顧之法士馬服此三日不食着免粮草次又西番李
大王来問称令好人来賣接骨風藥數萬人服之皆如癱瘓倒臥不敢約戰惜
願回蕃元宥安坐獲勝并寫紙照應曾於唐則天時生裴侍郎家留此姓氏今
岑元宥樂通聞奏家三司參詳除將校依次給賞其陳昭倚陞禮部侍郎所有
岑元宥收到藥瓢子紙上文墨收寄天章閣宣詔天下天慶觀普設醮籙七晝
夜及係
真武觀宇許支官錢修葺

瓢傾三萬

徐州陳昭倚任明州通判時，因遊天童山，見鐫

真武一身，用硃绿裝慎，立山路塵穢處，一龜四足皆折，過者不顧。昭倚備錢募匠接續聖相，添修龜足，盖造殿屋一間。昭倚得替在西門潮塘，見道人從水面來，叩船求相見，昭倚失於出遲，却回身而去云：特来報謝成立我身之恩。昭倚追思是

真武降靈，爲修天童山石像報應耳，乃畫

真武一軸供養。官至太常少卿、守徐州。偶患脚，尋醫寄居滕縣，忽蒙

朝廷祭訪[一]，疾愈瘥，充[二]秦鳳路運副。昭倚知西鄙以計運爲重憂，帶[三]

真武随身供養。時經略総管岑元宥因之糧給，欲責運司，忽有道流在軍營賣食藥，軍人恐是西蕃細作，面見帥首，却称是陳昭倚親随人，姓裴，傳得此方，曾救天下無限餓人，爲見招計[四]正此嗔責本官，又恐糧草應付[五]失時，故来貨散靈丹，定不誤事。岑元宥試分數服與傷中臨死人吃，皆云肓腹飽滿。其流取一瓢子付元宥告云：我亦有此藥一囊，欲往西陣李大王虜貨賣。岑元宥驚異，將此藥瓢

校記：

[一]『祭訪』，《道藏》本爲『察訪』，應是；
[二]『充』，《道藏》本爲『差充』；
[三]『帶』，《道藏》本爲『將帶』；
[四]『招計』，《道藏》本爲『招討』；
[五]『應付』，《道藏》本爲『應副』；
[六]『令好人』，《道藏》本爲『令奸人』，應是；
[七]『惜願』，《道藏》本爲『情願』，應是；
[八]『照應』，《道藏》本爲『昭應』。

子傾俵其藥約三萬有餘，俵足人馬，兼瓢子底有襯紙一片，題字云，是太常少卿陳昭倚家神裴真人救願之法，士馬服此，三日不食，省免糧草。次又西畨李大王來問，稱今好人［六］來賣接骨風藥，數萬人服之，皆如癱瘓倒卧，不敢約戰，惜願［七］回畨。元有安坐獲勝，并寫紙照應［八］，曾於唐則天時生裴侍郎家，留此姓氏。今岑元宥幾通聞奏，蒙三司參詳，除將校依次給賞，其陳昭倚陞禮部侍郎。所有岑元宥收到藥瓢子、紙上文墨收寄天章閣。宜詔天下，天慶觀普設醮籙七晝夜，及係

真武觀宇許支官錢修葺。

三六 【雪晴濟路】

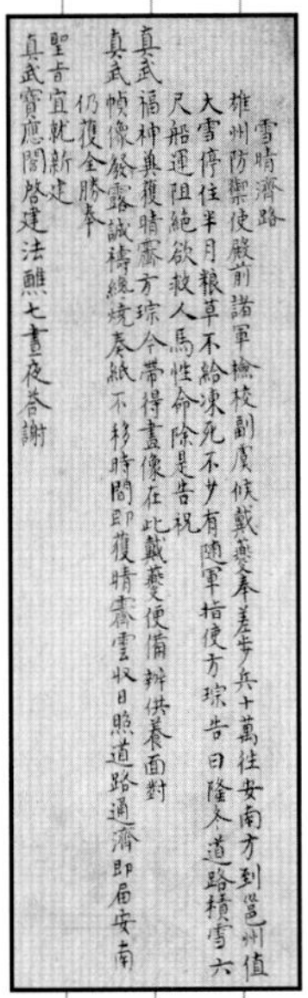

雪晴濟路

雄州防禦使殿前諸軍檢校副虞候戴夔奉差步兵十萬往安南方到邕州值

大雪停住半月糧草不給凍死不少有隨軍指使方琮告曰隆冬道路積雪六

尺船運阻絕欲救人馬性命除是告祝

真武福神異獲晴霽方琮令帶得畫像在此戴夔便備辦供養面對

真武幀像發露誠禱纔燒奏紙不移時間即獲晴霽雲收日照道路通濟即届安南

仍獲全勝奉

聖旨宜就新建

真武寶應閣啓建法醮七晝夜荅謝

雪晴濟路

雄州防禦使、殿前諸軍檢校副虞候戴夔，奉差步兵十萬往安南，方到邕州，值大雪，停住半月，糧草不給，凍死不少。有隨軍指使方琮告曰：隆冬道路積雪六尺，船運［一］阻絕，欲救人馬性命，除是告祝

真武福神，異獲晴霽。方琮令［二］帶得畫像在此，戴夔便備辦供養，面對

真武幀像，發露誠禱，纔燒奏紙不移時間，即獲晴霽，雲收日照，道路通濟。即届安南，

仍獲全勝，奉

聖旨宜就新建

真武寶應閣，啓建法醮七晝夜荅謝。

校記：

［一］『船運』，《道藏》本爲『般運』，靈應本應是；

［二］『令』，《道藏》本爲『今』。

三七【神獸驅電】

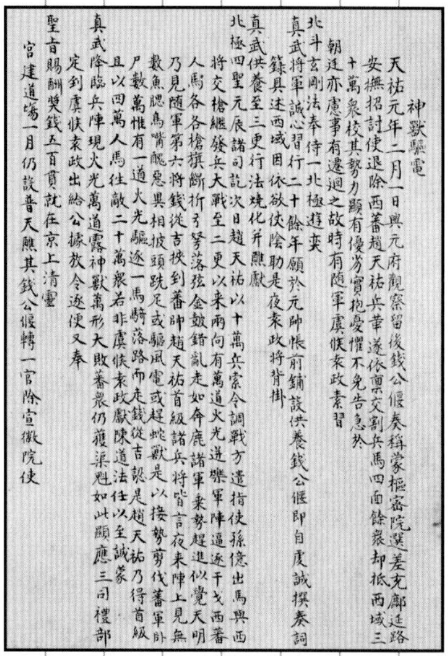

神獸驅電
天祐元年二月一日興元府觀察留後錢公偃奏稱蒙樞密院選差充鄜延路
安撫招討使退除西蕃趙天祐兵革遂依禀交割兵馬四面餘衆却抵西域三
十萬衆校其勢力顯有優劣實抱憂懼不免告急於
朝廷亦慮事有遷迴之故時有随軍虞候袁政素習
北斗玄剛法奉侍一北極遊奕
真武將軍誠心習行二十餘年願於元帥帳前鋪設供養錢公偃即自虔誠撰奏詞
籙具述西域因依欲仗陰助是夜袁政將背掛
真武供養至三更行法燒化并醮獻
北極四聖元辰諸司訖次日趙天祐以十萬兵索令調戰方遣指使孫億出馬與西
將交槍繼發兵大戰至二更以来兩向有萬道火光迸爍軍陣逼逐干戈西蕃
人馬各各槍旗斷折弓弩落弦金皷錯亂走如奔鹿諸軍乘勢趕進似覺天明
乃見随軍第六將錢從吉挾到蕃帥趙天祐首級諸兵將皆言夜来陣上見無
數魚腮鳥嘴醜惡異相披頭跣足或驅風電或趕蛇獸是以接勢剪伐蕃軍卧
尸數萬惟有一道火光驅逐一馬騎落路而走錢從吉認是趙天祐乃得首級
且以四萬人馬往敵二十萬衆若非虞候袁政獻陳道法仗以至誠豢
真武降臨兵陣現火光萬道露神獸萬形大敗蕃衆仍獲渠魁如此顯應三司禮部
定到虞候袁政出給公據放令逐便又奉
聖旨賜酬獎錢五百貫就在京上清靈
宫建道場一月仍設普天醮其錢公偃轉一官除宣徽院使

神獸驅電

天佑元年二月一日，興元府觀察留後錢公偃奏稱，蒙樞密院選差充鄜延路

安撫招討使，退除西蕃趙天祐兵革。遂依禀交割兵馬四面[一]餘衆，却抵西域三

十萬衆，校其勢力，顯有優劣，實抱憂懼，不免告急於

朝廷，亦慮事有遷迴[二]之故。時有随軍虞侯袁政，素習

北斗玄剛法，奉侍一北極遊奕

真武將軍，誠心習行二十餘年，願於元帥帳前鋪設供養。錢公偃即自虔誠撰奏詞

籙，具述西域，因依欲仗陰助。是夜袁政將背掛

真武供養至三更，行法燒化，并醮獻

北極四聖元辰諸司訖。次日趙天祐以十萬兵索令調戰，方遣指使孫億出馬與西

將交槍，繼發兵大戰。至二更以來，兩向有萬道火光迸爍軍陣，逼逐干戈，西蕃

人馬各各槍旗斷折，弓弩落弦，金鼓錯亂，走如奔鹿。諸軍乘勢趕進，似覺天明，

乃見随軍第六將錢從吉挾到蕃帥趙天祐首級。諸兵將皆言，夜來陣上見無

數魚腮鳥嘴醜惡異相，披頭跣足，或驅風電，或趕蛇獸，是以接勢剪伐蕃軍。卧

尸數萬，惟有一道火光驅逐一馬騎落路而走，錢從吉認是趙天祐，乃得首級。

校記：

［一］『四面』，《道藏》本爲『四萬』，應是；

［二］『遷回』，《道藏》本作『迂回』，應是；

［三］『放令』，《道藏》本爲『放今』；

［四］『靈宫』，《道藏》本作『靈應宫』。

且以四萬人馬往敵二十萬衆，若非虞侯袁政獻陳道法，任以至誠，蒙
真武降臨兵陣，現火光萬道，露神獸萬形，大敗蕃衆，仍獲渠魁，如此顯應。三司禮部
定到虞侯袁政，出給公據，放令[三]逐便。又奉
聖旨賜酬奬錢五百貫，就在京上清靈
宮[四]建道場一月，仍設普天醮。其錢公偃轉一官，除宣徽院使。

三八 【毒蜂靄雲】

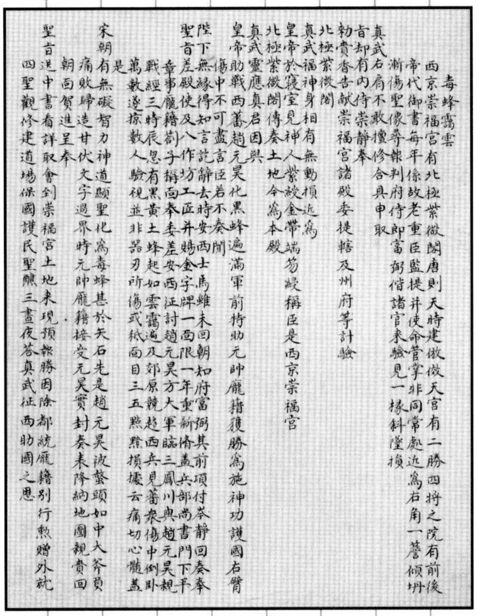
毒蜂靄雲
西京崇福宮有北極紫微閣唐則天時建倣傚天宮有二勝四將之院有前後
帝代御書每年係故老重臣監提并使命管掌非同常處近爲右角一簷傾坍
漸傷聖像尋報判府侍郎富弼偕諸官来驗見一椽斜墜損
真武右肩不敢擅修合具申取
旨却有内侍崇静奉
勅賫香告献崇福宮諸殿委提轄及州府等計驗
北極紫微閣
真武福神身相有無動損近爲
皇帝於寢室見神人紫綬金帶端笏綬稱臣是西京崇福宮
北極紫微閣傳奏土地今爲本殿
真武靈應真君因與
皇帝助戰西蕃趙元昊化黑蜂遍滿軍前持助元帥龐籍獲勝爲施神功護國右臂
傷中不可盡言臣若不奏聞
陛下無緣得知言訖辭去時安西士馬雖未回朝一如府富弼其前項付崇静回奏奉
聖旨差殿使及八作坊工匠并賜金字牌一面限一年重新脩蓋兵部尚書門下平
章事龐籍劄子稱西奉委差安西征討趙元昊方大軍臨三鳳川與趙元昊親
戰經三時辰忽有黑黃土蜂起如雲靄遍及郊原競趍西兵見蕃衆傷中倒卧
萬數遂擄數人驗視並非器刃所傷或紙面目三五點黯損擄云痛切心髓蓋
是
宋朝有無礙智力神道顯聖化爲毒蜂甚於矢石先是趙元昊被螫頭如中大斧負
痛敗歸造甘伏文字過界時元帥龐籍接受元昊賫封奏表降納地圖親賫回
朝面賀進呈奉
聖旨送中書看詳取會到崇福宮土地来現預報勝因除都統龐籍別行勲贈外就
四聖觀修建道場保國護民聖醮三晝夜荅真武征西助國之恩

校記：

[一]『崇静』，《道藏》本爲『岑静』，應是；

[二]『州府』，《道藏》本爲『判府』；

[三]『縍』，《道藏》本爲『纓』；

[四]『趍』，《道藏》本爲『趨』；

[五]『頭如中大斧』，《道藏》本爲『頭如中一大斧』。

毒蜂靄雲

西京崇福宮有北極紫微閣，唐則天時建，倣傚天宮，有二勝四將之院，有前後
帝代御書。每年係故老重臣監提并使命管掌，非同常處。近爲右角一簷傾坍，
漸傷聖像，尋報判府侍郎富弼，偕諸官来驗，見一椽斜墜，損
真武右肩，不敢擅修，合具申取
旨。却有内侍崇静[一]奉
敕賫香告献崇福宮諸殿，委提轄及州府[二]等計驗

北極紫微閣
真武福神身相有無動損。近爲
皇帝於寢室見神人，紫綬金帶，端笏綅[三]稱，臣是西京崇福宮
北極紫微閣傳奏土地，今爲本殿
真武靈應真君因與
皇帝助戰西蕃趙元昊，化黑蜂遍滿軍前，特助元帥龐籍獲勝，爲施神功護國，右臂
傷中，不可盡言。臣若不奏聞，
陛下無緣得知。言訖辭去。時安西士馬雖未回朝，知府富弼其前項付岑静回奏，奉
聖旨差殿使及八作坊工匠，并賜金字牌一面，限一年重新修盖。兵部尚書門下平
章事龐籍剳子稱，面奉委差安西征討趙元昊，方大軍臨三鳳川與趙元昊親
戰，經三時辰，忽有黑黄土蜂起如雲靄，遍及郊原，競趁[四]西兵，見蕃衆傷中倒卧
數萬。遂掠數人驗視，並非器刃所傷，或秪面目三五點黯損，擄云痛切心髓。盖
是
宋朝有無礙智力神道顯聖，化爲毒蜂，甚於矢石。先是趙元昊被螫，頭如中大斧[五]，負
痛敗歸，造甘伏文字。過界時，元帥龐籍接受元昊實封奏表降，納地圖，親賫回
朝面賀進呈。奉
聖旨送中書看詳，取會到崇福宮土地來現，預報勝因。除都統龐籍別行勳贈外，就
四聖觀修建道場，保國護民聖醮三晝夜，荅真武征西助國之恩。

校記：

［一］『乾典一年』，《道藏》本爲『乾典二年』；

［二］『倣父』，《道藏》本爲『倣父』；

［三］『一百貫』，《道藏》本爲『二百貫』。

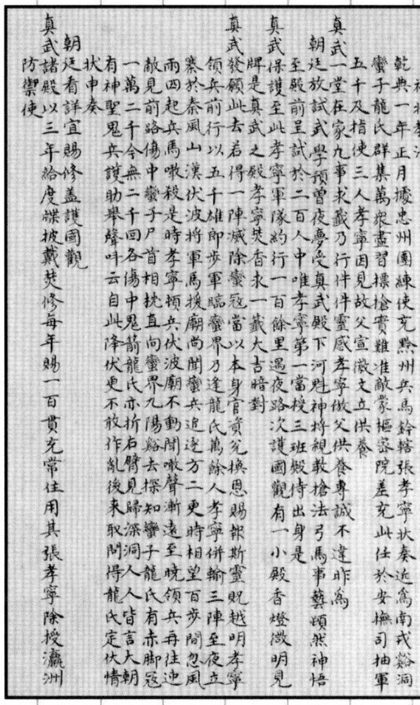

神將教法
乾典一年正月攄忠州團練使充黔州兵馬鈐轄張孝寧狀奏近爲南戎谿洞
蠻子龍氏群集萬衆盡習標槍實難准敵蒙樞密院差充此任於安撫司抽軍
五千及指使三人孝寧因見故父宣徽文立供養
真武一堂在家凡事求籤乃行件件靈感孝寧倣父供養專誠不違昨爲
朝廷放試武學預曾夜夢受真武殿下河魁神將親教槍法弓馬事藝頓然神悟
至殿前呈試於二百人中唯孝寧第一當授三班殿侍出身是
真武保護至此孝寧軍隊約行一百餘里遇夜路次護國觀有一小殿香燈微明見
牌是真武之殿孝寧焚香求一籤大吉暗對
真武發願此去若得一陣滅除蠻寇當以本身官資兑換恩賜報斯靈貺越明孝寧
領兵前行以五千雄郎步軍臨蠻界乃逢龍氏萬餘人孝寧併輸三陣至夜立
寨於秦風山漢伏波將軍馬援廟尚聞蠻兵追逐方二更時相望百步間忽風
雨四起兵馬噉殺是時孝寧頓兵伏波廟不動聞噉聲漸遠至曉領兵再往迎
敵見前路傷中蠻子尸首相枕直向蠻界九陽谿去探知蠻子龍氏有赤脚寇
一萬二千今無二千回各傷中鬼箭龍氏亦折右臂見歸深洞人人皆言大朝
有神聖鬼兵護助舉聲叫云自此降伏更不敢作亂後來恥聞得龍氏定伏情
狀申奏
朝廷看詳宣賜修蓋護國觀
真武諸殿以三年給度牒披戴焚修每年賜一百貫充常住用具張孝寧除授瀛洲
防禦使

神將教法

乾典一年［一］正月，攄忠州團練使、充黔州兵馬鈐轄張孝寧狀奏，近爲南戎谿洞蠻子龍氏，群集萬衆，盡習標槍，實難准敵。蒙樞密院差充此任，於安撫司抽軍五千及指使三人。孝寧因見故父宣徽文立供養

真武一堂在家，凡事求籤乃行，件件靈感。孝寧倣父［二］供養，專誠不違。昨爲

朝廷放試武學，預曾夜夢受真武殿下河魁神將親教槍法、弓馬事藝，頓然神悟。

至殿前呈試，於二百人中，唯孝寧第一，當授三班殿侍出身，是

真武保護。至此，孝寧軍隊約行一百餘里，遇夜，路次護國觀，有一小殿香燈微明，見

牌是真武之殿，孝寧焚香求一籤，大吉。暗對

真武發願：此去若得一陣滅除蠻寇，當以本身官資兑換恩賜，報斯靈貺。越明，孝寧領兵前行，以五千雄郎步軍臨蠻界，乃逢龍氏萬餘人，孝寧併輸三陣。至夜，立寨於秦風山漢伏波將軍馬援廟，尚聞蠻兵追逐。方二更時相望百步間，忽風雨四起，兵馬噉殺，是時孝寧頓兵伏波廟不動，聞噉聲漸遠，至曉領兵再往迎敵，見前路傷中蠻子尸首相枕，直向蠻界九陽谿去。探知蠻子龍氏有赤脚寇一萬二千，今無二千回，各傷中鬼箭，龍氏亦折右臂，見歸深洞。人人皆言大朝

有神聖鬼兵護助，舉聲叫云，自此降伏，更不敢作亂。後来取問得龍氏定伏情狀，申奏
朝廷看詳，宜賜修盖護國觀
真武諸殿，以三年給度牒披戴焚修，每年賜一百貫[三]充常住用，其張孝寧除授瀛洲防禦使。

四〇【柯誠識奸】

校記：

[一]『閤』，《道藏》本爲『閣』；

[二]『得患』，《道藏》本爲『眼患』，應是；

[三]『礦』，《道藏》本作『醼』；

[四]『拑定』，《道藏》本爲『指定』；

[五]『周全』，《道藏》本爲『周詮』；

[六]『釋奠』，《道藏》本爲『釋其』。

柯誠識奸
在京有神猛指揮柯誠因患雙目不任教閲減閤請受曾至渭河候夜投水不
期臨危得遇神人就水際叫住施藥就水調洗便得光明全復從此雙目辨識
外奸邪詐不正之道後因得夢方知是
真武化身来救得患次被西蕃李克淵曾發細作趙可大爲賣畫棗推廣角車子入
慶州逐日看認城池圍脚歸房用白礬水抄畫地圖被柯誠眼認破捉到慶州
一向抵諱及搜出所畫地圖又作白紙柯誠用水蘸出勘問招伏取斬柯誠酬
轉十將替滿歸京又值錢去盈權判南省抽差柯誠充京城捉事因魏王宅被
人改形裝作行火使者入礦會上撈出硫黄火術驚嚇宗室親宮强盗去渾銀
酒器六百兩并御賜金香匙約一百兩見奉勑限堆垛賞錢及左班殿直誥牒
一道招人首捉柯誠既蒙旨令緝捕歸家焚香禱告
真武福神顧救捕前項奸盜方祈告了當出門如得人引路直行到蔡河灣西真寂
院前有數人賭博柯誠前看内一人身畔有棱道銀子露出於胷懷柯誠拑定
搜出數件銀器照證解赴南省鞫勘元是鄭州配軍周全已依法行遣外申奏
朝廷蒙
聖旨其柯誠除授右班殿直及支賞錢仍降指揮於玉津園修建報恩大醮并於
四聖觀遣官降香釋奠禮儀獻謝

柯誠識奸

在京有神猛指揮柯誠，因患雙目，不任教閲，減閤[一]請受，曾至渭河候夜投水，不期臨危得遇神人，就水際叫住，施藥就水調洗，便得光明全復。從此雙目辨識外奸邪詐不正之道。後因得夢，方知是
真武化身来救得患[二]，次被西蕃李克淵曾發細作趙可大爲賣畫棗，推廣角車子入慶州，逐日看認城池圍脚，歸房，用白礬水抄畫地圖，被柯誠眼認破。捉到慶州，一向抵諱，及搜出所畫地圖又作白紙，柯誠用水蘸出勘問，招伏取斬。柯誠酬轉十將，替滿歸京，又值錢去盈權判南省，抽差柯誠充京城捉事。因魏王宅被人改形裝作行火使者，入礦[三]會上撈出硫黄火術驚嚇宗室親宮，强盗去渾銀

酒器六百兩，并御賜金香毬約一百兩。見奉勑限堆垜賞錢及左班殿直誥牒一道，招人首捉。柯誠既蒙旨令緝捕，歸家焚香禱告

真武福神，願收捕前項奸盜。方祈告了，當出門，如得人引路，直行到蔡河灣西真寂院前，有數人賭博，柯誠前看，内一人身畔有稜道，銀子露出於育懷，柯誠拑定[四]，搜出數件銀器，照證觧赴南省鞫勘，元是鄧州配軍周全[五]。已依法行遣外，申奏

朝廷，蒙

聖旨，其柯誠除授右班殿直，及支賞錢，仍降指揮，於玉津園修建報恩大醮，并於

四聖觀遣官降香，釋奠[六]禮儀献謝。

四一【刼院就擒】

刼院就擒
登州辛山白雲資慶禪院有維那僧曉初不惟奉佛而留心道教常於察舍靜
慮供養
真武專誠勤恪其院臨近海島有邵武軍周應等百餘人於海道強刼殺人放火所屬
州縣堆垜賞錢召人收捕日久徒黨轉多難以除尅一日周應等欲入本院刼奪
其夜曉初夢見院門土地來報將有驚刼被
真武指揮令放黑風吹逆舟船來之未及可速報官不得遲也曉初趁夜發人告報
巡檢即時兵甲到院四散埋伏果於次日周應等欲數百人執槍杖入院抵云
借此一宿主事出迎周應等共到法堂點茶院門已將閑閑曉初哀告許下錢
物至曉臨行當得獻納周應曰何須候曉急令般出應驀然驚懼云何故眼前
亂花頭如火燒四肢不舉續後西辛山巡檢袁畢一行人馬擁出擒捉並不走
透一人解押入登州禁奏已各行遣外所有賞錢七分合給僧曉初三分支與
巡檢兵級檢曉初狀稱所獲海寇非院門功勞因
真武降靈使令衆寇手足不遂各就擒縛願
朝廷報答
真武州司備奏尋降
旨其辛山白雲資慶雖是釋教禪院特賜
真武殿一所并賜
御書太上真武經一卷永克奉安香火仍賜曉初紫衣并真武應太師克焚修本
殿掌管
御經仍給七分賞錢添造寳殿

校記：

[一]『察舍』，《道藏》本爲『寮舍』，應是；

[二]『喪皋』，《道藏》本作『裘皋』；

[三]『檢曉初』，《道藏》本爲『據曉初』，應是；

[四]『永克』，《道藏》本爲『永充』，當是；

[五]『真武應太師』，《道藏》本爲『真應大師』；

[六]『克焚修』，《道藏》本爲『充焚修』，應是。

刼院就擒

登州辛山白雲資慶禪院有維那僧曉初，不惟奉佛而留心道教，常於察舍[一]静虜供養

真武，專誠勤恪。其院臨近海島，有邵武軍周應等百餘人於海道强刼，殺人放火。所屬州縣堆垜賞錢，召人收捕。日久徒黨轉多，難以除剋。一日，周應等欲入本院刼奪，

其夜，曉初夢見院門土地来報，將有驚刼，被
真武指揮令放黑風吹逆，舟船来之未及，可速報官，不得遲也。曉初趂夜發人告報
巡檢，即時兵甲到院，四散埋伏。果於次日周應等欲數百人執槍杖入院，秖云
借此一宿。主事出迎周應等共到法堂點茶，院門已將関閉，曉初哀告，許下錢
物，至曉臨行當得献納。周應曰：何須俟曉，急令般出。應驀然驚懼云：何故眼前
亂花，頭如火燒，四肢不舉。續後西辛山巡檢喪臯[二]一行人馬擁出擒捉，並不走
透一人，鮮押入登州禁奏。已各行遣外，所有賞錢，七分合給僧曉初，三分支與
巡檢兵級。檢曉初[三]狀稱，所獲海寇非院門功勞，因
真武降靈使令衆冦手足不遂，各就擒縛。願
朝廷報荅
真武，州司備奏，尋降
旨其辛山白雲資慶，雖是釋教禪院，特賜
真武殿一所，并賜
御書《太上真武經》一卷，永充[四]奉安香火，仍賜曉初紫衣并真武應太師[五]，充焚修[六]本
殿掌管
御經，仍給七分賞錢添造寶殿。

校記：

[一]『禁屠宰』，《道藏》本爲『禁屠』；

[二]『照依』，《道藏》本爲『照』。

附語祈晴

果州有失目人陳希，於少廣山夜遇一
真武傳訣，逐日專奉。後覺出言如附神語，爲人求保，事叙皆合來意，四遠響馳。人所
施惠，多不戀己，用爲功果。咸平年中，夏接秋序，久雨傷禾。州縣祈禳，皆無感應。
衆狀舉陳希供養
真武，祈求有靈。知郡黄扆，遂令陳希赴廳。陳希却告黄扆，須得親製祝辞，迎請陳希
家
真武寶座至州衙，選道士七人，啓立清淨道場，禁屠宰，[一]減刑，逐日放士庶燒香，瞻禱祈
晴道場。已對三日，陳希對知通官衆，附傳聖語。蒙
真武降言，果州爲天曹注定六十日雨，減除禾顆十分不收，今更有二十餘日連雨
未息。今既要求晴，奉
天皇勑旨，消減元注日分。至明日巳時，雨脚漸從正北而收。午時天色晴明，禾株茂
盛，必獲成熟。其陳希精神復回，適來降靈所説之事，皆不知之。明早大雨如傾，
巳時便晴於正北方，雲靄頓收。本州復留
真武，展三日道場，傜香花道具，迎送

真武歸陳希家。又於本堂啓建道場荅謝。至冬間，果州五縣，並無檢放苗數。後轉運

司体問，因依奏聞

朝廷，續降

回命下果州，宜令置立照依〔三〕，應記録於州衙大廳，永遠為驗。陳希除本州，支與酒

麵綵帛外，特賜『靜應居士』為號。

四三　【消禳火德】

消禳火德
咸平二年司天臺奏定九月初三日火星合躔婁宿正照齊國鄆州分野大生
火灾行下本州預宜禳謝緣鄆州係京東西路屯兵津要從四月間告示宮觀
禳火道場設醮祈禱時市南李惟信充手子牙人每夜三更潛於橋道要會之
處燒香設拜一夜偶直都監任從遠出巡作犯夜收鮮鄆州據稱在外為不肖
犯夜自正月初七日夜因知一事遂燒夜香乃問何事惟信曰昨發心將一年
解得牙錢醮獻天曹荅謝衣食來處作散席齋會忽有雲遊道士衣冠不整風
韻飄逸手挈圖畫一軸入來求齋是絹畫真武像惟信欲求供養其道士便允
紙取價錢兩貫乃就齋食至中半忽一聲風鳴不見其人但於坐卓上收得沽
龜一枚如桃核大惟信明知遭遇　聖真顯化降授香火兼得小龜靈異因寶
惜供養今年正月初七夜方備下降紙禮燒獻　真武又見數年前賣畫軸遺
下小龜道士入門惟信便拜欲問姓氏不說秖稱貧道能攻曆數筭得上界火
星至九月初三日正照齋地鄆州主火灾燒至萬家如得一家姓萬不拘屋宇
大小全門什物財寶不得移動分丈先與抄録見數至九月初三日天明用一
火命男子頭分髽髻身着緋衫手擕火把從正南方遶其屋三匝以火燒之至
後更無火灾候畢即聚備上件屋宇種種等物酬還姓萬之人方可消禳貧道
出門化白光不見惟信雖得聖降報説不敢申訴惟夜後從市中要處禮祝火
星願免其灾今有隨身香火爐照証州府據牙人供狀看詳與近降
朝旨一同遂差公吏緝問姓萬人家將家産什物抄扎見數責下衆戶候火過填備
文狀在案救李惟信歸家焚香保護既時日至裝一着緋衣童子將市西府橋
萬明一家焚燒被南風吹駕餘起勢猛火分二邊人心驚　不覺青天驟雨一
陣火勢因息不經一時燒過萬家李惟信家
真武座下不見小龜是時悠風雨化去鄆州承此靈驗已行遣次又准中書劄子爲
司天臺照見九月初三日火德已臨鄆州主於寅時燒除萬家取問曾不侵動
官物庫仗等時兵部侍郎參知政事吳敏古判鄆州闡拆保奏續降指揮看詳
李惟信遇
真武救灾以顯宿德宜賜法酒百瓶絹百匹米十石麪十石錢百貫仰於本州公使
庫支請并有萬明先肯全家代燒尅時消禳亦給酒米例物急令填造屋宇財
物隨逐不得遅滯其有國家州郡承此
真武及南方火德尊星慈悲願濟謹就在京玉津園建道場七晝夜設醮一千二百
分位荅謝

校記：

〔一〕『髽髻』，《道藏》本爲『丱髻』；

〔二〕『緋衫』，《道藏》本爲『緋衣』；

〔三〕『抄扎』，《道藏》本爲『抄札』，應是；

〔四〕『隨還』，《道藏》本爲『償還』。

消禳火德

咸平二年司天臺奏，定九月初三日火星合躔婁宿，正照齊國鄆州分野，大生

火灾。行下本州，預宜禳謝。緣鄆州係京東西路屯兵津要，從四月間告示宮觀

禳火道場，設醮祈禱。時市南李惟信充斗子牙人，每夜三更潛於橋道要會之處，燒香設拜。一夜，偶直都監任從遠出巡，作犯夜收鮮鄆州，據稱在外爲不肖犯夜，自正月初七日夜，因知一事，遂燒夜香，乃問何事？惟信曰：昨發心將一年鮮得牙錢醮獻天曹，荅謝衣食來處，作散席齋會，忽有雲遊道士衣冠不整，風韻飄逸，手挈圖畫一軸，入來求齋。是絹畫真武像，惟信欲求供養，其道士便允，秖取價錢兩貫，乃就齋食。至中半，忽一聲風鳴不見其人，但於坐卓上收得活龜一枚，如桃核大。惟信明知遭遇聖真顯化，降授香火，兼得小龜靈吴，因寶惜供養。今年正月初七夜，方備下降紙禮燒獻真武，又見數年前賣畫軸道下小龜道士入門，惟信便拜，欲問姓氏，不説，秖稱貧道能攻磨數，筭得上界火星至九月初三日正照齋地鄆州，主火灾，燒至萬家，如得一家姓萬，不拘屋宇大小，全門什物財寶不得移動分文，先與抄録見數。至九月初三日天明，用一火命男子，頭分髭髻[一]，身着緋衫[二]，手携火把，從正南方遶其屋三匝，以火燒之，至後更無火灾。候畢，即衆備上件屋宇種種等物，酬還姓萬之人，方可消禳。貧道出門，化白光不見。惟信雖得聖降報説，不敢申訴，惟夜後從市中要衝禮祝火星，願免其灾。今有随身香火爐照証州府，據牙人供狀看詳，與近降

朝旨一同，遂差公吏緝問姓萬人家，將家産什物抄扎[三]見數，責下衆户候火過填備，文狀在案，放李惟信歸家焚香保護。既時日至，裝一着緋衣童子，將市西府橋萬明一家焚燒，被南風吹駕，燄起勢猛，火分二邊，人心驚，不覺青天驟雨一陣，火勢因息，不經一時，燒過萬家。李惟信家

真武座下不見小龜，是時趂風雨化去。鄆州承此靈驗，已行遣次，又准中書劄子，爲司天臺照見九月初三日火德已臨鄆州，主於寅時，燒除萬家，取問，曾不侵動官物庫仗等。時兵部侍郎參知政事吴敏古判鄆州開拆保奏，續降指揮看詳，

李惟信遇

真武救灾，以顯宿德，宜賜法酒百瓶，絹百匹，米十石，麪十石，錢百貫，仰於本州公使

庫支請。并有萬明，先肯全家伐燒，尅時消禳，亦給酒米例物，急令填造屋宇財物，隨還[四]不得遲滯，其有國家州郡承此。

真武及南方火德尊星，慈悲顯濟，謹就在京玉津園建道場七晝夜，設醮一千二百分位荅謝。

四四【折應計都】

折應計都
至和三年八月初一日夜有黄氣出南方三夜而沒據司天臺朝奉郎夏詢等
扎子伏觀黄氣現於正南屬吴國分野其氣一名天門黄道二名土央三名計
都現於磨蝎宫天門黄道主次年國有内憂應在陰宫一人以上央爲墳墓之
象計都是九天禍宿非時汎宫出現主一方軍民至冬後疾患人死四分猶得
此星於磨蝎宫躔犯亢宿又是鮮灾福德之曜伏望朝廷早賜謙禳時臣僚參
詳事屬未來合預防之謹就玉津園建内道場一月應名山大川並遣降
御香板放龍簡建道場法醮各七晝夜仍頒行德音減除罪囚又於大内醮聖殿别
致黄籙道場四十九晝夜每日
聖駕躬幸禱祝計都星君及東方亢宿并家堂
真武福神保來休證道場日限將畢忽日正午時驟起風陣汎湧黄沙籠罩目前空
中一金甲神人現於庭際稱臣是監西天門葛將軍與北方
真武同管陽間奏注善惡近見南方天門黄道開現乃是計都星君當遊九天七百
二十年一大周宫到比遇本運爲中方土央相衛作黄氣三日躔亢宿磨蝎方
退主陽間内憂從屬豬陰人國長而起不半年間荆湖江浙福建廣南淮漢路
人死四分墳墓適道可應其氣灾雖未到桼
帝德感驗建醮投龍等事猶未全禳惟　德音一行減放囚獄承此種種功勲感動
諸天衆　真武憑此朝奏　北極北極朝奏
玉皇特蒙勅命　天王親往校察計都星君已爲官家禳解定下二十九歲命屬猪
陰人一名新年正月初旬當死宜往正南方二十七里外衛黄道日立墳墓當
爲内憂救南國諸州四分軍民死亡爲
陛下折應計都之限至時切不得發哀爲此人命限已滿元注壽數合受
真武囑付特來代報官家知悉劫返天門至次年正月初三日貴妃張氏棄世貴妃
年二十九歲正月十九日亥時生命宫屬猪猴黄道利日於正南二十七里立
墳墓自後更無灾憂緣此應驗並顯
真武降靈保助　下感其恩宥及西天門葛將軍等神降報宜付有司賜在京諸宫
觀各令建設羅天大醮三晝夜報荅
聖恩

折應計都

至和三年八月初一日夜，有黄氣出南方，三夜而没。據司天臺朝奉郎夏詢等扎子[一]，伏觀黄氣，現於正南，屬吴國分野。其氣一名天門黄道，二名土央，三名計都，現於磨蝎宫。天門黄道，主次年國有内憂，應在陰宫一人，以上央爲墳墓之象。計都是九天禍宿，非時汎宫出現，主一方軍民至冬後疾患，人死四分。猶得此星於磨蝎宫，躔犯亢宿，又是鮮灾福德之曜。伏望朝廷早賜謙禳，時臣僚參

校記：

[一]『扎子』，《道藏》本作『札子』，應是；
[二]『板放龍簡』，《道藏》本作『投放龍簡』，應是；
[三]『福神保來』，《道藏》本作『福神保求』；
[四]『到比』，《道藏》本作『到此』；
[五]『天王親往』，《道藏》本作『天皇親往』；
[六]『劫返天門』，《道藏》本作『却返天門』，應是；
[七]『猴黄道利日』，《道藏》本作『候黄道利日』，應是；
[八]『并顆真武』，《道藏》本作『并賴真武』，應是；
[九]『下感其恩宥』，《道藏》本作『天下感其恩宥』。

詳，事屬未來，合預防之。謹就玉津園建内道場一月，應名山大川。並遣降
御香，板放龍簡[二]，建道場法醮，各七晝夜。仍頒行德音，減除罪囚。又於大内熙聖殿，別
致黄籙道場四十九晝夜。每日
聖駕躬幸，禱祝計都星君及東方亢宿，并家堂
真武，福神保來[三]，休證道場。日限將畢，忽日正午時，驟起風陣，汎湧黄沙，籠罩目前。空
中一金甲神人，現於庭際，稱臣是監西天門葛將軍，與北方
真武，同管陽間，奏注善惡。近見南方天門黄道開現，乃是計都星君當遊九天，七百
二十年一大周宫，到比[四]遇本運。爲中方土央相衝，作黄氣三日，躔亢宿磨蝎方
退。主陽間内憂，從屬豬陰人，國長而起。不半年間，荆湖、江浙、福建、廣南、淮漢路，
人死四分，墳墓遍道，可應其氣。災雖未到，柰
帝德感驗，建醮投龍等事，猶未全禳。惟德音一行，減放囚獄。承此種種功勳，感動
諸天。蒙真武憑此朝奏北極，北極朝奏
玉皇。特蒙勑命，天王親往[五]校察計都星君，已爲官家禳解。定下二十九歲命屬豬
陰人一名，新年正月初旬當死。宜往正南方二十七里外，衝黄道日立墳墓。當
爲内憂，救南國諸州四分軍民死亡，爲
陛下折應計都之限。至時切不得發哀，爲此人命限已滿，元注壽數。今受
真武囑付，特來代報官家知悉，劫返天門[六]。至次年正月初三日，貴妃張氏棄世。貴妃
年二十九歲，正月十九日亥時生，命宫属猪。猴黄道利日[七]，於正南二十七里立
墳墓，自後更無災憂。緣此應驗，並顒
真武[八]降靈保助。下感其恩宥[九]，及西天門葛將軍等神降報。宜付有司，賜在京諸宫
觀，各令建設羅天大醮三晝夜，報答
聖恩。

四五　【鄭箭滅龜】

鄭箭滅龜
北京大名府天聖二年八月十四日黃河埽口壩埣頓破埽水打壞軍民卒難
救埣時提轄官通判華惇臣等前去相驗埽壩基址岩穴下有一黑殼大龜兩
目俱紅若或浮起其浪湍急壩索衝斷遂具申留守司後因宰相衛公韓琦守
鎮北京隨行有指使鄭圭巡轄因到埽口其龜復出為患鄭圭往看委是水怪
情知容易除滅圭備朝服弓箭焚香禱告天曹一箭果中其龜仰落岩下波浪
不起兵夫脩埣完備至天聖三年正月三日鄭圭風涎候起卒死於廨宇經兩
日還魂往見留守衛公云圭被鬼使二人前來云閻羅王急喚鄭圭不合射殺
黃河埽口五百年龜精今負冤來訴急要證對及檢文籍鄭圭壽禄未盡又令
二鬼押去過一山下見立一皂旗隊仗紛紛圭問此是何處鬼卒曰是下界風
吓囉山常有天真到此校量三界事務圭遙望隊仗間見石上坐者乃是陽間
供養
真武圭趍進唱喏　真武降言汝陽間人安得到此鬼使具述事因
真武云帝閻羅行事躁急不詳真偽其龜是西蕃夢雲城苑州土地昔被先朝師父
陳忠元破苑州城隍驅牒其神蒙天符遣往鄷都為黃河第四埽砂水土地屬
此蕃卓州因在彼別別無供賽遂化為妖龜隨水而上至
大宋界北京黃河第七埽翻打塡埣損壞軍民計一萬來口天道不容合為鄭圭一
箭射死況地府未憑天文制勑施行令符吏懷吾足前小龜同鄭圭及二鬼卒
迓見帝閻羅若鬼妖亂有抵對即令符吏放出小龜仍告於地府其鄭圭壽禄
未終兼圭主人宰相衛公韓琦乃是紫府真人見判北京他日實登慮為不便
言訖圭拜辭即隨符吏鬼使至陰府累見鐵籠罩其大龜左肋帶一箭呻吟銜
冤二鬼使具言
真武教旨是時閻王既聞即下殿仰空頂戴遂急令檢到制勑指實虛牽情罪合加
所犯墮於江海為推潮運砂四足無名水數無形餓鬼其妖龜猶作人言要與
鄭圭執對符吏於懷中取出小龜放金色光一道買於妖龜之前妖龜被光芒
爍射為一塊更不轉動被聖龜抉散於虛空中化為微塵鄭圭因此還魂韓衛
公為避紫府真人之號以致兵馬鈐轄王琮通判華惇臣等同狀保奏續降
朝旨下北京於黃河埽口置立護國
真武殿建應立碑仍與鄭圭升轉一資及賜衛公韓琦實登堂額仍許隨行所至名
額

校記：

[一]『具申留守司』，《道藏》本作『具中留守司』，靈應本應是；

[二]『屬此蕃卓』，《道藏》本作『屬北蕃卓』，應是；

[三]『別別無供賽』，《道藏》本作『別無供賽』，應是；

[四]『翻打埧埣』，《道藏》本作『翻壩埣』；

[五]『買于妖龜之前』，《道藏》本作『置于妖龜之前』，應是。

鄭箭滅龜

北京大名府，天聖二年八月十四日，黃河埽口，壩埣頓破，埽水打壞，軍民卒難救埣。時提轄官通判華惇臣等，前去相驗埽壩。基址岩穴下，有一黑殼大龜，兩目俱紅。若或浮起，其浪湍急，壩索衝斷，遂具申留守司[一]。後因宰相衛公韓琦守鎮北京，隨行有指使鄭圭巡轄。因到埽口，其龜復出爲患。鄭圭往看，委是水怪，情知容易除滅。圭備朝服弓箭，焚香禱告天曹，一箭果中。其龜仰落岩下，波浪不起，兵夫脩埣完備。至天聖三年正月三日，鄭圭風涎候起，卒死於廨宇。經兩日還魂，往見留守衛公云：圭被鬼使二人前來云，閻羅王急喚，鄭圭不合射殺黃河埽口五百年龜精。今負冤來訴，急要證對。及檢文籍，鄭圭壽禄未盡。又令二鬼押去，過一山下，見立一皂旗，隊仗紛紛。圭問此是何處？鬼卒曰是下界風吓囉山，常有天真，到此校量三界事務。圭遥望隊仗間，見石上坐者，乃是陽間

供養
真武。圭趍進唱喏，真武降言：汝陽間人，安得到此？鬼使具述事因。
真武云：韋閻羅行事躁急，不詳真僞，其龜是西蕃夢雲城苑州土地，昔被先朝師父
陳忠元破苑州，城隍驅牒其神，蒙天符遣往酆都爲黄河第四埽砂水土地，屬
此蕃卓[二]。州因在彼，别别無供賽[三]，遂化爲妖龜，随水而上。至
大宋界北京黄河第七埽，翻打垻埣[四]，損壞軍民計一萬來口。天道不容，合爲鄭圭一
箭射死，况地府未憑天文制勑施行。令符吏懷吾足前小龜，同鄭圭及二鬼卒
返見韋閻羅。若鬼妖亂有抵對，即令符吏放出小龜。仍告於地府，其鄭圭壽禄
未終。兼圭主人宰相衛公韓琦，乃是紫府真人，見判北京，他日寶登，慮爲不便。
言訖，圭拜辭，即随符吏鬼使至陰府。果見鐵籠罩其大龜，左肋帶一箭，呻吟銜
寃，二鬼使具言
真武教旨。是時，閻王既聞，即下殿仰空頂戴，遂急令檢到制勑。指實虚，牽情罪，合加
所犯，堕於江海，爲推潮運砂四足無名水獸、無形餓鬼。其妖龜猶作人言，要與
鄭圭執對。符吏於懷中取出小龜，放金色光一道，罩於妖龜之前[五]。妖龜被光芒
爍射爲一塊，更不轉動，被聖龜挾散於虚空中，化爲微塵。鄭圭因此還魂。韓衛
公爲避紫府真人之號，以致兵馬鈐轄王琮、通判華惇臣等同狀保奏續降
朝旨下北京，於黄河埽口置立護國
真武殿，建醮立碑。仍與鄭圭升轉一資，及賜衛公韓琦寶登堂額。仍許随行，所至名
舘。

四六【聚廳禁妖】

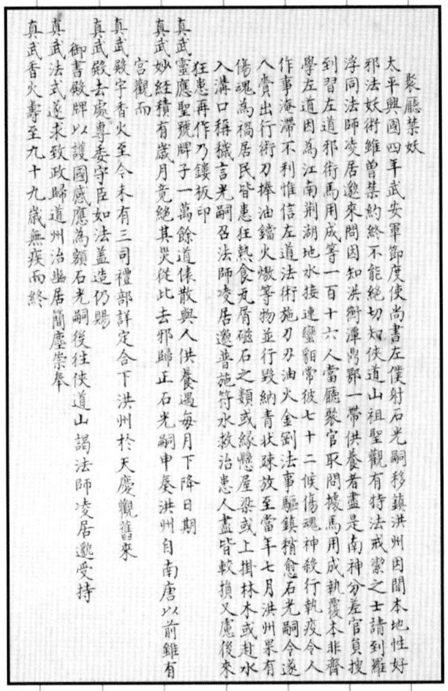
聚廳禁妖
太平興國四年武安軍節度使尚書左僕射石光嗣移鎮洪州因聞本地性好
邪法妖術雖曾禁約終不能絶切知俠道山祖聖觀有持法戒潔之士請到羅
浮同法師凌居邈來問因知洪衡潭鼎鄂一帶供養者盡是南神分差官員搜
到習左道邪術馬用成等一百十六人當廳聚官取問據馬用成執覆本非齊
學左道因為江南荆湖地水接連蠻貊常彼七十二候傷魂神殺行執疫令人
作事淹滯不利惟信左道法術施刀刄油火金剛法事驅鎮稍愈石光嗣令遂
人賫出行術刀棒油鐺火檄等物並行毀納青狀踈放至當年七月洪州果有
傷魂為禍居民皆患狂熱食瓦屑磁石之類或緣懸屋梁或上掛林木或赴水
入溝口稱穢言光嗣召法師凌居邈普施符水救治患人盡皆較損又慮後來
狂患再作乃鏤板印
真武靈應聖號牌子一萬餘道俵散與人供養遇每月下降日期
真武妙經積有歲月竟絶其災從此去邪歸正石光嗣申奏洪州自南唐以前雖有
宮觀而
真武殿宇香火至今未有三司禮部詳定合下洪州於天慶觀舊來
真武殿去處專委守臣如法蓋造仍賜
御書殿牌以護國感應為額石光嗣後往俠道山謁法師凌居邈受持
真武法式遂求致政歸道州治幽居簡靨崇奉
真武香火壽至九十九歲無疾而終

聚廳禁妖

太平興國四年，武安軍節度使、尚書左僕射石光嗣移鎮洪州，因聞本地性好邪法妖術，雖曾禁約，終不能絶。切知俠道山祖聖觀有特法[一]戒潔之士，請到羅浮同法師凌居邈來問，因知洪、衡、潭、鼎、鄂一帶供養者盡是南神，分差官員搜到[二]習左道邪術馬用成等一百十六人當廳聚官取問。據馬用成執覆，本非齊學左道，因爲江南荆湖地水接連蠻貊，常彼[三]七十二候傷魂神殺，行執疫[四]，令人作事淹滯不利。惟信左道法術，施刀刅油火、金剛法事，驅鎮稍愈。石光嗣令遂人[五]賫出行術刀棒、油鐺火燉等物，並行毀納，青狀[六]踈放。至當年七月，洪州果有傷魂爲禍，居民皆患狂熱，食瓦屑磁石之類，或緣懸屋梁，或上掛林木，或赴水入溝，口稱穢言。光嗣召法師凌居邈普施符水，救治患人，盡皆較損。又慮後來狂患再作，乃鏤板印

真武靈應聖號牌子一萬餘道，俵散與人供養，遇每月下降日期，

真武[七]妙經，積有歲月，竟絶其災，從此去邪歸正。石光嗣申奏，洪州自南唐以前雖有

宮觀，而

真武殿宇香火至今未有，三司禮部詳定，合下洪州於天慶觀舊來

校記：

［一］『特法』，《道藏》本爲『持法』，應是；

［二］『搜到』，《道藏》本爲『搜捉到』；

［三］『常彼』，《道藏》本爲『常被』，應是；

［四］『行執疫』，《道藏》本爲『行熱疫』，應是；

［五］『遂人』，《道藏》本爲『逐人』；

［六］『青狀』，《道藏》本爲『責狀』；

［七］《道藏》本在『真武』前多了一個『誦』，應是；

［八］『道州』，《道藏》本爲『趙州』。

真武殿去處，專委守臣如法盖造，仍賜
御書殿牌，以『護國感應』爲額。石光嗣後往俠道山謁法師凌居邈，受持
真武法式，遂求致政，歸道州[八]治，幽居簡塵，崇奉
真武香火，壽至九十九歲，無疾而終。

四七 【妖惑柴邈】

妖惑柴邈
眉州防禦使柴遜有弟柴邈年三十一歲為右侍禁婚娶潞王宅觀察女夫婦
不睦別置寢房其柴邈忽得患尫羸醫卜皆云邪氣入心纔見妻入房供應湯
藥便生憎怨偶一夜兄遜潛往看覷聞邈房內似有婦人笑語之聲遂令家人
守候天明入邈房開帳看俱無行影情知弟邈顯彼妖孽迷惑再三詢問然後
云二年前到聖水殿為見西廊有梁昭王堂殿壁上畫執笛神女一人容格眉
態曾用手摸其面手笑謂同人曰待求尋恁地一人為偏室此亦作戲何期此
夜來謂邈曰你與我手眼來去為定因茲契合一處至今每夜二更初來五更
初去見有此人襴帶上香囊一箇表照將出驗認委是異物親屬收之繼來聖
水觀梁昭王堂尋見其壁委目執笛彩女容邈純色襴抹一角彩畫消落尋將
上件香囊幫依縫脉相合柴遜具其情由從登聞鼓院經由中書得達聖總奉
聖旨送開封府施行蒙府司行牒下聖水觀令燒與本觀土地驅遣其祟為患如故
再行請到都道籙錢君平用法造符籙文牒並金錢雲馬同龍圖閣學士知開
封府包拯親至聖水觀禱告
真武將符牒望北燒之當夜柴邈房中不聞有人語笑聲經半月其聖水觀每二更
時人聞西角如牢獄行杖拷囚有婦人聲吽微響于外忽夜於柴遜門首大哭
而被柴邈言被爾誤我一身因
真武受詞捜捉我去勘問送京城都土地經半月凌拷吃盡無限痛楚今蒙
真武慈悲免我鐵杖之罪押往陰山為無辜女鬼三百劫限滿却還陽間神中受生
今來報爾知委柴邈從此平復府尹包拯具述面奉
聖旨宣柴邈引見擬奏臣願受差遣積蓄俸料普設羅天大醮上酧
真宰除依奏外賜玉津園內脩建醮普設大齋荅謝
真武護國救民之恩

校記：

［一］『問邈房内』，《道藏》本爲『聞邈房内』，應是；

［二］『開悵』，《道藏》本爲『開帳』，應是；

［三］『顯彼』，《道藏》本爲『顯被』，應是；

［四］『聖水殿』，《道藏》本爲『聖水觀』，應是；

［五］『同人』，《道藏》本爲『同行人』；

［六］『求尋』，《道藏》本爲『尋求』；

［七］『委目』，《道藏》本爲『委有』；

［八］『具其』，《道藏》本爲『具析』；

［九］『聖總』，《道藏》本爲『聖聽』，應是；

［一〇］『道籙』，《道藏》本爲『道録』，靈應本應是；

［一一］『而被』，《道藏》本爲『而喚』，應是；

［一二］『京城都』，《道藏》本爲『京都』；

［一三］『捧料』，《道藏》本爲『俸料』，應是；

［一四］『脩建醮』，《道藏》本爲『修建法醮』。

妖惑柴邈

眉州防禦使柴遜，有弟柴邈，年三十一歲，爲右侍禁。婚娶潞王宅觀察女，夫婦不睦，别置寢房。其柴邈忽得患尫羸，醫卜皆云邪氣入心。纔見妻入房供應湯

藥，便生憎怨。偶一夜，兄遜潛往看覷，問邈房內〔一〕似有婦人笑語之聲，遂令家人守候，天明入邈房開帳〔二〕看，俱無行影。情知弟邈顯彼〔三〕妖孽迷或，再三詢問，然後云：二年前到聖水殿〔四〕，爲見西廊有梁昭王堂殿，壁上畫執笛神女一人，容格眉態，曾用手摸其面手，笑謂同人〔五〕曰，待求尋〔六〕恁地一人爲偏室。此亦作戲，何期此夜來謂邈曰：你與我手眼來去爲定。因玆契合一處。至今每夜二更初來，五更初去。見有此人襴帶上香囊一箇，表照將出驗認，委是異物。親屬收之，繼來聖水觀梁昭王堂尋見其壁，委目〔七〕執笛彩女，容邈絶色，襴抹一角彩畫消落，尋將上件香囊軡依，縫脉相合。柴遜具其〔八〕情由，從登聞鼓院經由中書得達聖總〔九〕。奉

聖旨送開封府施行，蒙府司行牒下聖水觀，今燒與本觀土地驅遣，其祟爲患如故。再行請到都道籙〔一〇〕錢君平用法造符籙、文牒並金錢、雲馬，同龍圖閣學士、知開封府包拯親至聖水觀禱告

真武，將符牒望北燒之，當夜柴邈房中不聞有人語笑聲。經半月，其聖水觀每二更時，人聞西角如牢獄行杖拷囚，有婦人聲叫徹響于外。忽夜於柴遜門首大哭，而被〔一一〕柴邈言：被爾誤我一身，因

真武受詞搜捉我去勘問，送京城都〔一二〕土地，經半月凌拷，吃盡無限痛楚。今蒙

真武慈悲，免我鐵杖之罪，押往陰山爲無辜女鬼，三百刧限滿却還陽間神中受生，今來報爾知委。柴邈從此平復。府尹包拯具述面奉

聖旨，宣柴邈引見，攄奏，臣願受差遣，積蓄捧料〔一三〕，普設羅天大醮，上酧

真宰。除依奏外，賜玉津園內脩建醮〔一四〕，普設大齋，荅謝

真武護國救民之恩。

四八 【魅纏安仁】

魅纏安仁
復州觀察使孫漸有男安仁年十七賜三班借職授鳳州隆門鎮監税兼巡檢
到任半年形神昏耗語言顛錯公務乖疎致被州府差官替罷尋醫歸家其患
不退父漸夜間安仁房内婦人言笑不已方知是妖怪魅或明早敦逼詢問不
免説出安仁被鳳州龍門鎮候家山土地湘花女相纏每至三更時即來直候
日出時化爲塵影潛藏父漸聞此而奏
御前奉宣差翰林書禁全科師巫行持法事凡經半月不能驅除再入奏進還其科
遂至宰執公卿奏議孫漸家廷不曾供養鎮宅神祇却有他州山邪爲禍當發
心往道觀中求懇
真武救護孫漸依稟
聖旨親自寫疏詣四聖觀許願虔懇仍借
真武聖像歸家供養將滿七日一夜更初祇問安仁房内叟聲痛哭至晚安人如大
醉方蘇言語全不顛錯安仁稱自赴龍門任巡轄馬鋪夜宿侯家山驛是夜三
更不覺卧床燈火再明帳前見一美女冠衣異俗斂袂低聲云奴非鬼怪不須
驚怕與安仁是宿緣合注定於此相候奴是湘浦龍君之女因爲思凡蒙東獄
降謫爲管山土地人皆呼爲湘花神女有半仙之分從此相慕豈忍相折今來
爲君父母請到
真武降宅有無限天丁力士日遶神道隨從公宅搜檢奴君遭檢録必授鐵杖驅斷
永罰爲下鬼不能得處塵寰從此棄别歸侯家山行洒淚就髻取下碌玉小梳
一隻令安仁藏於髮髻候奴再會欲此照證尋令取勘委非凡物乃貴玉梳呈
奏賜入内庫神器局收掌又奏願奏曰四聖觀設羅大醮并設大齋報恩宰熱
等謂孫漸日當時未信今乃果應奏知供養
真武之家靈應不可思議

魅纏安仁

復州觀察使孫漸有男安仁，年十七，賜三班借職，授鳳州隆門鎮監税兼巡檢。到任半年，形神昏耗，語言顛錯，公務乖疎，致被州府差官替罷。尋醫歸家，其患不退，父漸夜間[一]安仁房内婦人言笑不已，方知是妖怪魅或[二]，明早敦逼詢問，不免説出安仁被鳳州龍門鎮候家山[三]土地湘花女相纏，每至三更時即來，直候日出時化爲塵影潛藏。父漸間此而奏[四]

御前，奉宣差翰林書禁全科師巫行持法事，凡經半月不能驅除。再入奏進還其科，遂至宰執公卿奏議，孫漸家廷[五]不曾供養鎮宅神祇，却有他州山邪爲禍，當發

校記：

[一]『夜間』，《道藏》本爲『夜聞』，應是；

[二]『魅或』，《道藏》本爲『魅惑』，應是；

[三]『候家山』，《道藏》本爲『侯家山』，應是；

[四]『父漸間此而奏』，《道藏》本爲『父漸聞此面奏』，應是；

[五]『家廷』，《道藏》本爲『家庭』，應是；

[六]『往』《道藏》本爲『速往』；

[七]『問』，《道藏》本爲『聞』，應是；

[八]『痛哭』，《道藏》本爲『動泣』；

[九]『安人』，《道藏》本爲『安仁』，應是；

[一〇]『卧床』，《道藏》本爲『卧床前』，應是；

[一一]『降謫』，《道藏》本爲『降謫』；

[一二]『相折』，《道藏》本爲『相拆』，當是；

[一三]『行』，《道藏》本爲『臨行』；

[一四]『取勘』，《道藏》本爲『取看』；

[一五]『又奏願奏曰』，《道藏》本爲『又奏願就于』，應是；

[一六]『宰熱』，《道藏》本爲『宰執』，應是。

心往〔六〕道觀中求懇

真武救護。孫漸依稟

聖旨，親自寫疏詣四聖觀，許願虔懇，仍借

真武聖幀歸家供養。將滿七日，一夜更初，秖問〔七〕安仁房内雙聲痛哭〔八〕，至晚安人〔九〕如大醉方蘇，言語全不顛錯。安仁稱，自赴龍門任巡轄，馬鋪夜宿侯家山驛，是夜三更，不覺卧床〔一〇〕燈火再明，帳前見一美女，冠衣異俗，歛袂低聲，云：奴非鬼怪，不須驚怕，與安仁是宿緣，合注定於此相候。奴是湘浦龍君之女，因爲思凡，蒙東獄降謫〔一一〕爲管山土地，人皆呼爲湘花神女，有半仙之分，從此相慕，豈忍相折〔一二〕。今來爲君父母請到

真武降宅，有無限天丁力士、日遊神道随從沿宅搜檢，奴若遭檢録，必授鐵杖驅斷，永罰爲下鬼，不能得處塵寰。從此棄别，歸侯家山，行〔一三〕，洒淚就髻取下碌玉小梳一隻，令安仁藏於髮髻，候奴再會，欲此照證。尋令取勘〔一四〕，委非凡物，乃賫玉梳呈奏，賜入内庫神器局收掌。又奏願奏曰〔一五〕四聖觀設羅大醮，并設大齋報恩。宰執〔一六〕等謂孫漸曰：當時未信，今乃果應，委知供養

真武之家，靈應不可思議。

校記：

[一]『獨狐立』，《道藏》本爲『獨孤立』，應是；

[二]《道藏》本『至』字後少一個『其』字；

[三]『禄衫』，《道藏》本爲『緑衫』，應是；

[四]『生殊』，《道藏》本爲『生砞』，應是；

[五]『符録』，《道藏》本爲『符籙』，應是；

[六]『望此』，《道藏》本爲『望北』，應是；

[七]『王方』，《道藏》本爲『五方』，應是；

[八]『既子』，《道藏》本爲『既了』，應是；

[九]『裴誣』，《道藏》本爲『裝誣』，靈應本應是；

[一〇]『化對』，《道藏》本爲『執對』，應是；

[一一]『保助』，《道藏》本爲『保明』，應是。

陸傳招誣

朝奉郎、尚書司動員外郎、差充廣東提刑裴宗元，因經韶州花蘭山得患如店疾，夜無停睡，言語失次，將理醫藥莫測其疾。有一官員云：向聞提刑到花蘭山來，竊知此處並是屈死冤魂滯魄結聚於此山鐵風洞，五道判官拘管在彼不少，却有城下事神人獨狐立[一]能持法調治。不免喚至[二]，其獨孤立纔入提刑司第二重門便云：見一着禄衫[三]官人抱屈啣冤，守索提刑性命。衆官道：是甚神道？見此情由。獨孤立又云：竊念立本是儒生，昨遇真武真君憫立寒賤，心慕道緣，不虧孝義，化爲賣藥道人爲立用藥點眼，兼得文字一紙，却是驅禁之術，從此用藥救人，無不靈驗。獨孤立前設香案，以時花、净水、妙香供養

真武，結下壇戒，用黄羅一丈二尺，以生殊[四]書篆上清符録[五]，望此[六]咒勑焚香，随紙燒化。

劄下劍器上掛，王方[七]符吏，六丁直壇法帶，四十九事地輪，四十九椀燈，檢校司

判官筆硯等，咒誦楊枝浄水啓請真武降靈吒遣真符，賫持表信昇天通報
持法。既子〔八〕囑付提刑宅眷，如遇
真武降臨，不得驚恐。至第三日，忽遇
聖降，從裏面撮出妮子來
真武案前附語云：是棣州司法陸傳，因爲裴宗元是本州通判，緣與先父少卿有隙，
却將傳報讎計會，秖應弟子裴誣〔九〕於國忌日行藥有濫，攝傳下獄，非理鞠勘，
令招承違逆罪犯，凌逼負屈身死。傳爲本壽未滿，合牒花蘭山鐵風洞收管，無由
冤訴，何期裴宗元來遊此山，遇傳冤魂，遂纏繞至今。秖緣裴宗元禄壽方盛，未
獲便害其命，今值
真武福神降宅，搜追邪疾，憫傳枉亡，更不遣去鐵風洞，就此用法水洗滌冤魂。仰丞
真武授記，令陸傳面東，朝禮本師金闕
玄元帝師
太上老君畢，再託蔭於富貴之家，爲男兒身，亦服官職。仍遣符吏賫持符命前去花
蘭山鐵風洞，計會所屬勾鑿枉死鬼名，自後更無化對〔一〇〕。所附妮子即覺，裴宗元
當即平復。將家中金銀錢物就廣州天慶觀脩懺罪謝恩醮七晝夜，并齋宫觀。
道士及謝獨孤立，保助〔一一〕申奏
朝廷續降
聖旨，獨孤立可賜本州助教，裴宗元從此脩奉香火，終身不替。

校記：

[一] 『傳奉』，《道藏》本爲『侍奉』；

[二] 『着牀』，《道藏》本爲『著牀』；

[三] 『本戝』，《道藏》本爲『本職』，當是。

陳妻附魂

淳化二年六月二十一日，東頭供奉官閤門祇候秦中立受差往秦鳳路提點
軍器，秦中立一生傳奉[一]
真武，不違寅夕香火。中立既授差遣，將絹彩畫
真武幀軸随身到京兆府，參見判府陳儼，言有子景仁，見年二十四歲，曾婚張氏，方
一年，張氏染瘵疾死，景仁傳染其患，時似顛狂，或喜或悲，自歌自語。有時聞得
與其妻往来房内，鬼哭神言，敲打驚響。遍求醫禁，略無效驗。中立曰：今且歸驛，
當爲齋心，明晨来看。中立夜就館驛焚香，掛随身
真武供養，先具誠懇奏知。次日天明，中立遂親手擎幀步趍入府堂，將
真武幀像就陳景仁房室前，净設供養，令陳儼合家虔誠捻香祈禱，然後中立手携
香爐入房看覷，問景仁年幾生月，受病時日，因依録奏狀一通，當日於
真武前用符吏紙馬燒奏。至第四日，中立在館舍内，夜至四更，聞人叩門云：念奴是
京城故侍郎張昇孫女，因嫁陳景仁爲妻，未滿一年，染却勞氣，沉頓着牀[二]，被醫
人將作血隔調理，誤投湯藥，枉壞性命，因此孤魂不收，遊颺塵中，日夜銜冤。忽

因景仁前三月間出城遊獵，得與附託魂魄在身，免在荒野遭界分土地驅逐。

今閤使帶

真武入宅對定景仁房供養，奴被聖威逼逐，無處潛藏，蒙

真武慈德，差使丁神搜奴魂魄面見尊神，憫奴冤枉，賜以楊枝净水，洗滌身魂，仍得

授記，鮮釋冤債，更不歷轉陰司。今得託生鼎来羅宗傅太尉家，依前爲女身，特

来報謝而去。中立逐一記録，往見陳儼，其陳景仁遂已痊復如故。陳儼表奏事

因，甘退三資本戢[三]并男景仁覃恩，誥勑保明，舉轉秦中立出官，除授東上閤門

使、雄州防禦使，及男景仁本授太廟室長并不追降。陳儼施財五千貫，盖造上

清紫極宫

真武立身功德殿，奏請

勑額，續奉

聖旨，特賜『通靈普慈之殿』爲額。

五一 【王氏懷鬼】

王氏懷鬼
舒州金部員外郎王克年有女年三十一歲肚懷馬胎二年求醫皆莫能治不
惟父母憂慮其女常自疑或欲往後園自縊空中聞人呌云不得亂棄性命是
汝五百年宿債何不去告宅神女子回顧又無一人遂歸家說與母所謂宅神
者本家祇有
真武別無聖像乃請靈仙觀法師陳居異就家堂結持壇戒遣發符使特請天曹懇
求聖降頒爲王氏消除宿業免其胎腹合家虔誠守候法師報應時十月二十
一日午時忽有碗口大小紅光罩遍散屋外盤旋壇前遂降附王氏而言前生
曾與藥婆貨毒藥與人打取胎孕内有貴命寄胎遭其所毒又復沉墜卒無出
期此罪當永劫罰爲恒沙毒蛇汝緣有此一世人身又遇負殺冤家在於腹中
飲食血肉脹塞心胷欲害其命因後園取死之際遇吾隊仗今有香火感吾下
降吾當爲汝永除此冤更無執對於今夜二更一點就汝卧床前地點輪燈七
七四十九碗替代一身用名香淨水紙馬供養至四更盡就彼呼女子小字年
月日時連替代金紙燒與前生冤鬼其胎不過月日自然消散居異禮謝紅光
散乃知
真武回馭克年燒奏了畢立下疏契候女子胎悉消散願將此宅并後園捨爲
真武降聖行宫其女果應月日平安於州有人傳播王金部女子遇
真武救濟其身必貴克年見授襄州通判遂改新宅繞鉡承舒州太守謝方平爲次
男景祥議親遂納禮成結克年而將宅并園與盖殿宇計會舒州及監司等處
保奏
朝廷頒賜名額准中書劄子取問王克年所捨園宅爲宫一力難圖又奉
聖旨國爲添造
三清寶殿并
北極七元殿仍賜降真慈救觀爲額

校記：

[一]『馬胎』，《道藏》本爲『鬼胎』；

[二]『疑或』，《道藏》本爲『疑惑』，應是；

[三]『單遍』，《道藏》本爲『暈遍』；

[四]『又遇』，《道藏》本爲『又遇』；

[五]『散』，《道藏》本爲『漸散』；

[六]『於州』，《道藏》本爲『於外』。

王氏懷鬼

舒州金部員外郎王堯年有女，年三十一歲，肚懷馬胎〔一〕二年，求醫皆莫能治。不惟父母憂慮，其女常自疑或〔二〕，欲往後園自縊。空中聞人叫云：不得亂棄性命，是汝五百年宿債，何不去告宅神？女子回顧，又無一人，遂歸家説與母。所謂宅神者，本家祇有

真武，别無聖像。乃請靈仙觀法師陳居巽就家堂結持壇戒，遣發符使，特詣天曹，懇求聖降，願爲王氏消除宿業，免其胎腹。合家虔誠守候，法師報應，時十月二十一日午時，忽有碗口大小紅光罩遍〔三〕散屋外，盤旋壇前，遂降附王氏而言：前生曾與藥婆貨毒藥與人打取胎孕，内有貴命寄胎，遭其所毒，又復沉墜，卒無出期。此罪當永劫坰罰爲恒沙毒蛇。汝緣有此一世人身，又遇〔四〕負殺冤家在於腹中，飲食血肉，脹塞心胸，欲害其命。因後園取死之際，遇吾隊仗，今有香火感吾下降，吾當爲汝永除此冤，更無執對。於今夜二更一點，就汝卧床前地點輪燈七七四十九碗，替代一身，用名香、净水、紙馬供養，至四更盡，就彼呼女子小字、年月日時，連替代金紙燒與前生冤魂，其胎不過月日，自然消散。居巽禮謝，紅光散〔五〕，乃知

真武回馭。尭年燒奏了畢，立下疏契，候女子胎患消散，願將此宅并後園捨爲

真武降聖行宫，其女果應，月日平安。於州〔六〕有人傳播王金部女子遇

真武救濟，其身必貴。尭年見授襄州通判，遷改新宅，纔辦，承舒州太守謝方平爲次男景祥議親，遂納禮成結。尭年面將宅并園興盖殿宇計會，舒州及監司等處

保奏

朝廷頒賜名額，准中書劄子取問王尭年所捨園宅爲宫，一力難圓。又奉

聖旨，國爲添造

三清寶殿并

北極七元殿，仍賜『降真慈救觀』爲額。

五二【施經救災】

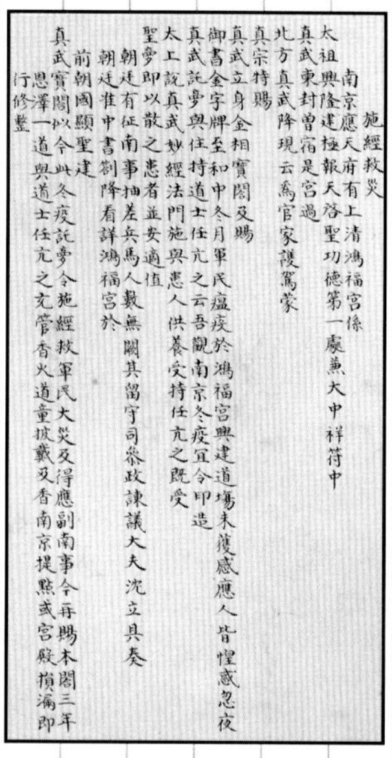
施經救災
南京應天府有上清鴻福宮係
太祖興隆建極報天啓聖功德第一處兼大中祥符中
真武東封曾宿是宮過
北方真武降現云爲官家護駕蒙
真宗特賜
真武立身金相寶閣及賜
御書金字牌至和中冬月軍民瘟疫於鴻福宮興建道場未獲感應人皆惶惑忽夜
真武託夢與住持道士任亢之云吾觀南京冬疫宜令印造
太上說真武妙經法門施與患人供養受持任亢之既受
聖夢即以散之患者並安適值
朝廷有征南事抽差兵馬人數無闕其留守司參政諫議大夫沈立具奏
朝廷准中書劄降看詳鴻福宮於
前朝國顯聖建
真武寶閣似今此冬疫託夢令施經救軍民大災及得應副南事今再賜本閣三年
恩澤一道與道士任亢之充管香火道童披戴及香南京提點或宮殿損漏即
行修整

校記：

〔一〕『真武』，《道藏》本爲『真宗』，應是；

〔二〕『法門』，《道藏》本爲『沿門』，應是；

〔三〕『國顯』，《道藏》本爲『因顯』；

〔四〕『似今此』，《道藏》本爲『自今此』；

〔五〕『香南京提點』，《道藏》本爲『委南京提點』，應是。

施經救災

南京應天府有上清鴻福宮，係

太祖興隆建極報天啓聖功德第一處，兼大中祥符中，

真武〔一〕東封，曾宿是宮，過

北方真武降現，云爲官家護駕。蒙

真宗特賜

真武立身金相寶閣及賜

御書金字牌。至和中冬月，軍民瘟疫，於鴻福宮興建道場，未獲感應，人皆惶惑。忽夜

真武託夢與住持道士任亢之云：吾觀南京冬疫，宜令印造

《太上説真武妙經》，法門〔二〕施與患人供養受持。任亢之既受

聖夢，即以散之，患者並安。適值

朝廷有征南事，抽差兵馬人數無闕，其留守司參政諫議大夫沈立具奏，

朝廷准中書劄降看詳。鴻福宮於

前朝國顯〔三〕聖建

真武寶閣。似今此〔四〕冬疫，託夢令施經救軍民大災及得應副南事，今再賜本閣三年

恩澤一道與道士任亢之，充管香火、道童披戴，及香南京提點〔五〕，或宮殿損漏，即

行修整。

五三 【靈功咒水】

校記：

[一]『尺班』，《道藏》本爲『赤斑』，應是；

[二]《道藏》本在『真武』二字前有『屬』字；

[三]『酥醒』，《道藏》本爲『蘇醒』，應是；

[四]『愽承奉郎』，《道藏》本爲『轉承奉郎』，應是。

靈功咒水

淮陽軍司法陳拱臣未仕時，收得一龜，其龜殻板青翠，上披金色，緑毛眼紅，尾長如小盞大。養之五七年，至拱臣登第，其龜忽長盆器大，好食棗子，以竹籮盛之。偶夜月明，家人戯取其龜，却變縮身，殻約如碗足，與一尺班[一]小蛇蟠繞爲戲。

時拱臣思惟龜蛇二物所謂天關地軸，

真武[二]福神之下。至次日，看其龜如故長大，却不見蛇，数夜如此。拱臣命工銷畫

真武聖像，設大缸浄水盛貯此龜供養。後赴信陽監修築土墻，部轄人夫二千，値冬月雨雪，役夫大半染患倒卧。一日，拱臣不覺因思似夢而見本家大龜告云：数年承收養敬信，今爲

聖上来唤，即當昇天。却知司法在此負憂人夫病患，故来報謝。請司法偹浄水一甌，以楊枝對北面天念咒，咒云：天罡天魁，立驅電霧，施我陰功，狂災速去。一氣念三遍，用此水洒其患者，必獲安健，他日當承恩。龜乃辭去。拱臣依此咒，咒水洒其患者，不移時間，皆得漢酥醒[三]。其大龜於拱臣得夢日化爲一陣黑風不見。其信陽監城墻修築既畢，軍夫不失性命，其功皆承

真武龜蛇應合降靈。轉運使費瓌具録聞奏，續降回旨，許於信陽監刊石碑及置

真武殿，修奉香火。陳拱臣特除授衛尉寺丞，愽承奉郎。[四]

五四　【鎮河興福】

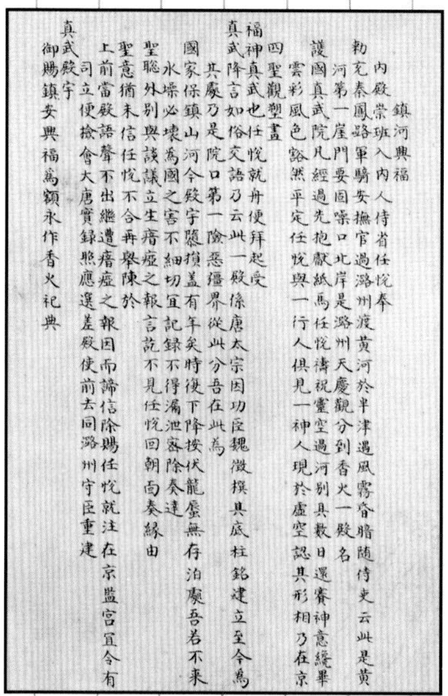
鎮河興福
内殿崇班入内人侍省任悦奉
勑充秦鳳路軍騎安撫官過潞州渡黄河於半津遇風霧昏暗随侍吏云此是黄
河第一崖門要固嗓口北岸是潞州天慶觀分到香火一殿名
護國真武院凡經過先抱獻紙馬任悦禱祝靈空過河别具數日還賽神意纔畢
雲彩風色豁然平定任悦與一行人俱見一神人現於虚空認其形相乃在京
四聖觀塑畫
福神真武也任悦就舟便拜起受
真武降言如俗交語乃云此一殿係唐太宗因功臣魏徵撰其底柱銘建立至今爲
其處乃是院口第一險惡疆界從此分吾在此爲
國家保鎮山河今殿宇隳損蓋有年矣時復下降按伏龍蜃無存泊處吾若不来
水壉必壞爲國之害不細切宜記録不得漏泄密除奏達
聖聰外别與談議立生瘖瘂之報言訖不見任悦回朝面奏緣由
聖意猶未信任悦不合再舉陳於
上前當殿語聲不出繼遭瘖瘂之報因而諦信除賜任悦就注在京監宮宜令有
司立便檢會大唐實録照應選差殿使前去同潞州守臣重建
真武殿宇
御賜鎮安興福爲額永作香火祀典

校記：

〔一〕『内人』，《道藏》本爲『内内』；

〔二〕『抱獻』，《道藏》本爲『抛獻』，靈應本當是；

〔三〕『數日』，《道藏》本爲『數目』，靈應本當是；

〔四〕『神意』，《道藏》本爲『發意』，靈應本應是；

〔五〕『底柱』，《道藏》本爲『砥柱』，應是；

〔六〕『院口』，《道藏》本爲『阬口』；

〔七〕『漏泄密』，《道藏》本爲『漏泄機密』，應是；

〔八〕『之報』，《道藏》本爲『果報』。

鎮河興福

内殿崇班入内人〔一〕侍省任悦，奉

勑充秦鳳路軍騎安撫官，過潞州，渡黄河於半津，遇風霧昏暗，随侍吏云：此是黄河第一崖門，要固嗓口。北岸是潞州天慶觀，分到香火一殿，名

護國真武院，凡經過先抱獻〔二〕紙馬。任悦禱祝靈空過河，别具數日〔三〕，還賽神意〔四〕。纔畢，雲彩風色豁然平定。任悦與一行人俱見一神人現於虚空，認其形相，乃在京

四聖觀塑畫

福神真武也。任悦就舟便拜，起受

真武降言，如俗交語，乃云：此一殿係唐太宗因功臣魏徵撰其底柱〔五〕銘建立至今，爲其處乃是院口〔六〕第一險惡疆界，從此分吾在此爲

國家保鎮山河。今殿宇隳損蓋有年矣，時復下降，按伏龍蜃，無存泊處。吾若不来，水壉必壞，爲國之害不細，切宜記録，不得漏泄密〔七〕。除奏達

聖聰外，别與談議，立生瘖瘂之報〔八〕。言訖不見。任悦回朝面奏緣由，

聖意猶未信，任悦不合，再舉陳於

上前，當殿語聲不出，繼遭瘖瘂之報，因而諦信。除賜任悦就注在京監宮，宜令有

司立便檢會大唐實録照應，選差殿使前去同潞州守臣重建

真武殿宇。

御賜『鎮安興福』爲額，永作香火祀典。

五五 【現海救危】

校記：

[一]『壇施』，《道藏》本爲『檀施』；

[二]『救進』，《道藏》本爲『救危』，應是。

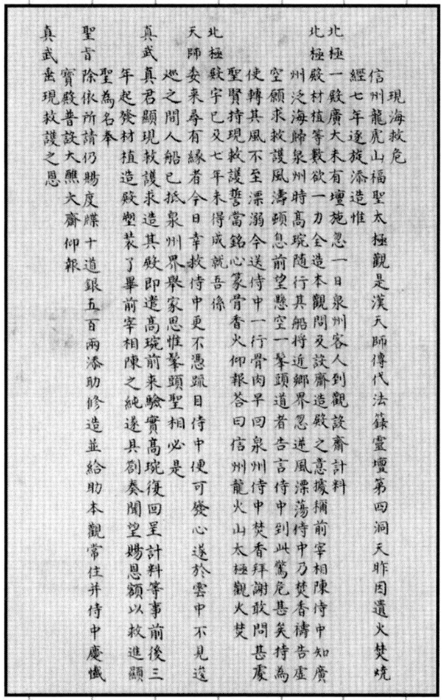
現海救危
信州龍虎山福聖太極觀是漢天師傳代法籙靈壇第四洞天昨因遺火焚燒
經七年逐旋添造惟
北極一殿廣大未有壇施忽一日泉州客人到觀設齋計料
北極殿材植等數欲一力全造本觀問及設齋造殿之意據稱前宰相陳侍中知廣
州泛海歸泉州時高琬随行其船將近鄉界忽逆風漂蕩侍中乃焚香禱告虛
空願求救護風濤頓息前望懸空一鬖頭道者告言侍中到此驚危甚矣特為
使轉其風不至漂溺今送侍中一行骨肉早回泉州侍中焚香拜謝敢問甚處
聖賢特現救護誓當銘心篆骨香火仰報荅曰信州龍火山太極觀火焚
北極殿宇已及七年未得成就吾係
天師委來尋有緣者今日幸救侍中更不憑踪目侍中便可發心遂於雲中不見道
迆之間人船已抵泉州界舉家思惟鬖頭聖相必是
真武真君顯現救護求造其殿即遣高琬前來驗實高琬復回呈計料等事前後三
年起發材植造殿塑裝了畢前宰相陳之純遂具劄奏聞望賜恩額以救進顯
聖為名奉
聖旨除依所請仍賜度牒十道銀五百兩添助修造並給助本觀常住并侍中慶懺
寶殿普設大醮大齋仰報
真武盂現救護之恩

現海救危

信州龍虎山福聖太極觀，是漢天師傳代法籙靈壇第四洞天，昨因遺火焚燒，

經七年逐旋添造，惟

北極一殿，廣大未有壇施[一]。忽一日，泉州客人到觀設齋，計料

北極殿材植等數，欲一力全造本觀。問及設齋造殿之意，據稱前宰相陳侍中知廣州，泛海歸泉州時，高琬随行，其船將近鄉界，忽逆風飄蕩，侍中乃焚香禱告虛空，願求救護。風濤頓息，前望懸空一鬖頭道者告言：侍中到此驚危甚矣！特爲使轉其風不至漂溺，今送侍中一行骨肉早回泉州。侍中焚香拜謝，敢問甚處

聖賢特現救護，誓當銘心篆骨，香火仰報。荅曰：信州龍火山太極觀，火焚

北極殿宇已及七年，未得成就。吾係

天師委來尋有緣者，今日幸救侍中，更不憑疏，目侍中便可發心。遂於雲中不見，逡巡之間，人船已抵泉州界。舉家思惟鬔頭聖相，必是

真武真君，顯現救護，求造其殿。即遣高琬前来驗實，高琬復回呈計料等事。前後三年，起發材植造殿塑裝了畢。前宰相陳之純遂具劄奏聞，望賜恩額，以『救進[二]顯

聖』爲名。奉

聖旨除依所請，仍賜度牒十道，銀五百兩添助修造，並給助本觀常住并侍中慶懺

寶殿，普設大醮大齋，仰報

真武垂現救護之恩。

五六 【吴氏緣合】

吴氏縁合
汀州武平縣令杜珪因失目歸家就醫凡六年珪娶建州吴育侍中長女其妻
自二十七歲産難中得道士周明晏符録救護平安從此發心供養
真武及持齋戒看閲道經見夫雙目全失遂每夜人静時置備名香凈水露天朝啓
北方禮七七拜願
真武垂慈救珪眼患可及二年時值三月三日夜至三更膳中見一黄衣道士謂曰
心堅不如身浄意重不如縁合七日内有人來醫杜珪眼候平復如故却來雲
蒼相見與我師還却眼債言訖不見後滿七日吴氏於門前見一道人肩上駕
雲蒼道人攻醫眼患吴氏召之遂看夫眼用二針於眼兩角并留二藥日進三
服水調服盡見功道人更不受錢出門不知所之遂依此服盡其藥一夜杜珪
夢見雙目被一小龜沿上面來用口䑛其眼珪用手拂之驚覺雙目俱明乃思
醫藥并小龜顯承
真武降靈垂救眼患後聞妻父吴育判太原府因携妻至彼一日出西城郊外因至
天柱觀其山名雲蒼步入其山見一殿裝塑神像被人剜除眼目審問知是
真武聖像吴氏驚悟前者雲蒼相見還我師眼債之説遂一言與父育乃自備錢裝
修將杜珪前因患眼罷官後遇
真武應化醫救情由保明申奏保舉注差續降指揮吴育裝修雲蒼山塑像了畢申
聞剗議勲贈其杜珪可轉授揚州觀察判官

吴氏緣合

汀州武平縣令杜珪，因失目歸家就醫凡六年。珪娶建州吴育侍中長女，其妻

自二十七歲産難中，得道士周明晏符録[一]救護平安，從此發心供養

真武，及持齋戒，看閲道經。見夫雙目全失，遂每夜人静時，置備名香净水，露天朝啓

北方，禮七七拜。願

校記：

[一]『符録』，《道藏》本作『符籙』。

真武垂慈救珪眼患，可及二年，時值三月三日夜，至三更睡中見一黄衣道士，謂曰：
心堅不如身净，意重不如緣合，七日内有人来醫杜珪眼，候平復如故，却來雲
蒼相見，與我師還却眼債。言訖不見。後滿七日，吴氏於門前見一道人，扇上寫
雲蒼道人，攻醫眼患，吴氏召之，遂看夫眼，用二針於眼兩角，并留二藥，日進三
服，水調服盡。見功道人更不受錢，出門不知所之。遂依此服盡其藥，一夜杜珪
夢見雙目被一小龜沿上面来用口舐其眼，珪用手拂之，驚覺，雙目俱明，乃思
醫藥并小龜顯承
真武降靈，垂救眼患。後聞妻父吴育判太原府，因携妻至彼，一日出西城郊外，因至
天柱觀，其山名雲蒼，步入其山，見一殿，裝塑神像被人刮除眼目，審問知是
真武聖像，吴氏驚悟前者雲蒼相見還我師眼債之説，逐一言與父育，乃自備錢裝
修。將杜珪前因患眼罷官，後遇
真武應化醫救情由，保明申奏，保舉注差。續降指揮，吴育裝修雲蒼山塑像了畢，申
聞別議勳贈。其杜珪可轉授揚州觀察判官。

五七 【進明顯聖】

校記：

［一］『所爲』，《道藏》本爲『所謂』，應是；

［二］『祈晴』，《道藏》本爲『祈請』；

［三］《道藏》本『聽』之前無『孫誠之』三字。

進明顯聖

中書門下、三司禮部定到鳳翔府鍾進明，曾因擇善檀香，雕鑾
真武，寄留天慶觀道士陸元質房供養，早晚親去，香火不缺，得遇
真武教令咒水，救人疾病，金光煥赫，上應天漢。致司天臺上言，其光現於秦分，今鳳
翔府主有古異功德聖像，差人取問，今是鳳翔府發遣到
真武基座，奉
聖旨送上清延福宮供養外，賜鍾進明除授三班借職，即於本家遥具禮儀朝謝訖。
不三日，染患身死，既而鄉社所爲［一］進明死後聖迹顯發，祈晴［二］有驗。後翰林學士、
刑部侍郎孫誠之奉使西蕃，今鳳翔府路逢一道士，布袍草履，前迎誠之曰：侍
郎命禄不當此權，去時須有驚憂，迴而必夭。誠之曰：汝是何人，故知預事？道士
曰：我本鳳翔百姓鍾進明，今爲鳳翔府三羅山瓊壺洞主，監管玉峯龍潭，今乃
成半仙列矣。適見侍郎頂上有黑氣，間有白氣，大爲不祥，必主前路驚憂，回國

身夭。誠之再問：有斯災禍，如何消禳？進明曰：至危難虜，但念我本師
真武靈應真君尊號，終獲感護。然雖救得離蕃，恐歸國終有災。言訖，忽然不見。誠之
入蕃，受蕃王李希静燕會，因舉題『日月出東還没西』七字短令，無對，致李希静
欲令囚之。乃於恐懼中默念
真武靈應真君數聲，有一官人力諫，希静漸息怒意，復令放還。誠之辭蕃歸京，未入
界，先被随行察事使臣具奏，忽有使臣賫勑前来交割，孫誠之一行從人及蕃
王回禮表荅等，責降爲使入蕃辱國，特賜藥酒，孫誠之听[三]
勑命，甘死無詞。忽有使臣賫白劄来，特賜孫誠之免死，降盡前官，責授遠惡小郡監
臨差使。緣
皇帝因覽鍾進明顯應，皆獲
真武慈德，委令半仙護國救民，不違
真武救護，故放孫誠之死罪。下鳳翔府建鍾進明祠堂，爲本人帶三班借職，身死顯
聖，元遇
真武授記，是謂本師弟子。其祠合以二殿，先後
真武，許依鄉原裝塑進明，即以白衣儀相表半仙之位，仍贈『善導安寂仙君』及賜『二
輔報慈廟』爲額，令本府撰立碑記，永示不朽。

五八【鄒宿契靈】

鄒宿契靈
慶曆二年三月初五日中書門下據鄭州保奏本州監酒肉殿崇班鄒宿在任
公正惟祇供養
真武侍奉精恪既不曾以諂曲欺誑之事祈求又不曾於諸事背義貪殘恣殺物命
凡州民有水旱災疾先於諸處神祠無應若鄒宿齋戒於本家
真武前祈禱皆獲靈驗人皆謂鄒宿曾悟聖教密契神靈故鄭州陰受其賜忽一日
鄭州於日午間天降風雹煙雲四起於北門裏黑霧盤旋降下無蓋銅棺一具
空中但聞音樂嘹亮自知通以下至於百姓盡皆易衣入棺並不容在內其後
監酒鄒宿穿執而來方入其棺忽聞振響一聲遂降其蓋輕舉而上仙韶鶴唳
瑞氣天香靄而不散其棺冉冉向正北而去次據曰連山延壽院僧智仁等狀
申昨晚山上五色祥雲籠罩聞有樂聲異香芬馥天花如雨墜而復收霧垂甘
露約至更盡方息今早集僧衆上看其山中元有一峯號鵰巢兩畔有石岩相
離十五餘步今却相合於正北召岩接縫間留一小石門方圓四尺望見裏面
有一銅棺山之上下朽木並發芳條一時變爲茂林雜花競開鳥獸飛鳴如罩
護朕未委事由州司恭詳已得昨晚天降銅棺迎去鄒宿因依集當職官吏及
道僧前去看驗委實保奏續有回降下鄭州緣鄒宿近出神到內殿朝辭云臣
家天符差充
北極壽限曹副判官勾當每年一次當隨
真武下降人間計筭世人善惡校量壽限皆承
真武保合授記臣恩受
皇帝祿賜特來報謝今勘會鄒宿有無子孫承紹恩澤一道遷注供侍骨肉如無即
厚給錢帛養贍外仰就白蓮山建造鄒宿祠堂以神應府君廟爲額永爲祈請
靈迹之處

校記：

［一］『肉殿』，《道藏》本爲『内殿』，應是；

［二］『曰連山』，《道藏》本爲『白蓮山』，應是；

［三］『召岩』，《道藏》本爲『石巖』，應是。

鄒宿契靈

慶曆二年三月初五日，中書門下據鄭州保奏，本州監酒、肉殿[一]崇班鄒宿，在任
公正，惟祇供養
真武，侍奉精恪。既不曾以諂曲欺誑之事祈求，又不曾於諸事背義貪殘，恣殺物命。
凡州民有水旱災疫，先於諸處神祠無應，若鄒宿齋戒於本家
真武前祈禱，皆獲靈驗。人皆謂鄒宿曾悟聖教，密契神靈，故鄭州陰受其賜。忽一日，
鄭州於日午間天降風雹，煙雲四起，於北門裏黑霧盤旋，降下無盖銅棺一具。
空中但聞音樂嘹亮，自知通以下至於百姓盡皆易衣入棺，並不容在內。其後
監酒鄒宿穿執而来，方入其棺，忽聞振響一聲，遂降其盖，輕舉而上，仙韶鶴唳，
瑞氣天香，靄而不散，其棺冉冉向正北而去。次據曰連山[二]延壽院僧智仁等狀
申，昨晚山上五色祥雲籠罩，聞有樂聲，異香芬馥，天花如雨，墜而復收，霧垂甘
露，約至更盡方息。今早集僧衆上看，其山中元有一峰號『鵰巢』，兩畔有石岩相
離十五餘步，今却相合。於正北召岩[三]接縫間，留一小石門，方圓四尺，望見裏面
有一銅棺。山之上下朽木並發，芳條一時變爲茂林，雜花競開，鳥獸飛鳴，如罩

護狀，未委事由。州司參詳，已得昨晚天降銅棺迎去鄒宿，因依集當職官吏及
道僧前去看驗，委實保奏。續有回降下鄭州，緣鄒宿近出神到内殿朝辭云：臣
蒙天符差充
北極壽限曹副判官勾當，每年一次當随
真武下降人間，計筭世人善惡，校量壽限，皆承
真武保合授記。臣恩受
皇帝禄賜，特来報謝。今勘會鄒宿有無子孫承紹恩澤，一道遷注供侍。骨肉如無，即
厚給錢帛養贍外，仰就白蓮山建造鄒宿祠堂，以『神應府君廟』爲額，永爲祈請
靈迹之處。

校記：

[一]『保本』，《道藏》本爲『保舉』，應是；

[二]『不設』，《道藏》本爲『不誤』，應是；

[三]『假承務即』，《道藏》本爲『假承務郎』，應是。

五九 【天錫青棗】

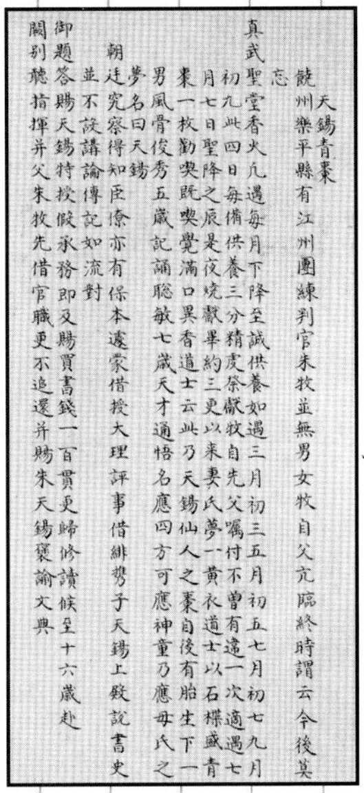
天錫青棗
饒州樂平縣有江州團練判官朱牧並無男女牧自父亢臨終時謂云今後莫
忘
真武聖堂香火凡遇每月下降至誠供養如遇三月初三五月初五七月初七九月
初九此四日每備供養三分精虔祭獻牧自先父囑付不曾有違一次適遇七
月七日聖降之辰是夜燒獻畢約三更以来妻氏夢一黄衣道士以石楪盛青
棗一枚勸喫既喫覺滿口異香道士云此乃天錫仙人之棗自後有胎生下一
男風骨俊秀五歲記誦聰敏七歲天才通悟名應四方可應神童乃應母氏之
夢名曰天錫
朝廷究察得知臣僚亦有保本遂蒙借授大理評事借緋褁子天錫上殿說書史
並不設講論傳記如流對
御題答賜天錫特授假承務即及賜買書錢一百貫更歸修讀候至十六歲赴
闕别聽指揮并父朱牧先借官職更不追還并賜朱天錫褒諭文典

天錫青棗
饒州樂平縣有江州團練判官朱牧，並無男女，牧自父亢臨終時謂云：今後莫
忘
真武聖堂香火，凡遇每月下降，至誠供養，如遇三月初三、五月初五、七月初七、九月
初九，此四日每備供養三分，精虔祭獻。牧自先父囑付，不曾有違。一次適遇七
月七日，聖降之辰，是夜燒獻畢，約三更以来，妻氏夢一黄衣道士以石楪盛青

棗一枚歡喫。既喫，覺滿口異香。道士云：此乃天錫仙人之棗。自後有胎，生下一男，風骨俊秀，五歲記誦聰敏，七歲天才通悟，名應四方，可應神童。乃應母氏之夢，名曰天錫。

朝廷究察得知，臣僚亦有保本〔二〕，遽蒙借授大理評事，借緋携子天錫上殿説書史，並不設〔二〕講論傳記，如流對

御題答。賜天錫特授假承務即〔三〕，及賜買書錢一百貫，更歸修讀，候至十六歲赴闕，別聽指揮，并父朱牧先借官職，更不追還，并賜朱天錫褒諭文典。

六〇 【神化紅纓】

神化紅纓
信州弋陽縣開絲綿鋪陸中道妻阿張年四十四不產中道忽告曰竊知時人
多供養
北方
真武九百祈求無不感驗遂贖得川畫
真武歸家供養張氏曉夕哀禱雖祁寒極暑未嘗暫忘如是六年過一夜中道與妻
同得一夢夢與丫鬟仙童爭拋絲毬擲上空中夫妻仰視不覺飛一紅纓入於
張氏口中咽下因此有娠經十三箇月生一女至十三歲非常端正但未曾言
人皆謂之啞女弋陽縣承受信州公文爲准中書劄子指揮司天臺奏近有明
星現東南陳國分野正當弋陽縣地里招陰貴神仙托凡異相妻知佐根問中
據本縣契勘秖有陸中道家十三歲啞女必是異人尋喚到陸中道供祈因依
中州本州保奏
朝廷時啞女聞此忽然言語索香湯沐浴換衣坐於淨床告父母云念兒本係天化
宮雙女宿下善才掌籍天童天女第一名謂之祿霞瓊女每七周年一次輪降
充
北極佑勝院副判司隨所差巡遊祇備等昨爲父母日夜泣告天曹求嗣動感
真武將因緣簿拖檢其母氏宿本不注胎息蒙
真武將父母在世修奉香火之功先爲保明上奏三天然後默兒化爲紅纓入母之
腹爲女一紀餘年解免母氏勤求之意兒降胎時曾受
真武囑付處世不得出聲雖在父母左右未嘗言話今既限滿又見
國家文字根括事泄天機慮兒不便告別而逝中道與妻遂命工用灰漆封帝如塑
像於
真武側遂日香火修持功德設齋答謝
真武恩慈續後
朝廷賜到衣帛官支糧食以表降生神聖祥瑞例物候本人語言仰遂時劄錄申州
再具托化情由回申又准中書劄子徑下弋陽縣仰將陸中道家啞女托化全
身於縣城官地埋殯建亭屋遮蓋別立祠堂塑啞女素衣神仙一身贈寂照孝
女爲額奏本縣立碑記

校記：

〔一〕『禄霞』，《道藏》本爲『綠霞』，應是；

〔二〕『柂檢』，《道藏》本爲『披檢』；

〔三〕《道藏》本『母氏』前面没有『其』字；

〔四〕『香火之功』，《道藏》本爲『香火功』，靈應本當更通順；

〔五〕『曾受』，《道藏》本爲『曾蒙』；

〔六〕『封帝』，《道藏》本爲『封布』。

神化紅纓

信州弋陽縣開絲綿鋪陸中道妻阿張，年四十四不產。中道忽告曰：竊知時人多供養

北方真武，凡百祈求，無不感驗。遂贖得川畫
真武歸家供養，張氏曉夕哀禱，雖祁寒極暑未嘗暫忘，如是六年。遇一夜，中道與妻
同得一夢，夢與丫鬟仙童争抛綵毬擲上空中，夫妻仰視，不覺飛一紅纓入於
張氏口中咽下，因此有娠。經十三箇月，生一女，至十三歲，非常端正，但未曾言，
人皆謂之啞女。弋陽縣承受信州公文，爲准中書劄子指揮司天臺奏，近有明
星現東南陳國分野，正當弋陽縣地里，招陰貴神仙托凡異相，委知佐根問申。
據本縣契勘，秪有陸中道家十三歲啞女必是異人，尋喚到陸中道供祈，因依
申州，本州保奏
朝廷。時啞女聞此，忽然言語，索香湯沐浴，換衣坐於净床，告父母云：念兒本係天化
宫雙女宿下善才掌籍天童天女第一名，謂之禄霞[一]瓊女，每七周年一次輪降，
充
北極佑勝院副判司，隨所差巡遊秖備等。昨爲父母日夜泣告天曹求嗣，動感
真武，將因緣薄杝檢[二]，其母氏[三]宿本不注胎息，蒙
真武將父母在世修奉香火之功[四]先爲保明上奏三天，然後點兒化爲紅纓，入母之
腹。爲女一紀餘年，鮮免母氏勤求之意。兒降胎時曾受[五]
真武囑付，處世不得出聲，雖在父母左右，未嘗言話。今既限滿，又見
國家文字根括，事泄天機，慮兒不便。告别而逝。中道與妻遂命工用灰漆封帝[六]如塑
像於
真武側，逐日香火，修持功德，設齋答謝
真武恩慈。續後
朝廷賜到衣帛，官支糧食，以表降生神聖祥瑞例物。候本人語言，仰逐時劄録申州。
再具托化情由回申，又准中書劄子徑下弋陽縣，仰將陸中道家啞女托化全
身於縣城官地埋墳，建亭屋遮盖，別立祠堂，塑啞女素衣神仙一身，贈『寂照孝
女』爲額，委本縣立碑記。

六一【焦氏一嗣】

焦氏一嗣
武安君観察使殿前大尉王植妻壽昌郡君焦氏一生不産爲性樂善慕道專
勤香火忽一日因往後園視花果内有石榴樹一枝朽死自然生煙火於上焦
氏驚忙救之其火乃滅於樹前却現一神人圓光赫赫披頭仗劍脚踏龜蛇認
是
真武真君焦氏便拜今日幸遇
上真伏望慈悲救度
真君問曰汝有緣見吾今心意有何所欲焦氏曰願求嗣息
真君曰汝候三月三日來宣化門外祚真観與汝一嗣必得後貴焦氏方再拜時已
不見歸來與王植至三月三日往祚真観是日啓建
真武生日齋會士女駢集忽有一鬖頭奴子方六七歲拽定焦氏王植覓錢物其焦
氏細看異皃殊俗撫問云俱無父母亦無親屬年來多在四向宮観宿食焦氏
從此携歸養育自然聰敏至八歲王植作親子奏恩蒙
上宣問鄉常云無子今何有親生之男王植不免奏前項所遇
真武賜子因依動
御駕嗟久之又問年月不知所生將當年於祚真観收得是三月初三日巳時爲憑
奉
聖旨送司天臺定其貴賤據定到王植八歲命合五星并室主有武學進功十六上
值淵渠水從正北而發祿必有權勢因此蒙
御賜王淵爲名可授右侍禁枝尉内殿崇班出身仍許定第三越國長公主爲親候
十六歲別賜納禮成結王淵至十四歲又蒙恩加賜閤門祗候隨父朝見臨殿
試中武舉義策當賜陪禮十六歲納禮冊實成國親授賓州防御使駙馬都尉
奏取
聖旨用俸錢并奩具等於祚真観建
真武寶閣仍奏請
初額

校記：

［一］『武安君』，《道藏》本爲『武安軍』，應是；

［二］『大尉』，《道藏》本爲『太尉』，應是；

［三］『已』，《道藏》本爲『忽已』；

［四］『焦氏王植』，《道藏》本『焦氏及王植』；

［五］《道藏》本『焦氏』前面没有『其』字。

焦氏一嗣

武安君[一]觀察使、殿前大尉[二]王植妻壽昌郡君焦氏一生不產，爲性樂善慕道，專勤香火。忽一日，因往後園視花果，内有石榴樹一支朽死，自然生煙火於上，焦氏驚忙救之，其火乃滅，於樹前却現一神人，圓光赫赫，披頭仗劍，脚踏龜蛇，認是

真武真君，焦氏便拜：今日幸遇

上真，伏望慈悲救度。

真君問曰：汝有緣見吾，今心意有何所欲？焦氏曰：願求嗣息。

真君曰：汝候三月三日来宣化門外祚真觀，與汝一嗣，必得後貴。焦氏方再拜時，已[三]不見。歸来，與王植至三月三日往祚真觀，是日啓建

真武生日齋會，士女駢集，忽有一鬖頭奴子，方六七歲，拽定焦氏、王植[四]覓錢物，其焦氏[五]細看異貌殊俗，撫問，云：俱無父母，亦無親屬，年来多在四向宮觀宿食。焦氏

從此携歸養育，自然聰敏。至八歲，王植作親子奏恩，蒙
上宣問：卿常云無子，今何有親生之男？王植不免奏前項所遇
真武賜子，因依動
御驚嗟久之，又問年月，不知所生，將當年於祚真觀收得是三月初三日巳時爲憑。
奉
聖旨送司天臺定其貴賤，攄定，到王植八歲，命合五星并室，主有武學邊功，十六上
值淵渠水從正北而發，禄必有權勢，因此蒙
御賜王淵爲名，可授右侍禁校尉、内殿崇班出身，仍許定第三越國長公主爲親，候
十六歲，别賜納禮成結。王淵至十四歲，又蒙恩加賜閤門，秖候隨父朝見，臨殿
試中武舉、義策，當賜陪禮。十六歲納禮册賓成國親，授賔州防御使、駙馬都尉。
奏取
聖旨，用俸錢并奩具等於祚真觀建
真武寳閣，仍奏請
敕額。

小童應夢
越州會稽山東有陽明洞天自文穆王錢氏建立龍瑞宮年深荒廢內有
真武殿最為朽墮淳化元年二月一日夜文懿皇后玉華宮應夢見髽頭小童身披
皂袍來見
皇后云我是越州龍瑞宮道童為本宮貧乏無衣可衣無屋可存身遭暴露惟
皇后可以救之他日必來報恩化為光明不見明旦具述奏聞時遣使賫香往龍瑞
宮察訪內臣閻守道回奏本宮建自唐末經今年深全損一殿
真武部從被雨霖日曝推倒在地因省悟前夕之夢是
真武顯應來求后宮修整宮殿重興香火之意已奏取
聖旨允許
皇后發心將粧具奩實兌換度牒紫衣及金銀等差內臣同委越年限一年重建殿
宇及聖像裝彩完備訖忽為
皇后染患翻胃四十來日醫理未退忽一日宴然而卧出入息微細相次氣回遂無
區逆之狀自然平復乃曰適見
真武從雲中來謝龍瑞宮並已完葺
皇后命雖未夭病亦久矣遂令童子取到一淨瓶一淨盂於瓶內傾出五方甘露玉
液於盂中勸令飲之遂覺醍醐灌心肓高清涼厥疾頓除試開眼又如非夢不
見紙覺口中異香四肢輕爽起居如常以顯靈感
國家再致謚言重加勲爇用荅神貺

校記：

［一］『惟倒』，《道藏》本爲『推倒』，應是；

［二］『來來』，《道藏》本爲『來求』，應是；

［三］『區逆』，《道藏》本爲『嘔逆』，應是；

［四］『天』，《道藏》本爲『夭』；

［五］『口中異香』，《道藏》本爲『口內異香』。

小童應夢

越州會稽山東有陽明洞天，自文穆王錢氏建立龍瑞宮，年深荒廢，內有

真武殿，最爲朽墮。淳化元年二月一日夜，文懿皇后玉華宮應夢，見髽頭小童身披

皂袍，來見

皇后云：我是越州龍瑞宮道童，爲本宮貧乏，無衣可衣，無屋可存，身遭暴露，惟

皇后可以救之，他日必來報恩。化爲光明不見。明旦具述奏聞，時遣使賫香往龍瑞

宮察訪，內臣閻守道回奏，本宮建自唐末，經今年深，全損一殿，

真武部從被雨霖日曝，惟倒［一］在地。因省悟前夕之夢，是

真武顯應，來來［二］后宮修整宮殿，重興香火之意。已奏取

聖旨允許，

皇后發心將粧具奩實兌換度牒、紫衣及金銀等，差內臣同委，越年限一年，重建殿

宇及聖像，裝彩完備訖。忽爲

皇后染患，翻胃四十來日，醫理未退。忽一日宴然而卧，出入息微細，相次氣回，遂無

區逆［三］之狀，自然平復。乃曰：適見

真武從雲中來，謝龍瑞宮並已完葺，

皇后命雖未天[四]，病亦久矣，遂令童子取到一淨瓶、一淨盂，於瓶内傾出五方甘露玉液於盂中，勸令飲之，遂覺醍醐灌心，育高清涼，厥疾頓除。試開眼又如昨夢不見，秖覺口中異香[五]，四肢輕爽，起居如常。以顯靈感

國家，再致謚言，重加勳醮，用荅神貺。

六三 【索錢二萬】

索錢二萬
衡州衡山南嶽嵩陽觀係唐賢柳宗元施財建立
真武殿閣一所工巧高僑本路第一自住持吴筠沙後本閣收到逐日看經開殿施
利錢二萬餘貫日漸聚積前任發運副使錢操擘奏申權楷
真武閣收到施利錢二萬貫分往潭禮等州充土供糴本錢操經五年再行發運事
忽有道士投狀稱是南嶽嵩陽觀徒第爲
真武閣損漏欲重新脩造告索前来借錢二萬貫操云此是
國家借用何緣要索伏狀復還况嵩陽觀
真武閣本是基址宏壯驀於近日自然斜側亦無徒弟住運司陳狀理索其錢操從
此染患遍身白癩疼痛呷吟遂退官半年忽夜夢見南嶽道士吴筠帶領神人
趕索二萬貫借錢操方省悟將産業出賣盡數支還元錢願求保安身位終起
此心癩病漸除亦不夢人索錢不逾月安愈親往嵩陽觀礼謁
真武未般錢入觀其閣尚由斜側至送入本觀了當一夜風雨大雷一振其閣聳直
如故錢操復官爲翰林面奏上項感應事跡奉
聖旨賜南嶽嵩陽觀加贈
真武閣勑額靈驗金字牌等如後積聚錢物官司不得借兑

索錢二萬

衡州衡山南嶽嵩陽觀，係唐賢柳宗元施財建立

真武殿閣一所，工巧高聳，本路第一。自住持吴筠沙[一]後，本閣收到逐日看經開殿施利錢二萬餘貫，日漸聚積。前任發運副使錢操擘奏申，權楷[二]

真武閣收到施利錢二萬貫，分往潭、禮[三]等州充土供糴本錢。操經五年，再行發運事，忽有道士投狀，稱是南嶽嵩陽觀徒第，爲

真武閣損漏，欲重新脩造，告索前来借錢二萬貫。操云：此是

國家借用，何緣要索，伏狀[四]復還。况嵩陽觀

真武閣本是基址宏壯[五]，驀於近日自然斜側，亦無徒弟住運司陳狀，理索其錢。操從此染患，遍身白癩，疼痛呷吟[六]，遂退官半年。忽夜夢見南嶽道士吴筠，帶領神人

校記：

[一]『吴筠沙』，《道藏》本爲『吴筠以』；

[二]『擘奏申權楷』，《道藏》本爲『擘畫申奏，權借』；

[三]『禮』，《道藏》本爲『澧』；

[四]『伏狀』，《道藏》本『投狀』，應是；

[五]『宏壯』，《道藏》本爲『弘壯』；

[六]『呷吟』，《道藏》本爲『呻吟』，應是；

[七]『尚由』，《道藏》本爲『尚猶』，應是。

趕索二萬貫借錢。操方省悟，將産業出賣，盡數支還元錢，願求保安身位。緫起
此心，癩病漸除，亦不夢人索錢，不逾月安愈。親往嵩陽觀礼謁
真武，未般錢入觀，其閣尚由〔七〕斜側，至送入本觀了當，一夜風雨，大雷一振，其閣聳直
如故。錢操復官爲翰林。面奏上項感應事跡，奉
聖旨賜南嶽嵩陽觀，加贈
真武閣敕額、靈驗金字牌等。如後積聚錢物，官司不得借兑。

六四 【翻鈔四十】

翻鈔四十
饒州鄱陽縣明化宮道士黄師古因隨師朱世元往洪州伏道山從此覺悟潛
走西川雲遊八年至大中祥符五年十月内爲明化宮遺火燒罄盡秖有東廊
一小殿見存乃是
真武殿並無煙焰侵迹忽准本州關報仰收官錢四十貫文抵擬支還明化宮黄宗
古係在京先納寄庫鈔子錢椿造明化宮使用既承指揮勾集明化宮道士朱
世元等取問椿本宮雖有徒弟黄宗古雲遊八年不知存亡那得損知本宮遺
火因何有錢在官雖便信憑不逾旬日黄宗古覲執饒州翻換便錢公憑歸米
并更有金銀祠部約一十餘貫謂師主曰昨棄師雲遊入梓岩山逢一道人邀
宗古到草庵中對話貧道有願在心終未能了听吾囑付吾知饒州鄱陽縣明
化宮至祥符五年十月内爲火德星君躔入陳國分野正照饒州一郡縣鎮同
時合遭大災蒙
真武面奏 北帝及火星曰饒州地善人慈今當大運伏望聖慈衷憐咸降今觀近
郭鄱陽縣有明化宮内
三清大殿後壁畫饒州諸縣境邑地里圖若將明化宮不害道衆焚毁祈當一郡火
災必須應禳得過火星聞此不敢拒遣因問
真武曰此處還有 真君香火殿宇無荅曰有因而歎念 真武乃
金闕上清老君弟子應屬森羅天主候明化宮降火日當爲存留本殿也至時道行
奔走避免竊恐無人興續宮庭可請宗古去汴和一帶化緣直至東京聚蓄錢
物鄉歸脩蓋吾乃鄱陽故人候歸明化郡得相見遂遣宗古離庵行數步回視
更不見庵亦無人跡宗古恍然如雲霧間出得梓岩後到泗洲汴口從此將遂
身西山十二真君籤一百二十道手携 真武影幀發心起賣籤卦每一籤四
文道術感行遂日般費之外常有五七百金所得籤錢遂處買金銀寄附有後
經六年約聚錢及五十餘貫寄留五嶽觀忽一日路逢饒州商販之人來報宗
古称明宮遭火燒盡所以將上件錢物就在京納於官庫出給鈔子憑據候歸
饒州鄱陽縣支會及至歸鄉其果遭火災惟留
真武一殿宗古又自細認本殿立身
于錢及將到祠部之類出賣不逾五年鼎新復建明化宮一所了畢據黄宗古
從始至末具前項緣由經饒州陳請別行記録其時知饒州謝懋等特具保明
申奏
朝廷後承回降改明元宮其道士黄宗古號通祥大師賜紫弃舊存
真武殿加賜護國二字

校記：

〔一〕『黄師古』，《道藏》本爲『黄宗古』，應是；

〔二〕『燒罄盡』，《道藏》本爲『焚燒罄盡』；

〔三〕『雖便』，《道藏》本爲『難便』，應是；

〔四〕『咸降』，《道藏》本爲『減降』，應是；

〔五〕『還有』，《道藏》本爲『曾有』；

〔六〕『直至』，《道藏》本爲『真至』，靈應本應是；

〔七〕『鄉歸』，《道藏》本爲『歸鄉』，應是；

〔八〕『遂日』，《道藏》本爲『逐日』，應是；

〔九〕『遂處』，《道藏》本爲『逐處』，應是；

〔一〇〕『有後』，《道藏》本爲『前後』，應是；

〔一一〕『其果遭』，《道藏》本爲『其官果遭』，應是；

〔一二〕『立身』之後，《道藏》本多了『真武，面部與在梓巖山相遇道人無異。道士朱世元等遂赴鄱陽縣請領元寄納鈔』一段；

〔一三〕『具前項』，《道藏》本爲『其前項』，靈應本應是；

〔一四〕『改明元宮』，《道藏》本爲『改明化宮爲寧安宮』，應是。

翻鈔四千

饒州鄱陽縣明化宫道士黄師古〔一〕，因随師朱世元往洪州俠道山，從此覺悟，潜
走西川，雲遊八年。至大中祥符五年十月内，爲明化宫遺火燒罄盡〔二〕，秖有東廊
一小殿見存，乃是
真武殿，並無煙焰侵迹。忽准本州關報，仰收官錢四千貫文，抵擬支還明化宫。黄宗
古係在京，先納寄庫鈔子錢，椿造明化宫使用。既承指揮勾集明化宫道士朱
世元等取問，称本宫雖有徒弟黄宗古，雲遊八年，不知存亡，那得預知本宫遺
火，因何有錢在官，雖便〔三〕信憑。不逾旬日，黄宗古親執饒州翻换便錢公憑歸来，
并更有金銀祠部約一千餘貫。謂師主曰：昨棄師雲遊入梓岩山，逢一道人邀
宗古到草庵中對話，貧道有願在心終未能了，听吾囑付，吾知饒州鄱陽縣明
化宫，至祥符五年十月内，爲火德星君躔入陳國分野，正照饒州，一郡縣鎮同
時合遭火灾。蒙
真武面奏北帝及火星曰：饒州地善人慈，今當火運，伏望聖慈哀憐咸降〔四〕，今觀近
郭鄱陽縣有明化宫，内
三清大殿後壁畫饒州諸縣境邑地里圖，若將明化宫不害道衆焚毁，祈當一郡火
災，必須應禳得過。火星聞此，不敢拒違，因問
真武曰：此處還有〔五〕真君香火殿宇無？荅曰：有。因而歡念真武乃
金闕上清老君弟子，應屬森羅天主，候明化宫降火日，當爲存留本殿也。至時道行
奔走避免，竊恐無人興續宫庭，可請宗古去汴和一帶化緣，直至〔六〕東京，聚蓄錢
物，鄉歸〔七〕修盖。吾乃鄱陽故人，候歸明化却得相見。遂遣宗古離庵，行數步回視，
更不見庵，亦無人跡。宗古恍然如雲霧間，出得梓岩，復到泗洲、汴口。從此將随
身西山十二真君籤一百二十道，手携真武影幀，發心起賣籤卦，每一籤四
文，道術盛行，遂日〔八〕般費之外，常有五七百金，所得籤錢，遂處〔九〕買金銀寄附。有後〔一〇〕
經六年，約聚錢及五千餘貫，寄留五嶽觀。忽一日，路逢饒州商販之人来報宗

古，称明宫遭火燒盡。所以將上件錢物就在京納於官庫，出給鈔子憑據，候歸饒州鄱陽縣支會。及至歸鄉，其果遭[一一]火災，惟留真武一殿。宗古又自細認本殿立身[一二]子錢及將到祠部之類出賣，不逾五年，鼎新復建明化宫一所了畢。據黄宗古從始至末具前項[一三]緣由，經饒州陳請，別行記録，其時知饒州謝懋等特具保明申奏朝廷，後承囬降，改明元宫[一四]，其道士黄宗古號『通祥大師』，賜紫，并舊存真武殿加賜『護國』二字。

六五 【籤詞應驗】

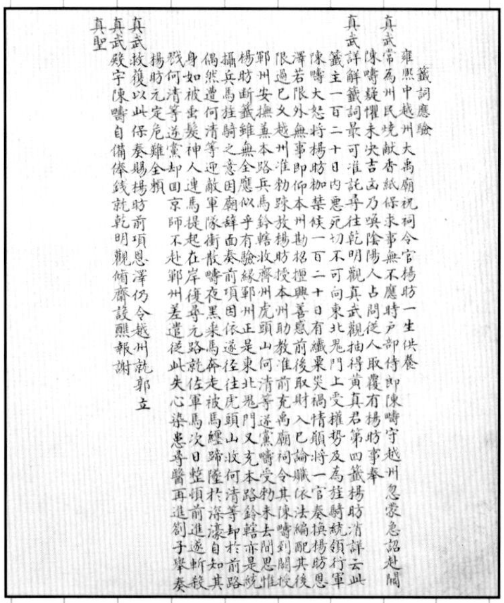

校記：

[一]『祠令官』，《道藏》本爲『詞令官』，靈應本應是；

[二]『善惑』，《道藏》本爲『扇惑』，應是；

[三]『雖無』，《道藏》本爲『雖未』；

[四]『廟辞』，《道藏》本爲『朝辭』；

[五]『偶然』，《道藏》本爲『遇夜』；

[六]『纏蹄』，《道藏》本爲『蹶蹄』；

[七]『佐軍馬』，《道藏》本爲『佐官軍馬』；

[八]『斬殺』，《道藏》本爲『斬』；

[九]『從此』後面《道藏》本多了『驚恐』二字；

[一〇]『救獲』，《道藏》本爲『救護』，應是。

籤詞應驗

雍熙中，越州大禹廟祝祠令官〔一〕楊昉，一生供養

真武，常爲州民燒献香紙，保求事無不應。時户部侍郎陳疇守越州，忽蒙急詔赴闕。

陳疇疑懼未决吉凶，乃唤陰陽人占問，從人取覆，有楊昉事奉

真武，詳解籤詞，最可准託。尋往乾明觀真武觀抽得黄真君第四籤，楊昉消詳云：此籤主一百二十日内惡死，切不可向東北鬼門上受權勢，及爲旌騎統領行軍。

陳疇大怒，將楊昉枷禁，候一百二十日有纖粟災禍，情願將一官奏换楊昉恩澤。若限外無事，即仰本州勘招，擅興善惑〔二〕，前後取財入已論贓，依法編配。其後限過已久，越州准勅踈放楊昉，授本州助教，准前充禹廟祠令。其陳疇到闕，授鄆州安撫兼本路兵馬鈐轄，收齊州虎頭山何清等逆黨。疇受勅未去間，思惟楊昉断籤雖無〔三〕全應，似乎有驗。緣鄆州正是東北鬼門，又充本路鈐轄，亦是統攝兵馬旌騎之意。因廟辞〔四〕面奏前項，因依遂径往虎頭山收何清等，却於前路偶然〔五〕遭何清等迎敵軍隊衝散，疇夜黑乘馬奔走，被馬纏蹄〔六〕墜於深濠，自知其身如被垂髮神人連馬提起在岸，復尋元路就佐軍馬〔七〕，次日整頓前進，遂斬殺〔八〕戮何清等逆黨。却回京師不赴鄆州差遣，從此〔九〕失心染患尋醫，再進劄子舉奏

楊昉，元定危難，全賴

真武救獲〔一〇〕，以此保奏，賜楊昉前項恩澤。仍令越州就郭立

真武殿宇，陳疇自備俸錢就乾明觀，脩齋設醮，報謝

真聖。

六六【相術指迷】

相術指迷
宿州致仕駕部郎中王袞再蒙詔充國子司業遂於家堂回奏
真武求籤得吉乃進程忽於汴河塘岸遇一道士祇揖稱攻神相王袞邀上舡獻茶
乃問高隱何地道士云是華山雲臺觀徒弟姓裴王袞以一百二十金欲求一
相裴道士云氣色喜盛須遷編撰袞曰見受司業亦係國家制撰又問官職位
壽所至道士便起上岸回首云但記在後不可受史閣之職與庚辛方爲事若
受之主死於卧雪骸骨不收道士向東而去更不受資王袞不以爲事後因西
域不寧時全臺保舉王袞可充奉使其王袞元授駕部守司業今權御史大夫
充天章閣侍制袞甚有喜色忘却道士之言迤邐至鄙蕃君李萬全宴會閒出
言相諷累遭班辱將及出界回國慮負辱責却說誘從人潜馬走入羊山連被
雪壓向岸穴中旬日不食忽見裴道士再来言曰吾非凡人乃汝供養
真武也汝若依吾指教莫受御史大夫天章閣之職則是亦可免庚辛則西蕃方所
雪中當餓死正是今日爲之柰何吾且去矣袞悔已不及遂死於羊山骨殖抛
棄從人忘命歸國有司取問進呈契勘王袞本非奉使不功乃屬前定若
真武相術明指迷径自不知避故喪其命其生前權借授御史大夫充天章閣侍制
今来更不追還贈同正賜并依品官例支賜招魂禮葬

相術指迷

宿州致仕、駕部郎中王袞，再蒙詔充國子司業，遂於家堂回奏

真武，求籤得吉，乃進程，忽於汴河塘岸遇一道士，祗揖稱攻神相，王袞邀上舡〔一〕，献茶，乃問高隱何地，道士云：是華山雲臺觀徒弟，姓裴。王袞以一百二十金欲求一相，裴道士云：氣色喜盛，須遷編撰。袞曰：見受司業，亦係國家制撰。又問官職位壽所至，道士便起上岸，回首云：但記在後不可受史閣之職，與庚辛方爲事，若受之，主死於卧雪〔二〕，骸骨不收。道士向東而去，更不受資，王袞不以爲事。後因西域不寧，時全臺保舉王袞可充奉使，其王袞元授駕部守司業，今權御史大夫，充天章閣侍制〔三〕。袞甚有喜色，忘却道士之言，迤逦至鄙〔四〕，蕃君李萬全宴會間出言相諷，累遭班辱〔五〕。將及出界回國，慮負辱責，却説誘從人潛馬走入羊山，連被雪壓向岸穴中，旬日不食。忽見裴道士再來言曰〔六〕：吾非凡人，乃汝供養

真武也，汝若依吾指教，莫受御史大夫、天章閣之職，則是〔七〕亦可免。庚辛則西蕃方所，雪中當餓死，正是今日，爲之柰何〔八〕？吾且去矣。袞悔已不及，遂死於羊山，骨殖抛棄，從人忘命歸國。有司取問，進呈契勘，王袞本非奉使不功，乃屬前定。若

真武相術明指迷径，自不知避，故喪其命。其生前權借授御史大夫充天章閣侍制，今来更不追還，贈同正賜，并依品官例支賜招魂禮葬。

校記：

〔一〕『舡』，《道藏》本爲『船』；

〔二〕『卧雪』，《道藏》本爲『餓雪』；

〔三〕『侍制』，《道藏》本爲『待制』，應是；

〔四〕『鄙』，《道藏》本爲『西鄙』；

〔五〕『班辱』，《道藏》本爲『玷辱』，應是；

〔六〕『言曰』，《道藏》本爲『曰』；

〔七〕『是』，《道藏》本爲『事』；

〔八〕『柰何』，《道藏》本爲『奈何』，應是。

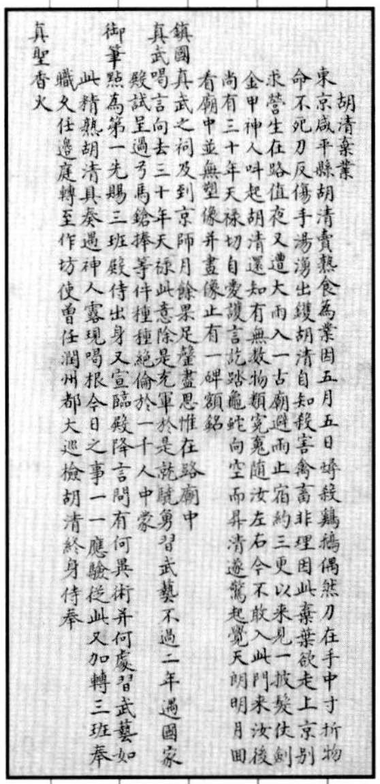
胡清棄業
東京咸平縣胡清賣熟食爲業因五月五日㷰殺鷄鵝偶然刀在手中寸折物
命不死刀反傷手湯湧出鑊胡清自知殺害禽畜非理因此棄業欲走上京别
求營生在路值夜又遭大雨入一古廟避雨止宿約三更以来見一披髮仗劍
金甲神人呌起胡清還知有無數物類冤魂随汝左右今不敢入此門来汝後
尚有三十年天禄切自愛護言訖踏龜蛇向空而昇清遂驚起覺天朗明月囬
看廟中並無塑像并畫像止有一碑額銘
鎮國真武之祠及到京師月餘果足罄盡思惟在路廟中
真武喝言向去三十年天禄此意除是充軍於是就驍勇習武藝不過二年遇國家
殿試呈過弓馬鎗捧等件種種絶倫於一千人中蒙
御筆點爲第一先賜三班殿侍出身又宣臨殿降言問有何異術并何處習武藝如
此精熟胡清具奏遇神人露現喝根今日之事一一應驗從此又加轉三班奉
職久任邊庭轉至作坊使曾任潤州都大巡檢胡清終身侍奉
真聖香火

校記：

[一]『畫像』，《道藏》本爲『畫相』；

[二]『銘』，《道藏》本爲『名』；

[三]『等件』，《道藏》本爲『等』；

[四]『降言問』，《道藏》本爲『降問』；

[五]『喝根』，《道藏》本爲『喝報』，應是。

胡清棄業

東京咸平縣胡清賣熟食爲業，因五月五日㷰殺鷄鵝，偶然刀在手中寸折，物命不死，刀反傷手，湯湧出鑊。胡清自知殺害禽畜非理，因此棄業，欲走上京别求營生。在路值夜，又遭大雨，入一古廟避雨止宿，約三更以来，見一披髮仗劍金甲神人叫起胡清，還知有無数物類冤魂随汝左右，今不敢入此門来。汝後尚有三十年天禄，切自愛護。言訖，踏龜蛇向空而昇。清遂驚起，覺天朗明月，囬看廟中，並無塑像并畫像[一]，止有一碑額，銘[二]『鎮國真武之祠』。及到京師，月餘果足罄盡，思惟在路廟中真武喝言向去三十年天禄，此意除是充軍。於是就驍勇習武藝，不過二年，遇國家殿試，呈過弓、馬、鎗、棒等件[三]，種種絶倫，於一千人中蒙御筆點爲第一，先賜三班殿侍出身，又宣臨殿降言問[四]，有何異術并何處習武藝，如此精熟？胡清具奏，遇神人露現喝根[五]，今日之事一一應驗。從此又加轉三班，奉職久任邉庭，轉至作坊使，曾任潤州都大巡檢。胡清終身侍奉真聖香火。

[七]『死亡』二字之後，《道藏》本多了『無力津送，仲和即典賣物件，出錢津送，自此家道淪落，妻孥死亡，』一段；

[八]『罪惡故』，《道藏》本爲『罪惡如故』，應是；

[九]『竹筒盛』，《道藏》本爲『竹筒盛之』；

[一〇]『楊和』，《道藏》本爲『楊仲和』，應是；

[一一]『鎖試』，《道藏》本爲『銓試』；

[一二]『皈奉』，《道藏》本爲『皈依』；

[一三]『極濟』，《道藏》本爲『拯濟』，應是；

[一四]『取討』，《道藏》本爲『收取』；

[一五]『至誠』，《道藏》本爲『志誠』；

[一六]『廳宇日逐』，《道藏》本爲『廨宇逐日』；

[一七]『經中』，《道藏》本『經由』，應是；

[一八]『一畫』，《道藏》本爲『一舊畫』；

[一九]『與』，《道藏》本爲『却與』；

[二〇]『許州會』，《道藏》本爲『許州取會』；應是；

[二一]『本提刑』，《道藏》本爲『本路提刑』，應是；

[二二]『威逼迫求』，《道藏》本爲『威勢迫脅求』；

[二三]『府軍』，《道藏》本爲『府君』，應是；

[二四]『詞堂』，《道藏》本爲『祠堂』，應是；

[二五]『有應』，《道藏》本爲『有感』。

校記：

[一]『奏青詞』，《道藏》本爲『拜奏青詞』；

[二]『按左』，《道藏》本爲『案左』，應是；

[三]『一時』，《道藏》本爲『二時』；

[四]『右聖院』，《道藏》本爲『佑聖院』，應是；

[五]『察州』，《道藏》本爲『蔡州』，應是；

[六]『楊仲』，《道藏》本爲『楊仲和』，應是；

仲和辭史

天聖八年，京西許州吏人楊仲和，差往蔡州勘鞫，枉法断朱惜姐臂，仗十三。後承勘官通判徐沂理會，課續轉官未該酬獎，在許州天慶觀設醮保助轉官，請道士裴君叟奏青詞[一]。君叟手擎青詞拜伏按左[二]，約一時[三]方興，與徐沂云：謹賫詞文詣玉皇金闕投進，方到三天門下，遇見北極紫微大帝領右聖院[四]善惡副判真武靈應真君奏事，見君叟來投徐沂青詞，蒙真武賜言曰：徐沂勘察州[五]錢舉等藏匾家財二十餘萬計，囑官司枉法勒有分親弟爲外姓，被楊仲和將干證人朱惜姐故入杖罪，爲有此負屈，所以陰空不令從許，見今定楊仲[六]等罪惡，欲呈奏

玉皇，令君叟就此投下青詞急囬。自後徐沂任滿離去，楊仲和從此辭棄吏門歸家，誓脩善事，觧脱罪惡。因贖得

真武聖幀，三時香火，長齋称念真武尊號，逐日接待僧道及孤貧，或有人家死亡[七]又將幼子賣與李員外家，得錢六千，亦施與人。州郭有居士之稱，經二十年皆藉親知照顧。遂居僻巷，一心供養

真武。忽遇一貧道人相過曰：汝本吏人罪惡故[八]，何得悔悟，棄家守貧，奉聖無怠？觀汝悔心，必感天宥。貧道有一册文字借汝傳之，此術可以資身，囑付畢，道人忽不見。仲和開視，乃西山十二真君籤，仲和遂置竹籤一百二十，竹筒盛[九]

真武像前，不及旬日，民俗翕然來占，靈驗如神，如求一籤，必當三五十金，或留一百文相酧，至於州官，俱来求問。忽有本州新任司户李成道尋訪楊和[一〇]，称是所生父，七八歲時賣與鄰家李輔之，十三上受所養父祖李中立侍郎奏蔭恩澤，十九上鎖試[一一]注授本州司户。因知骨肉並死，獨有親父楊仲和，所以令人尋認。皆称近亦亡殁，所有衣物除葬送支用外，盡抄劄入官。李成道聞此涕泣，遂於寺觀脩建功德薦悼。一日，李成道黄昏獨坐書院中，見一老人道裝立於空中，謂曰：吾即汝所生父楊仲和矣，汝身受貴，汝宜忠正。吾因悔過，皈奉[一二]上真，得真聖傳授西山十二真君籤，極濟[一三]衰朽，今已壽終。蒙東嶽照牒，稱諭仲和身心正直，授麻溪注禄判官。又蒙

真武授記，候此差遣了當，許爲七元勾當。吾止有一事未滿心願，吾生前供養

真武幀像，并籤、供具什物没官，見在軍資庫塵垢之處，可取討[一四]上件聖像等物歸家，至誠[一五]供養，必助汝善果。言訖，潜隱不見。後官司估賣其物，成道贖得，於廳宇日逐[一六]供養。忽一日，朝廷遣内臣袁良弼，因皇后久患心氣，賫香往武勝軍仙圖山投献金龍玉簡，法醮經中[一七]許州，同知州羅宗孟因見衙庭西南有紅光罩盖屋宇，令人探問，称是司户廳有官員士庶燒香瞻看一畫[一八]真武像，并籤一筒，紅光罩定不散。時羅宗孟同袁良弼往看，良弼試將投龍聖意祈籤，抽得鍾真君第十大吉籤。良弼親録奏聞，緣文母太后已得夢漸安，據録進靈籤與[一九]應夢同，意行下許州會[二〇]。後李成道被本提刑[二一]余斌用威逼迫求[二二]

真武幀像并具事什物，纔到斌家，畫絹片片零落，化爲蝴蝶飛向空中。所有竹籤一筒，先蒙

朝廷索去，今大内寶應閣下者是也。其成道奉

聖旨許還本姓楊，轉授光禄寺主簿，仍贈楊仲和爲悟本府軍[二三]。楊成道纔得轉官，亦死。今許州見存楊府軍父子詞堂[二四]，祈求有應[二五]。

良嗣感祥
荊南府左班殿直孫良嗣一生供養
真武委有精虔常獲神貺因觀俗塵多殺物命每自思惟皆是輪回何忍爲之常出
市肆見人攜賣有命之物便須買歸或飛禽用籠罩或魚鼈用水器聚養至天
明人未起取出抛放經十五年良嗣自然達理悟性凡所作爲並無奇感人皆
號曰孫先生忽一日無病而本卜塋荊積山南開墳有衆鳥啣泥裝壘土墓地
穴出水池化生魚鼈地生芝蓋下椁時有五色祥雲罩映四向荊南府應以官
庶僧道盡集墳所以香花幡蓋鐃鈸法事祖獻時知府諫議大夫章庭老亦崇
道奉真步至墳前有一小竅現出龜蛇盤旋喜躍乃知孫先生終歸
北極真武之佐矣應現靈物移時自然不見州府地境既有異人感諸佳祥理當具奏
朝廷縉准中書劄子令於先生墳所造廟刊碑記其聖應行狀贈孫府君廟爲額

校記：

［一］『並無』，《道藏》本爲『並有』；

［二］『而本』，《道藏》本爲『而卒』；

［三］『開墳』，《道藏》本爲『開墳』；

［四］『土墓』，《道藏》本爲『土塍』；

［五］『應以』，《道藏》本爲『應係』，應是；

［六］『鐃鈸』，《道藏》本爲『螺鈸』；

［七］『縉准』，《道藏》本爲『續准』；

［八］『先生』，《道藏》本爲『孫先生』。

良嗣感祥

荊南府左班殿直孫良嗣，一生供養

真武，委有精虔，常獲神貺。因觀俗塵多殺物命，每自思惟皆是輪回，何忍爲之。常出

市肆見人攜賣有命之物，便須買歸，或飛禽用籠罩，或魚鼈用水器聚養，至天

明人未起取出抛放，經十五年，良嗣自然達理悟性，凡所作爲並無［一］奇感，人皆

號曰孫先生。忽一日無病而本［二］，卜塋荊積山南，開墳［三］有衆鳥啣泥裝壘土墓［四］，地

穴出水池，化生魚鼈，地生芝蓋，下椁時有五色祥雲罩映四向。荊南府應以［五］官

庶僧道盡集墳所，以香花幡蓋、鐃鈸［六］法事祖獻。時知府諫議大夫章庭老亦崇

道奉真，步至墳前，有一小竅現出龜蛇盤旋喜躍，乃知孫先生終歸

北極真武之佐矣。應現靈物，移時自然不見。州府地境既有異人感諸佳祥，理當具奏。

朝廷縉准［七］中書劄子，令於先生［八］墳所造廟刊碑，記其聖應行狀，贈『孫府君廟』爲額。

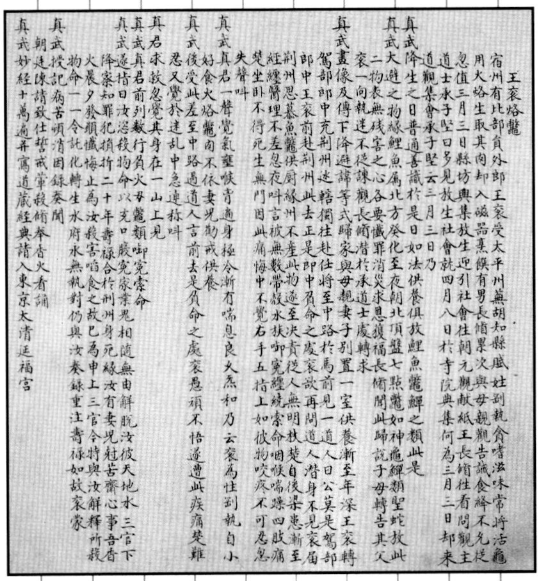
王衮烙鼈
宿州有比部員外郎王衮受太平州蕪胡知縣賦姓剛執貪嗜滋味常將活龜
用火烙生取其肉却入磁器烹饌有男長脩累次與母親觀告誡食絳不允從
忽值三月三日縣坊興集放生迎引社會往朝元觀獻紙王長脩往看問觀主
道士承子堅曰多見放生社會就四月八日於寺院典集何爲三月三日却来
道觀集會承子堅云三月三日乃
真武降生之日普通善識於是日如法供養俱放鯉魚鼈鱓之類此是
真武大避之物緣鯉魚屬北方癸化至夜朝北頂盤七點鼈如神龜鱓類聖蛇放此
二物表無殘害之心各要懺罪消災求恩獲福長脩聞此歸説子母轉告其父
衮一向執迷不從諫觀長脩潛於承道士處轉求
真武畫像及傳下降避諱等式歸家與母親妻子別置一室供養漸至年深王衮轉
駕部郎中充荊州迷轄獨往赴任將至中路於馬前見一道人曰公莫是駕部
郎中王衮前赴荊州此去正是郎中負命之處衮欲再問道人潛身不見衮屆
荊州思慕魚鼈供廚緣州不產此物遂至決責從人無明㧞楚自後渠患漸至
經纏臂理不差忽夜叫言被無數帶殼水狀喞究纏繞索命咽喉喘躁四肢痛
楚坐卧不得死生無門因此痛悔中不覺右手五指上如彼物咬疼不可忍忽
失聲叫
真武真君一聲覺氣壅喉肓遍身極冷漸有喘息良久炁和乃云衮爲性剛執自小
好食火烙鼈肉不依妻兒勸戒供養
真武後受此差至中路遇道人言前去是負命之處衮愚頑不悟遂遭此疾痛楚難
忍又覺於迷乱中急連稱叫
真君求救忽覺其身在一山上見
真君前列數行負火母鼈類喞究索命
真武遂指曰汝滛殺物命以充口腹究家業冤相隨無由解脫汝彼天地水三官下
降察知罪犯損折二十年壽祿合於刑州身死緣汝有妻兒尅苦齋心事吾香
火晨夕發願懺悔止爲汝殺害啗食之故已爲申上三官令特與汝解釋所殺
物命一一令託化轉生水府永無執對仍與汝奏錄重注壽祿如故衮蒙
真武授記病苦頓消因錄奏聞
朝廷陳請致仕誓戒葷殺脩奉香火看誦
真武妙經十萬遍并寫道藏經典請入東京太清延福宮

校記：

[一]『蕪胡』，《道藏》本爲『蕪湖』，應是；

[二]『觀告』，《道藏》本爲『勸告』，應是；

[三]『絳不允從』，《道藏》本爲『終不允從』，應是；

[四]『典集』，《道藏》本爲『興集』；

[五]『二物』，《道藏》本爲『三物』，應是；

[六]『子母』，《道藏》本爲『與母』；

[七]『諫觀』，《道藏》本爲『諫勸』，應是；

[八]『妻子』，《道藏》本爲『妻兒』；

[九]『荆州』，《道藏》本作『邢州』，下同；

[一〇]『緣州』，《道藏》本爲『緣邢州』；

[一一]『炁和』，《道藏》本爲『氣和』；

[一二]『指曰』，《道藏》本爲『指究曰』；

[一三]『汝彼』，《道藏》本爲『汝被』，應是；

[一四]『刑州』，《道藏》本爲『邢州』；

[一五]『止爲』，《道藏》本爲『秖爲』，應是；

[一六]『誓戒』，《道藏》本爲『誓誡』；

[一七]『詣入』，《道藏》本爲『捨入』。

王袞烙鼈

宿州有比部員外郎王袞，受太平州蕪胡[一]知縣，賦姓剛執，貪嗜滋味，常將活龜用火烙，生取其肉，却入磁器烹饌。有男長脩累次與母親觀告[二]誡食，絳不允從[三]。忽值三月三日，縣坊興集放生，迎引社會往朝元觀獻紙，王長脩往看，問觀主道士承子堅曰：多見放生社會就四月八日於寺院典集[四]，何爲三月三日却来道觀集會？承子堅云：三月三日乃真武降生之日，普通善識於是日如法供養，俱放鯉魚鼈鱓之類，此是

真武大避之物。緣鯉魚属北方癸化，至夜朝北頂盤七點，鼈如神龜，鱓類聖蛇，放此
二物〔五〕，表無殘害之心，各要懺罪消災，求恩獲福。長脩聞此，歸説子母〔六〕，轉告其父，
袞一向執迷不從諫觀〔七〕，長脩潜於承道士處轉求
真武畫像，及傳下降避諱等式歸家與母親、妻子〔八〕别置一室供養。漸至年深，王袞轉
駕部郎中、充荆州〔九〕逑轄，獨往赴任，將至中路，於馬前見一道人曰：公莫是駕部
郎中王袞，前赴荆州？此去正是郎中負命之處。袞欲再問，道人潜身不見。袞届
荆州，思慕魚鼈供厨，緣州〔一〇〕不産此物，遂至決責從人，無明杖楚。自後染患，漸至
經纏，醫理不差。忽夜叫言，被無數帶殼水族啣冤纏繞索命，咽喉喘躁，四肢痛
楚，坐卧不得，死生無門。因此痛悔中，不覺右手五指上如彼物咬，疼不可忍。忽
失聲叫
真武真君一聲，覺氣壅喉肓，遍身極冷，漸有喘息，良久炁和〔一一〕。乃云：袞爲性剛執，自小
好食火烙鼈肉，不依妻兒勸戒，供養
真武。後受此差至中路，遇道人言前去是負命之處。袞愚頑不悟，遂遭此疾，痛楚難
忍。又覺於迷乱中急連称叫
真君求救，忽覺其身在一山上，見
真武真君前列数行負火刃鼈類，啣冤索命。
真武遂指曰〔一二〕：汝恣殺物命，以充口腹，冤家業鬼相随，無由解脱。汝彼〔一三〕天、地、水三官下
降察知，罪犯損折二十年壽禄，合於刑州〔一四〕身死。緣汝有妻兒尅苦齋心，事吾香
火，晨夕發願懺悔，止爲〔一五〕汝殺害啗食之故。已爲申上三官，令特與汝解釋所殺
物命，一一令託化轉生水府，永無執對，仍與汝奏録重注壽禄如故。袞蒙
真武授記，病苦頓消。因録奏聞
朝廷，陳請致仕，誓戒〔一六〕葷殺，脩奉香火，看誦
《真武妙經》十萬遍，并寫《道藏》經典，請入〔一七〕東京太清延福宮。

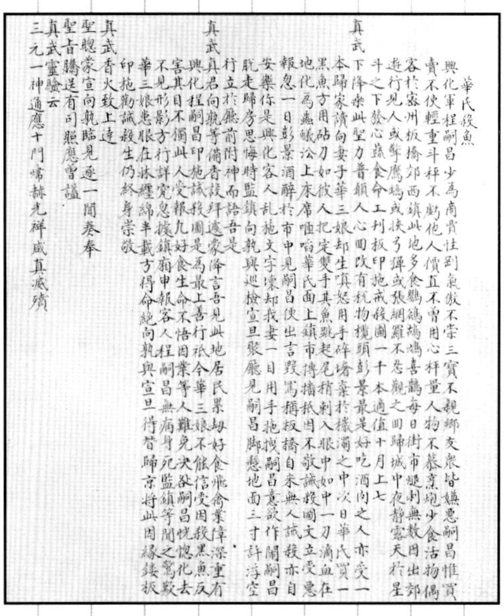

校記：

[一]《道藏》本『買賣』前少了『惟』字；

[二]『鶻鴿』，《道藏》本爲『鶻鴒』；

[三]『税物欖頭』，《道藏》本爲『税務攔頭』；

[四]『如彼』，《道藏》本爲『如被』，應是；

[五]『摶播』，《道藏》本爲『傳播』，應是；

[六]『决咎』，《道藏》本爲『殃咎』；

[七]『騰送』，《道藏》本爲『謄送』，應是。

華氏殺魚

興化軍程嗣昌少爲商賈，性剛氣傲，不崇三寶，不親鄉友，衆皆嫌惡。嗣昌惟買賣[一]不使輕重斗秤，不虧他人價直，不曾用心秤量人物，不慕烹炮，少食活物。偶客於密州板橋郊西鎮，此地多食鶻鴿[二]、鵓鳩、喜鵲，每日街市煺剥無数，因出郊遊行，見人或擎鷹鷂，或挾弓彈，或張網羅，不忍觀之。囬歸城中，夜静露天於星斗之下，發心蔬食，命工刊板印施《戒殺圖》一千本，適值十月上七真武下降，乘此聖力，普願人心囬改。有税物欖頭[三]彭景，最是好吃酒肉之人，亦受一本歸家，讀向妻子華三娘，却生嗔怒，用手碎堵棄於穢濁之中。次日華氏買一黑魚，方用砧刀，如彼[四]人把定雙手，其魚跳起，尾稍刺入眼中，如中一刀，滴血在地，化爲蟲蟻，沿上床席，咂啗華氏面上。鎮市摶播[五]，秖因不敬誡殺圖文，立受惡報。忽一日彭景酒醉於市中，見嗣昌便出言毀駡，稱板橋自来無人誡殺，亦自安樂。你是興化客人，乱施文字，壞却我妻一目，用手拖拽嗣昌，意欲作鬧。嗣昌脱走，歸房思悔。時監鎮向執與巡檢宣旦聚廳見嗣昌脚懸地面三寸許，浮空

行立於廳前，附神而語：吾是
真武真君。向孰等備香設拜，遽蒙降言：吾見此地居民累刼好食飛禽，業障深重，有
興化程嗣昌印施誡殺圖，是爲最上善行，秪今華三娘不能信受，因殺黑魚，反
害其目。不獨此人受報，凡好食生命、不悟因業等人，難免決咎[六]。嗣昌怳惚化去，
不見形影。方行詳究，忽據鎮厢申報，客人程嗣昌無病身死，監鎮等聞之驚歎。
華三娘患眼在牀，纏綿半載方得命絶。向孰與宣旦得替歸京，將此因緣鏤板
印施，勸誡殺生，仍終身崇敬
真武香火。致上達
聖聰，蒙宣向孰臨見，逐一聞奏。奉
聖旨騰送[七]有司照應，曾謚
真武靈驗云：
三元一神，通應十門。煒赫光祥，咸真滅殨。

七二　【朱氏舍利】

朱氏舍利
袁州有左班殿直充筠州監税朱良恭到任一年身死家貧無兒秖有一女同
母挈表還家不逾年母亦死其家祖來供養
真武其女朱氏爲鄰里求親並不以爲意鄰里等人却生誹謗毀其不正之事朱氏
遂於
真武前發誓至死不嫁人願得一患在身及殘疾之人方絶外求年四十忽雙目失
明亦不召醫從此無人求親天聖六年九月九日身死既無親屬官司須當檢
視袁州據司理趙平取覆其朱氏屍首不容檢驗前有烏龜後有赤蛇沿身遮
護時知州何珏通判王充臣親見此異事遂召僧道祈告欲退龜蛇即爲殯葬
其龜蛇驀然不見差四鄰買棺槨盛貯尋問侍婢陳菊香據説因被人求親逼
抑不允將事誹謗以致發誓不願事人逐日禱告
真武降靈爲兒照察因失雙目不久無疾而生肉體顔色與生無異臨終時秖言將
我屍就壬癸方火化何珏契勘九月九日正是
真武下降之辰朱氏偶然而死有龜蛇衛身称化爲壬癸方切令依從焚化纔發火
其朱氏化身於雲端吉衆云兒今不入六道轉生於沂州劉籍家不二十年但
記有劉生名播天下見有非毀兒身不正之事任一火焚之乃可辨認吉辭而
去火過骨有五色堅固舍利光明絜然衆皆求請供養向者乱生誹謗等輩並
口患癰瘡膿血臭穢各詣
真武殿哀告懺罪漸獲安愈袁州人家遞相戒忌非飾口過受持
真武香火太守具奏
朝廷承回降下沂州勘會屯田員外郎劉籍妻於九月九日丑時妾生一男事無虚
肯准中書指揮本州支官錢就天慶觀
真武殿建醮并就元北方化處摽立照應准備向去檢認異跡施行

校記：

[一]『挈表』，《道藏》本爲『挈喪』，應是；
[二]『却生誹謗』，《道藏》本爲『却誹謗』，靈應本更通；
[三]『及』，《道藏》本作『爲』，應是；
[四]『棺槨』，《道藏》本爲『棺』；
[五]『無疾而生』，《道藏》本『無疾而死』，應是；
[六]『化爲』，《道藏》本爲『化於』；
[七]『辨認』，《道藏》本爲『辨認』；
[八]《道藏》本在『妻』字後面没有『於』字。

朱氏舍利

袁州有左班殿直、充筠州監税朱良恭，到任一年身死，家貧無兒，秖有一女同母挈表〔一〕還家，不逾年，母亦死。其家祖来供養

真武，其女朱氏爲鄰里求親，並不以爲意，鄰里等人却生誹謗〔二〕，毀其不正之事。朱氏遂於

真武前發誓，至死不嫁人，願得一患在身及〔三〕殘疾之人，方絶外求。年四十，忽雙目失明，亦不召醫，從此無人求親。天聖六年九月九日身死，既無親屬，官司須當檢視。袁州攄司理趙平取覆，其朱氏屍首不容檢驗，前有烏龜，後有赤蛇，沿身遮護。時知州何珏、通判王堯臣親見此異事，遂召僧道祈告，欲退龜蛇，即爲殯葬，其龜蛇驀然不見。差四鄰買棺槨〔四〕盛貯，尋問侍婢陳菊香，攄説因被人求親，逼抑不允，將事誹謗，以致發誓不願事人，逐日禱告

真武降靈爲兒照察，因失雙目，不久無疾而生〔五〕，肉體顔色與生無異，臨終時秖言將我屍就壬癸方火化。何珏契勘九月九日正是

真武下降之辰，朱氏偶然而死，有龜蛇衛身，称化爲〔六〕壬癸方，切令依從焚化。纔發火，其朱氏化身於雲端告衆云：兒今不入六道，轉生於沂州劉籍家，不二十年，但記有劉生，名播天下。見有非毁兒身不正之事，任一火焚之，乃可辨認〔七〕，告辭而去。火過，骨有五色堅固舍利，光明粲然，衆皆求請供養。向者亂生誹謗等輩，並口患癰痔，膿血臭穢，各詣

真武殿哀告懺罪，漸獲安愈。袁州人家遞相戒忌，非飾口過，受持

真武香火。太守具奏

朝廷，承囬降下沂州勘會，屯田員外郎劉籍妻於〔八〕九月九日丑時委生一男，事無虚冒。准中書指揮本州支官錢就天慶觀

真武殿建醮，并就元北方化處權立照應，准備向去檢認異跡施行

七三 【梁公冠簪】

梁公冠簪
磁州有倚郭清泉女冠道宮戒行清脩磁人敬仰與天慶観相通磁人凡有醮
筵法事看誦経巻俱請清泉宮女冠為天慶観道士妬嫉買囑群小逐日攔截
宮門纔見有人入宮請召脩設遂来攪擾兼起謗言因此漸次無人来請召脩
設有女冠梁寂真年十七歲曽授北嶽法籙持課靈感遂早夜𤼵香對
真武像前哀訴伏願速彰報應尋有刑部員外郎黄勉新知磁州赴任將近城夜宿
平原鎮驛夢見一人紫袍金帶稱吾是清泉宮
北極殿掌籍判官為見磁州知通佐官皆不歷事惟務欺曲且如清泉宮見被天慶
観道士妬毀阻絶檀信如明公到任須治此枉費黄勉驚覺記録到任兩月餘
偶過清泉宮入謁
北極殿細認着紫判官顔貌似前夢中之人黄勉歸衙遂指揮軍巡等言與清泉宮
事件限半月要見公事將及限滿有村落社衆六十餘人年例来清泉宮建保
田蚕法醮其夜債有浮浪之人結集成群起逐社人彼軍巡捉到莊花三等十
四人押下訊問及勾到天慶観道士陳有章二十六人勘招州司量與科斷惟
首陳有章並莊花三並與編配奏裁黄勉又夢前日判官告說為天慶観亦是
奏安
北極四聖香火若將有章決配有玷吾教不須申奏
朝廷黄勉遂令結按疎放陳有章其莊花三編管别州不久梁寂真患瘡庚臭
穢身死葬於東門外官地經半年因通判蘇應之出城相度空務聞臭穢襲人
其地皆稱清泉宮葬梁寂真在蘇應之立追清泉公主首姚寂真等移往僻處
嵗殯使令開土但棺蓋浮懸一道不見死首抵有冠簪一條及赤蛇碧龜在内
所是臭穢變為異香應之焚香拜謝遂取龜蛇貴見黄勉因詳梁公在崇脩
真武香火故得死解之道獲顯龜蛇異事宜送清泉宮
真武殿供養三次送入殿三次相纏出門县外張口有傷人之意黄勉即焚香禱祝
莫是别安添置香火待奏
朝廷别立殿宇其龜蛇即回旋入殿一陣風起龜蛇不見本州開析保奏續降指
揮令守臣支上供錢如法建造
真武殿并立梁寂真祠堂贈通應妙化仙師自後本宮興降教法太振

梁公冠簪

磁州有倚郭清泉女冠道宮，戒行清脩，磁人敬仰。與天慶觀相通，磁人凡有醮
筵法事，看誦經卷，俱請清泉宮女冠。爲天慶觀道士妬嫉，買囑群小，逐日攔截
宮門，纔見有人入宮請召脩設，遂来攪擾，兼起謗言，因此漸次無人来請召脩
設。有女冠梁寂真年十七歲，曾授北嶽[一]法籙，持課靈感，遂早夜發香對
真武像前哀訴，伏願速彰報應。尋有刑部員外郎黄勉新知磁州赴任，將近城，夜宿
平原鎮驛，夢見一人紫袍金帶，稱吾是清泉宮
北極殿掌籍判官，爲見磁州知通佐官皆不歷事，惟務欺曲，且如清泉宮見被天慶
觀道士妬毀，阻絶檀信。如明公到任，須治此枉費[二]。黄勉驚覺記録。到任兩月餘，
偶過清泉宮，入謁
北極殿，細認着紫[三]判官顔貌，似前夢中之人。黄勉歸衙，遂指揮軍巡等，言與清泉宮
事件，限半月要見公事。將及限滿，有村落社衆六十餘人，年例来清泉宮建保

校記：

[一]『北嶽』，《道藏》本爲『北極』；
[二]『枉費』，《道藏》本爲『枉屈』，應是；
[三]『着紫』，《道藏》本爲『著紫』；
[四]『彼』，《道藏》本爲『被』，應是；
[五]『首』，《道藏》本爲『首惡』；
[六]『在』，《道藏》本爲『在此』；
[七]『姚寂真』，《道藏》本爲『姚寂冲』；
[八]『在』，《道藏》本爲『在生』，應是；
[九]『本官興降，教法太振』，《道藏》本爲『本宫興隆，教法大振』，應是，但『本宫』二字靈應本應是。

田蚕法醮，其夜復有浮浪之人結集成群趕逐社人，彼〔四〕軍巡捉到莊花三等十四人押下訊問，及勾到天慶觀道士陳有章二十六人，勘招州司量與科斷，惟首〔五〕陳有章並莊花三，並與編配奏裁。黄勉又夢前日判官告説：爲天慶觀亦是

奉安

北極四聖香火，若將有章決配，有玷吾教，不須申奏

朝廷。黄勉遂令結按踈放陳有章，其莊花三編管別州。不久梁寂真染患瘡痍，臭穢身死，葬於東門外官地。經半年，因通判蘇應之出城相度窑務，聞臭穢襲人，其地皆稱清泉宫葬梁寂真在〔六〕，蘇應之立追清泉公主首姚寂真〔七〕等移往僻處藏殯。便令開土，但棺盖浮懸一道，不見屍首，秖有冠簪一條，及赤蛇碧龜在內，所是臭穢變爲異香。應之焚香拜謝，遂取龜蛇賫見黄勉。因詳梁公在〔八〕崇修

真武香火，故得屍解之道，獲顯龜蛇異事，宜送清泉宫

真武殿供養。三次送入殿，三次相纏出門，曓外張口有傷人之意。黄勉即焚香禱祝：

莫是别要添置香火？待奏

朝廷別立殿宇。其龜蛇即回旋入殿，一陣風起，龜蛇不見。本州開析保奏，續降指

揮，令守臣支上供錢，如法建造

真武殿，并立梁寂真祠堂，贈『通應妙化仙師』，自後本宫興降，教法太振〔九〕。

七四 【聖井辨異】

聖井辨異
懷州開胭脂鋪謝景元景脩兄弟兄好遊治弟慕崇信本家自祖有家堂
真武凡事祈求無不感應景元耽酒呼慱家計漸壞乃思慕脩常言家堂
真武靈驗因懇告云今欲與人賭錢保當贏他人財物須得吉珓累次信用贏得一
二百貫後復懇求吉兆而去輒輸一百餘千發心歸来將
真武堂盡皆拆棄景脩再自脩完後景元賭慱日輸種種不利轉生怨恨一日景脩
上京販賣其兄毀拆聖堂其本像用刀碎劈棄向井中景元三日後忽患遍身
瘡癩膿血疔瀝死活不能景脩在京夢一小童披髮跣足渾身俱黃戴石盤枷
大哭告云手足皆傷疼痛不任近看却是數塊損碎黑木頭遂驚覺起来自省
家堂
真武必遭毀傷遂歸懷州見家堂委遭毀壞兄病惡瘡在床顧匠者脩蓋及下井取
真武木片榛成全身不期此井汲上水漿色如琥珀別有一般香異傳聞州府時知
州史館馬荀聞此奇異是日率州官来景脩家令人汲水辨認果見香異非常
及具述景元受報見患惡瘡馬荀令汲一盞井水與景脩吃纔飲水罷雲霧四
合見景脩空中立身彩雲遮擁仙鶴前引揖謝馬荀及辭衆云今朝見金闕白
日上昇馬脩備奏准
御札令懷州別造官屋充換謝景脩連井屋基破以省錢脩蓋謝景脩真人上昇觀
一所及蓋殿宇奉安聖井不許汲水或遇民間疾患許汲救治持賜聖水觀額
每歲撥恩澤披戴焚脩道童二人仍賜庄田房廊錢充常住所有兄㛐一房盡
歸景元存養自後家業熾盛一子及第後代異事也

校記：

［一］『遊冶』，《道藏》本爲『遊治』，應是；

［二］『慱』，《道藏》本爲『博』，應是，下同；

［三］『乃思慕脩』，《道藏》本爲『乃思景修』；

［四］『發心』，《道藏》本爲『發怒』，應是；

［五］『疔瀝』，《道藏》本爲『滴瀝』；

［六］『毀傷』，《道藏》本爲『毀壞』；

［七］『顧』，《道藏》本爲『雇』，應是；

［八］『果見』，《道藏》本爲『見』；

［九］『兄㛐』，《道藏》本爲『兄嫂』。

聖井辨異

懷州開胭脂鋪謝景元、景脩兄弟，兄好遊冶［一］，弟慕崇信。本家自祖有家堂
真武，凡事祈求，無不感應。景元耽酒呼慱［二］，家計漸壞，乃思慕脩［三］常言家堂
真武靈驗，因懇告云：今欲與人賭錢，保當贏他人財物，須得吉珓。累次信用，贏得一
二百貫，後復懇求吉兆而去，輒輸一百餘千。發心［四］歸來，將
真武堂盡皆拆棄。景脩再自脩完後，景元賭慱日輸，種種不利，轉生怨恨。一日景脩
上京販賣，其兄毀拆聖堂，其本像用刀碎劈，棄向井中。景元三日後忽患遍身
瘡癩，膿血疔瀝［五］，死活不能。景脩在京夢一小童，披髮跣足，渾身俱黃，戴石盤枷，
大哭告云：手足皆傷，疼痛不任。近看却是數塊損碎黑木頭，遂驚覺起来，自省
家堂
真武必遭毀傷［六］，遂歸懷州，見家堂委遭毀壞，兄病惡瘡在床。顧［七］匠者脩盖，及下井取
真武木片榛成全身，不期此井汲上水漿，色如琥珀，別有一般香異。傳聞州府，時知
州史館馬荀聞此奇異，是日率州官来景脩家令人汲水辨認，果見［八］香異非常，

及具述景元受報，見患惡瘡。馬荀令汲一盞井水與景脩吃，纔飲水罷，雲霧四合，見景脩空中立身，彩雲遮擁，仙鶴前引，揖謝馬荀及辞衆云：今朝見金闕，白日上昇。馬脩備奏，准

御扎令懷州别造官屋，兑换謝景脩連井屋基破，以省錢脩盖謝景脩真人上昇觀一所，及盖殿宇，奉安聖井，不許汲水，或遇民間疾患，許汲救治。特賜『聖水觀』額，每歲撥恩澤披戴焚脩道童二人，仍賜庄田房廊錢，充常住所有。兄㛐[九]一房盡歸景元存養，自後家業熾盛，一子及第，後代異事也。

七五【焦湖報惡】

校記：

〔一〕『撿察』，《道藏》本爲『檢察』，應是；
〔二〕『大州』，《道藏》本爲『大洲』；
〔三〕『來水』，《道藏》本爲『求水』，應是；
〔四〕『嫗與吃』，《道藏》本爲『與吃』；
〔五〕『本吴人』，《道藏》本爲『本爲吴人』；
〔六〕『婆曰』，《道藏》本爲『婆拜曰』；
〔七〕『一柱』，《道藏》本爲『一炷』；
〔八〕『并婦』，《道藏》本爲『及婦』；
〔九〕『戲轄』，《道藏》本爲『戲謔』；
〔一〇〕『看見』，《道藏》本爲『觀見』；
〔一一〕『男婦』，《道藏》本爲『男并婦』，應是；
〔一二〕『十里』，《道藏》本爲『奔馳十里』；
〔一三〕『着昏黑袍』，《道藏》本爲『著昏黑袍』；
〔一四〕『秖此』，《道藏》本爲『秖此得』；
〔一五〕『奏報』，《道藏》本爲『具奏』；
〔一六〕『男婦』，《道藏》本前面多了一個『并』字；
〔一七〕『舡舫』，《道藏》本爲『船舫』；
〔一八〕『至今』后面《道藏》本多了『祭奠』二字；
〔一九〕『西進城』，《道藏》本爲『西晉城』；
〔二〇〕『人舡』，《道藏》本爲『人船』；
〔二一〕『冤報』，《道藏》本爲『冤執』。

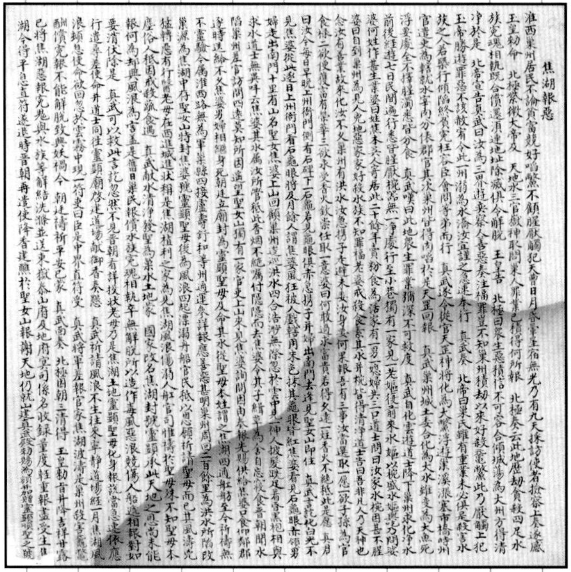
焦湖報惡

焦湖報惡

淮西巢州居民不論貧富，競好啗鱉，不顧腥厭，觸犯天曹，日月昏暈，星宿無光。乃有九天採訪使者撿察〔一〕上奏，遂感玉皇，勑命北極紫微大帝及天、地、水三官嶽神取問巢人罪業已積，得何所報？北極奏云：此地歷刼貪殺四足水族，冤魂相執，既合償還，須連地址除滅，俱令解脱。玉皇告北極曰：衆生惡積，信不可容，合傾城蕩爲大州〔二〕，方得清净。於是北帝宣告真武曰：汝爲三界遊奕，察人善惡，奏注福罪，豈不知巢州積刼以來好殺黿鱉，此乃厭觸上犯玉帝，勝遊罪惡，不該赦宥，令此一州溺爲水瀆，汝宜謹之，急速奉行。真武奏北帝曰：巢氏雖有重業，未必俱是殺害水族之人，若槩行傾陷，終負冤枉，容臣會問等弟而行。真武遂令從官天罡神將化爲大鱉，浮遊巢溪，漲塞市橋。時州官遣吏爲轄，就水宰肉分俵郡官，其次巢州皆得肉啗。於是天罡回報真武，巢州城土委合化爲大水，雖变爲大魚死浮要虜，全不擇腥濁，悉皆分食。真武嘆曰：此地衆生，罪業彌深，不可救度。真武自化雲遊道士降下巢州，求化净水，前後經遊七日，民間遍行，悉皆腥厭，椀器無一浄處。行至小巷，獨有一家，見一老嫗，復前來水[三]，嫗以椀盛水，嫗與吃[四]，乃問姿婆何姓，作甚生業？婆曰：姓焦，本吴人[五]，寄居此二十餘年，賣粉食爲活，家有一男一媳婦共三口。道士問曰：汝家水椀因甚不腥？婆曰：自到巢州，爲見人兇地惡，家家好殺水族，不知罪福，老婆戒殺食素，其水并椀皆得清浄。道士告曰：吾非凡人，乃天神也。念汝有善業，故來化汝。不久巢州有洪水，汝急携子走避，未委汝身要何果報？吾有三事，汝當選取一愿。一欲子孫爲官食禄，二欲便獲富有榮華，三欲永受香火欽崇，任取一意。婆曰[六]：何敢過求富貴，若得久遠一炷[七]香火不絶，秖此是愿。真君曰：汝今每日早晚上州衙門側看石碑下一石龜，若見龜眼俱赤，急携子并婦[八]出南門去，逢見聖女山即住。真武言訖，化白光不見。焦婆從此逐日上州衙門看石龜眼，將及月餘，人謂焦婆風狂，被人戲轄[九]，用朱色抹其龜眼皆紅。焦婆看見[一〇]石龜眼赤，領男婦[一一]走出南門，十里[一二]，有山名聖女，焦婆上山回顧巢州，逡巡洪水四合，浩渺無際。忽於雲中見一神人，披髮跣足，着昏黑袍[一三]，相與求水道士無异，叫云焦婆，其水屬汝所管，秖此[一四]香烟不絶。囑付隱隱而去。焦婆令其子緝草爲舍，自忘寝食。晉朝聞水陷巢州，差官訪問四遠，莫知所因，遥望聖女山獨有一家，官吏上山來見焦婆詢問因由，奏報[一五]先賜供給焦婆口食，仰鄰郡逐時送給。不久焦婆、男婦[一六]相繼身死，朝廷立廟封爲靈顯聖母，及命其水從聖母本姓，謂之焦湖。四通舡舫[一七]，至今[一八]祈禱無不靈驗。今属淮西路無爲軍巢縣，四接盧、壽、舒、和等州，通運參詳，報應善惡甚明。巢州周回二百餘里爲洪水所陷，改巢源爲焦湖，中存聖女山，特封焦婆號『靈顯聖母』。後爲風浪四起，漂溺舟船，官民秖以恩願祈請聖母而已，其風濤兇猛轉惡。有行醫老母在西進城[一九]進狀稱，是焦湖植利之家，爲見焦湖風浪傷溺人舡[二〇]官司，惟禱於聖母，殊不知聖母本塵俗人，秖因戒殺蔬食，遇真武献水清浄，發聖爲巢水土地，蒙國家改名焦湖，封號靈顯，承此天地之恩，尚未能報，何爲却興風浪爲害？盖是舊日巢民報償水族，寃魂相執，卒無觧脱，所以造作毒風惡浪，競傷人船，遞相報對。如要消伏，除是真武可以救此。言訖忽然不見。晉朝看詳投狀，老母乃是焦湖土地靈顯聖母化身報説，當急速依應行遣尋差使命并道士同往靈顯廟啓建道場，献御香奏懇真武，祈請風浪不生，往來寧静。道場經一月，焦湖風浪頓息，使命欲回，忽於雲霧中現一符吏曰：臣是中界直符，受真武將軍差報官家，焦湖波濤是巢州殺害黿鼉酬償寃報[二一]，不能觧脱，致興妖禍。今朝廷禱祈平安，已蒙真武面奏北極，因朝三清，得玉皇勑旨并降吉祥甘露，已將焦湖惡報寃鬼與水族等觧結洗滌，並送東嶽泰山府及地府冥司係名收録，量度輕重，報盡受生，焦湖今得平息。直符遂退。時晉朝再遣使降香建醮於聖女山，報謝天地，仍就山建真武殿，勑賜爲額，并加贈『靈顯順聖』之號。

七六 【虛財化礫】

校記：

〔一〕『被』，《道藏》本爲『彼』；

〔二〕『默默』，《道藏》本爲『默然』；

〔三〕『刼交』，《道藏》本爲『教』；

〔四〕『求取』，《道藏》本爲『求禱』，應是；

〔五〕『或衆』，《道藏》本爲『惑衆』，應是。

虛財化礫

韶州明陽宮有洞天，名青羅福地，昔神仙張嶽修真之處。遞年於五月五日正午時，有雜色飛鳥俱來洞前飛舞嘻噪，人謂衆禽随鸞鳳來儀，因作散禽齋會，掊率錢物，置備紙馬，以此名目讖獻

諸天星宿，燒過紙贈積聚，天曹無名收寄。致蒙

紫薇北極大帝，問殿前

四聖神將，時

真武出班奏曰：此非天曹合收，係韶州明陽宮詭詐規取，稱有鸞鳳來儀，誑達天曹。

又蒙

帝問：若明陽宮五月五日奏獻不實，因何是日諸禽飛聚？

真武復奏曰：此日午時係臣下降到被〔一〕，諸禽競來受臣法氣，解結披毛宿緣重業，所以舞躍嘻噪而去。

帝曰：天曹將無名紙馬收受將作何用？

真武奏云：可行下東嶽椿留支用，來年必無人燒獻。其明陽宮次年復會，四遠人民盡至洞前聚集，過申酉無一翅來，忽有一髼頭道人，用手指定宮門默默[二]而立，繼令人召到，却言今歲飛禽不集，社會永爲罷去，仍告與前項。因依却交[三]本宮向去，五月五日午時就洞前焚香，求取[四]

真武真君鮮禳，累年虚名率財冒達天曹之罪。若不信，三年内看有報。道人起身入青羅洞，更不見出宮門。不信，次年又率集其會，群飛又不至。及三年是日，因化紙狂風吹起，紙火從庫堂沿燒，約二時間，宮庭化爲瓦礫之地。韶州收録住持道士張安象勘招前項，故違聖諭，致遭天火，具奏取裁，准中書指揮。五月五日早朝，據司天臺奏，覩見天行飛火合燒韶州背逆正道宮觀，及有内臣凌招慶附神降言，

真武亦報火燒明陽宮，爲從邪或衆[五]，率錢非用，積犯天曹，化諭不改。今奉到事理，合其應驗。所是明陽宮更不立額，祇建

真武殿并小道院，別選羽士十人焚修。張安象特免決還俗，疎放合行。關告諸路道俗，今後禀信天地，無令有背正真之道。

七七 【假燭燒塵】

假燭燒塵
南安軍開隆觀元是
太上無極浄虛天主祖氏宅基緣南安居民惟崇
真武每至下降盡來燒獻香紙燈燭等觀前有一雜貨鋪觀凡有會設合用物件皆
於此鋪收買惟用蠟燭尤多却將臭穢牛脂觸朱破布僞作真浄蠟燭出賣不
惟煙氣薰觸上聖兼祭賽求福反求穢瀆被星辰天真及嶽瀆神明奏達
三清玉皇泊
天皇北極令下天曹諸司撿攢忽一日看
真武殿香火行者夢一神人報云觀前賣蠟燭者曾三世爲人世世惡業今姓黃名
禹猶賣穢脂假燭觸犯天曹罪惡貫盈永失六道合爲微塵今係右勝院
真武管察善惡既受天符以報黃禹之罪明日當自知之行者驚起告於道衆言猶
未畢黃禹店前有一老兒商量買燭十條要獻天曹須是真燭可矣黃禹怒云
我二十餘年賣此燭盡獻天曹何故云假今先買一條取火點看不覺驟風起
吹火燄沿燒屋宇老兒亦自不見其黃禹因貪救物致令火逼燒爲灰塵經一
時辰獨燒此家不留分文至火滅店内有一大柱不曾濫火正面如斧劈一片
上有天書隱記十人道衆俱來驗試並知是
真武真君聖近官司差人用紙筆抄録繞了其柱又從裏面火出執盡其意與觀中
行者昨夜之夢相似通露罪惡詳情由速招畢順南安軍太守不敢隱蔽尋録
一宗事情申奏
朝廷蒙看詳批降人之處世善惡由心善事如江海潮激來無形影去無根源惡
有速報如天地産物是處皆應可不謹之宜下南安軍休此立石碑於觀門以
顯
真武垂報無差仍布告中外以戒永世

校記：

[一]『觀』，《道藏》本爲『本觀』；
[二]『泊』，《道藏》本爲『曁』；
[三]『右勝院』，《道藏》本爲『佑勝院』，應是；
[四]『道衆』，《道藏》本爲『道流』；
[五]『驗試』，《道藏》本爲『驗讀』，應是；
[六]『聖近』，《道藏》本爲『聖迹』，應是；
[七]『差人』，《道藏》本爲『令人』；
[八]『執盡』，《道藏》本爲『燒盡』，應是；
[九]『詳情由，速招畢順』，《道藏》本爲『詳此情由，速招果報』；
[一〇]『潮激』，《道藏》本爲『潮波』。

假燭燒塵

南安軍開隆觀元是

太上無極净虛天主祖氏宅基，緣南安居民惟崇

真武，每至下降，盡來燒獻香紙、燈燭等。觀前有一雜貨鋪，觀[一]凡有會設，合用物件，皆

於此鋪收買。惟用蠟燭尤多，却將臭穢牛脂、觸朱破布僞作真净蠟燭出賣。不

惟煙氣薰觸上聖，兼祭賽求福，反求穢瀆。被星辰天真及嶽瀆神明奏達

三清玉皇，泊[二]

天皇北極令下天曹諸司撿攢。忽一日看

真武殿香火行者，夢一神人報云，觀前賣蠟燭者，曾三世爲人，世世惡業，今姓黃名

禹，猶賣穢脂假燭，觸犯天曹，罪惡貫盈，永失六道，合爲微塵。今係右勝院[三]

真武，管察善惡，既受天符，以報黃禹之罪，明日當自知之。行者驚起，告於道衆，言猶

未畢，黃禹店前有一老兒商量買燭十條，要獻天曹，須是真燭可矣。黃禹怒云，

我二十餘年賣此燭，盡獻天曹，何故云假。今先買一條取火點看，不覺驟風起

吹，火燄沿燒屋宇，老兒亦自不見。其黃禹因貪救物，致令火逼燒爲灰塵，經一

時辰，獨燒此家，不留分文。至火滅，店内有一大柱不曾濫火，正面如斧劈一片，
上有天書隱記，士人道衆[四]俱來驗試[五]，並知是
真武真君聖近[六]，官司差人[七]用紙筆抄録纔了，其柱又從裏面火出執盡[八]，其意與觀中
行者昨夜之夢相似，通露罪惡，詳情由，速招畢順[九]。南安軍太守不敢隱蔽，尋録
一宗事情，申奏
朝廷，蒙看詳批降，人之處世，善惡由心，善事如江海潮激[一〇]，來無形影，去無根源；惡
有速報，如天地産物，是處皆應，可不謹之。宜下南安軍依此立石碑於觀門，以
顯
真武垂報無差，仍布告中外，以戒永世。

七八 【叙功賜銜奉御制讚】

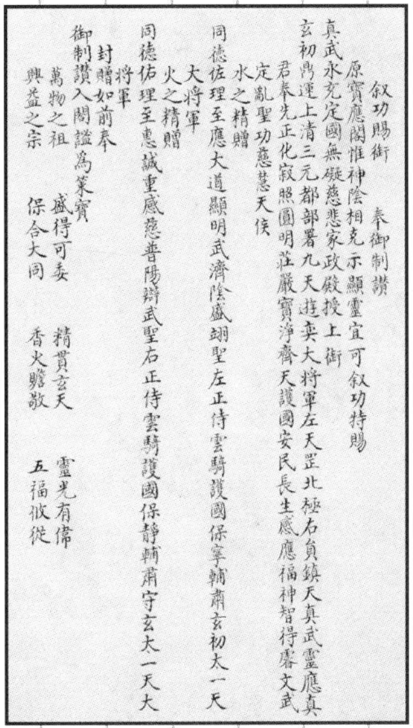
叙功賜銜　奉御制讚
原寶應閣惟神陰相克示顯靈宜可叙功特賜
真武永充定國無礙慈悲家政殿授上銜
玄初鼎運上清三元都部署九天遊奕大將軍左天罡北極右員鎮天真武靈應真
君奉先正化寂照圓明莊嚴寶淨齊天護國安民長生感應福神智得睿文武
定亂聖功慈慧天使
水之精贈
同德佐理至應大道顯明武濟陰盛翊聖左正侍雲騎護國保寧輔甫玄初太一天
大將軍
火之精贈
同德佑理至惠誠重感慈普陽蹟武聖右正侍雲騎護國保静輔甫守玄太一天大
將軍
封贈如前奉
御制讚入閣謚爲萊寶
萬物之祖　盛得可委　精貫玄天　靈光有偉
興益之宗　保合大同　香火贍敬　五福攸從

叙功賜銜　　奉御制讚
原寶應閣[一]，惟神陰相克示顯靈，宜可叙功，特賜
真武，永充定國，無礙慈悲，家政殿授上銜，
玄初鼎運上清三元都部署九天遊奕大將軍左天罡北極右員[二]鎮天真武靈應真
君，奉先正化寂照圓明莊嚴寶淨齊天護國安民長生感應福神、智得睿[三]文武

校記：
[一]『原寶應閣』，《道藏》本爲『敕寶應閣』；
[二]『右員』，《道藏》本爲『右垣』，應是；
[三]『睿』，《道藏》本爲『孝睿』，應是；
[四]『感慈普』，《道藏》本爲『感慈普濟』，應是；
[五]『盛得』，《道藏》本爲『盛德』，應是；
[六]『有偉』，《道藏》本爲『有煒』。

定亂聖功慈慧天侯。

水之精，贈

同德佐理至應大道顯明武濟陰盛翊聖左正侍雲騎護國保寧輔肅玄初太一天

大將軍。

火之精，贈

同德佐理至惠誠重感慈普[四]陽辯武聖右正侍雲騎護國保靜輔肅守玄太一天大

將軍。

封贈如前，奉

御制讚，入閤謚爲策寶。

萬物之祖，盛得[五]可委，精貫玄天，靈光有偉。[六]

興益之宗，保合大同，香火瞻敬，五福攸從。

校記：

[一]『僧道』，《道藏》本爲『道釋』；

[二]『其上』，《道藏》本爲『其亭上』；

[三]《道藏》本在『之下』之後有『咸知』二字。

七九 【黃榜榮輝】

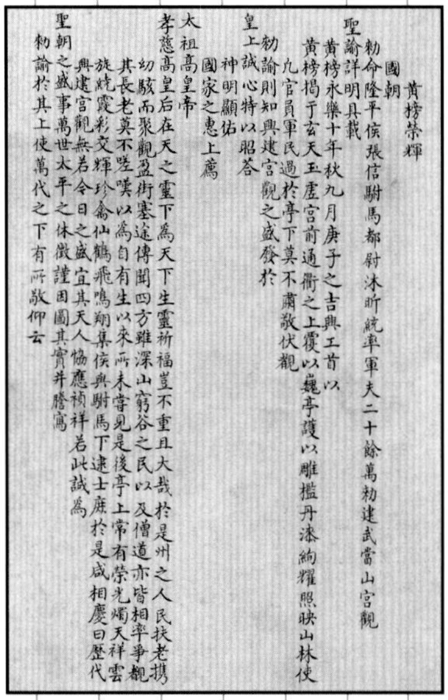
黃榜榮輝
國朝
勑命隆平侯張信駙馬都尉沐昕統率軍夫二十餘萬勑建武當山宮觀
聖諭詳明具載
黃榜永樂十年秋九月庚子之吉興工首以
黃榜揭于玄天玉虛宮前通衢之上覆以龜亭護以雕檻丹漆絢耀照映山林使
凡官員軍民過於亭下莫不肅敬伏觀
勑諭則知興建宮觀之盛發於
皇上誠心特以昭荅
神明顯佑
國家之恵上薦
太祖高皇帝
孝慈高皇后在天之靈下爲天下生靈祈福豈不重且大哉於是州之人民扶老攜
幼駭而聚觀盈街塞途傳聞四方雖深山窮谷之民以及僧道亦皆相率爭覩
其長老莫不嗟嘆以爲自有生以來所未嘗見是後亭上常有榮光燭天祥雲
旋繞霞彩交輝珍禽仙鶴飛鳴翔集侯與駙馬下逮士庶於是咸相慶曰歷代
興建宮觀無若今日之盛宜其天人協應禎祥若此誠爲
聖朝之盛事萬世太平之休徵謹因圖其實并謄寫
勑諭於其上使萬代之下有所敬仰云

黃榜榮輝

國朝

勑命隆平侯張信、駙馬都尉沐昕統率軍夫二十餘萬，勑建武當山宫觀，
聖諭詳明，具載
黄榜。永樂十年秋九月庚子之吉興工，首以
黄榜揭于玄天玉虚宫前通衢之上，覆以巍亭，護以雕檻，丹漆絢耀，照映山林，使
凡官員軍民過於亭下，莫不肅敬，伏覩
勑諭，則知興建宫觀之盛，發於
皇上誠心，特以昭荅
神明，顯佑
國家之惠。上薦
太祖高皇帝、
孝慈高皇后在天之靈，下爲天下生靈祈福，豈不重且大哉！於是州之人民扶老携
幼，駭而聚觀，盈街塞途，傳聞四方，雖深山窮谷之民以及僧道〔一〕亦皆相率争覩，
其長老莫不嗟嘆，以爲自有生以來所未嘗見。是後亭上常有榮光燭天，祥雲
旋繞，霞彩交輝，珍禽仙鶴，飛鳴翔集。侯與附馬下逮士庶，於是咸相慶曰，歷代
興建宫觀，無若今日之盛，宜其天人協應，禎祥若此，誠爲
聖朝之盛事，萬世太平之休徵。謹因圖其實，并謄寫
勑諭於其上〔二〕，使萬代之下〔三〕有所敬仰云。

八〇【榔梅呈瑞】

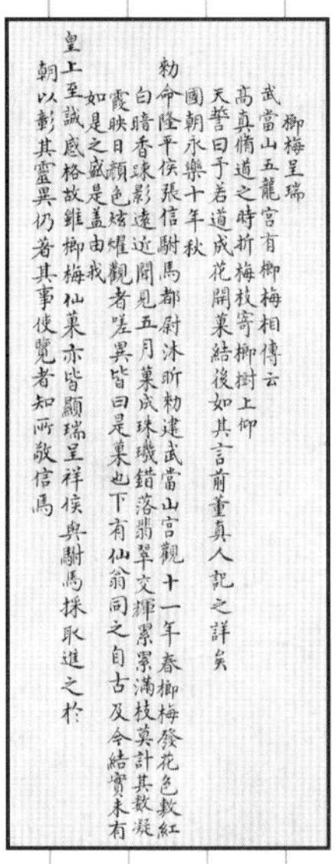
榔梅呈瑞
武當山五龍宫有榔梅相傳云
高真脩道之時折梅枝寄榔樹上仰
天誓曰予若道成花開菓結後如其言前董真人記之詳矣
國朝永樂十年秋
勑命隆平侯張信駙馬都尉沐昕勑建武當山宫觀十一年春榔梅發花色敷紅
白暗香踈影遠近聞見五月菓成珠璣錯落翡翠交輝累累滿枝莫計其數凝
霞映日顔色炫燿觀者嗟異皆曰是菓也下有仙翁同之自古及今結實未有
如是之盛是蓋由我
皇上至誠感格故雖榔梅仙菓亦皆顯瑞呈祥侯與駙馬採取進之於
朝以彰其靈異仍著其事使覧者知所敬信焉

榔梅呈瑞

武當山五龍宫有榔梅，相傳云，

高真脩道之時，折梅枝寄榔樹上，仰

天誓曰：予若道成，花開菓結。後如其言，前董真人記之詳矣。

國朝永樂十年秋，

勑命隆平侯張信、駙馬都尉沐昕勑建武當山宫觀。十一年春，榔梅發花，色敷紅白，暗香踈影，遠近聞見。五月菓成，珠璣錯落，翡翠交輝，累累滿枝，莫計其数。凝霞映日，顔色炫耀，觀者嗟異，皆曰，是菓也，下有仙翁同之[一]，自古及今，結實未有如是之盛，是盖由我

皇上至誠感格，故雖榔梅仙菓，亦皆顯瑞呈祥。侯與駙馬採取進之於

朝，以彰其靈異。仍著其事，使覽者知所敬信焉。

校記：

[一]『同之』，《道藏》本爲『司之』，應是。

八一【神留巨木】

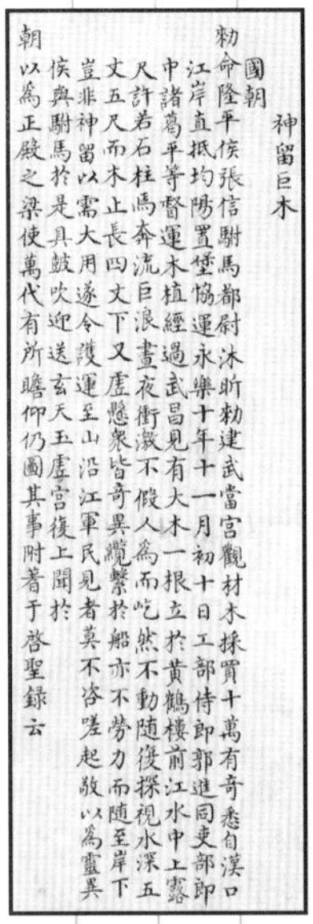
神留巨木
國朝
勑命隆平侯張信駙馬都尉沐昕勑建武當宫觀材木採買十萬有奇悉自漢口
江岸直抵均陽置堡協運永樂十年十一月初十日工部侍郎郭進同吏部郎
中諸葛平等督運木植經過武昌見有大木一根立於黄鶴樓前江水中上露
尺許若石柱焉奔流巨浪晝夜衝激不假人爲而屹然不動隨役探視水深五
丈五尺而木止長四丈下又虚懸衆皆奇異纜繫於船亦不勞力而隨至岸下
豈非神留以需大用遂令護運至山沿江軍民見者莫不咨嗟起敬以爲靈異
侯與駙馬於是具鼓吹迎送玄天玉虚宫復上聞於
朝以爲正殿之梁使萬代有所瞻仰仍圖其事附著于啓聖録云

校記：

[一] 文中『隨』，《道藏》本作『隨』；

神留巨木

國朝

勅命隆平侯張信、駙馬都尉沐昕勅建武當宫觀，材木採買十萬有奇，悉自漢口江岸直抵均陽，置堡協運。永樂十年十一月初十日，工部侍郎郭進同吏部郎中諸葛平等督運木植經過武昌，見有大木一根立於黄鶴樓前江水中，上露尺許，若石柱焉。奔流巨浪，晝夜衝激，不假人爲而屹然不動。随〔一〕復探視，水深五丈五尺，而木止長四丈，下又虚懸，衆皆奇異。纜繫於船，亦不勞力，而随至岸下，豈非神留以需大用？遂令護運至山，沿江軍民見者莫不咨嗟起敬，以爲靈異。侯與駙馬於是具鼓吹迎送玄天玉虚宫，復上聞於

朝，以爲正殿之梁，使萬代有所瞻仰。仍圖其事附著于《啓聖録》云。

八二 【三聖現形】

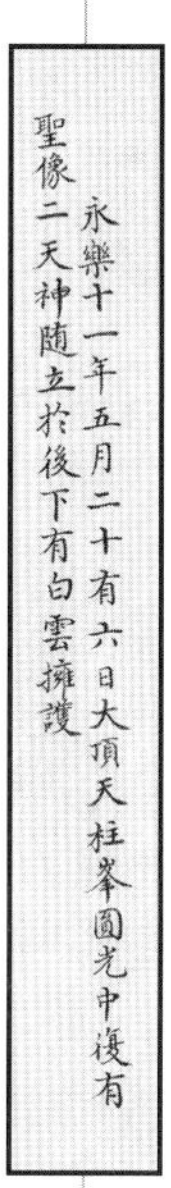
永樂十一年五月二十有六日大頂天柱峯圓光中復有
聖像二天神随立於後下有白雲擁護

永樂十一年五月二十有六日，大頂天柱峰圓光〔一〕中復有

聖像，二天神随立於後，下有白雲擁護。

校記：

〔一〕『圓光』之後，《道藏》本有『再現光』三字，其它全同。

八三 【三聖現形】

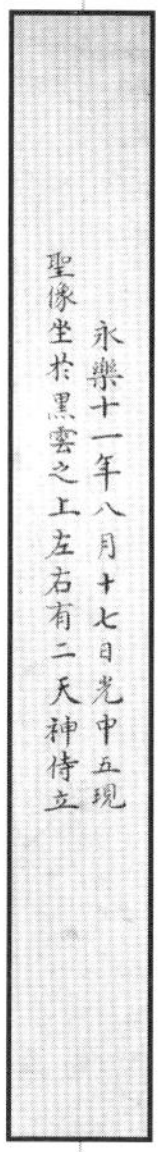
永樂十一年八月十七日光中五現
聖像坐於黑雲之上左右有二天神侍立

永樂十一年八月十七日，光中五現

聖像，坐於黑雲之上，左右有二天神侍立。

校記：

該文與正統《道藏》本録文完全相同。

【主要參考文獻】

中文書目：

一、藝術類

[唐] 張彥遠：《歷代名畫記》，北京，人民美術出版社，一九六三年。

[宋] 黄休復：《益州名畫録》，北京，人民美術出版社，一九八三年。

[宋] 米芾：《畫史》，臺北，臺灣商務印書館，一九八三年。

[宋] 佚名：《宣和畫譜》，長沙，湖南美術出版社，一九九九年。

[宋] 郭若虛：《圖畫見聞志》，北京，人民美術出版社，一九八三年。

[元] 佚名：《元代畫塑記》，北京，人民美術出版社，一九八三年。

佛山市博物館藏：《真武靈應圖册》，佛山。

鄭振鐸：《中國版畫史圖録》，上海，中國版畫史社，一九四〇年。

黄賓虹、鄧實：《美術叢書》，上海，神州國光社，一九四七年。

張光福：《中國美術史》，北京，知識出版社，一九八二年。

于安瀾：《畫品叢書》，上海，上海人民美術出版社，一九八二年。

李澤厚：《美的歷程》，北京，中國社會科學出版社，一九八四年。

陳高華：《宋遼金畫家史料》，北京，文物出版社，一九八四年。

[德] 潘諾夫斯基著、傅志强譯：《視覺藝術的含義》，瀋陽，遼寧美術出版社，一九八七年。

陳履生：《神畫主神研究》，北京，紫禁城出版社，一九八七年。

[日] 曾布川寬：《唐代龍門石窟造像研究》，原載《東方學報》第六十册，京都，一九八八年。

[美] 博厄斯著、金輝譯：《原始藝術》，上海，上海文藝出版社，一九八九年。

[奥地利] 貢布里希著、楊思梁、范景中編譯：《象徵的圖像》，杭州，浙江攝影出版社，一九九〇年。

[美] 羅伯特·萊頓著、靳大成等譯：《藝術人類學》，北京，文化藝術出版社，一九九二年。

曹意强、洪再辛編：《圖像與觀念——范景中學術論文選》，廣州，嶺南美術出版社，一九九二年。
中國美術全集編輯委員會編：《中國美術全集》。
中國石窟敦煌文物研究所編：《中國石窟》。
中國壁畫全集編輯委員會編：《中國壁畫全集》。
中國大百科全書總編輯委員會編：《中國大百科全書》美術卷。
楊仁愷：《中國書畫》，上海，上海古籍出版社，一九九四年。
金維諾等：《中國宗教美術史》，南昌，江西美術出版社，一九九五年。
山西省博物館編：《寶寧寺明代水陸畫》，北京，文物出版社，一九九五年。
［奥地利］貢布里希著，范景中等譯：《理想與偶像》，上海，上海人民美術出版社，一九九六年。
宿白：《中國石窟寺研究》，北京，文物出版社，一九九六年。
黎方銀：《大足石刻藝術》，重慶，重慶出版社，一九九六年。
金維諾：《永樂宫壁畫全集》，天津，天津人民美術出版社，一九九七年。
楊泓：《美術考古半世紀——中國美術考古發現史》，北京，文物出版社，一九九七年。
王昆吾：《中國早期藝術與宗教》，北京，東方出版社，一九九八年。
楚啓恩：《中國壁畫史》，北京，北京工藝美術出版社，二〇〇〇年。
楊泓：《漢唐美術考古和佛教藝術》，北京，科學出版社，二〇〇〇年。
鄧啓耀：《宗教美術意象》，昆明，雲南人民出版社，二〇〇〇年。
劉道廣：《中國神話裝飾》，南寧，廣西美術出版社，二〇〇〇年。
顧森：《秦漢繪畫史》，北京，人民美術出版社，二〇〇〇年。
信立祥：《漢代畫像石綜合研究》，北京，文物出版社，二〇〇〇年。
曹意强：《藝術與歷史》，杭州，中國美術學院出版社，二〇〇一年。
賀西林：《古墓丹青——漢代墓室壁畫的發現與研究》，西安，陝西人民美術出版社，二〇〇一年。

劉鳳君：《美術考古學導論》，濟南，山東大學出版社，二〇〇二年。
李淞：《長安藝術與宗教文明》，北京，中華書局，二〇〇二年。
鄭岩：《魏晋南北朝壁畫墓研究》，北京，文物出版社，二〇〇二年。
張光直：《美術、神話與祭祀》，瀋陽，遼寧教育出版社，二〇〇二年。
宫大中：《龍門石窟藝術》，北京，人民美術出版社，二〇〇二年。
［日］吉村憐：《天人誕生圖研究——東亞佛教美術史論文集》，北京，中國文聯出版社，二〇〇二年。
王育成：《明代彩繪全真宗祖圖研究》，北京，中國社會科學出版社，二〇〇三年。
［德］赫爾穆特·吴黎熙著，李雪濤譯：《佛像解説》，北京，社會科學文獻出版社，二〇〇三年。
黄苗子：《藝林一枝——古美術文编》，北京，三聯書店，二〇〇三年。
周天游主编：《唐墓壁畫研究文集》，西安，三秦出版社，二〇〇三年。
沈寧编：《滕固藝術文集》，上海，上海人民美術出版社，二〇〇三年。
中山大學藝術史研究中心编：《藝術史研究》，廣州，一至五輯。

二 宗教類

［明］張宇初：《正統道藏》，上海書店、文物出版社、天津古籍出版社，一九九四年。
宗力、劉群：《中國民間諸神》，石家莊，河北人民出版社，一九八六年。
卿希泰：《中國道教史》，成都，四川人民出版社，一九八八年。
劉志文：《中國民間信神俗》，廣州，廣東旅游出版社，一九九一年。
任繼愈：《道藏提要》，北京，中國社會科學出版社，一九九一年。
羅納德·L·約翰斯通：《社會中的宗教》，成都，四川人民出版社，一九九一年。
［英］布林·莫利斯著，周國黎譯：《宗教人類學》，北京，今日中國出版社，一九九二年。
胡道静等：《藏外道書》，成都，巴蜀書社，一九九二年。
陳麟書、袁亞愚：《宗教社會學通論》，成都，四川大學出版社，一九九二年。

南懷瑾：《禪宗與道家》，上海，復旦大學出版社，一九九二年。
王光德、楊立志：《武當道教史略》，北京，華文出版社，一九九三年。
史宗：《二十世紀西方宗教人類學文選》上、下卷，上海，上海三聯書店出版，一九九五年。
陳麟書：《宗教觀的歷史·理論·現實》，成都，四川大學出版社，一九九六年。
張志剛：《宗教文化學導論》，北京，東方出版社，一九九六年。
時光等：《宗教學引論》，北京，中央民族大學出版社，一九九七年。
任繼愈：《中國道教史》，上海，上海人民出版社，一九九七年。
吕大吉：《宗教學通論新編》，北京，中國社會科學出版社，一九九八年。
陳麟書等：《宗教學原理》，北京，宗教文化出版社，一九九九年。
馬書田：《華夏諸神》，北京，北京燕山出版社，一九九九年。
謝路軍：《宗教詞典》，北京，學苑出版社，一九九九年。
［美］韓森著、包偉民譯：《變遷之神——南宋時期的民間信仰》，杭州，浙江人民出版社，一九九九年。
張育英：《中國佛道藝術》，北京，宗教文化出版社，二〇〇〇年。
［法］安娜·塞德爾著、蔣見元等譯：《西方道教研究史》，上海，上海古籍出版社，二〇〇〇年。
金澤：《宗教人類學導論》，北京，宗教文化出版社，二〇〇一年。
王從仁：《玄武》，上海，學林出版社，二〇〇二年。
鄭志明：《宗教藝術、傳播與媒介》，臺灣，南華大學宗教研究中心，二〇〇二年。
中國大百科全書總編輯委員會編：《中國大百科全書》宗教卷。
薛藝兵：《神聖的娛樂：中國民間祭祀儀式及其音樂的人類學研究》，北京，宗教文化出版社，二〇〇三年。
賈二强：《唐宋民間信仰》，福州，福建人民出版社，二〇〇三年。
陳耀庭：《道教禮儀》，北京，宗教文化出版社，二〇〇三年。
鄭振滿、陳春聲主編：《民間信仰與社會空間》，福州，福建人民出版社，二〇〇三年。

閔智亭：《道教儀範》，北京，宗教文化出版社，二〇〇四年。
姜伯勤：《中國祆教藝術史研究》，北京，生活·讀書·新知三聯書店，二〇〇四年。
李亦園：《宗教與神話》，桂林，廣西師範大學出版社，二〇〇四年。

三　其他類

沈從文：《中國古代服飾研究》，北京，商務印書館，一九八一年。
［日］綾部恒雄主編、周星等譯：《文化人類學的十五種理論》，貴陽，貴州人民出版社，一九八八年。
羅哲文：《中國古代建築》，上海，上海古籍出版社，一九九〇年。
王鐘陵：《中國前期文化——心理研究》，重慶，重慶出版社，一九九一年。
尚秉和：《歷代社會風俗事物考》，長沙，岳麓書社，一九九一年。
華梅：《中國服裝史》，天津，天津人民美術出版社，一九九一年。
上海市戲曲學校中國服裝史研究組編：《中國歷代服飾》，上海，學林出版社，一九九一年。
李亦園：《文化的圖像》，臺灣，允晨文化實業公司，一九九二年。
烏丙安：《中國民俗學》，沈陽，遼寧大學出版社，一九九二年。
王仁湘：《飲食與中國文化》，北京，人民出版社，一九九四年。
武當山志編纂委員會編：《武當山志》，北京，新華出版社，一九九四年。
李幼蒸：《結構與意義》，北京，中國社會科學出版社，一九九六年。
黃淑娉、龔佩華：《文化人類學理論方法研究》，廣州，廣東高等教育出版社，一九九六年。
李亦園：《人類的視野》，上海，上海文藝出版社，一九九六年。
阮長江：《中國歷代家具圖録大全》，南昌，江西美術出版社，一九九六年。
［法］萊維·斯特勞斯著、李幼蒸譯：《野性的思維》，北京，商務印書館，一九九七年。
王築生：《人類學與西南民族》，昆明，雲南大學出版社，一九九八年。
周星：《境界與象徵：橋和民俗》，上海，上海文藝出版社，一九九八年。

梁思成：《圖像中國雕塑史》，天津，百花文藝出版社，一九九八年。
鍾敬文：《民俗學概論》，上海，上海文藝出版社，一九九八年。
[日]渡邊欣雄著、周星譯：《漢族的民俗宗教》，天津，天津人民出版社，一九九八年。
[美]馬爾庫斯、費徹爾著，王銘銘等譯：《作爲文化批評的人類學——一個人文學科的實驗時代》，北京，生活·讀書·新知三聯書店，一九九八年。
[美]克利福德·格爾茲著、納日碧力戈等譯：《文化的解釋》，上海，上海人民出版社，一九九九年。
[法]塗爾干著、林宗錦等譯：《宗教生活的基本形式》，上海，上海人民出版社，一九九九年。
[法]萊維·斯特勞斯著、俞宣孟等譯：《結構人類學》第二卷，上海，上海譯文出版社，一九九九年。
[法]萊維·斯特勞斯著、王志明譯：《憂鬱的熱帶》，北京，生活·讀書·新知三聯書店，二〇〇〇年。
高丙中：《民俗文化與民俗生活》，北京，中國社會科學出版社，二〇〇〇年。
梁思成：《圖像中國建築史》，天津，百花文藝出版社，二〇〇一年。
楊念群主編：《空間·記憶·社會轉型》，上海，上海人民出版社，二〇〇一年。
易中天：《藝術人類學》，上海，上海文藝出版社，二〇〇一年。
傅謹：《草根的力量——臺州戲班的田野調查與研究》，南寧，廣西人民出版社，二〇〇一年。
周錫保：《中國古代服飾史》，北京，中國戲劇出版社，二〇〇二年。
王魯民：《中國古代建築思想史綱》，武漢，湖北教育出版社，二〇〇二年。
劉敦楨主編：《中國古代建築史》，北京，中國建築工業出版社，二〇〇二年。
曹之：《中國古籍版本學》，武漢，武漢大學出版社，二〇〇二年。
[英]馬林諾夫斯基著、梁永佳等譯：《西太平洋的航海者》，北京，華夏出版社，二〇〇二年。
[英]雷蒙德·弗思著、費孝通譯：《人文類型》，北京，華夏出版社，二〇〇二年。
周大鳴主編：《二十一世紀人類學》，北京，民族出版社，二〇〇三年。
中國武當文化叢書編纂委員會編：《武當山歷代志書集注》（一），武漢，湖北科學技術出版社，二〇〇三年。

［法］茨維坦·托多羅夫著、王國卿譯：《象徵理論》，北京，商務印書館，二〇〇四年。
《歷史人類學學刊》第一卷第一期（二〇〇三）、第二卷第一期（二〇〇四）。
趙毅衡編選：《符號學文學論文集》，天津，百花文藝出版社，二〇〇四年。

四 論文類

劉昭瑞：《談考古發現的道教『解注文』》，《敦煌研究》，一九九一年第四期。
蕭百芳：《從宋徽宗崇道嗜藝術的角度觀〈宣和畫譜〉的道釋繪畫》，臺灣臺南，《道教學探索》，第四號，一九九一年。
劉昭瑞：《〈太平經〉與考古發現的東漢鎮墓文》，《世界宗教研究》，一九九二年第四期。
陳春聲、陳文惠：《社神崇拜與社區地域關係——樟林三山國王研究》，《中山大學史學集刊》第二輯，一九九四年。
劉志偉：《神明的正統性與地方化——關於珠江三角洲地區北帝崇拜的一個解釋》，《中山大學史學集刊》第二輯，一九九四年。
劉昭瑞：《早期道教用印考述》，臺灣臺南，《道教學探索》，第八號，一九九四年。
石奕龍：《晉江石圳村的鬼神信仰》，《中國社會經濟史研究》，一九九四年第二期。
劉志偉：《大族陰影下的民間神祭祀：沙灣的北帝崇拜》，《寺廟與民間文化研討會論文集》，臺北，行政院文化建設委員會，一九九五年。
王清建：《論漢畫中的玄武形象》，《中原文物》，一九九五年第三期。
曾召南：《宋元明皇室崇信真武緣由芻議》，《宗教學研究》，一九九六年第二期。
劉昭瑞：《論『黃神越章』——兼談黃巾口號的意義及相關問題》，《歷史研究》，一九九六年第一期。
石奕龍：《臨水夫人信仰及其對民俗活動的影響與解釋》，《民俗研究》，一九九六年第三期。
麻國慶：《民間概念》，《讀書》，一九九七年第八期。
王卡：《〈大明玄天上帝瑞應圖録〉目擊記》，見《道韻》第四輯，臺灣中華道統出版社，一九九八年。

麻國慶：《『會』與中國傳統村落社會》，《民俗研究》，一九九八年第二期。

林聖智：《明代道教圖像學研究：以〈玄帝瑞應圖〉爲例》，臺灣，《美術史研究集刊》，一九九九年。

陳春聲：《信仰空間與社區歷史的演變——以樟林的神廟系統爲例》，《清史研究》，一九九九年第二期。

鄭阿財：《從敦煌文獻看唐五代的玄武信仰》，臺灣，《道教的歷史與文學》。

唐代劍：《論真武神在宋代的塑造與流傳》，《中國文化研究》，二〇〇〇年秋之卷。

賴富本宏：《佛教圖像學的成果和問題點》，《世界宗教研究》，二〇〇〇年第二期。

劉昭瑞：《從出土文物材料看道教投龍儀——兼論投龍儀的起源》，《道家與道教：第二届國際學術研討會論文集》，廣東人民出版社，二〇〇一年。

陳春聲：《正統性、地方化與文化的創製——潮州民間神信仰的象徵與歷史意義》，《史學月刊》，二〇〇一年第一期。

劉昭瑞：《考古發現與民俗學研究二三事》，《中山大學學報》，二〇〇一年第二期。

耿敬：《民間儀式與國家懸置》，《社會》，二〇〇三年第三期。

梅莉：《明清時期的真武信仰與武當山朝山進香》，武漢，武漢大學博士論文，二〇〇三年。

徐魯亞：《神話與傳説——論人類學文化撰寫範式的演變》，北京，中央民族大學博士論文，二〇〇三年。

孫春花：《藝術人類學簡史》，北京，中央民族大學碩士論文，二〇〇四年。

英文書目：

Osvald Siren, *Chinese Sculpture from the Fifth to the Fourteenth Centuries*, London, 1925.

Willem A. Grootaers, "*The Hagiography of the Chinese God Chen-wu*", Folklore Studies, vol. XI, no.2, 1952.

Mircea Eliade, *The Sacred and The Profane: The Nature of Religion*, New York: Harcourt Brace Jovanovich, 1957.

Turner, Victor, *Drama, Fields and Metaphors: Symbolic Action in Human Society*, Ithaca, New York:

Cornell University Press, 1974.

Kiyohiko Munakata, *Sacred Mountains in Chinese Art: An Exhibition Organized by the Krannert Art Museum at the University of Illinois*, Baltimore: University of Illinois Press, 1991.

Coote, Jeremy and A. Shelton (eds.), *Anthropology, Art and Aesthetics*, Oxford:Clarendon Press, 1992.

Kristofer Schipper: *The Taoist Body*, Translated by Karen C. Duval. Berkeley: University of California Press, 1993.

Richard Barnhart, Painters of the Great Ming: *The Imperial Court and the Zhe School*,Dallas: The Dallas Museum of Art, 1993.

Anning Jing, *Yongle Palace: The Transformation of the Daoist Pantheon during the Yuan Dynasty (1260——1368)*, Ph.D.Diss.,Princeton University,1994.

Marcus, George E. and Fred R. Myers (eds.), *The Traffic in Culture: Refiguring Art and Anthropology*, Berkeley: University of California Press, 1995.

Stephen Little with Shawn Eichman edit. *Taoism and the Arts of China*, The Art Institute of Chicago, 2000.

Wang Jianxin, *Uyghur Education and Social Order: The Role of Islamic Leadership in the Turpan Basin*. Studia Culturae Islamicae No.76, Research Institute for Languages and Cultures of Asia and Africa, Tokyo University of Foreign Studies, 2004.

日文書目：

曾布川寬：《昆侖山への升仙：古代中國人が描いた死后の世界》，東京，中央公論社，一九八一年。

宮家准：《宗教民俗學》，東京，東京大學出版社，一九九〇年。

坂出祥伸：《『氣』と道教神像の形成》，《文藝論叢》第四十二號，京都，一九九四年。

島天修二郎：《中國の説話插圖について》，收於《中國繪畫史研究》，東京，中央公論社，一九九三年。

後記

《真武圖像研究》一書的完成，首先要感謝導師劉昭瑞先生的悉心指導和鼓勵。宗教圖像研究對我而言是一個新領域，因此在研究過程中不免遇到許多意想不到的困難，多虧導師在理論和資料方面的悉心指導和大力支持，尤其是提供了大量相關的圖書資料，在很大程度上彌補了我資料的不足。劉老師在圖像題記資料的審校方面也費時頗多。劉老師治學嚴謹，學問淵博，我從學六年，雖常有未能登堂入室之憾，但他嚴謹治學、扎實幹事、堂正做人的風格，使我終生受益。

本人在寫作過程中得到了多位師長的指導和幫助，中山大學的黃淑娉教授、陳春聲教授、劉志偉教授、周大鳴教授、王建新教授、許永杰教授、麻國慶教授、鄧啓耀教授、何國强教授等都或理論指導或提供資料或答疑解惑，在此謹致衷心的謝忱。

本書的寫作還得到佛山市文化廣電新聞出版局徐東濤局長、公孫寧副局長和局文物科鄧光民科長的大力支持，佛山市博物館不僅提供了基本的研究資料，從王暉、黃玉冰兩位館長到各業務部門的專業人員都提供了許多幫助和力所能及的支持，其中程宜、高宇峰、高天帆、鄺倩華、何凱峰等同志在圖片處理方面提供了不少幫助。山西省美術家協會會員楊文生先生承擔了大部分綫圖的繪製工作。

中山大學歷史人類學研究中心、佛山市圖書館、湖北武當山文物宗教局、福建晉江博物館等單位，或安排學習機會或提供珍貴資料。武漢大學的楊國安博士、華中師範大學的梅莉博士在田野調查和資料收集方面給予了無私的幫助。來自臺灣的周益民同學、廣東省博物館的朱萬章研究員等都提供了不少有用的資料。

本書還得到了妻子周艷和家人的大力支持，解除了不少後顧之憂，使我能集中精力按時完成該項研究。

本書完成後，經由導師劉昭瑞教授的推薦，香港青松觀董事局主席麥子飛先生、副主席梁發先生、葉長清先生、總秘書周和來先生，香港道教學院教務主任鄺國强博士、行政主任李永明先生等先後來佛山商討有關出版事宜，最後經香港青松觀董事局確定在文物出版社出版精裝豪華本《真武圖像研究》一書，香港青松觀資助全部費用。在本書即將付梓之際，特向襄助此事的周和來、鄺國强、李永明諸先生表示衷心的感謝，尤其要感謝香港青松觀董事局麥子飛主席、梁發副主席、葉長清副主席和董事局諸位大德的關心和支持。本書在出版過程中還得到文物出版社總編輯葛承雍先生的大力支持，在此一併致以誠摯的謝意。

最後，再次向爲本書做出貢獻的各位師友和家人致以衷心的感謝！

肖海明　二〇〇六年九月十二日

本書由道教香港青松觀資助出版